본성,

개념인가 실재인가

본성,
개념인가 실재인가

박찬욱 기획, **한자경** 편집 │ **이필원·인경 ·신정근 ·신승환 ·박성현** 집필

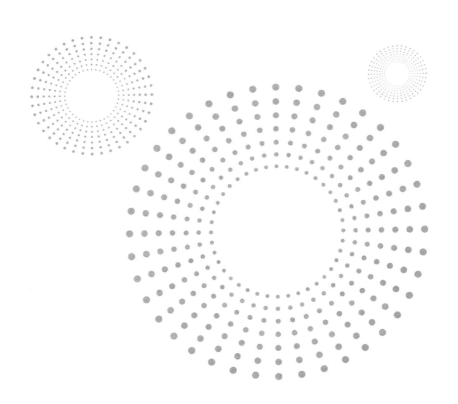

운주사

본성에 대한 사색을 통하여 성장하기를 기원하며

생각할 줄 아는 인간은 세상과 자기 자신에 대하여 알고 싶어 합니다. 한편으로는 자연계, 인간계, 개인 차원에서 전개되는 현상들이 어떻게 왜 일어나는지 이해하고 싶어 하며, 다른 한편으로는 드러나고 지각되는 것들의 궁극적 본질은 무엇인지 파악하고 싶어 합니다. 이러한 지적 욕구와 활동이 인류 문명을 형성 발전시켜 왔습니다.

인간의 관찰력과 상상력은 문명 발전의 주된 원동력임에 틀림없지만, 사람들이 관찰과 상상을 통하여 획득한 통찰의 내용은 시대와 지역에 따라 차이가 큽니다. 자연계의 다양성을 견주어 보면 당연한 결과일 것입니다. 특히 사물과 인간의 본질에 대한 탐구는 인류의 오래된 담론 주제이지만 좀체 합의를 도출하기 어렵습니다.

다양성을 마주하는 상황에서는 태도가 매우 중요해 보입니다. 공통점을 탐색하되 차이를 인정하고(求同存異), 나아가 그 차이를 존중하는(求同尊異) 자세를 견지하는 것이 성숙한 모습이지 싶습니다. 그렇게 함으로써 우리의 사유는 자유롭게 소통 확장될 수 있으며, 개인과 문명은 성숙되고 평화와 번영을 향유할 수 있을 것입니다.

올해는 인류의 오래된 화두인 본성에 대하여 논의하는 장을 마련하였습니다. 이 난제를 풀기 위하여 동서고금의 성현들이 주창한 사상들을 살펴보고, 세상과 자기 자신을 이해하는 본인의 안목과 관점을 정리해 보는 작업은 정신적 성장을 위해서 필요하고, 각자의 당면한 과제를 해결하는 데에도 많은 도움을 줄 것으로 사료됩니다.

2006년부터 매년 한두 차례 개최해 온 '밝은사람들 학술연찬회'는 논의되는 내용을 학술연찬회 개최 전에 '밝은사람들 총서'로 출간하고 있습니다. 학술연찬회와 총서 내용을 더욱 알차게 꾸리기 위하여 매번 1년 가까운 기간 동안 성실하게 준비하고 있습니다.

주제 발표자로 확정된 이후 여러 준비 과정에 진지한 태도로 참여하시고, 각자 전문분야의 관점과 연구성과를 일목요연하게 정리하신 이필원 교수님, 인경 스님, 신정근 교수님, 신승환 교수님, 박성현 교수님, 다섯 분의 주제발표 원고를 조율하시고 학술연찬회 좌장 역할을 하시는 한자경 교수님께 진심으로 감사드립니다. 그리고 옥고를 단행본으로 출간해 주시는 운주사 김시열 사장님과 직원 여러분의 노고에도 감사드립니다.

특히 2006년 초 밝은사람들연구소 발족 이래 지금까지 불교와 사회의 상생적 발전을 촉진하는 연구소 사업을 물심양면으로 적극 지원해 주고 계신 수불 스님과 안국선원에 깊이 감사드립니다.

일상에서 늘 행복하시길 기원하며

2022년 10월
밝은사람들연구소장
담천 박찬욱 합장

자성自性 너머 불성佛性

한자경(이화여자대학교 철학과 교수)

1. 본성, 실재, 개념의 다의성

우리는 본성을 묻고 있다. 그것도 그 본성이 실재인가 개념인가를 묻는다. 그런데 본성, 실재, 개념, 이 세 단어는 모두 일의적이지 않다. '본성'은 단어 그대로 '본래적 성품'인데, 인간에 관해 물을 경우 본성은 인간의 생존본능이나 욕망을 뜻할 수도 있고(진화생물학), 인간의 도덕성이나 이성을 뜻할 수도 있다(유학이나 서양 고대철학). 또는 인간에게 변하지 않는 본성인 자성自性은 아예 없다는 주장도 가능하고(초기불교 무아론), 그렇게 본성이 없다는 것을 깨닫는 자각성 내지 불성佛性이 곧 본성이라는 주장도 가능하다(대승불교 불성론). 그러니까 본성이 실재인가 개념인가를 묻기 전에, 본성이 과연 무엇을 의미하는지를 명확히 할 필요가 있다.

　'실재'는 없지 않고 그 자체로 있는 것을 의미한다. 그런데 어떤 차원의 것을 있는 것으로 보는지에 따라 실재의 의미도 다양해진다. 플라톤의 이데아처럼 보편적 본질이 실재이고 개별적 사물은 그 그림자인 허상이라는 주장도 가능하고, 경험주의자 또는 물리주의자가 말하듯이 구체적 개별자가 실재이고 보편적 본질은 추상적 사유물에 불과하다는 주장도 가능하다. 두 경우 실재의 의미 및 그 존재방식이 서로 다르다. 그러므로 도덕성이나 자성이나 불성 등 본성을 놓고 그것이 실재인가 아닌가를 논하려면, 그때 실재의 의미가 무엇인지를 분명히 해야 한다.

'개념'도 마찬가지이다. 개념은 플라톤의 이데아나 칸트의 범주, 유학의 리理나 기독교의 로고스(말씀), 불교의 빠빤차(희론)나 종자種子처럼 개별자들의 존재를 규정하는 선험적 원리에 속하는 것일 수도 있고, 아니면 개별자와의 경험을 통해 만들어진 경험적 사유의 산물에 불과한 것일 수도 있다. 만약 개념이 개별자를 규정하는 선험적 원리라면, 그때의 개념은 개별자보다 더 실재적인 것이 되므로 개념과 실재는 양자택일적 선택지가 아니게 된다. 그럼에도 개념과 실재를 구분하여 묻는 것은 현상 차원에서 보면 개념은 경험적 사유의 산물이고, 경험의 대상인 개별자가 오히려 경험에 앞선 실재로 보이기 때문이다. 그런데 개별자를 경험함으로써 얻어낸 사유의 산물인 개념이 다시 개별자를 규정하는 선험적 원리로 작동하는 것일 수도 있다. 그럴 경우 개념과 실재, 선험과 경험은 서로를 규정하는 순환을 이룰 것이다. 이와 같이 개념의 의미 및 그 존재론적 위상 또한 단일하지 않다는 것을 염두에 두어야 한다.

이처럼 본성의 규정이 분야마다 시기마다 연구자마다 다를 수 있고 실재와 개념의 의미도 다의적으로 서로 얽혀 있기에, 본성의 문제는 다루기가 결코 쉽지 않은 주제이다. 그럼에도 불구하고 이 책에서 본성을 논하는 것은 본성의 바른 이해가 바로 우리 인간 자신에 대한 이해, '인간이란 무엇인가'에 대한 통찰을 제시해 주리라고 믿기 때문이다. 각 분야마다의 본성에 관한 본격적 논의에 들어가기에 앞서 본성에 대한 편집자의 생각을 간략히 적어본다.

2. 자성으로서의 본성, 아트만의 부정

본성은 어떤 것의 본래적 성품으로서 각각의 것들을 바로 그것이게끔 하는 특성을 말한다. 인간을 인간이게끔 하는 특성이 인간의 본성이고, 소를 소이게끔 하는 특성이 소의 본성이며, 장미를 장미이게 하고, 책상을 책상이게 하는 것이 그 각각의 본성이다. 본성은 그 자체의 고유한 성품이란 점에서 '자성自性'이며, 그것을 통해 어떤 것이 바로 그것이 된다는 점에서 '본질'(ousia, essentia)이다. 그것은 그 본성을 갖는 무수한 개별자들을 모두 싸잡아 하나의 종류로 만든다는 점에서 보편적 특성이다. 인간을 인간이게끔 하는 본성이 있어서 그것이 영희나 철수 등 각각의 개별적 인간을 모두 인간이게 만들고, 소를 소이게끔 하는 본성이 있어서 그것이 누렁이와 얼룩이 등 각각의 개별적 소를 모두 소이게 만들며, 책상을 책상이게 하는 본성이 있어서 그것이 이 방의 나무 책상과 저 방의 쇠 책상을 다 같은 책상이게 만든다. 그중 인간을 인간이게 만드는 인간의 본성은 그 본성을 가진 인간이면 누구나 '나는 나다'라는 자의식을 갖게 만들기에, 우리는 그러한 인간의 본성을 '깨어 있는 신령한 혼'이라는 의미에서 '영혼'이라고 부른다.

　본성本性, 실재인가 개념인가? 이 물음은 각각의 존재를 바로 그것이게끔 하는 그런 본성 내지 본질이 과연 그 자체로 존재하는 실체實體인가, 아니면 그것은 단지 우리의 생각이 만들어 낸 개념에 불과한 것인가 하는 것이다.

　붓다가 수행하던 당시 인도의 브라마니즘은 인간을 인간이게 하는 본성 내지 본질을 아트만(ātman, 아我)이라고 불렀다. 아트만은 우주 창조자 브라만(brahman, 범천梵天)이 창조한 개별자의 영혼으로 인간 안의 자아를 의미한다. 아트만이 느낌이나 생각의 주체, 윤회의 주체가 된다고 본 것이다. 브라마니즘에 따르면 인간의 본성 내지 본질인 아트만은 그 자체 상주불변하는 자아로서 실재하는 것이고, 그 아트만이 시간 흐름 속에서 드러나는 모습인 느낌이나 생각이나 몸 등은 모두 시간에 따라 변화하는 가상인 환영幻影, 즉 마야(maya)이다. 본성인 아트만이 실재한다고 본 것이다.

　그리스 철학자 플라톤도 어떤 것을 어떤 것이게끔 하는 본성을 이데아(idea)라고 부르면서, 이데아가 실재하는 것으로서 원형이고, 구체적 개별자는 그 이데아의 모상이고 그림자일 뿐이라고 보았다. 우리가 감각적으로 경험하는 것은 개별적 인간이나 소 또는 개별적 책상이지만, 개별자를 바로 그런 것으로서 존재하게 하고 또 우리가 개별자를 바로 그런 것으로서 인식할 수 있게 하는 근거는 바로 그 개별자 안의 보편적 본성인 이데아라고 본 것이다. 플라톤은 인간의 이데아에 해당하는 인간의 본질을 일체의 이데아를 인식하는 사유능력인 이성(nous)으로 간주한다. 인간은 이성을 가짐으로써 비로소 인간이 되므로, 인간의 본성은 이성이다. 인간의 본성인 이성 그리고 그 이성의 사유대상인 이데아는 그 자체 실재한다고 본 것이다.

이와 같이 인간의 본성인 영혼이나 아트만이나 이성을 그 자체로 실재하는 실체로 간주하면서 그 실체가 우리 안에서 다양한 심리현상을 일으킨다고 보는 것이 '실체론적 사유'이다. 실체론적 사유는 많은 종교나 철학뿐 아니라 우리의 일상 의식의 관점이기도 하다. 우리는 대개 영혼이나 아트만이나 이성이 각자에게 '나는 나'다의 자의식의 근거로 존재하며, 그것이 자아 내지 주체로 활동하면서 각자 안에 느낌이나 생각, 의지나 인식 등 다양한 심리현상을 일으킨다고 여긴다. 즉 내 안에 있는 실체적 자아가 느끼고 생각하고 의도하고 안다고 여긴다. 그래서 '내가 느낀다', '내가 생각한다', '내가 의도한다', '내가 안다'고 말한다. 일상 의식에 전제된 실체론적 사유의 언어적 표현이다. 붓다의 제자도 실체론적 사유 틀에 따라 생각하면서 그 나를 찾고자 했고, 붓다는 이를 비판한다.

> 비구: 누가 부딪칩니까?
> 붓다: 나는 부딪치는 자가 있다고 말하지 않습니다. 만일 내가 부딪치는 자가 있다고 말하면, 당신은 마땅히 그렇게 물어야 할 것입니다. 그러나 (나는 그렇게 말하지 않으니) 당신은 '무엇을 인연하여 부딪침이 있습니까?'라고 물어야 합니다. 그러면 나는 '6입처를 인연으로 하여 부딪침이 있고, 부딪침을 인연으로 하여 느낌이 있다'고 말합니다.[1]

---

1 『잡아함경』 15권, 372 「파구나경」(대정장 2권, 102상).

　제자가 '누가 부딪칩니까?'라고 묻는 것은 부딪침의 마음 활동에 대해 그 활동을 일으키는 주체를 묻는 것이다. 이는 마음의 활동 주체가 있어서 그 주체가 활동하는 것이라는 실체론적 사유를 전제한 것이다. 그러나 붓다는 '나는 부딪치는 자가 있다고 말하지 않습니다'라고 답함으로써 활동의 주체를 상정하는 것을 비판한다. 그러니까 부딪치는 자, 느끼는 자, 욕망하는 자 등 활동의 주체를 묻지 말고, 대신 그런 활동이 일어나게 되는 원인, 활동을 성립시키는 인연을 물으라는 것이다. 심리현상인 심리적 활동은 주체가 일으킨 것이 아니라 인연을 따라 일어난 것, '연을 따라 일어난' 연기緣起의 산물이라는 것이다. 이와 같이 붓다는 '실체론'이 아닌 '연기론'을 주장한다. 붓다가 심리현상을 실체론 아닌 연기론으로 설명하는 것은 인간의 본성 내지 자성으로서의 아트만, 실체적 자아의 존재를 부정하기 때문이며, 이로써 붓다의 '무아無我'가 성립한다. 붓다의 통찰에 따르면 브라만이 창조한 실체로서의 아트만은 없다. 본성 내지 자성으로서의 아트만은 우리가 허망하게 상정한 개념, 망념妄念에 불과하다.

3. 실체론에서 연기론으로

실체론과 연기론의 차이는 정확히 무엇인가? 예를 들어 내게 생각이 일어날 경우 실체론은 '생각하는 나가 있어서 그 나가 생각을 일으킨다고 보고, 연기론은 이런저런 인연들이 생각을 일으킨다고 본다. 생각을 일으킨 것은 실체론이 말하듯 '생각하는 나'인가? 아니면 연기론이 말하듯 다른 인연인가? 우리는 가끔 어떤 생각이 떠오를 때 '내가 왜 이 생각을 하지?'라고 묻는다. 이것은 무엇이 이 생각을 일으켰는지를 묻는 것이다. 그런데 이 물음의 답은 그렇게 생각한 나를 찾음으로써 대답되는 것이 아니고, 오히려 그 생각 이전에 어떤 생각이나 느낌, 어떤 의도나 욕망이 있었는지를 알아차림으로써 대답된다. 즉 그 생각을 일으킨 것은 '생각하는 나'가 아니라, 그 생각 이전의 생각이나 느낌이나 의도나 인식인 것이다. 말하자면 생각은 그에 앞선 심리활동들을 인연으로 해서 일어난다. 그리고 그런 느낌이나 생각, 의도나 인식 등의 인연이 모여서 내가 만들어진다. 다시 말해 나는 그런 인연들의 모임이지, 그런 인연들에 앞서 '생각하는 나', '느끼는 나'로 따로 존재하지 않는다. 이런 사유가 붓다가 설한 '연기론적 사유'이다. 나의 몸은 지수화풍 인연의 모임인 색온이고, 마음은 갖가지 느낌과 생각, 욕망과 인식의 인연의 모임인 수온과 상온, 행온과 식온의 화합, 한마디로 5온 화합물이라는 것이 불교 무아론의 핵심이다. 내가 나라고 여기는 나는 영혼, 아트만, 이성 등 그 자체로 실재하는 '실체적 나'가 아니고 시간 흐름 속에 환영처럼 나타났다 사라지는 여러 인연들의 모임, '인연화합의 나'라는 것이다.

특정한 본성과 특정한 능력을 갖춘 내가 있어 그 내가 그 능력을 쓰는 활동이 있다고 여기는 것이 '실체론적 사유'라면, 활동을 통해서 그런 능력의 내가 비로소 만들어지는 것이라고 여기는 것이 '연기론적 사유'이다. 우리는 직립 보행자로서의 내가 있어서 그 내가 걷는다고 여기지만, 연기론은 서서 걸음으로써 직립 보행하는 내가 있게 된다고 말한다. 우리는 생각할 줄 아는 내가 있어서 그 내가 생각한다고 여기지만, 연기론은 생각함으로써 비로소 생각하는 능력이 생기고 생각하는 내가 있게 된다고 말한다. 진화론과도 상통하는 통찰이고, 개체발생이 종의 발생을 반복하는 것을 보면, 개체에 대해서도 타당한 통찰이다. 우리는 눈이 있어서 본다고 여기지만, 신생아가 처음부터 일정 기간 암흑 속에 방치될 경우 시력을 잃는다는 것을 보면, 보기 때문에 보는 능력이 있다고 말할 수 있다. 오랜 세월 동굴에서 산 박쥐에게 안근이 없는 것도 그 때문이다. 『능엄경』에 따르면 근根은 경境을 흡입함으로써 새롭게 만들어지고, 경은 그렇게 만들어진 그 근에 대해서만 존재한다. 체(실체)가 있고 나서 그것의 용(작용)이 있는 것이 아니고, 용을 통해 체가 만들어지는 것이다. 책상이란 것, 책상의 이데아가 있어서 저것이 책상으로 쓰이는 것이 아니고, 우리가 책과 노트를 올려놓고 사용을 하니까 저것이 책상이 된다. 누구는 원래 선한 사람이어서 선한 행동을 하고 누구는 본래 악한 사람이어서 악한 행동을 하는 것이 아니라, 선한 행동을 하다 보면 선한 사람이 되고 악한 행동을 하다 보면 악한 사람이 된다. 인간 내지 나의 본성이나 자성, 본질이 따로 있어서 내가 되고 인간이 되는 것이 아니라 이런저런 활동을 하니까 내가 되고 인간이 된다. 그리고 이런저런 활동은 이런저런 인연을 따라 행해진다. 그러므로 일체는 그것을 이루는 인연을 따라 존재한다. 연기설은 우리가 나라고 여기는 5온도 그렇게 인연을 따라 만들어지는 것이라고 논한다.

4. 업보의 연기론: 12지연기

불교의 연기론은 오늘날의 상식이나 과학에 비추어볼 때 그렇게 낯선 통찰이 아니다. 우리 눈앞에 존재하는 것들이 그 자체로 실재하는 실체가 아니고 여러 인연을 따라 만들어진 현상이라는 것은 누구나 인정할 만하기 때문이다. 상식이나 과학과 비교해 볼 때 불교 연기론의 특징은 불교가 존재를 형성하는 인연을 물리적 자연이 아니라 바로 중생(인간)의 업業으로 본다는 것이다.[2] 따라서 불교에서 인과因果는 그대로 업보業報이다. 일체 존재가 인연화합의 결과물이라는 것은 곧 일체 존재가 모두 중생(인간)의 업에 의한 보報로서 존재한다는 말이다. 업業은 집착적 행위, 무지와 욕망에 기반한 의지 내지 의도를 따라 일어나는 행위이다. 의지 내지 의도는 결국 생각이다. 따라서 업의 보로서 만들어지는 것들, 존재하는 모든 것들은 결국 생각의 산물이라는 말이 된다. 보報는 우리가 현상 세계에서 만나는 모든 것, 즉 나와 세계, 인간과 세계이다. 나 자신, 즉 근根을 가진 몸인 유근신有根身은 업의 정확한 보인 '정보正報'이고, 그 근에 상응하는 경境으로서의 세계인 기세간器世間은 정보인 유근신들이 함께 의거해서 사는 보인 '의보依報'이다. 그렇게 나와 세계, 인간과 세계가 모두 우리의 업의 결과인 보로서 존재한다.

   그런데 업을 이루는 의도, 의지는 눈에 보이지 않는 생각이고, 보로서 생겨나는 것은 눈에 보이는 인간의 몸인 유근신과 인간 밖의 외부 세계인 기세간이다. 어떻게 눈에 보이지 않는 업으로부터 눈에

---

2 불교에 따르면 모든 중생은 기본적으로 인간이다. 인간이 악업을 지으면 그 보로서 축생, 지옥, 아귀의 몸으로 3악도에 태어나 몇 생을 살고, 선업을 지으면 그 보로서 천계에 태어나 몇 생을 살지만, 결국은 다시 인간계로 돌아온다고 한다. 생각과 의도를 갖고 선업 또는 악업을 짓는 중생은 결국 인간인 것이다.

보이는 보가 만들어질 수 있단 말인가? 보이지도 잡히지도 않는 의도 내지 생각의 업으로부터 어떻게 딱딱한 불가침투성의 물리적 몸과 세계가 만들어질 수 있는 것일까?

흩어져버리는 기체가 모여서 흐르는 액체가 되고 액체가 모이고 응고하여 고체가 되듯이, 손에 잡히지 않는 수증기가 모이고 응축하여 흘러내리는 물이 되고 흐르는 물이 모이고 굳어서 딱딱한 얼음이 되듯이, 눈에 보이지 않는 가변적 에너지가 응축하여 눈에 보이는 물리적 사물이 되고, 두루 퍼져나가는 비국소적 파동이 응집하여 자기 위치를 갖는 국소적 입자가 생성될 수 있다. 응축된 에너지로부터 원소들이 생겨났다는 빅뱅의 원리도 그렇고, 질량과 에너지를 등가로 계산하는 $E=mc^2$의 원리도 그런 가능성을 시사한다. 불교는 지섭숙장 持攝熟長의 작용을 하는 견습난동堅濕煖動 성질의 에너지인 4대大가 인연화합하여 물리적 색色이 만들어진다고 말하고,[3] 유교는 음양陰陽 2기氣가 응축하여 개별자가 형성된다고 말한다. 색을 형성하는 4대의 힘이 바로 중생의 업의 힘, 업력業力의 힘이다.

일체 존재를 형성하는 힘이 중생의 업의 힘인 업력이고, 일체 존재는 그 업의 보라는 것이 갖는 함의는 무엇인가? 당시 인도의 브라마니즘에 따르면 우주는 우주 창조자인 신神, 브라만, 범천梵天이 창조한 피조물이며, 인간 또한 범천이 만든 피조물인 아트만, 자아이다. 반면 붓다가 보리수 아래에서 깨달은 것은 인간을 포함한 우주가

---

3 불교는 지수화풍 4대를 안식眼識의 대상인 색경色境에 속하는 것이 아니고 신식身識의 대상인 촉경觸境에 속하는 것으로 설명한다. 이 점이 4대를 가시적 물질이 아닌 비가시적 에너지로 간주했음을 시사한다고 본다.

신에 의해 만들어진 것이 아니라, 중생(인간) 자신의 무수한 과거생의 업에 의해 만들어진다는 것이다. 소위 우주를 만든 자를 신이라고 한다면, 그 신이 인간 바깥의 외재적 신, 인간 아닌 신, 브라만, 범천이 아니고 바로 인간 자신이라는 것이다. 이처럼 우주 창조자가 따로 있지 않다고 주장하므로 불교는 소위 창조자 신을 인정하지 않는다는 의미에서 '무신론無神論'이고, 그런 창조자에 의해 만들어진 개별적 실체로서의 아트만, 자아를 인정하지 않는다는 의미에서 '무아론無我論'이다.[4]

내가 우주 창조자 브라만이 만든 아트만이 아니고, 나의 업의 보로서 나 스스로 만드는 것이라면, 그러한 존재 창출의 업보의 과정은 정확히 어떠한가? 나는 어떤 인연을 따라 만들어지는가? 그 과정을 붓다는 다음과 같은 12지연기로 설명한다.

```
전생  |              현생                    | 내생
무명 → 행 → 식 → 명색 → 6입처 → 촉 → 수 → 애 → 취 → 유 → 생 → 노사
    (업) | (재생연결식)              |    (업)  (업력) | (생유)
         |                           |               |
       인 → 과                       |             인 → 과
      (업)  (보)                     |            (업)  (보)
```

---

4 붓다의 깨달음은 머릿속으로 사변적으로 생각해서 만들어 낸 이론적 발견이 아니고, 6년에 걸친 고행과 마지막 수행단계를 거쳐서 얻어낸 깨달음이다. 4선을 닦아 삼매로써 얻어낸 숙명통으로 전생을 보고, 천안통으로 인간과 축생계 이외의 천계나 지옥계까지 관하고, 누진통으로 일체 번뇌를 소멸한 청정무구심을 얻은 결과의 깨달음인 것이다. 업보의 관계로써 생사의 비밀을 풀고 윤회의 발생과정을 통찰한 것이다.

  12지연기는 3세에 걸친 2중의 인과를 담고 있는데, 이 인과가 바로 업과 보로 성립한다. 인간은 전생의 업(행)의 결과인 보로서 재생연결식(식)으로 모태에 들어가 태내에서 심신(명색)을 이루고 6근(6내입처)을 갖추고 태어나며, 이어 그 근에 상응하는 경인 세계(6외입처)와 부딪쳐(촉) 고락의 느낌(수)을 느끼면서 다시 업(애와 취)을 지어서 업력(유)을 쌓는다. 그러면 그 업의 보로서 다시 내생의 중생으로 태어나서(생) 또 그렇게 살다가 죽게 된다(노사). 여기에 업보의 관계가 성립하는 곳은 두 곳이다. ①지난 생의 업(행)으로부터 그 보로서 현생의 재생연결식(식)이 만들어지고 그로부터 현생의 심신(명색)이 형성되는 과정과 ②현생의 업(애취)에 의해 쌓인 업력(유)으로부터 다시 그 보로서 내생의 심신의 내가 만들어지는(생) 과정이다. 지난 생의 업으로부터 그 보로서 나의 심신이 만들어지고, 따라서 그 6내입처에 상응하는 6외입처의 세계도 함께 형성된다. 그렇게 업으로부터 그 보로서 나와 세계가 만들어지는 것이다.

5. 유식이 밝히는 실재와 개념의 순환과 유식3성

12지연기에서 핵심은 과거생의 업으로부터 그 보로서 현생의 5온이 만들어진다는 것이다. 즉 ①과거생의 행에서 현생의 식으로 나아가고 ②다시 현생의 유에서 내생의 생으로 나아가는 과정이다. 업에서 보로 나아가는 이 과정을 유식은 제8아뢰야식阿賴耶識에 근거해서 좀 더 상세히 설명한다.

  불교에서 업은 중생의 번뇌와 집착에 근거한 행위이다. 그런데 업은 그 행위와 동시에 일어나는, 우리의 의식이 쉽게 감지하는 즉각적 반응으로 끝이 아니고, 의식이 쉽게 감지하지 못하는 방식으로 더 깊고 더 넓게 작용력을 행사한다. 마치 담배를 피울 때 연기의 흡입과 배출과 그로 인한 안정감은 우리의 의식이 쉽게 감지하는 것이지만, 흡연의 행위는 그것으로 끝이 아니고, 의식은 감지하지 못하지만 폐에 니코틴이 축적되어 어느 순간 폐암을 일으킬 수 있는 것과 마찬가지이다. 그렇게 우리의 번뇌적 행위인 업은 우리의 의식보다 더 깊은 차원에까지 침투하여 그 보를 만들어 내는 힘을 갖고 있다. 업이 보를 만들어 내는 힘을 업의 힘, 업력業力이라고 한다. 그런데 업력이 언젠가 보를 만들어 낼 수 있기 위해서는 그 업력이 보를 낳기까지 중간에 사라지지 않고 보존되어야 한다. 그렇다면 업력은 어디에 어떤 방식으로 보존되는 것일까?

업으로부터 생겨나서 보를 만들어 내는 힘인 업력은 니코틴처럼 몸에 남는 것이 아니다. 죽을 때 폐를 포함한 몸이 썩어 없어지면 흡연의 결과는 따라서 없어지게 되지만, 업이 남긴 업력은 죽어서 5온이 흩어져 사라져도 그 자체 보를 형성할 힘으로 남아 있어야 윤회가 성립하기 때문이다. 마치 불을 피운 장작은 다 타고 없어져도 따뜻한 불기운은 남아서 방을 따뜻하게 만들 듯이, 입자적 물질인 몸은 무너져도 그로부터 방출되었던 파동적 에너지인 힘, 기氣인 업력은 계속 남아서 작용력을 발휘한다. 그렇게 5온의 소멸 이후 남겨지는 에너지 뭉치, 업력 덩어리를 불교는 중음신中陰身 또는 재생연결식이라고 하며, 이 재생연결식이 바로 12지연기에서의 식識이다. 이 식이 부모의 수정란에 들어가서 태내에 착상함으로써 개체의 심신(명색)을 일으키는 인연이 된다.

유식은 업이 남긴 업력을 '종자種子'라고 부른다. 마치 나무가 꽃을 피우고 열매를 맺으면 그로부터 씨앗이 남겨지고 그 씨앗 안에 나무에 대한 모든 정보가 들어 있어 다음해 그 씨앗으로부터 새로운 나무가 만들어지듯이, 업으로부터 남겨진 업력이 그 에너지를 간직하고 있다가 다음 생의 5온을 형성하기에, 그 업력을 씨앗인 종자에 비유한 것이다. 종자는 업을 이루는 생각이나 의도로부터 남겨지는 것이기에 마음이 떠올린 생각 내지 개념이라고 할 수 있으며, 따라서 종자를 개념이라는 의미에서 '명언종자名言種子'라고 칭하기도 한다. 유식은 삼매 수행 중에 우리의 의식보다 더 깊이 활동하는 식을 발견하고, 바로 그 식이 우리의 지난 생으로부터의 종자(업력)를 함장하는 식이라는 의미에서 '함장식', 즉 '아뢰야식阿賴耶識'이라고 부른다. 아뢰야는 함장하다는 의미의 알라야(alaya)를 음역한 것이다. 아뢰야식이 바로 업이 남기는 종자 내지 개념을 함장하고 있다가 그 보로서 자아와 세계를 형성하는 식이다. 유식은 12지연기에서 제시된 업에서 보로 나아가는 관계를 다음과 같은 3단계로 설명한다.

세계:	세계	→	업			세계	→	업
		↓ ① 〈현행훈종자〉				↑ ③ 〈종자생현행〉		
종자:		종자 → → → → → 종자						
		② 〈종자생종자〉						

①세계 속에서 우리가 행하는 의도적 행위인 업으로부터 업력인 종자(개념)가 아뢰야식에 심겨지는(훈습되는) 과정이 '현행훈종자現行

熏種子'이고, ②그렇게 축적된 종자가 심층 아뢰야식에서 생멸을 반복하면서 현행화할 힘을 기르는 과정이 '종자생종자種子生種子'이며, ③그렇게 힘을 갖춘 종자가 때가 되어 다시 나를 포함한 세계를 형성하는 과정이 '종자생현행種子生現行'이다. ①눈앞에 전개되는 현상 세계 안에서 무지와 탐욕에 물든 번뇌심의 내가 업을 지으면 그 업력이 마음에 심겨지며, ②그 업력(종자)이 심층 마음에서 다른 종자들과 결합하여 세력을 확장하여서 결국은 ③그 보로서 현생의 습習을 만들고 또 내생까지 이어져 새로운 5온을 형성하며 동시에 그 근에 상응하는 세계를 형성한다. 그러면 그 5온이 다시 자신을 둘러싼 기세간 안에서 또 업을 짓고, 그러면 그 업이 다시 ①과 ②와 ③의 과정을 반복하면서 보를 만든다. 이렇게 한 생에서 그 다음 생으로 업과 보의 관계로 끝없이 이어지는 것이 윤회이다.

이러한 과정 안에서 우리는 소위 실재(경험적 실재)와 개념 간의 순환을 볼 수 있다. ①현행훈종자의 과정을 보면 세계는 그 자체로 존재하고 우리가 그 세계 안에서 업을 지음으로써 종자(개념)가 남겨지므로 세계의 실재성이 종자(개념)에 앞선다. 그러나 ③종자생현행의 과정을 보면 세계는 심층 아뢰야식 속에 함장되어 있던 업력의 종자(개념)가 현실화된 결과이기에 개념(종자)이 세계의 실재에 앞선다. ①이 세계를 마음 바깥의 객관 실재로 전제하는 실재론 내지 경험주의적 관점을 지지한다면, ③은 보편적 개념을 구체적 개별자들에 앞선 실재라고 간주하는 관념론 내지 선험주의적 관점을 지지한다. 유식은 윤회와 마찬가지로 이 두 과정이 순환을 그리며 반복된다는 것을 통찰함으로써 그 둘 중 어느 하나에 치우치지 않는다. 다만 이러한 순환 속에서 그 과정 전체를 자각하여 아는가 모르는가에 따라 존재를 대하는 마음을 3가지 성품으로 구분하여 논하는데, 그것이 바로 유식3성唯識三性이다.

지금까지 논하였듯이 붓다의 연기론은 나와 세계를 인간이 행한 업의 보報로 설명하고, 유식은 그것을 다시 아뢰야식 내 종자의 현행화 결과로 설명한다. 붓다의 업감연기 및 유식의 뢰야연기의 관점에서 보면 나와 세계, 유근신과 기세간은 업의 결과인 정보와 의보로서 업을 인연으로 하여 생겨난 것이다. 이처럼 자기 자성自性을 갖고 존재하는 것이 아니라 다른 인연을 따라 연기의 산물로서 생겨나는 것을 '다른 것에 의거하여 일어난다'는 의미에서 '의타기성依他起性'이라고 한다. 의타기성은 곧 연기의 다른 말이다.

나와 세계는 의타기의 산물로서 그 자체 자기 자성이 없기에 무자성無自性이며, 용수(龍樹, Nagarjuna)의 말대로 "무자성이므로 공"이다. 그래서 아공我空·법공法空이다. 공이지만 아뢰야식에 심겨진 종자를 따라 변현하여 그 결과로 존재하기에 가아假我·가법假法이다. 이러한 연기와 의타기성, 공성과 가성을 모르고, 표층 의식에 드러나는 나와 세계를 그 자체로 실재하는 실아實我·실법實法으로 여기는 것이 아집我執·법집法執이며, 아집·법집을 따라 일체 존재를 실유實有로 두루 집착하는 것을 '변계소집성遍計所執性'이라고 한다.

일체 존재의 연기성 내지 의타기성을 모르고 실유로 집착하는 것이 변계소집성이지만, 그렇다고 불교가 연기와 의타기를 일으키는 업력, 종자, 개념을 존재의 출발로 삼는 것은 아니다. 업력이나 종자는 내가 세계 속에서 지은 업을 통해 심겨진 업의 결과물이기 때문이다.

나와 세계를 실유로 집착하는 무명과 탐욕이 남아 있는 한, 나의 행위는 무명과 탐욕의 번뇌에 물든 의도를 따라 일어나는 업業이며, 그런 업이 남기는 업력이 바로 종자이다. 내가 세계 속에서 행하는 집착적 행위인 업이 종자를 남기고, 그 종자가 다시 나와 세계를 만들고, 나는 다시 그 세계 속에서 집착적 행위인 업을 짓고, 그 업이 다시 종자를 남기고, 그 종자가 다시 나와 세계를 만들고… 이것이 무한히 반복되는 것이 윤회이다.

불교가 지향하는 것은 윤회를 벗어나는 것, 업에 이끌리는 순환을 끊는 것이며, 그러기 위해서 탐욕을 없애고 무명을 없애는 것이다. 12지연기의 첫 항인 무명無明은 불교가 말하는 고집멸도 4성제四聖諦를 모르는 것이며, 이는 곧 업보의 연기인 의타기성을 모르는 것이다. 무한히 반복되는 업보의 연기성인 의타기성을 바로 그런 것으로서 알아차리는 것이 무명을 벗는 것이다. 무명을 벗으면 의타기성을 모르고 아와 법이 그 자체 실재라고 집착하던 변계소집성이 사라지며, 업보의 순환인 윤회를 벗어나게 된다. 그렇게 변계소집성을 벗어나는 것을 '원성실성圓成實性'이라고 한다. 의타기성을 깨달아 변계소집을 벗고 인간 안에 본래 갖추어져 있던 원성실성을 회복한다는 것, 업과 보의 순환, 윤회를 벗어나는 것이 의미하는 바는 무엇인가?

6. 깨달음의 마음, 불성佛性으로서의 본성

연기성 내지 의타기성을 깨닫는다는 것은 일상 의식에 드러나는 나와 세계가 인연화합의 결과물이라는 것, 인연소생이라는 것, 아뢰야식의

식소변이라는 것을 아는 것이다. 나와 세계, 아와 법이 그 자체로 실재하는 것이 아니라 공空이고 가假라는 것, 무아無我를 아는 것이다. 그렇게 연기인 의타기를 알아 일체 존재의 공성을 아는 것이 원성실성이다.

　그렇다면 그렇게 일체 존재가 무자성이고 공임을 깨닫는 원성실성의 마음은 과연 어떤 마음인가? 공을 깨닫는 그 마음도 공에 속하고, 연기를 깨닫는 그 마음도 연기에 속하는가? 그 마음도 인연을 따라 만들어지는 인연소생의 마음, 연기의 마음인가? 우리에게는 인연 따라 일어났다가 인연을 따라 사라지는 연기緣起의 마음밖에 없는 것일까?

　만약 우리에게 연기의 마음인 생멸심만 있다면, 우리의 마음은 그렇게 유전문을 따라 생겨났다가 환멸문을 따라 소멸하고 말 것이다. 그러면 환멸문의 수행을 통해 탐진치의 번뇌를 모두 제거하여 열반에 드는 순간이 곧 일체가 무화되는 순간, 공의 적멸로 빠져드는 순간이 될 것이다. 탐욕을 멸하여 심해탈을 얻고 무명을 멸하여 명(지혜)의 혜해탈을 얻는 해탈의 순간이 말 그대로 완벽한 무화의 순간이 될 것이다. 결국 열반과 해탈을 지향하는 불교 수행의 목적이 오로지 무화, 공으로의 해체, 영원한 적멸의 성취가 될 것이다.

　그러나 과연 그런가? 탐진치의 번뇌를 지멸하려는 노력이 '일체개고'의 고통을 끝내려는 몸부림일 뿐이고, 모든 중생을 해탈과 열반으로 이끌고자 하는 하화중생의 서원이 일체중생의 영원한 무화, 모든 생명체의 단종과 단멸의 기획이란 말인가? 일체고를 떠난 구경락究竟樂은 없는 것일까? 해탈과 열반을 마음의 경지로 갖는 부처의 마음은 없는 것인가? 그렇지 않다. 불교는 해탈을 무화로, 열반을 적멸로 등치하는 것을 '잘못 취착된 공'인 '악취공惡取空'이라고 부르며, 이런 생각을 아견我見보다 더 심각한 폐해라고 경고한다.

열반과 해탈을 지향하는 불교의 수행이 악취공에 빠지지 않는 것은 수행이 완성되어 탐진치의 번뇌가 모두 멸할 때, 그 인연을 따라 함께 멸하지 않고 남아 있는 깨달음의 마음, 부처의 마음, 열반과 해탈을 자신의 마음의 경지로 갖는 청정무구의 마음이 있기 때문이다. 이 마음은 유전문의 인연을 따라 생기고 환멸문의 인연을 따라 멸하는 그런 생멸하는 마음이 아니다. 유전문의 인연을 따라 생긴 것은 환멸문의 인연을 따라 멸한다. 환멸문 이후에도 깨달음의 마음이 남아 있다는 것은 그 마음이 인연을 따라 생겨난 마음이 아니라는 것을 말해 준다. 그 마음은 인연을 따라 생기고 멸하는 연기의 마음이 아니며, 따라서 생멸하는 마음 너머의 불생불멸의 마음이다. 붓다가 『우다나』에서 논한 마음이 바로 이 깨달음의 마음이다.

> 수행자들이여, '태어나지 않고 생겨나지 않고 만들어지지 않고 형성되지 않은 것'이 있다. 만일 '태어나지 않고 생겨나지 않고 만들어지지 않고 형성되지 않은 것'이 없다면, 세상에서 태어나고 생겨나고 만들어지고 형성된 것으로부터의 탈출도 알려질 수 없을 것이다. 그러나 수행자들이여, '태어나지 않고 생겨나지 않고 만들어지지 않고 형성되지 않은 것'이 있으므로, 세상에서 태어나고 생겨나고 만들어지고 형성된 것으로부터의 탈출도 알려진다.[5]

붓다가 인연화합의 연기를 설한 것은 그러한 연기적 윤회에 머무르라는 것이 아니고 윤회 너머로의 탈출을 말하기 위해서이다. 탐진치의 번뇌를 제거하면서 얻는 궁극의 깨달음은 자기 자신의 마음이 바로 생멸 너머 불생불멸의 마음이라는 것을 깨닫는 것이다. 현상 세계에 등장하는 모든 것은 자성이 없는 무아로서 인연소생이지만, 그러한 현상 세계를 바로 그런 것으로서 깨닫는 마음은 현상 세계 너머의 마음, 연기 너머의 마음이다. 인연화합으로 생겨난 것이 아닌 마음이 있기에 인연화합으로 이루어진 현상 너머로의 탈출이 가능하다. 현상 너머로 나아가서 발견하는 그 불생불멸이 마음이 바로 해탈한 마음, 부처의 마음이다.

초기불교는 저 불생불멸의 부처의 마음을 전제하되 그리로 나아가는 수행의 과정을 중시하였기에 수행과 깨달음이 주로 탐욕과 무명의 소멸, 번뇌의 소멸에 초점을 맞추고 있다면, 대승불교의 수행과 깨달음은 번뇌의 소멸 이후 드러나는 저 부처의 마음에 초점을 맞춘다. 대승은 부처의 마음이 번뇌의 소멸을 통해 비로소 생겨나거나 인연 따라 만들어지는 마음이 아니라는 것, 번뇌의 생성 이전부터 번뇌의 생성·소멸과 무관하게 항상 그 자리에 있는 불생불멸의 마음이라는 것을 강조한다. 그리고 저 부처의 마음이 사실은 일체중생의 본래 마음, 본래면목이며, 바로 그 마음이 중생으로 하여금 번뇌를 고통으로 자각하여 번뇌를 소멸하고자 발심發心하게 하고 또 정진하여 수행을 완성하게 하는 그 마음이라고 논한다. 수행을 통해 그 마음을

---

5 『우다나』, 전재성 역, 한국빠알리성전협회, 2009, p.216.

확인할 수 있는 것은 수행 이전부터 그 마음이 중생의 본래 마음으로 그 자리에 있었기 때문이다. 즉 부처의 마음인 진여심이 중생의 본래 마음이고, 이 본래 마음이 우리를 수행으로 인도하고 깨달음으로 이끄는 것이다. 대승이 상좌부불교를 소승이라고 비판한 것은 그것이 생멸문 너머 진여문으로 나아가지 못함으로써 생과 멸, 유전문과 환멸문의 대립, 중생과 부처, 생사와 열반, 번뇌와 지혜의 이원론에 머물러 있기 때문이다. 반면 대승은 그러한 이원적이고 대립적인 유전문과 환멸문을 생멸문 하나로 통합하고서 그 둘의 공통의 근거인 진여문으로 나아감으로써 그러한 이원적 대립을 넘어선다. 즉 중생의 본성이 그대로 본래 부처의 성품, 불성, 진여심임을 강조하면서 중생 즉 부처, 생사 즉 열반, 번뇌 즉 보리라는 불이不二의 정신을 표방한다.

붓다의 통찰에 따르면 인간은 우주 창조자 브라만이 창조한 실체적 자아, 개별적 영혼, 아트만이 아니다. 자성 내지 아트만으로서의 본성은 없다. 무아이며 공이다. 그러나 그렇게 자성이 공이고 무아임을 깨닫는 마음은 깨달음의 성품인 불성佛性으로서 모든 인간 마음의 본성으로 존재한다. 인간 마음의 본성이 바로 무아와 공을 깨닫는 깨달음의 성품, 부처의 성품인 불성이다. 이 불성의 마음, 깨달음의 마음이 모든 중생 안에서 수억 년을 하루 같이 살아온 깨어 있는 마음, 공적영지空寂靈知의 마음이다.

7. 각 분야에서의 본성 논의

이상은 본성을 주제로 한 권의 책을 엮어내면서 편집자의 관점에서 본성에 관한 생각을 정리해 본 것이다. 그러나 이것은 어디까지나 서문에 해당하며, 이 책의 본론은 다섯 학문 분야의 전문가들의 좀 더 엄밀하고 체계적인 본성의 논의로 채워질 것이다. 초기불교(이필원), 대승불교(인경), 동양철학(신정근), 서양철학(신승환), 심리학(박성현)이 그 다섯 분야이다. 이하에서는 간략히 그들의 주장을 정리해 본다.

1) 초기불교 분야에서의 본성을 논하는 이필원은 「본성, 그 상상 너머」라는 제목의 글에서 주로 연기의 원리에 따라 전개되는 사실의 세계, 현상의 세계에 초점을 맞춰 본성의 문제를 다룬다. 그는 붓다가 형이상학적 자아, 불변의 자아, 아트만의 존재는 부정하되 경험적 자아를 부정하지는 않았다고 말하면서, 붓다가 아트만을 부정한 것을 소위 본질과 현상, 영혼과 육체의 이원론에 대한 비판으로 해석한다. 말하자면 현상적 자아의 배후에 불멸하는 참된 나를 상정하는 것, 눈에 보이는 현상적 존재 배후에 눈에 보이지 않는 본성, 실체, 본질을 상정하는 것은 잘못된 견해인 사견邪見이라는 것이다. 그는 현상 세계를 있는 그대로 관찰하여 얻는 바른 견해인 정견正見을 강조한다. 즉 있는 그대로의 세상의 발생을 관찰하여 비존재에 집착하는 단견斷 見에 빠지지 않고, 또 있는 그대로의 세상의 소멸을 관찰하여 존재에 집착하는 상견常見에도 빠지지 않는 그런 중도의 길을 강조한다. 문제는 여래의 사후이다. 수행자가 탐진치를 소멸하여 윤회의 고리를 끊고 해탈하여 열반에 드는 것은 자아의 완전한 소멸로서 단멸론이 아닌가? 이필원은 이 문제에 대해서도 중도의 길을 제시한다. 즉

열반은 탐진치의 소멸이고 분별적 의식작용의 소멸일 뿐, 최상의 즐거움이고 불사不死이며, 따라서 죽음이 없는 경지, 죽음을 초월한 경지이기에 단멸론의 단견이 아니라는 것이다. 동시에 열반은 곧 무아의 체득으로서 유신견有身見의 소멸 이후 성취되기에 열반을 얻는 주체를 자아로 설정하는 그런 상주론의 상견도 아니라고 한다. 이와 같이 그는 윤회를 끊는 열반의 성취에 대해서도 단견과 상견 너머의 중도를 말한다.

이필원에 따르면 불교는 현상에 대해서든 열반에 대해서든 항상된 불변적 주체로서의 아트만을 부정한다. 자아와 세계는 모두 행위, 즉 업業에 의해 조건 지어지는데, 행위는 관계 속에서 이루어지며 변화, 즉 무상無常을 특징으로 갖는다. 그러니 항상되고 자기 독립적 아트만은 우리가 경험하는 현실세계와는 무관한 관념이 만든 허상에 불과하다. 그것은 연기하는 변화의 세계, 사실의 세계 너머 관념이 만든 허구의 세계 속 관념이라는 것이다.

2) 대승불교 및 선불교 분야에서는 인경이 「마음의 해석학: 본성이란 무엇인가?」라는 글에서 본성의 문제를 다룬다. 그는 실재론과 중관론과 유식론의 존재에 대한 서로 상이한 주장들을 기신론의 체·상·용 및 유식의 3성설을 중심으로 하여 서로 반복되는 하나의 연속적 흐름으로 해석해 보고자 하며, 이를 '순환적 통합모델'이라고 칭한다. 그러면서 여기에서의 통합은 형이상학적 이해를 배제하고 경험적 측면을 강조하는 '실용주의적 통합'이라고 덧붙인다. 말하자면 인식을 성립시키는 근·경·식에 대해 그 각각이 실유實有라고 주장하는 유부

의 실재론, 그것들은 그 자체로 실재하지 않는 공空이라고 주장하는 중관론, 아나 법이 모두 식소변으로서 인지적 표상에 불과하다고 보는 유식론, 이 셋은 각각 자신의 관점에서 세상을 달리 설명하지만, 그럼에도 불구하고 이 셋은 우리의 삶을 구성하는 다양한 측면으로서 상호보완적 관계를 이루기에 해석학적 순환 안에서 하나로 통합될 수 있다는 것이다.

인경은 우선 마음의 본성을 해명하는 도구로서 3성설을 갖고 위의 세 관점을 통합한다. 집착된 개념(변계소집성)은 중관론을 지지하고, 현실의 연기(의타기성)는 실재론을 지지하며, 궁극적 진실(원성실성)은 유식론을 지지하므로, 이 셋은 마음의 본성을 드러내는 세 가지 양상으로서 해석학적으로 통합될 수 있다는 것이다. 나아가 기신론의 체·상·용 3대大를 3성과 연결하여 체대를 진실의 원성실성에, 상대를 개념의 변계소집성에, 용대를 연기의 의타기성에 배대하기도 한다.

심성론에 이어 인경은 실천론의 문제를 다룬다. 본성(체)에 해당하는 청정평등의 진여심과 인연을 따르는 작용(용)과 형상(상)의 생멸심, 이 둘을 어떻게 매개할 것인가? 그 둘을 매개하는 수행에서 혜능처럼 본성에 주목하면 본성을 보는 견성見性과 돈오頓悟를 주장하게 되고, 신수처럼 본성을 가리는 번뇌에 주목하면 번뇌를 제거하는 점수漸修를 주장하게 된다. 여기에서 인경은 그 둘이 서로 보완적으로 또는 순환적으로 작동해야 함을 강조하며, 그 점에서 실용적 관점에서의 통합의 필요성을 말한다. 나아가 인경은 본성에 대한 문답적 대화 속에서 문득 견성이 일어나는 조사선과 그런 문답이 막힘으로써 일어나는 의심에 집중하다가 문득 견성이 일어나는 간화선을 구분하되,

이것 또한 실용주의적 관점에서 하나로 통합하여 이해될 수 있음을 논한다.

3) 동양철학 분야에서는 신정근이 「질서를 낳는 본성과 질서랑 일체화된 본성」이란 제목의 글에서 유학에서의 본성을 논한다. 그는 우선 본성에 해당하는 성性이란 개념의 어원적 내지 철학적 의미를 갑골문에서의 생生과 심忄, 금문과 『설문해자』「소전」에서의 성性 그리고 『서경』과 『논어』에서의 성의 개념을 통해 설명한다. 그리고 『중용』과 『맹자』와 『순자』 등에서 성이 선악善惡과 연관되어 성선 또는 성악의 문제로 논의되었고 이어 한나라에서 동중서, 양웅을 통해 성선악의 문제가 계속 다양한 방식으로 논의되었음을 소개한다.

이어 신정근은 '질서와 일체화된 본성'에 해당하는 본성의 형이상학적 실체화 과정을 설명한다. 전통 유가에서의 인성 내지 도덕성의 문제를 넘어 본성이 형이상학적으로 실체화되는 과정에 외단과 내단을 포괄하는 도교의 신선사상이 어떻게 기여하였는가를 밝힌 후, 주희에서의 본성의 '선천적 실체화'를 설명한다. 신정근에 따르면 주희는 불교의 불성佛性 개념에 기반하여 유가에서의 천을 자연과 사회를 관통하는 객관적 원칙인 천리天理로 해석하면서 이를 인간에 내재된 본성으로 간주하였으며, 이로부터 주자학의 기본명제인 '성즉리性卽理'가 성립한다. 반면 왕양명은 성 대신 심心을 강조하면서, 성과 정, 체와 용, 미발과 이발을 모두 심 아래 통합시켰으며, 이로써 양명학의 기본명제인 '심즉리心卽理'가 성립한다. 성과 심 중 무엇을 더 기본으로 보는가의 차이는 있지만, 둘 다 인간의 본성을 형이상학적 실체로 간주했다는 점에서는 마찬가지이다.

　신정근이 말하는 '질서를 낳는 본성'은 형이상학적 실체를 해체하는 데 주력한 대진과 정약용을 통해 설명된다. 대진은 형이상학적으로 실체화된 리理와 다시 그 리와 동일시된 인간의 본성을 해체하고, 본성을 기氣를 중심으로 혈기血氣와 심지心知로 설명하는 기철학을 확립한다. 이로써 인간의 욕망과 감정 등 자연적 성향을 인정하고 긍정하는 태도를 보인다. 한국의 정약용 또한 초월적 실체로서의 리를 부정하고 새로운 질서를 생성해 내는 리를 도출하고자 하였으며, 본성을 선을 좋아하고 악을 싫어하는 '기호嗜好'로 규정하였다. 이로써 인간의 도덕적 선택 가능성 및 책임성을 열어놓고자 하였으며, 이는 성에 대한 또 다른 이해라고 볼 수 있다.

　4) 서양철학 분야에서는 신승환이 「인간의 본성: 이성, 자기실현과 생명성」라는 제목 아래 서양 고대철학에서부터 현대 진화생물학 내지 포스트휴먼학에 이르기까지 인간의 본성이 얼마나 다양한 의미로 해명되어 왔는지를 밝히고, 초기술 및 정보화시대인 오늘날 우리가 본성 개념을 어떻게 새롭게 이해해야 하는지를 논하고 있다. 그는 철학이 인간이 자신을 이해하는 생각의 틀이듯이 본성 또한 인간이 자신을 이해하고 해석하는 개념적 결과물이지만, 바로 그러한 철학적 본성 이해가 그 시대의 문화와 사회를 움직이는 규범의 준거로 작동한다고 말한다. 개념이 실재를 규정하며, 그만큼 인간 본성의 철학적 이해가 개인과 사회 전반에 중요한 영향력을 발휘한다는 뜻이다.

　신승환은 서양 고대철학자 플라톤과 아리스토텔레스는 인간을 로고스(logos)적 존재로 이해하고, 인간의 본성을 이성(nous)으로 간주하였다고 설명한다. 이때 이성은 지적 사유와 추론 능력뿐 아니라, 덕(arete)의 측면도 가지며 따라서 공동선을 추구하는 공동체성도 인간 본성에 포함된다. 그는 서양철학에서 인간 본성 이해의 원형이 바로 로고스라고 주장하며, 그것이 중세 기독교철학에서 보에티우스, 아퀴나스, 피코 등에게서 '신의 모습'(imago dei)을 따라 창조된 자로서의 인격(人格, personality) 개념으로 이어진다고 말한다. 이어 로고스나 인격 이외에 인간 본성으로 간주되었던 다음과 같은 가치들을 상세히 설명한다.

자기 유지의 역량: 스피노자
정념, 감정: 로크, 흄
자율성, 자유의지, 도덕성: 칸트
본질에 앞선 실존: 사르트르
자유: 아담 스미스, 존 스튜어트 밀, 벌린

그는 다윈의 진화생물학과 윌슨의 사회생물학 그리고 투비와 코즈미디스의 진화심리학 등에서 인간의 본성이 어떻게 이해되는지를 설명하는데, 여기서 본성은 기본적으로 생존과 번식을 위한 본능적 충동이라고 할 수 있다. 마지막으로 그는 자신의 조건과 한계를 끊임없이 넘어서려는, 생명성으로서의 본성에 주목하면서 인간의 본성 이해에 대한 긴 탐색을 마무리한다.

　5) 심리학 분야에서는 박성현이 「본성 실현을 향한 자아초월의 길」이란 글에서 인간의 본성에 대해 논한다. 그는 본성의 물음은 곧 '나는 누구인가'의 물음과 다르지 않으며, 이 물음에 대해 인간의 자아초월성에 주목하는 자아초월 심리학(Transpersonal Psychology)의 관점에서 답한다. 자아초월 심리학은 인간을 부모, 교육, 문화 등에 의해 구성되고 조건화된 자아(ego) 이상의 존재로 간주하며, 그 자아 너머의 '근원적이고 본질적인 참된 자기(Self)'의 발견과 실현에 관심을 갖는다. 박성현은 자아 너머의 참된 자기를 본성이라고 칭하면서, 자아에서 자기(본성)으로의 초월을 자아초월 심리학에서 논하는 다음과 같은 세 가지 방향으로의 초월로 설명한다.

　1. 아래로의 초월: 융의 집단 무의식론, 위시번의 나선적 통합이론
　2. 위로의 초월: 아사지올리의 상위 무의식, 윌버의 비이원 의식
　3. 수평으로의 초월: 페러의 참여 영성

　박성현에 따르면 융의 집단 무의식에서의 자기나 위시번의 나선적 통합이론에서의 역동적 바탕이 되는 심층 정신은 개인적 의식 아래에 있는 자기이다. 따라서 그 자기에로의 초월은 '아래로의 초월'이 된다. 반면 아사지올리의 상위 무의식이나 윌버의 비이원 의식은 심층 무의식과 달리 의식과 자각의 자기이기에 의식 아래가 아니다. 이 자기에로의 초월을 '위로의 초월'이라고 부른다. 마지막으로 페러는 기존의 자아초월 심리학자들이 주장한 위나 아래로의 구조-위계적 체계를 '자기중심적 영적 나르시즘'이라고 비판하면서 위나 아래가 아닌 주변

의 공동체 전체로 수평적으로 자신을 확장시켜 나가는 '참여적 영성'을 주장한다. 이를 '수평으로의 초월'이라고 한다.

서양철학 | 인간의 본성: 이성, 자기실현과 생명성　　　　　　　신승환 · 277

본성, 그 상상 너머

이필원(동국대학교 WISE캠퍼스 파라미타칼리지 교수)

◆　　◆　　◆

초기불교에서는 명사로서 본성이라는 용어가 사용되지 않는다. 동사적 표현으로서 브하와띠(bhavati)가 사용될 뿐이다. 동사가 중심이 된다는 것은 기본적으로 실체 관념이 없었다는 것을 의미한다. 명사 가운데 본성을 표현하는 대표적 용어는 attan(ātman)이다. 초기경전에서 attan(我)은 anattan(無我/非我)의 용례로 나타나며, attan에 대한 관념을 비판하는 것이 핵심이다. 그래서 명사로서 아딴이 비판되면서 동사 중심으로 존재를 바라보게 된다.

한편 대부분의 종교나 사상에서는 일반적으로 본성을 실체로서 이해한다. 그리고 그 본성은 자성과 같은 맥락에서 이해된다. 그렇기에 육체의 배후에 존재하는 어떤 것을 본성이라고 하고, 그것을 영혼 혹은 진아, 아뜨만 등으로 표현한다. 특히 인도철학에서는 어떠한 변화에도 영향을 받지 않는 영원한 자아로서 아뜨만을 제시한다. 그리고 이 아뜨만은 자유롭고, 영원하며 더 없이 행복한 영원한 존재로서 모든 감각과 활동의 배후에 있는 주체라고 설명된다.

그러나 붓다는 이러한 아뜨만 이론을 사실이 아닌 인간이 만들어 낸 관념의 내용으로 파악한다. 그리고 이를 위해 자아에 대한 분석적 방법을 택한다. 그 분석적 방법의 범주가 바로 온(khanda), 처(āyatana), 계(dhātu)이다. 그런데 인도는 윤회라는 세계관을 갖고 있기에, 윤회의 주체 문제가 늘 문제가 된다. 인도철학은 이를 아뜨만으로 해결하고, 자이나교에서는 지와(Jīva)라는 개념으로 해결한다. 이에 반해 불교는 무아를 말하기에 윤회의 주체 문제에서 공격을 받아 왔다. 붓다는 경험의 배후에 존재하는 주체 관념을 오온으로 분석함으로써 부정하고, 자아에 대한 동일시는 결국 오온 중 어느 하나를 자아로 여겨 집착하는 것을 통해 드러난 것일 뿐이라 보았다. 붓다는 윤회를 오온의 작용이란 측면으로 분석한다. 즉 붓다는 존재를 인정하지 않기에, 그 존재에 깃든 의식 또한 비판한다. 다만 경험이라는 작용만이 있을 뿐이며, 그것을 통해 윤회와 까르마를 설명한다.

그러나 그렇다고 해서 붓다가 설하는 무아의 무無가 '없음', '허무'로 이해될 수 없다. 붓다는 명백하게 단멸론/허무론을 비판하기 때문이다. 있음과 없음이라는 두 극단을 비판하기에, 무아는 자아의 없음을 말하는 것이 아니다. 그것은 다만 형이상학적인 자아, 불변의 자아, 아뜨만과 같은 개념의 부재를 말하는 것이며, 경험적인 자아의 존재를 부정하지 않는다.

따라서 존재자가 갖는 본성이란 불변하는 본성이나 자성, 아뜨만이 아니라 항상하지 않음, 변화하는 것을 본성이라고 할 수 있다. 이를 무상(anicca, 無常)이란 개념으로 설명한다. 그리고 이것을 체계적으로 보여 주는 것이 바로 '연기'이다. 연기는 동사적 세계관을 보여 주는 것이며, 존재자의 연속적 흐름, 그리고 관계적 특성을 보여 준다. 연기적 세계관에서는 자연스럽게 앞서 언급한 자성, 본성, 아뜨만과 같은 개념이 부정되며, 생생하게 살아있는 현재성이 드러나게 된다.

붓다는 본성이란 인간들이 갖는 불멸성에 대한 갈망이 만들어 낸 상상에 불과한 것이며, 그러한 상상을 넘어서게 되면 생생하게 살아있는, 그리고 모든 존재하는 것들이 끊임없이 관계하는 무한히 열린 세계가 지금 여기에서 구현되고 있음을 설한다.

1. 본성이란 무엇인가?

철학이나 종교에 관심이 있는 사람이라면 누구나 한 번쯤은 본성本性
이란 말을 들어보았을 것이다. 그리고 그것이 정확히 어떤 의미인지는
모르지만 어렴풋한 이미지를 통해 본성이란 것에 대해 우리는 이러저
러한 말들을 한다. 본성에 해당하는 산스끄리뜨어는 쁘라끄리띠
(Prakṛti)란 단어이다. 이 단어에 대한 사전적 정의를 먼저 살펴보고,
다음으로 이 단어와 유사한 개념들에는 무엇이 있는지 알아보자.

'처음 또는 앞에 만들거나 놓는 것', 원형 혹은 본래적인 형태
혹은 어떤 본래적인 상태, 혹은 일차적인 실체.[1]

사전에서는 상키야 학파의 정의와 인도신화의 정의도 같이 소개하
고 있는데, 우리가 논의하는 데에는 위의 정의로 충분하다.

본래 갖추고 있는 성질, 태어나면서 지닌 고유의 성질이란 뜻.
'자성(自性, svabhāva)'과 같은 뜻이지만, 많은 경우 '태어나면서
지닌 것', '본래' 등 부사적으로도 사용된다.(예를 들어 本性清淨 등)[2]

사전의 정의를 하나 더 소개해 본다.

1 Monier-Williams, Sanskrit-English Dictionary(1899: 654). s.v. prakṛti.
2 岩波仏教辞典(1989: 750). s.v. 本性.

또는 내재적인 본성(Skt. prakṛti). 원래 어떤 것의 현재 기본 성질로서, 종종 '자기 본성'의 개념과 동등하다(自性 - Skt. svabhāva; Pāli. sabhāva) 불교, 특히 마하야나는 일반적으로 본질에 대한 개념을 잘못된 인식으로 거부한다.[3]

위의 정의들을 통해 알 수 있는 것은 '본성'이란 개념은 본래적이고 일차적인 실체[4], 태어나면서 갖고 있는 고유한 성질, 내재적인 성질과 같은 의미이다. 그리고 '본성'은 자성自性과 같은 개념이다. 그런데 PTSD의 sabhāva 항목의 설명을 보면, 일단 이 개념은 초기 니까야 (nikāyas)에는 등장하지 않고, Milindapañha와 같은 후대 문헌 속에서 등장한다.

　그렇다면 여기에서 한 가지 의문이 생긴다. 우리가 흔히 말하는 '초기경전에 해당하는 니까야와 아함[5]에는 본성이란 단어가 사용되지

---

3 http://www.buddhism-dict.net/cgi-bin/xpr-ddb.pl?q=%E6%9C%AC%E6%80%A7

4 한자경(2019: 24) "형이상학은 실체에 대해 탐구하는 학이다. 실체를 이미 전제하고서 성립하는 학이 아니라, 오히려 우리의 일상 의식이나 우리의 언어체계가 이미 전제하고 있는 실체를 그 자체로 문제 삼는 학이다. 다시 말해 우리가 일상적으로 전제하는 실체의 실상이 정확히 무엇인지를 밝히려는 학이다. 실체가 과연 존재하는지 아니면 허구인지, 존재한다면 그것은 과연 무엇이며, 존재하지 않는다면 그럼에도 불구하고 우리의 의식이나 언어가 전제하는 실체의 정체는 과연 무엇인지를 밝히려는 것이다."

5 온라인으로 제공되는 CBETA에서 本性이란 단어로 경문을 검색해 보면, 반야부류에서 5,384건, 밀교부류에서 842건, 경집부류에서 842건, 유가부류에서 791건, 선종부류에서 713건, 화엄부류에서 669건, 정토종부류에서 551건, 법화부류

않는가'라는 의문이다. 답부터 말하면, '그렇다'이다. 초기경전군에서 본성 대신에 사용되는 용어가 있다면 그것은 아뜨만(Skt. ātman; Pāli. attan)일 것이다. 그럼 아뜨만에 대한 사전적 정의부터 살펴보자.

영혼, 생명과 감각의 원리, 개별적 영혼, 자아, 추상적인 개아.[6]

물활론적인 이론들에서 가정된 영혼은 북인도에서 기원전 6, 7세기 무렵 제기되었다. 영혼은 우빠니샤드에서 보통 때 심장 속에 사는 사람처럼 생긴 작은 생명체로 묘사된다. 그것은 수면이나 무아지경의 상태일 때 몸에서 탈출한다; 그리고 몸이 다시 움직이면 몸으로 돌아온다. 그것은 죽음과 동시에 몸에서 탈출하고, 영원한 삶을 계속 이어간다.[7]

아뜨만을 산스끄리뜨 사전에서는 '생명과 감각의 원리', '추상적인 개아'와 같이 육체의 배후에 존재하는 생명 원리, 혹은 영혼으로 개념 규정하고 있다. 한편 빨리어 사전에서는 좀 더 구체적으로 기원전 6~7세기 우빠니샤드의 관념으로 기술하고 있다. 여기에서도 아뜨만은 역시 죽음 이후에도 존속하는 것으로 설명되고 있다. 재미있는 것은 이 아뜨만이 거주하는 곳이 바로 심장이라는 것이다.[8] 사실

에서 464건, 비담부류에서 265건 등이 검색될 뿐이다.

6 Monier-Williams Sanskrit-English Dictionary(1899: 135). s.v. ātman.

7 PTSD. s.v. attan.

8 김진영, 2022: 50 참조.

일반적으로 알려진 사실 가운데 하나가 영혼 혹은 생명 원리가 거주하는 곳으로 고대인들은 '심장'을 언급하고 있다. 이는 심장이 갖는 독특성과 중요성 때문일 것으로 생각된다.

이상을 통해 본성의 개념이 자성과 같은 것임을 살펴보았다. 본성이 본래부터 갖고 있는 성품 즉 태어나면서부터 갖게 되는 것이라면, 자성은 스스로 그러한 성품, 성질을 의미한다.[9] 본 논문에서는 본성, 자성, 실체 등을 같은 개념으로 사용할 것인데, 논의에서는 아뜨만이란 개념을 주로 사용할 것이다. 그 이유는 앞서 살펴본 바와 같이 초기경전에서 본성, 자성, 실체와 같은 개념이 사용되지 않고, 아뜨만이 주로 나타나기 때문이다.

2. 감각의 너머에 있는 본성에 대한 상상

인간은 육체와 정신의 복합체이다. 이는 동서양이 모두 공유하는 바이기도 하다. 그런데 육체는 그 한계가 너무나도 명확하다. 그것을 실체 혹은 자성 혹은 본성이라고 할 수는 없는 것이다. 그렇다면 남는 것은 '정신'이다. 현존하는, 아니 존재했던 거의 모든 사상이나 종교에서는 바로 이 '정신'을 다양한 용어로 지칭하면서 이것을 본성, 실체, 자성으로 파악하였다. '정신'을 '영혼'이라고 하든, '자아'라고

---

9 노엄 촘스키는 인간의 본성을 도식체계(schematism)로 설명한다. 그는 도식체계를 제한된 정보로부터 고도로 복잡하고 조직된 것을 이끌어 내게 하는 것이라고 설명한다. 그리고 이것을 인간 본성 개념으로 본다.(노엄 촘스키, 2010)(필자는 이 책을 전자책으로 보아서 페이지를 제시할 수 없음을 밝힌다.)

하든 그것은 모두 동일한 것을 지칭하는 것으로 볼 수 있다. 여기에서 중요한 것은 육체는 '가假', 정신은 '진眞'으로 파악하는 이분법적인 사유방식이라는 것이다. 플라톤이 육체를 영혼의 감옥이라고 말한 것이 가장 대표적일 것이다. 이것은 어떻게 보면 인간이 꿈꾸는 불멸성에 대한 바람 때문에 등장한 것일 수도 있다. 누구나 동의하듯이, 육체는 제한적이며 부서지기 쉽고 결국은 소멸하고 만다. 그러니 이것을 '진정한 나'라고 보는 것이 쉽지는 않았을 것이다. 그러니 이 육체의 배후에 어떤 불멸의 존재가 있다고 상정하고, 그것을 '진정한 자아'라고 명명했을 것이다. 그리고 그것을 서양에서는 영혼으로, 인도에서는 아뜨만으로 불렀다.

1) 왜 붓다는 Ātman을 부정하는가?

인도철학에서 말하는 본성론의 핵심은 아뜨만 이론에서 찾을 수 있다. 아뜨만이 왜 요청되는가에 대해서 살펴보는 것은 불교에서 본성에 대해 부정하는 맥락을 이해하는 데 꼭 필요한 내용이다.

> 우빠니샤드에서는 자아가 일시적이며, 또한 다른 자아들로부터 이탈된 것이라고 확고하게 주장한다. 즉 자기를 의미하는 '자아 (아함카라〔ahamkara〕)'는 곧 내 몸과 그 사회 환경을 말한다. 이것이야말로 우리가 '너는 누구냐?'라는 질문을 받았을 때 즉각적으로 떠올리는 '자아'이다. 또한 이것이야말로 우리가 일상적으로 큰 의미를 부여하며, 또한 지키기 위해 분투하는 '자아'이다. 그러나 이것은 결코 궁극적인 자아도 아니며, 또한 인간의 진정한

정체성도 아니다. 본질적인 자아는 '아뜨만'으로 정의된다. 반면 우리의 일상적인 자아(아함카라)는 단순히 유한하고도 조건부에 불과한 가면으로, 우리의 진정하고 무한한 본성을 덮어 가리고 있는 것이다.[10]

아뜨만에 대한 전형적인 설명 가운데 하나는 "아뜨만은 지각되지 않으며(na gṛhyate), 파괴되지 않으며(na śīryate), 고정되어 있지 않으며(na sajyate), 고통받지 않으며(na vyathate), 소멸되지 않는다(na riṣyate)"[11]이다. 또한 아뜨만은 "불멸이며(avināśī), 파괴되지 않는 본성을 지닌 것(an-ucchitti-dharmā)"[12]으로 설명된다.

그런데 이러한 아뜨만은 "보지 못하고, 냄새 맡지 못하고, 맛보지 못하고, 말하지 못하고, 듣지 못하고, 생각지 못하고, 느끼지 못하고, 알지 못한다"[13]고 설명된다. 그 이유는 아뜨만은 하나이기 때문이다.(ekī bhavati)[14] 우리의 감각기관은 각각 그 기능에 따라 나뉘어 작용하지만 아뜨만은 그렇지 않다는 것이다. 아뜨만의 이러한 특징은 매우 중요하다. 그 이유는 아뜨만이 불변의 존재가 되기 위해서는 경험의 영향을 받지 않아야 하기 때문이다. 즉 변화하는 존재가 되어서는 안 되는 것이다.

---

10 랠슬리 스티븐슨·데이비드 L., 헤이버먼 지음, 박중서 옮김, 『인간의 본성에 관한 10가지 이론』, 갈라파고스, 2019, pp.68~69.

11 BĀU. III.9.28.

12 BĀU. IV.5.14.

13 BĀU. IV.4.2.

14 Ibid.

이러한 아뜨만에 대해서 붓다는 단호하게 부정한다. 이것을 설명한 견해 중 곰브리치의 견해를 소개해 본다.

붓다는 두 가지 면에서 우빠니샤드의 존재론에 영향을 받았다. 우선 붓다는 '존재'를 '변화' 혹은 '생성'에 반대되는 개념으로 받아들였다. 그러나 좀 더 추상적, 혹은 철학적 관점에서 붓다는 '존재'의 구체화를 거부한다. 붓다는 우리가 윤회를 직시하지 못하게 하는 세 가지 주요한 속박(saṃyojana)이 있다고 선언하였다. 그중 첫 번째가 바로 '존재'라는 범주가 실재한다는 생각이다.[15]

일반적으로 서양철학은 세상을 '본질'과 '현상'으로 구분한다. 이 말은 현상의 배후에 본질이 있다는 말로도 이해된다. 곰브리치의 말을 여기에 대입해 보면, 붓다는 본질을 불필요하게 보았다는 것으로 표현하는 것도 가능하다. 말하자면 붓다는 생성, 변화하는 사실만을 이야기할 뿐, 그것의 배경으로서 본질을 요구할 필요도 없고, 또한 그러한 본질이 있을 필요도 없다는 것이다.

'의자'라는 것을 예시로 든다면, 존재하는 것은 어떠한 언어와 사유를 통해 지칭되거나 사유되는 것과는 무관하게 그곳에 존재하고 있는 '의자'일 뿐이다. 그런데 인간은 여기에 언어와 사유를 통해 존재하는

---

15 리처드 곰브리치, 송남주 옮김, 『곰브리치의 불교강의』, 불광출판사, 2018, p.141. 곰브리치는 본문 각주에서 '존재'라는 범주가 유신견(Sak-kāya-diṭṭhi)이라고 제시하고 있다. 따라서 세 가지 주요한 속박이란 삼결三結, 즉 유신견, 계금취견, 의심임을 알 수 있다.

것들의 배후에 있는 본질, 혹은 본성으로서 그것, 즉 '의자'가 있다고 생각한다. 이것을 인간에게 적용하면 '아뜨만'이 된다. 이 아뜨만은 개별적으로 지금 여기에 존재하는 '나'라는 현상적 자아(실존적 자아/경험적 자아)의 배후에 존재하는 '참된 나'가 된다.

본질과 현상이든, 아뜨만과 경험적 자아든 이것은 모두 인간의 사유 활동의 결과이지, 사실은 아니다. 이러한 이유로 붓다는 아뜨만을 부정하는 것이며, 아뜨만을 요청할 어떠한 필요도 인정하지 않는 것이다.

2) 아뜨만은 관념이다

아뜨만은 일종의 요청 개념이라고 할 수 있다. 아뜨만에 대한 다양한 설명이 가능하지만, 여기에서 하나의 설명을 소개해 본다.

> 아뜨만은 신체, 인격, 영혼, 호흡과 동일한 것은 아니지만, 이 모든 요소들을 완전하게 만드는 '어떤 것'이다. 특히 죽음과 재생의 문제, 윤회 속에서도 살아남는 인간의 전인격과 개체성의 의미가 부여되는 개념적 특징을 갖는다. 프라나의 생리적이고 기능적인 면을 압도하면서 인격을 규정할 수 있는 내면적 본질이 바로 아뜨만인 것이다. 서양철학에서 말하는 영혼이나 자아의 개념에 가장 근접한 용어가 아뜨만이다.[16]

'도대체 무엇이 인간인가?'라는 질문에 우리는 다양한 술어를 통해

---

16 김진영(2022: 47).

이를 설명한다. 이는 자연스럽게 술어들의 주체, 즉 주어에 대한 관념을 형성하게 된다. 예를 들어 '인간은 죽는다', '인간은 윤회한다', '인간은 호흡한다' 등과 같은 문장에서 주어 자리에 놓인 '인간'이 죽기도 하고 윤회하기도 하며, 호흡하는 주체로 인식되게 된다. 즉 인간은 다양한 술어들을 담아내는 그릇이자, 기체基體인 것이다. 이를 한자경은 다음과 같이 설명한다.

> 이처럼 우리가 세계를 이해하는 사고구조나 의식구조 및 언어구조는 '주어와 술어'의 명제 형식으로 되어 있으며, 그 사고구조로서 파악되는 세계 또한 그 사고구조의 상응하는 존재구조를 가진 것으로 간주된다. 즉 '존재자 자체와 그것의 속성'의 구조로 간주된다. 그렇게 속성들의 기저에 있는 기체가 바로 속성을 제외하고 남겨지는 존재자 자체, '속성들의 담지자'라는 의미의 '실체實體'가 된다. 언어구조인 주어-술어에 상응하는 존재구조가 '실체-속성'이며 그렇게 해서 속성들의 기저에 있는 기체가 바로 속성들의 담지자인 '실체'로 간주된다.[17]

아뜨만이라고 하든 실체라고 하든, 그것을 어떻게 부르든 간에 이것은 존재를 해명하려고 한 사유과정이라고 할 수 있다. 그런데 아뜨만은 단순히 주어로서의 기능만을 하는 것은 아니다. 주어로서 모든 술어의 주체이지만, 동시에 그 어떤 술어의 영향도 배제되는 초월적 존재이다.

---

17 한자경(2019: 24).

윤회는 자신의 내면에서 아트만을 발견했을 때에만 중단된다. 그렇지 않으면 자연스럽게 욕망에 따라 행위하고 이에 상응하는 '카르만의 결과(業報)'를 받아 윤회가 지속된다. 신체를 가진 아트만은 윤회하고, 신체를 가지지 않는 아트만은 브라만과 동일화되어 빛의 광휘로 표현되기도 한다. 윤회의 문제에서 특히 신체성은 욕망과 고통의 근거로 작용한다. 신체와 분리된 아트만은 순수정신과 지혜이기 때문에 고통의 속박에서의 자유인 해탈을 지시하게 된다.[18]

위 인용문에서 알 수 있듯이, 아뜨만은 '욕망에 따라 행위하는 주체'가 아니다. 그저 배경에 존재하면서 빛나는 존재로서 해탈적 존재로 존재할 뿐이다. 우리가 그러한 아뜨만에 대해 의식을 하지 못하기 때문에 까르마의 속박에 묶여 윤회를 지속하게 되는 것이다. 그렇기에 자연스럽게 육체는 부정적 존재이자, 벗어나야 하는 그 어떤 것으로 인식되는 것이다. 이는 또한 이 세계를 부정하며, 육체의 한계를 벗어난 초월의 세계를 지향하는 세계관으로 이어진다. 그리고 이러한 세계관을 우리는 이원론적 세계관이라고 한다.[19] 이는 마치 플라톤이 세계를 현상계와 이데아계로 나눈 것과 같다.[20]

붓다는 이러한 이원론적인 아뜨만적 사유를 비판한다. 일례로 『상

---

18 김진영(2022: 98~99).

19 박찬국(2019: 13). "플라톤 이후의 서양철학과 종교는 세계를 피안과 차안으로 나누는 이원론에 의해 규정되어 있다."

20 자세한 내용은 한자경(2019: 40ff)을 참조하라.

윳따니까야』「무명을 조건으로 경(Dutiyāvijjāpaccayasutta)」[21]에서 '태어남과 태어나는 자', '존재와 존재하는 자', '집착과 집착하는 자' 등으로 분별하는 것은 하나의 견해일 뿐임을 분명히 한다. 그리고 『숫따니빠따』에서는 이것을 존재에 대한 갈구[22]로 표현하고 있다. 동서양을 막론하고 대부분의 종교나 철학은 바로 존재의 영속성을 증명하고 밝히고자 했다. 그것을 위해서 현실 세계 너머의 초현실의 세계, 초인적 존재를 상정하였다. 그리고는 자신의 견해와 다른 사람들과 논쟁하며 시비를 가리고자 했고, 나아가 폭력으로 이어지기도 했다. 이것을 붓다는 다음과 같이 진단한다.

독단적 견해를 주장하는 사람은(nivissavādī) 이끌기가 쉽지 않습니다. 이미 (자신이) 따르는 견해가 만들어졌기 때문입니다.[23]

3. 관념을 넘어 사실의 세계로

이른바 초기경전이라고 하는 니까야를 보면, 내용의 많은 부분이 '있는 그대로 보는 것'에 대한 것이다. 이것은 우리들이 경험하는 둑카(고통 혹은 괴로움)의 원인이 '있는 그대로 보지 못하기 때문'이라고 이해할 수 있다. 그리고 붓다는 바로 '있는 그대로 지혜를 갖고 보는 방법'에 대해서 반복적으로 가르친 것이다. 이것을 달리 표현하면,

---

21 SN.II, p.63ff.

22 Sn.839. "bhavaṃ na jappe."(존재를 갈구해서는 안 됩니다.)

23 Sn.910.

54

관념으로 만든 허구적 세계를 벗어나서 사실의 세계를 인식하는 것이라고 할 수 있다.

1) 까르마는 누가 짓는가?

우리는 보통 행위를 한다고 하면, 그 행위의 주체가 반드시 해명되어야 한다고 생각한다. 그 이유는 간단하다. 행위에 대한 책임을 지워야 하기 때문이다. 주체가 없다면 책임을 물을 수 없게 된다. 그 책임의 이론을 달리 표현하면 '까르마 이론'이 된다. 물론 까르마 이론을 책임이라는 점에 한정해서 표현하는 것은 적절하지 않다. 까르마가 갖는 의미는 매우 넓기 때문이다.

자, 그럼 논의의 주제인 까르마는 누가 짓는가?에 대해서 경전에서는 어떻게 말하고 있는지 살펴보자. 『상윳따니까야』에 「몰리야팍구나의 경(Moliyaphaggunasutta)」의 경문을 요약해서 제시하면 다음과 같다.[24]

번호	질문	답변
1	세존이시여, 누가 의식의 자양분(viññāṇāhāraṃ)을 섭취합니까?	그러한 질문은 적당하지 않다. 나는 '사람이 섭취한다'고 말하지 않는다.[25] 오로지 '세존이시여, 무엇 때문에 자양분이 생겨납니까?'라고 물어야 한다.
2	세존이시여, 누가 접촉합니까?	오로지 '세존이시여, 무엇 때문에 접촉이 생겨납니까?'라고 물어야 한다.
3	세존이시여, 누가 느낍니까?	오로지 '세존이시여, 무엇 때문에 느낌이 생겨납니까?'라고 물어야 한다.

---

24 SN.II, pp.12ff.

4	세존이시여, 누가 갈애합니까?	오로지 '세존이시여, 무엇 때문에 갈애가 생겨납니까?'라고 물어야 한다.
5	세존이시여, 누가 집착합니까?	오로지 '세존이시여, 무엇 때문에 집착이 생겨납니까?'라고 물어야 한다.
6	세존이시여, 누가 존재합니까?	오로지 '세존이시여, 무엇 때문에 존재가 생겨납니까?'라고 물어야 한다.

경문의 흐름은 '의식-촉-수-애-취-유'로서 연기의 지분을 따르고 있음을 알 수 있다. 그런데 여기에서 핵심은 주체에 대한 관념이다. '누가(ko)'는 행위의 주체를 언급하는 것이다. 의식활동의 주체, 접촉하는 주체, 느낌의 주체, 갈애의 주체, 집착의 주체, 존재의 주체를 팍구나 비구는 붓다에게 질문하고 있는 것이다. 사실 경문의 흐름을 보면 팍구나 비구는 첫 번째 질문에서 그쳤어야 했는데, 같은 질문을 반복해서 묻고 있다. 이는 팍구나 비구가 현상적 존재의 배후에 존재하는 어떤 본성, 실체, 즉 본질의 존재에 대한 견해에 사로잡혀 있음을 보여 준다.[26] 이러한 견해를 사견(邪見: 잘못된 견해)이라고 한다. 그렇다면 사견의 반대인 정견을 갖추게 된다면 이러한 본성이나 실체에 대한 집착에서 벗어날 수 있게 된다. 이와 관련된 경문이 있다. 『상윳따니까야』에 「깟짜야나곳따의 경(Kaccāyanagottasutta)」에서는 비구 깟짜야나곳따가 붓다를 찾아뵙고 '올바른 견해'란 무엇인지에 대한 질문

---

25 이하 다른 질문에서도 이 패턴은 그대로 나오지만 생략하였다. "그러한 질문은 적당하지 않다. '나는 사람이 ( )한다'고 말하지 않는다."

26 SN.II, p.50, Kaḷārakhattiyasutta(12: 32)에서는 몰리야팍구나 비구가 환속했음을 알려주고 있다. 이는 팍구나 비구가 붓다의 가르침을 결국 이해하지 못했음을 반증하는 것이기도 하다.

이 나온다.

〔질문〕 세존이시여, '올바른 견해, 올바른 견해'라고 하는데, 세존이
  시여, 어떠한 점에서 올바른 견해가 있는 것입니까?

〔답변〕 ① 깟짜야나여, 세상 사람들은 대개 존재(atthitā)[27]와 비존재
  (natthitā) 두 가지에 의존한다. ② 깟짜야나여, 참으로 있는 그대로
  올바른 지혜로 세상의 발생을 관찰하는 자에게는 이 세상에서
  비존재라는 것, 그 (관념)이 존재하지 않는다(na hoti). 깟짜야나
  여, 참으로 있는 그대로 올바른 지혜로 세상의 소멸을 관찰하는
  자에게는 이 세상에서 존재라는 것, 그 (관념)이 존재하지 않는다.
  ③ 깟짜야나여, 세상 사람들은 대개 접근, 집착, 주착을 통해 묶여
  있지만, 그는 접근, 집착, 그리고 마음의 독단, 주착, 경향에
  접근하지 않고, '나의 자아(attā me)'라고 고집하지 않으며, '일어나
  는 것은 오로지 괴로움이 일어나는 것이다. 사라지는 것은 오로지
  괴로움이 사라지는 것이다'라고 의심하지 않고, 의혹하지 않는다.

---

27 PTSD. s.v. atthitā에 따르면 "state of being, existence, being, reality"로
  설명되고, 水野弘元의 『パーリ語辭典』에서는 "存在性"으로 설명하고 있다.
  단어가 동사(atthi)에 추상명사어미(tā)가 붙은 형태이므로, '존재를 가능하게
  하는 어떤 본성'이란 의미로 이해할 수 있을 것이다. 전재성(2006: 124)은
  이를 한역 有에 해당하는 것으로 '존재의 영원성'으로 설명한다. 그리고 리스
  데이비스 부인(Mrs. Rhys Davids)의 견해를 소개하면서 '절대적으로 소멸될
  수 없는 파르메니데스적인 의미에서 이해된다'는 내용도 덧붙이고 있다. 반대
  로 natthitā는 한역 無에 해당하는 것으로 '존재의 불연속적인 허무성', 즉
  단견斷見인 허무주의로 해석하고 있다.

여기에 다른 것에 의존하지 않는 그의 앎이 있다. 깟짜야나여, 이러한 점에서 올바른 견해가 있는 것이다.[28]

위 경문에서 핵심이 되는 것은 다음의 내용이다.

① 있는 그대로 세상의 발생을 관찰하면 ⇨ '비존재'라는 (관념이) 존재하지 않는다.
② 있는 그대로 세상의 소멸을 관찰하면 ⇨ '존재'라는 (관념이) 존재하지 않는다.
③ 온갖 집착과 독단 등을 버리고 '나의 자아'를 고집하지 않으면 ⇨ '일어나는 것은 괴로움이 일어나고, 사라지는 것은 괴로움이 사라지는 것이다'라는 사실을 더 이상 의심하지 않게 된다.

말하자면, 세상의 발생을 관찰하면 비존재라는 관념에서 벗어나고, 세상의 소멸을 관찰하면 존재라는 관념에서 벗어나게 된다는 것이다. 그리고 집착과 독단 등을 버리고, '자아'라는 허상을 고집하지 않게 되면 괴로움의 발생과 소멸에 대해 올바른 지견을 갖게 된다는 것이다. 결국 세계에 대한 관념은 '존재', '비존재'로 나뉘고, 그 안에 집착과 독단 등에 의해서 '자아' 관념이 자리한다고 볼 수 있다. 이를 그림으로 나타내면 다음과 같다.

---

28 SN.II, p.17.

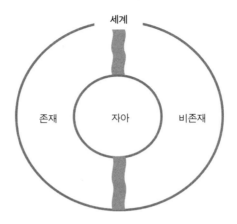

그림 2. 세계-자아, 존재-비존재

자아는 늘 존재와 비존재 사이에 놓여 있다. 존재의 측면에서는 아뜨만을 이야기하고, 비존재의 측면에서는 유물론적 관념론으로 흐르게 된다. 자아는 세계 내 존재로서 세계와의 관계에서 파악되는 데, 우빠니샤드 관념으로 이해하면 세계는 '브라만'이 되며, 자아는 '아뜨만'이 된다. 이 둘은 둘이 아니기에 그 유명한 '범아일여(梵我一如, tat tvaṃ asi)'라는 사유가 등장하게 된다. 이것은 '존재'의 차원에서의 이해이며, 실체론적 이해이다.

앞서 이 경문에서 존재와 비존재는 각각 영원주의와 허무주의, 즉 상견과 단견에 해당하는 것임을 간단하게 언급했는데, 이와 관련된 중요한 경문을 소개해 보고자 한다.

〔질문〕존자 고따마여, 괴로움은 자신이 만든 것입니까?
〔대답〕깟사빠여, 그렇지 않습니다.

〔질문〕 그렇다면 존자 고따마여, 괴로움은 남이 만든 것입니까?

〔대답〕 깟사빠여, 그렇지 않습니다.

〔질문〕 그렇다면 존자 고따마여, 괴로움은 자신이 만들기도 하고
남이 만들기도 하는 것입니까?

〔대답〕 깟사빠여, 그렇지 않습니다.

〔질문〕 그렇다면 존자 고따마여, 괴로움은 자신이 만든 것도 아니고
남이 만든 것도 아닌 원인 없이 생겨난 것입니까?

〔대답〕 깟사빠여, 그렇지 않습니다.

〔질문〕 그렇다면 존자 고따마여, 괴로움은 없는 것입니까?

〔대답〕 깟사빠여, 괴로움은 없는 것이 아닙니다. 괴로움은 있는
것입니다.

〔질문〕 그렇다면 존자 고따마께서는 괴로움을 알지 못하고 보지
못하는 것이 아닙니까?

〔대답〕 깟사빠여, 나는 괴로움을 알지 못하는 것이 결코 아니고
보지 못하는 것이 아닙니다. 나는 참으로 괴로움을 압니다. 나는
참으로 괴로움을 봅니다.

〔질문〕 존자시여, 세존께서는 저에게 괴로움을 보여 주십시오. 저에
게 괴로움을 가르쳐 주십시오.

〔대답〕 깟사빠여, '행위하는 자가 경험한다'라고 하면, 처음부터
제기되었던 '고통은 스스로 짓는 것'이라는 〔것이 됩니다〕. 따라서
〔이러한〕 주장은 영원주의(상견)가 됩니다. 깟사빠여, '행위하는
자와 경험하는 자가 다르다'라고 하면, '다양한 〔괴로움의〕 느낌들
에 의해 〔괴로움을〕 경험한 자에게 제기되었던 '괴로움은 다른

자가 짓는 것'이라는 〔것이 됩니다〕. 따라서 〔이러한〕 주장은 허무주의(단견)가 됩니다.[29]

현실에서 우리는 즐거움, 괴로움 등 다양한 느낌을 경험한다. 여기서 중요한 것은 '내가 즐거움을/괴로움을 경험한다'라는 것에 대한 확고한 믿음 체계이다. 위 경문이 말하는 것은 바로 이것이다. 이를 다시 간단하게 정리하면 다음과 같다.

① 행위하는 자(a) = 경험하는 자(a′) ⇨ 상견
② 행위하는 자(a) ≠ 경험하는 자(b) ⇨ 단견

위 두 견해 가운데 우리가 취하는 것은 거의 대부분 ①이다. 이것이 의심의 여지없이 확실한 것이라고 우리는 생각한다. 그런데 붓다는 이것을 '상견', 즉 본성론, 달리 말하면 실체론이라고 말하는 것이다. 이것을 조금 더 생각해 보면, (a)는 능동이고, (a′)와 (b)는 수동이 된다. 왜냐하면 행위하는 것은 능동이고, 경험하는 것은 엄밀히 말하면 경험되는 것이기에 수동이 된다. 따라서 ①은 능동과 수동이 같다(능동=수동)는 것이 되고, ②는 능동과 수동이 다르다(능동≠수동)는 것이 된다. 이는 하나의 사태를 둘로 쪼개놓은 것에 다름 아니다. 이것은 마치 하나의 사과를 쪼개놓고 왼쪽 사과와 오른쪽 사과로 어지럽혀 놓은 것과 동일하다. 그렇다 보니 자연스럽게 이 둘을 가능케

---

29 SN.II, Acelakassapasutta, pp.19~20.

하는 어떤 것 X의 존재가 반드시 필요하다고 생각하게 되는 것이다. 사실 ①의 경우 (a)와 (a′)는 모두 현상(phenomenon)이다. 본질론자는 현상을 가능케 하는, 현상의 배후에 있는 것이 바로 '본질'이라고 한다. 이것은 하나의 사태를 둘로 억지로 쪼개놓고, 다시 이 둘을 통합하려는 것과 같다. 그래서 우빠니샤드는 이 둘을 통합하는 것으로서, 하나의 원리로서 아뜨만을 자연스럽게 요청한 것이라고 해석할 수 있다. 그래서 붓다는 이러한 것을 '상견'이라고 정의하고 있는 것이다.

②의 경우는 (a)와 (b)가 다르다는 입장이다. 이것은 행위하는 능동의 주체와, 그 행위의 결과를 경험하는 수동의 주체가 다르다는 것이다. 이것은 인과관계가 아예 성립할 수 없는 것으로서, 내가 밥을 먹었는데 엉뚱한 사람이 포만감을 경험하는 것과 같다. 따라서 이것은 자연스럽게 단멸론으로 귀결되게 된다.

그리고 이 경문의 내용은 행위하는 주체, 즉 까르마의 주체에 대한 내용이다. 까르마는 인도철학이든 불교이든 매우 중요한 개념이다. 까르마는 과거와 현재와 미래의 시간대를 연결해 주는 중요한 기제가 된다. 존재의 연속성은 까르마로서 확보가 되는데, 우빠니샤드는 이것을 주체의 측면에서 설명하는 것이고, 불교는 이것을 주체 없이 설명한다는 차이가 있다. 인도철학에서는 진정한 자아, 즉 아뜨만을 '우리로 하여금 끊임없이 윤회의 세계에 머물게 하는 행위와 전혀 관계가 없고 따라서 영원하며 변하지 않는 것'[30]으로 설명한다.

---

30 Bronkhorst(1993: 31-67). 황순일(2010: 103)에서 인용.

 이제 상주론과 단멸론에 대한 내용을 살펴봄으로써 붓다가 본성/실
체에 대해 어떻게 구체적으로 말하고 있는지 살펴보자.

2) 상주론과 단멸론

붓다는 상주론과 단멸론이라는 당시 인도종교 및 사상계의 흐름을
비판하면서, 새로운 제3의 세계관을 제시하면서 등장한다. 이것을
우리는 중도 혹은 중도적 세계관이라고 말한다. 니까야 가운데 이
주제를 비중 있게 다루는 경전이 『디가니까야』의 「범망경(Brahmajāla-
sutta)」이다. 그럼 이 경전에서 상주론과 단멸론을 어떻게 규정되고
있는지 살펴보자.

〔상주론〕
 자아(attā)와 세상은(loko) 상주이고, 태어나지 않으며, 산꼭대기
처럼 부동이고, 돌기둥처럼 부동이다. 저들 중생들은(sattā) 유전
하고, 윤회하고, 죽고, 재생하지만, 이 〔자아와 세계는〕 영원한
것과 같이 존재한다.[31]

〔단멸론〕
 자아는 신체가 파괴되고 나서 단멸하고, 소멸하고, 사후에는 존재
하지 않는다.[32]

---

31 DN.I, p.14, 15, 16 ; 그 외에도 이 정의는 DN.III, p.109, 110 등에서도 볼
  수 있다.
32 DN.I. p.34, 35 ; DN.III, p.140.

위 경문에서 보듯이, 상주론과 단멸론은 정반대의 입장을 보여 준다. 상주론에서는 자아와 세상과 중생을 비교하고 있다. 자아와 세상은 상주이며, 태어나지 않은 것, 부동인 것, 영원한 것으로 설명된다.

그런데 이러한 자아, 즉 아뜨만과 관련해서 붓다의 가르침은 종종 단멸론과 유사한 것으로 오해되기도 한다.

① 태어남은 부서지고 청정한 삶은 이루어졌다. 해야 할 일은 다 마치고 더 이상 윤회하지 않는다.[33]

② 생의 윤회는 완전히 파괴되었고, 이제 다시 재생은 존재하지 않는다네.[34]

①은 붓다가 삿짜까에게 가르침을 주는 장면에서 나오는 것으로, 자신이 깨달음을 얻은 당시에 대한 내용이다. ②는 비구 수행자들이 깨달음을 얻고 깨달음을 선언하는 내용에서 나오는 내용이다. ①과 ②의 내용이 같은 것은 깨달음이 하나이기 때문이다. 그렇기에 깨달음을 통해 경험하는 내용과 지견이 같게 되는 것이다. 그래서 깨달음의 선언, 즉 오도송은 표현만 다를 뿐 같은 깨달음의 내용을 보여 준다.

---

33 MN.I, Mahāsaccakasutta, p.249. 유사한 표현으로 "이것은 최후의 태어남이며, 이제 재생은 없다."(MN.I, p.167 ; MN.III, p.162 ; SN.II, pp.171, 172 ; III, pp.28, 29 ; AN.I, p.259 등)

34 Thera-g. 67G, 90G, 344G.

그런데 여기에서 단멸론과 비교해 보면 전후 맥락을 살펴보지 않고서도 차이가 명백하다는 점을 알 수 있다. 단멸론은 그저 육체의 죽음으로 모든 것이 끝난다는 관념이지만, 깨달음을 통한 선언은 윤회의 고리가 끊어졌기에 재생이 없다는 것으로 나타난다. 전후 맥락을 참고하면 보다 명확한데, 모든 경우에서 '번뇌의 단절', 혹은 '번뇌의 소멸', 혹은 '지혜의 획득' 등이 언급된다.[35]

하지만 단멸론의 경우는 그렇지 않다. 「범망경」에서 확인할 수 있는 단멸론의 경우는 육체의 죽음으로 모든 것이 끝난다는 것, 욕계의 천상, 색계의 천상, 무색계의 네 가지 천상세계에서의 죽음으로 모든 것이 끝난다는 7가지의 경우를 언급하고 있다. 단순히 말하면 삼계를 기반으로 단멸론을 말하고 있는 것이다. 삼계를 기반으로 하지만 그렇다고 어떤 주체의 윤회를 인정하는 것은 아니다. 자세히 보면, 이것은 7가지의 경우가 각각 단절된 상태임을 알 수 있다. 그 이유는 다음의 경문 때문이다.

존자여, 그대가 말한 자아는 참으로 존재합니다.(a) 나는 그것이 없다고 말하지 않습니다. 존자여, 자아가 실로 그렇게 철저하게 단멸하는 것은 아닙니다. 존자여, 참으로 다른 자아가 존재합니

---

35 DN.III, pp.83, 97, 133 ; MN.I, pp.4, 5, 235 ; SN.I, p.171 등에서 확인할 수 있다. 일례로 "번뇌를 멸하고, 이미 수행을 완성하고"(DN.III, p.83), "모든 번뇌들은 타버렸고"(Thera-g.67G), "나에 의해서 모든 어리석음이 제거되었고, 모든 존재에 대한 갈애가 파괴되었네"(Thera-g.343G), "오온은 완전히 이해되었고, 잘려진 뿌리가 확립되었네"(Thera-g.90G) 등을 들 수 있다.

다.(b) … 그것을 그대는 알지도 못하고 보지도 못합니다. 그러나 나는 그것을 알고 봅니다. 존자여, 바로 이런 자아야말로 몸이 무너지면 단멸하고 파멸하고 죽은 후에는 더 이상 존재하지 않습니다.[36]

(a)와 (b)는 윤회가 아닌, 별개의 자아를 말하는 것이다. 즉 단절된 자아들인 것이다. 단멸론이라고 해도 삼계를 인정하지만, 이들 세계들을 윤회하는 관점은 인정하지 않고 있음을 알 수 있다.

우리가 흔히 본성을 말하게 되면 보통 상주론만을 떠올릴 수 있는데, 단멸론도 큰 틀에서 보면 여기에 해당된다. 단멸론의 입장도 결국은 태어난 존재는 누구나 죽음을 통해 완전한 소멸로 끝난다는 것이다. 단멸론에서 굳이 본성을 말하자면 '완전한 소멸'이다. 이것은 무엇으로 환원되는 것도 아니고, 재생 혹은 윤회하는 것도 아닌 '완전한 소멸'이다.

한편 경전에서는 상주론의 관념을 가진 사람이 붓다의 가르침을 듣고 잘못 이해하게 되면 단멸론으로 오해할 수 있음을 분명히 보여주기도 한다.

비구들이여, 세상에서 어떤 사람은 '이것이 세계이며, 이것이 자아이다. 나는 죽은 뒤에도 상주하고 견고하고 지속하고 변하지

---

36 DN.I, p.34, 35. 단멸론의 대표적인 인물은 육사외도 중 아지따 께사깜발라이다. 자세한 내용은 DN.I, Samaññāphalasutta, p.55에 나온다. "어리석은 자도 현명한 자도 몸이 무너지면 단멸하고, 멸망하고, 사후에 존재하지 않는다."

않는 것으로서 영원히 그와 같이 존재할 것이다'라고 생각한다. 따라서 그가 여래 또는 여래의 제자로부터 모든 견해의 관점·선입견·편견·집착·경향을 뿌리 뽑고 모든 형성을 중지하고 모든 집착에서 벗어나고 갈애를 부수고 사라지고 소멸하고 열반하기 위해, 가르침을 베푸는 것을 들었다면, 그는 '나는 단멸할 것이다. 나는 파멸할 것이다. 나는 존재하지 않게 될 것이다'라고 슬퍼하고 우울해하고 비탄해하며 가슴을 치며 통곡하면서 곤혹스러워한다. 수행승들이여, 이와 같이 안으로 존재하지 않는 것에 관해 혼란될 수 있다.[37]

위 「뱀의 비유의 경」의 내용을 정리해 보면 다음과 같다.

어떤 사람이,
자아와 세계는 상주하고 견고하고 지속하고 변하지 않는 것이라고 생각 ⇨ 그가 여래 혹은 여래의 제자로부터 열반에 이르는 가르침을 듣게 되면 ⇨ 단멸하게 될 것이라고 곤혹스러워 한다.

이는 열반이 곧 재생의 종식, 윤회의 끝을 의미하는데, 사람들은 이것을 곧 단멸, 즉 자아의 완전한 소멸이라고 오해할 수 있음을 보여 준다. 열반에 대한 정의는 매우 명확하다. 열반은 탐진치의 소멸로 정의된다.[38] 이 말은 번뇌가 소멸된 상태가 열반이라는 것이다.

---

37 MN.I, Alagaddūpamasutta, p.136.

38 SN.IV, Nibbānasutta, p.251. "'Yo kho āvuso rāga-kkhayo, dosa-kkhayo,

그런데 문제는 번뇌가 소멸되면 윤회가 종식되고, 재생이 끝나게 된다는 것이다. 윤회가 종식되고 재생이 끝나는 것이란 도대체 어떤 것인가? 이에 대한 답변이 경전에 제시되어 있다.

> 왓차여, 그대 앞에 불이 타오르는데, '그 불은 무엇을 조건으로 타오르는가?'라고 묻는다면, 왓차여, 그 물음에 그대는 어떻게 설명하겠습니까?
>
> 존자 고따마여, 나는 '내 앞에 불이 타오르는데, 그 불은 섶과 나무라는 땔감을 조건으로 하여 타오릅니다'라고 대답할 것입니다.
>
> 왓차여, 그대 앞에 불이 꺼지면, 그대는 '내 앞에 불이 꺼진다'라고 압니까?
>
> 존자 고따마여, 그렇습니다.
>
> 왓차여, 그대 앞에 불이 꺼지면, '그 불은 이곳에서 동쪽이나 서쪽이나 북쪽이나 남쪽의 어느 방향으로 간 것인가?'라고 묻는다면, 그 물음에 대하여 어떻게 설명하겠습니까?
>
> 존자 고따마여, 그것은 타당하지 않습니다. 그 불은 섶과 나무라는 땔감을 조건으로 하여 타오르고, 그 땔감이 사라지고 다른 땔감이 공급되지 않으면 연료가 없으므로 꺼져버린다고 압니다.
>
> 왓차여, 이와 마찬가지로 사람들은 여래를 물질로서, 느낌으로서, 지각으로서, 형성으로서, 의식으로서 묘사하지만, 여래에게 그것들은 끊어졌습니다. 여래는 그것들의 뿌리를 끊고, 종려나무 그루터기처럼 만들고, 존재하지 않게 하여, 미래에 다시 생겨나지

---

moha-kkhayo. Idaṃ vuccati Nibbānan' ti."

않게 합니다. 왓차여, 참으로 여래는 오온이라고 여겨지는 것에서 해탈하여, 심오하고, 측량할 수 없고, 바닥을 알 수 없어 마치 커다란 바다와 같습니다. 그러므로 여래에게는 사후에 다시 태어난다는 말도 타당하지 않으며, 사후에 다시 태어나지 않는다는 말도 타당하지 않으며, 사후에 다시 태어나기도 하고 다시 태어나지 않기도 한다는 말도 타당하지 않으며, 사후에 다시 태어나는 것도 아니고 태어나지 않는 것도 아닌 것이란 말도 타당하지 않습니다.[39]

유행 수행자 왓차곳따는 14난문, 즉 14개의 형이상학적 질문을 던진 인물로 유명한 사람이다. 왓차곳따와 붓다와의 대화를 기록한 경전은 『맛지마니까야』에서만 2개이다.[40] 위 경문에서 왓차곳따는 해탈/열반을 얻은 사람은 어디에 다시 태어나게 되는지를 물은 것이다. 이에 대해서 붓다는 불이 꺼진 것을 비유로 여래의 사후 문제에 대해서 가르침을 주고 있다. 불의 비유는 매우 탁월했고, 이 가르침으로 왓차곳따는 붓다의 가르침을 이해하게 된다.[41]

---

39 MN.I, Aggivacchagottasutta, pp.487~488 ; 전재성 2009: 795~797.

40 MN.I, 72번경과 73번경이다. 72번경의 가르침을 통해 왓차곳따는 재가신자가 되고, 73번경의 가르침을 통해 출가하여 아라한이 된다.

41 그런데 사실, 열반을 불의 비유로 설명한 것은 비유적으로는 훌륭하지만 완전히 해명된 것으로 보기에는 다소 무리가 있다. 하지만 언어로서 열반의 상태를 명확히 표현하는 것은 불가능하기에, 불교에서 열반은 어떤 의미에서는 '신비의 영역'으로 남겨져 있다고 생각된다. 이러한 열반의 특징에 대해서는 아날라요 (2014: 285ff)의 '열반: 모든 것을 포괄하는 통일체도 아니고 절멸도 아닌 것'을

한편 『숫따니빠따』에서도 불의 비유를 통한 가르침을 볼 수 있다. 이 경문 역시 언뜻 보기에는 단멸론의 입장과 유사한 것으로 오해될 수 있는데, 그 내용을 보면 다음과 같다.

〔우빠시와〕 널리 보는 분이시여, 만약 그가 종속되지 않고 거기에서 여러 해를 머무를 수 있다면, 그는 거기에서 해탈하고 청량해질 수 있습니까? 그러한 그에게 의식작용은 존재합니까?[42]

〔붓다〕 마치 바람의 힘에 의해 날린 불꽃이 소멸되어 헤아릴 수 없듯이, 이와 같이 정신적인 것들[43]로부터 해탈된 성자는 〔의식작용이〕 소멸되어 헤아릴 수 없습니다.[44]

〔우빠시와〕 그는 소멸된 것입니까? 존재하지 않는 것입니까? 아니면 영원히 질병 없는 상태입니까?

무니시여, 그것을 저에게 잘 설명해 주소서. 왜냐하면 이 진리는 당신에 의해 있는 그대로 알려졌기 때문입니다.[45]

〔붓다〕 소멸된 자에게는 헤아려질 기준이 없습니다.

어떤 것에 의해서도 그에 대해서 말할 수 있는 그것이 그에게는 없습니다.

모든 현상들이 소멸되었을 때, 모든 말의 길 또한 사라집니다.[46]

참조하면 좋다.

42 Sn.1073.

43 nāmakāyā를 번역한 것인데, 나마(nāma)는 nāma-rūpa의 나마로서, 수상행식을 가리키는 것으로 볼 수 있다. 12연기의 명색名色 중 '명'에 해당한다.

44 Sn.1074.

45 Sn.1075.

위의 경문에서 바라문 우빠시와(Upasīva)는 해탈한 자에게 의식이 존재하는지를 묻고 있다. 이에 붓다는 불꽃이 소멸된 것과 같이 해탈된 성자에게 의식작용은 소멸되어 알려지지 않는다고 답하였다. 여기서 우리는 중요한 사실을 알게 된다. 소멸되는 것은 '의식작용(viññāṇa)'[47] 이라는 것이다. 이는 달리 분별작용이라고도 할 수 있는데, 이것이 존재하지 않기에 '헤아릴 수 없다(na upeti saṃkhaṃ)'고 하는 것이다. 이것과 관련한 경증은 많은데, 그중에 대표적인 하나를 소개해 본다.

비구들이여, 악마 빠삐만이 양가의 아들 고디까의 의식을 찾고 있다. '양가의 아들 고디까의 의식은 어디에 있을까?'라고. 그러나 비구들이여, 양가의 아들 고디까는 의식이 머무는 곳 없이 완전한 열반에 들었다.[48]

---

46 Sn.1076.

47 여기에서 말하는 의식(viññāṇa)은 단순히 우리가 생각하는 의식의 수준을 넘어서, 자아를 규정하는 의식으로 바라보는 것이 보다 적절할 것이다. 앤드류 올렌즈키(2018: 182)는 "(그때나 지금이나) 대부분의 다른 사상가들은 '의식은 자아이다'라는 문제가 시작이며 끝이라고 여긴다"라는 말로 의식과 자아의 문제를 언급하고 있다. 그런데 사실 이 문제는 오늘날 뇌과학의 발달과 더불어 의식을 뇌작용의 결과로 보는 것과도 밀접한 관련이 있다. 오늘날에는 이를 의식의 난제(Hard Problem of Consciousness)라고 하는데, 이는 "뇌에서 일어나는 객관적이고 물리적인 과정들이 어떻게 주관적 경험을 빚어낼 수 있느냐는 문제"이다. 의식에 대한 내용으로는 수전 블랙모어(2015: 43ff)의 글을 참조하라.

48 SN.I, Godhikasutta, p.122.

『숫따니빠따』와 『상윳따니까야』의 「고디까의 경」은 같은 내용을 말하고 있다. '소멸하는 것은 의식이다.'[49] 붓다는 오온 이외에 6번째를 말하지 않았기에, 언뜻 보면 이것은 형식상으로는 단멸론의 기술방식과 유사하다고 볼 수 있다. 그러나 기술방식이 유사할 뿐, 이 둘은 전혀 다른 것이다. 『맛지마니까야』의 「마간디야숫따」의 내용을 통해 우리는 열반의 또 다른 정의를 볼 수 있다.

병이 없음이 최상의 이익이며, 열반이 최상의 즐거움이네.
여덟 가지 고귀한 길은 불사不死의 안온에 이르는 길이네.[50]

열반이 최상의 즐거움(paramaṃ sukhaṃ)이라는 것이다. 그리고 열반을 얻게 하는 방법인 팔정도는 불사(amata)에 이르는 방법이다. 우리가 팔정도를 잘 수행하게 되면 열반을 성취하기에, 열반은 곧 불사이다. 죽음이 없는 경지, 죽음을 초월한 경지 그것이 바로 열반인 것이다. 붓다가 마간디야에게 설한 내용을 간략히 정리하면 다음과 같다.

열반＝최상의 즐거움＝불사不死

---

49 그런데 사실 이렇게 말하면, 어떤 이들은 의식이 소멸하는 것이라면, 열반의 상태란 의식 이외의 어떤 것이 상정되는 것이 아니냐라는 질문을 던지며, 불교 역시 상주론의 입장이라고 주장할 수도 있을 것이다. 이는 무아를 비아로 보는 입장과 깊은 관련이 있을 수 있다. 이에 대해서는 한자경(2022: 17~18)을 참조하라.

50 MN.I, Māgandiyasutta, p.508 ; 전재성(2009: 821).

이 경문을 통해 우리는 열반이 단멸론으로 이해될 수 없음을 알
수 있다. 그런데 이렇게 정리하면, 마치 열반의 주체가 있는 것처럼
생각될 수 있다. 그러나 열반은 아뜨만과 같은 어떤 실체가 전제되는
것이 아니라는 점이 중요하다.

'나는 있다'는 자만을 제거하기 위해 무상에 대한 지각을 닦아야
한다. 비구들이여, 무상에 대한 지각을 닦은 비구에게는 무아에
대한 지각이 확립된다. 무아에 대한 지각을 갖춘 자에게는 '나는
있다'는 자만이 제거되고 현세에서 열반을 얻는다.[51]

경문의 '무아에 대한 지각'은 'anattasaññā'의 번역이다.[52] 안앗따
(anatta)는 무아이고 상냐(saññā)는 지각, 개념, 상想이다. 위 경문에
서 알 수 있듯이, 열반이라고 하는 것은 무아의 체득이기도 하다.
주지하듯이, 불교의 성인론聖人論에서 유신견有身見, 계금취견, 의심
의 삼결三結을 끊으면 예류 성자가 된다. 따라서 열반을 성취하기
전에 이미 '내가 있다는 견해'는 끊어지는 것이다. 그렇기에 열반을
얻는 주체가 따로 있다고 말할 수 없는 것이다. 이렇게 해서 상주론이
또한 비판된다.

3) 둑카는 존재의 본성인가?
앞서 우리는 둑카(괴로움)에 대한 경문을 보았다. 불교는 둑카의 상태

---

51 AN.IV, Sambodhipakkhyasutta, p.352.
52 이를 전재성(2018: 1847)은 '실체 없음에 대한 지각'으로 번역하고 있다.

에서 둑카가 없는 상태로 나아가는 것을 목적으로 한다. 이것을 보여주는 것이 바로 사성제라는 가르침이다. 그렇다 보니, 혹자는 '붓다는 둑카를 존재의 본성으로 보는 것이 아니냐?'라는 질문을 던지기도 한다.

그런데 결론부터 말하자면 이러한 질문은 성립하지 않는다. 존재의 본성이 둑카라면 우리는 그 누구도 둑카에서 벗어날 수 없게 된다.

그렇다면 둑카, 즉 괴로움이란 어떻게 설명되는가. 이에 대한 구체적인 경문을 살펴보도록 하자. 먼저 『위나야』「마하왁가」에 나오는 「가르침의 바퀴를 굴림에 대한 이야기(Dhammacakkappavattanakathā)」의 내용을 살펴보자.

> 비구들이여, 괴로움의 거룩한 진리란 이와 같다. 태어남도 괴로움이고 늙는 것도 병드는 것도 괴로움이고 죽는 것도 괴로움이고 슬픔, 비탄, 고통, 근심, 절망도 괴로움이다. 사랑하지 않는 사람과 만나는 것도 괴로움이고 사랑하는 사람과 헤어지는 것도 괴로움이고 원하는 것을 얻지 못하는 것도 괴로움이다. 줄여서 말하자면 다섯 가지 존재의 집착 다발(오취온)이 모두 괴로움이다.
> 비구들이여, 괴로움의 발생의 거룩한 진리란 이와 같다. 그것은 바로 쾌락과 탐욕을 갖추고 여기저기에 환희하며 미래의 존재를 일으키는 갈애이다. 곧 감각적 욕망의 대상에 대한 갈애, 존재에 대한 갈애, 비존재에 대한 갈애이다.
> 비구들이여, 괴로움의 소멸의 거룩한 진리란 이와 같다. 그것은 갈애를 남김없이 사라지게 하고 소멸시키고 포기하고 버려서

집착 없이 해탈하는 것이다.

비구들이여, 괴로움의 소멸로 이끄는 길의 거룩한 진리란 이와 같다. 그것은 바로 여덟 가지 고귀한 길이다. 곧 올바른 견해, 올바른 사유, 올바른 언어, 올바른 행위, 올바른 생활, 올바른 정진, 올바른 사띠, 올바른 집중이다.[53]

위 경문은 이른바 '초전법륜'에서 붓다가 다섯 비구에게 처음으로 가르침을 준 내용 중 일부이다. 그리고 그 내용은 '사성제'로서 둑카에 대한 전체적인 내용이 무엇인지를 잘 보여 주고 있다. 하나의 경문 (MN.의 13번경)을 더 보도록 하자.

비구들이여, 감각적 욕망의 대상이 갖는 유혹은 어떠한 것인가? 비구들이여, 다섯 가지 감각적 욕망의 대상이 있다. 다섯 가지란 어떠한 것인가?

시각, 청각, 후각, 미각, 촉각에 의해서 인식되는, 원하는 것이고 사랑스럽고 마음에 들고 아름답고 감각적 쾌락을 유발하고 탐욕을 야기하는 형상, 소리, 냄새, 맛, 감촉이 있다.

비구들이여, 다섯 가지 감각적 욕망의 대상은 이와 같다. 비구들이여, 이러한 다섯 가지 감각적 욕망의 대상을 조건으로 즐거움과 기분 좋음이 생겨나는데, 이것이 감각적 욕망의 대상이 갖는 유혹이다.

비구들이여, 감각적 욕망의 대상이 지닌 위험은 무엇인가? 세상

---

53 Vin.I, p.10 ; 전재성(2014: 105).

에서 훌륭한 아들이 기술 혹은 관리, 계산, 회계, 농사, 상업, 축산, 궁술, 공무원 또는 어떤 다른 기술로서 생계를 유지하는데, 추위와 더위에 괴로워하고, 등에, 파리, 바람, 열기, 뱀을 만나 해를 입거나 배고픔과 목마름으로 인하여 죽는다. 비구들이여, 이것이 실제적인(sandiṭṭhiko)[54] 온갖 감각적 욕망의 대상들이 지닌 위험이다. 괴로움의 무더기는 감각적 욕망의 대상들을 원인으로 가지며, 감각적 욕망의 대상들을 조건으로 가지며, 감각적 욕망의 대상들을 근거로 가지며, 온갖 감각적 욕망의 대상들이 오직 그 원인이다.[55]

위 경문의 내용은 계속해서 재물과 관련해서, 권력이나 소유, 논쟁, 전쟁, 각종 범죄, 악행 등이 모두 감각적 욕망의 대상 때문이라고 설하고 있다.

한편 견해를 둑카의 원인으로 제시하고 있는 경전도 있다. MN.의 72번경(Aggivacchagottasutta)이다.

왓차여, '세계는 영원하다'는 이러한 사변적 견해는 견해의 정글이고 견해의 광야이고 견해의 왜곡이고 견해의 동요이고 견해의

---

54 전재성(2009: 217)은 이것을 '현실적'으로 번역하고 있고, 각묵 스님(2012: 429)은 '목전에서 볼 수 있는'으로 번역하고 있다. PTSD(s.v. sandiṭṭhika)에서는 'visible ; belonging to, of advantage to, this life, actual'로 단어의 의미를 제시하고 있다.

55 MN.I, pp.85~86 ; 전재성(2009: 216~217).

결박입니다. 그것은 고통을 수반하고 파멸을 수반하고 번뇌를
수반하고 고뇌를 수반합니다. 그것은 싫어하여 떠나게 하기 위한
것도, 사라지게 하기 위한 것도, 소멸하게 하기 위한 것도, 고요하
게 하기 위한 것도, 곧바로 알게 하기 위한 것도, 올바로 깨닫게
하기 위한 것도, 열반을 성취하기 위한 것도 아닙니다.[56]

왓차여, 사변적인 견해[57]는 여래가 멀리하는 것입니다. 왜냐하면
여래는 참으로 이와 같이 '이것이 물질이고, 이것이 물질의 발생이
고, 이것이 물질의 소멸이다. … 이것이 의식이고, 이것이 의식의
발생이고, 이것이 의식의 소멸이다'라고 관찰합니다. 그러므로
여래는 모든 환상, 모든 혼란, 모든 '나'를 만드는 것, 모든 '나의
것'을 만드는 것, 자만의 잠재의식을 부수고, 사라지게 하고, 소멸
시키고, 버려 버리고, 놓아 버려서, 집착 없이 해탈한다고 나는
말합니다.[58]

앞서 율장 대품의 내용과 MN의 13번경의 내용을 토대로 보면,

---

56 MN.I, p.485.

57 PTSD. s.v. diṭṭhigata "resorting to views, theory, groundless opinion, false
doctrine." 단어만 놓고 보면, '견해에 도달한' 의미이다. 니까야에서 diṭṭhi는
팔정도와 같이 sammadiṭṭhi는 긍정적 의미로도 사용되지만, 잘못된 견해,
견해에 대한 집착, 독단과 같은 의미로 쓰이는 경우가 많다.(Sn.878, 880, 886,
908, 911 등에서는 부정적인 용례를 확인할 수 있다.) 필자는 전재성(2009: 794)의
'사변적인 견해'가 적절한 번역어로 생각되어 이를 그대로 썼다.

58 MN.I, p.486.

둑카(괴로움)의 원인은 갈애(taṇhā) 혹은 감각적 욕망의 대상(kāma), 사변적 견해(diṭṭhi)임을 알 수 있다. 즉 둑카라는 것이 인간 존재의 본성 혹은 본질이 아니라 다양한 원인을 조건으로 하여 연기된 것임을 보여 준다.[59]

4. 연기, 사실들의 세계

붓다는 우리들이 수많은 환상과 견해 속에서 살고 있다고 말한다. 우리들이 경험하는 괴로움의 근원은 어찌 보면 잘못된 견해에 사로잡혀 자신과 세상을 바라보기 때문일 것이다. 이것에 대해서 월풀라 라훌라 스님은 다음과 같이 말한다.

> 붓다의 가르침에 따르면 자아가 존재한다는 생각은 '나', '나의 것'이라는 해로운 생각과 이기적 욕망을 일으킨다. 또 갈애, 집착, 증오, 악의, 자만심, 우월감, 자기중심주의, 마음의 번뇌와 불순물 등 각종 문제를 낳는다. 자아가 존재한다는 생각은 개인적 갈등에서 국가 간 전쟁까지 세상 모든 문제의 근원이다. 요컨대 세상에 존재하는 모든 악의 근원을 거슬러 올라가면 거기에는 자아가 존재한다는 잘못된 견해가 자리잡고 있다.[60]

---

[59] 사실 둑카의 원인은 경전에 따라 매우 다양하게 제시되는데, 집착(upādāna), 느낌(vedanā), 자아관념(sakkāyadiṭṭhi) 등이다. 자세한 것은 정준영(2013: 54ff)의 논문을 참조하라.

[60] Rahula(1959) 1974: 51. 로버트 라이트(2019: 84)의 책에서 재인용함.

『상윳따니까야』「아난다의 경(Ānandasutta)」에서는 자아의 유무 문제에 대한 왓차곳따의 질문에 침묵한 이유에 대해서 아난다 존자에게 설한 가르침이 나온다. 이 경에서 붓다는 '있다고 하면 상주론자의 편'이 되고, '없다고 하면 단멸론자의 편'이 되기에 대답하지 않았다고 한다.[61]

앞서 라훌라 스님의 글을 인용했는데, 라훌라 스님은 '자아가 있다'는 것에 대해서 말했지만 사실 '자아가 없다'라는 것도 견해일 뿐이다. 여기서 '자아가 없다'라는 것은 붓다의 '무아'와는 결이 다른 것으로, 단멸론자들의 견해를 말한다. 그렇다면 여기서 우리가 주의해야 할 것은 '무아'는 하나의 견해가 아니라는 점이다. 이것과 관련해서 예류 성자가 되기 위해 끊어야 하는 유신견(sakkāyadiṭṭhi, 有身見)이 하나의 견해가 아니냐라고 할 수 있지만, 유신견이라는 견해를 끊는 것이기에 무아는 견해가 아니다. 이에 대한 경증은 다음과 같다.

> 벗들이여, 실로 나는 이와 같이 육신을 대상으로 '나는 존재한다'라고 말하지 않습니다. 또한 육신을 제외하고 '나는 존재한다'라고 말하지 않습니다. 느낌을 … 지각을 … 의지작용을 … 의식을 대상으로 '나는 존재한다'라고 말하지 않습니다. 또한 다양한 의식 작용들을 제외하고 '나는 존재한다'라고 말하지 않습니다. 또한 벗들이여, 그리고 또한 다섯 가지 집착의 다발들을 대상으로 '나는 존재한다'라는 (인식이) 발견되지만, 나는 '이것이 나다'라고 여기지는 않습니다.

---

[61] SN.IV, pp.400~401.

벗들이여, 또한 어떤 성제자에게는 다섯 가지 낮은 단계의 결박들
이 끊어졌지만, 그에게 다섯 가지 집착의 다발들을 대상으로 아주
미세한 '나는 존재한다'라는 자만이, '나는 존재한다'라는 욕망이,
'나는 존재한다'라는 잠재경향이 완전히 끊어지지 않았습니다.[62]

위 경문을 통해 우리가 알 수 있는 것은 무아는 '있다' 혹은 '없다'와
같은 분별의 결과, 즉 '견해'가 아니라 '체득'의 문제임을 알 수 있다.[63]
케마카 존자는 유신견은 제거했지만, 실제 무아의 체득에는 이르지
못했음을 고백하고 있다. 이때, 오온에 대해서 어떤 방식으로든 '나는
존재한다.(asmi)'라는 생각에서 완전하게 벗어나는 것이 필요하다.
위 경문에서는 이것을 "'이것이 나다'라고 여기지 않습니다.('ayamaha-
masmī'ti na ca samanupassāmi)"라고 일단은 표현하고 있다. '일단'이라
고 한 이유는 이것이 유신견이 제거된 상태에 불과하다는 것을 나타낸
것이다. 삼아누빠사미(samanupassāmi)는 '보다', '간주하다', '지각하
다'라는 동사의 1인칭 현재형이다. 문법적으로는 saṃ＋anupassati로

---

62 SN.III, Khemakasutta, p.130. Evameva khvāhaṃ, āvuso, na rūpaṃ 'asmī'ti
vadāmi, napi aññatra rūpā 'asmī'ti vadāmi. Na vedanaṃ … na saññaṃ
… na saṅkhāre … na viññāṇaṃ 'asmī'ti vadāmi, napi aññatra viññāṇā 'asmī'ti
vadāmi. Api ca me, āvuso, pañcasu upādānakkhandhesu 'asmī'ti adhigataṃ
'ayamahamasmī'ti na ca samanupassāmi. Kiñcāpi, āvuso, ariyasāvakassa
pañcorambhāgiyāni saṃyojanāni pahīnāni bhavanti, atha khvassa hoti –
'yo ca pañcasu upādānakkhandhesu anusahagato asmīti māno, asmīti chan-
do, asmīti anusayo asamūhato.

63 이필원(2018: 25).

분석되는데, 이 중 아누빠사띠(anupassati)는 '~따라서 보다'라는 기본적 의미에서 '응시하다', '관찰하다'라는 의미로 사용된다. 여기에 saṃ이란 접두사가 붙어서 아누빠사띠의 의미를 보다 강조하고 있다. 결국 잘 보아 관찰한다는 의미로 파악해 볼 수 있다. 그럼 어떻게 보고, 관찰한다는 의미일까.

위 경문을 보면 오온이 아니라 오취온(다섯 가지 집착의 다발 혹은 무더기)을 그 대상으로 하는 것임을 알 수 있다. 오취온에 대해서 '나다'라고 관찰하지 않는다는 의미이다. 오온을 관찰하는 방법은 다음과 같다

> 어떠한 색, 수, 상, 행, 식이 과거에 속하든 미래에 속하든 현재에 속하든, 내적이든 외적이든, 거칠든 미세하든, 저열하든 탁월하든, 멀리 있든 가까이 있든, '이것은 나의 것이 아니고, 이것은 내가 아니고, 이것은 나의 자아가 아니다'라고 있는 그대로 올바른 지혜로 관찰해야 한다.[64]

그런데 이러한 오온은 십이연기의 구조 속에서 보면 '식-명색'으로 나타난다. 명색은 "느낌, 지각, 의도, 접촉, 정신활동[65]을 명이라고

---

64 SN.III, Ānandasutta, pp.105~106. 전재성(2006: 280~281). 이와 같은 내용은 SN.III, Khandasaṃyutta, 「장로의 품(Theravagga)」에 반복적으로 설해지고 있다.

65 정신활동은 마나시까라(manasikāra)를 번역한 것이다. 보통 마나시까라는 '주의집중'으로 많이 번역되는데, 정신적 요소의 하나이자 의식과 밀접한 관련을 갖는 것으로 이해된다.(https://dictionary.sutta.org/browse/m/manasik

부르고, 네 가지 광대한 존재, 또는 네 가지 광대한 존재에서 파생된 물질을 색"[66]이라고 한다. 여기에서 '의도, 접촉, 정신활동'은 행으로 이해된다.[67] 그렇게 보면 명색과 식은 오온이 된다. 연기의 구조에서 보면 오온, 즉 식과 명색은 조건 지어진 것이다.

1) 무상을 본질로 하는 존재자

『담마빠다』에 보면, 우리가 익숙하게 알고 있는 삼법인의 내용이 나온다. 물론 삼법인이란 용어로 제시된 것은 아니다. 삼법인이란 용어는 후대에 정립된다. 이 삼법인의 내용 가운데 첫 번째로 제시되는 것이 '제행무상'의 내용이다. 『담마빠다』에 나오는 내용을 보면 다음 과 같다.

> "이 세상의 모든 조건 지어진 것들은 무상하다"라고 지혜로서
> 볼 때,
> 그때 불만족한 상태에 대해 싫어하여 떠나게 된다. 이것이 청정에
> 이르는 길이다.[68]

%C4%81ra/) 이런 측면에서 전재성(2006: 62)의 '정신활동'이란 번역어를 채택
했다.

66 SN.II, 「분별의 경(Vibhaṅgasutta)」, pp.3~4.

67 붓다고사는 의도, 접촉, 정신활동을 행온으로 설명한다.(cetanā, phasso, man-
sikāro ti saṅkhārakkhando veditabbo) 자세한 내용은 전재성(2006: 62 note
20)을 참조하라.

68 Dhp.277,

'조건 지어진 것들'은 상카라(saṅkhārā)의 번역이다. 조건 지어진 것이란 앞서 언급했던 오온을 포함하여 이 세상에 존재하는 모든 것이라고 이해해도 무방하다. 이것은 다른 형식으로도 언급된다.

비구들이여, 이와 같이 모든 조건 지어진 것들은 무상하다.
비구들이여, 이와 같이 모든 조건 지어진 것들은 견고하지 않다.
비구들이여, 이와 같이 모든 조건 지어진 것들은 불안정하다.
비구들이여, 이러한 한 (그대들은) 모든 조건 지어진 것들에 대해
서 싫어하여 떠나기에 충분하며, 욕망으로부터 떠나기에 충분하
며, 해탈하기에 충분하다.[69]

『상윳따니까야』「아나마딱가상윳따(Anamataggasaṃyutta)」는 20
개의 작은 경전이 수록되어 있다. 위의 인용 경문이 마지막 20번째
경전이다. 이들 경전은 윤회를 일으키는, 혹은 윤회로 인해 경험하게
되는 것들을 상카라, 즉 '조건 지어진 것'으로 설명하고 있다. 경전에서
언급하는 내용들은 사랑하는 사람들의 죽음, 질병, 재산의 상실,
다양한 생명체, 산과 대지 등이다.

오온이 조건 지어진 것이란 것은 『맛지마니까야』「마하뿐나마숫따
(Mahāpuṇṇamasutta)」에 나온다. 경전의 내용을 간략히 정리하면 다음
과 같다.

〔질문〕세존이시여, 오취온은 무엇을 뿌리로 합니까?

---

69 SN.II, Vepullapabbatasutta, p.193.

〔답변〕 오취온은 욕망을 뿌리로 한다.

〔질문〕 세존이시여, 오온이 출현하는 원인과 조건은 무엇입니까?

〔답변〕 네 가지 커다란 요소(四大)가 색온이 출현하는 원인과 조건이
다. 접촉이 수온, 상온, 행온이 출현하는 원인과 조건이다. 명색이
식온이 출현하는 원인과 조건이다.

〔질문〕 세존이시여, 유신견은 어떻게 생겨납니까?

〔답변〕 배우지 못한 일반 사람은 색, 수, 상, 행, 식을 자아로 여기고,
색을, 혹은 수를, 혹은 상을, 혹은 행을, 혹은 식을 각각 가진
것을 자아로 여기고, 자아 가운데 색이, 혹은 수가, 혹은 상이,
혹은 행이, 혹은 식이 있다고 여긴다. 이와 같이 유신견이 생겨난다.

〔질문〕 세존이시여, 오온의 유혹은 무엇이고, 위험은 무엇이며,
떠남은 무엇입니까?

〔답변〕 오온 각각을 조건으로(paṭicca) 즐거움과 쾌락이 생겨나면
이것이 오온의 유혹이다. 그러나 오온이 무상하고 괴롭고 변화하
므로 이것이 오온의 위험이다. 오온에 대한 욕망과 탐욕을 제어하
고 오온에 대한 욕망과 탐욕을 버리면, 이것이 오온의 떠남이다.

〔질문〕 세존이시여, 어떻게 알고 보면 의식을 지닌 이 몸과 외부의
모든 이미지(nimitta)에서 나를 만들고, 나의 것을 만들고, 자만으
로 이끄는 잠재경향이 생겨나지 않겠습니까?

〔답변〕 어떠한 색, 수, 상, 행, 식이든 과거에 속하거나 미래에
속하거나 현재에 속하거나, 안에 있거나 밖에 있거나, 거칠거나
미세하거나, 천하거나 귀하거나, 멀거나 가깝거나, 이 모든 색,
수, 상, 행, 식을 '이것은 나의 것이 아니고, 이것은 내가 아니고,

이것은 나의 자아가 아니다'라고 있는 그대로 올바른 지혜로 보면
된다.[70]

위 경문은 오온이 나타나는 원인과 조건에 대한 붓다의 가르침이다.
그런데 위 경문 다음에 이어지는 내용은 질문한 비구가 그럼에도
불구하고 '오온은 자아가 아닌 것 같은데, 어떤 자아가 자아가 아닌
것이 만들어 낸 것에 영향을 주는 것은 아닐까?'라는 의심을 갖고
있음을 보여 준다. 이것은 오온은 자아가 아닌 것에는 동의하겠는데,
그렇다면 오온 말고 '다른 자아가 존재하는 것이 아닐까'라는 생각을
보여 준다. 사실 이것은 우리들이 흔히 갖게 되는 생각이기도 하다.
그런데 붓다는 오온, 즉 다섯 가지 외에 여섯 번째를 설하지 않았다.
그래서 경전에서는 이러한 생각을 갖는 비구를 위해 오온 각각을
'무상-고-변화'의 과정으로 무아임을 다시 설하고, 오온을 "'내 것이
아니고, 내가 아니며, 나의 자아가 아니다'라고 있는 그대로 올바른
지혜로써 관찰해야 한다"라고 설하는 장면이 이어지게 된다.

위 경문을 통해 우리는 지금 여기에서 경험되는 '자아' 외에 그것을
그것이게끔 만들어 주는 여섯 번째 자아라는 것은 존재하지 않음을
알 수 있다. 즉 경험아는 인정하지만 초월적 존재로서, 항상하고
변하지 않는 존재로서의 '자아'는 인정되지 않는 것이다.

사실 불변의 자아가 부정되는 논리적 근거는 '무상', 즉 '변화하는
것'에 있다. 무상이란 아닛짜(anicca)의 번역인데, 닛짜(nicca)는 항상

---

70 MN.II, p.15ff.

하는 것, 변하지 않는 것이란 의미로 여기에 부정접두사 a가 붙어서
'변하는 것, 불안정한 것, 사라지는 것'의 의미를 갖게 된다. 따라서
무상은 우리가 흔히 사용하는 어법처럼 '허무하다'는 것과는 전혀
관계가 없는 말이다. 그저 존재하는 것들이 갖는 특성을 가리키는
말이다. 그렇게 보면 존재하는 것들이 갖는 본성은 '무상'이라고 할
수도 있다. 그래서 붓다는 또 다른 경전에서 이렇게 설하고 있다.

> 오온은 허약하고(abalaṃ), 사라지는 것이고(virāgaṃ), 불안정한
> 것(anassāsikaṃ)이라고 알고 나서, 무릇 그 오온에 접근하고,
> 집착하고, 마음으로 결정하고, 유입시키고, 잠재시키는 경향을
> 파괴하고, 사라지게 하고, 소멸시키고, 버림으로써 나는 나의
> 마음이 해탈했다고 자각한다. 이와 같이 알고 보아서, 오온에
> 대하여 나의 마음이 집착 없이 번뇌에서 해탈했다.[71]

이와 같이 경문을 통해 우리는 무상의 의미를 '허약하고, 사라지는
것이고, 불안정한 것'이라고 이해할 수 있다. 이것이 존재들이 갖고
있는 본성인 것이다. 이러한 존재의 본성을 올바르게 통찰하는 것,
그것이 바로 해탈의 길인 것이다. 그런데 위 경전에서는 흥미로운
내용이 서두에 나온다. 그것은 어떤 비구가 '나는 깨달았다'라고 선언
했을 때 어떻게 해야 하는지에 대한 붓다의 가르침이다.

그런데 그 비구의 말을 인정해서도 부정해서도 안 된다. 인정하거

---

71 MN.Ⅱ, Chabbisodhanasutta, pp.30~31, 전재성(2009: 1240~1241).

나 부정하지도 말고, 이와 같이 '벗이여, 세존, 아는 님, 보는 님, 아라한, 정등각자에 의해 올바로 설해진 네 가지 표현이 있다. 네 가지란 무엇인가? 보여진 대로 보여진 것을 말하는 것, 들려진 대로 들려진 것을 말하는 것, 감각된 대로 감각된 것을 말하는 것, 인식된 대로 인식된 것을 말하는 것이다.'[72]

보여진 대로, 들려진 대로, 감각된 대로, 인식된 대로, 있는 그대로 말하는 것이 바로 앞서 본 오온을 무상하게 보고 말하는 것이다. 결국 깨달음은 무상에 대한 올바른 깨달음을 그 내용으로 한다는 것을 알 수 있다. 이것은 초전법륜의 가르침에서도 확인된다.

무엇이든 생겨난 것, 그것은 모두 소멸하는 것이다.[73]

위 내용은 꼰단냐(Koṇḍañña) 존자가 붓다의 가르침을 듣고 법안을 얻고서 말한 내용이다. 사실 이 내용은 다른 4비구는 물론 사리뿟따, 마하목갈라나 역시 동일하다. 그 어떠한 존재가 되었든 그 존재는 모두 소멸한다는 것, 이것이 진리로 들어가는 문인 것이다. 그러나 여기에서 우리가 유념해야 할 것은 '소멸한다는 것'이 '단멸이라는 견해(斷滅論)'와는 다른 것이라는 점이다.

---

72 MN.II, p.29 ; 전재성(2009: 1239).

73 Vin.I, p.11. yaṃ kiñci samudayadhammaṃ sabbaṃ taṃ nirodhadhamman ti.

2) 단절이 아닌 연속, 독립이 아닌 관계

『숫따니빠따』3장에는 「와셋타의 경(Vaseṭṭhasutta)」이 있다. 이 경에서 붓다는 인간의 계급이 태생적으로 정해지는 것인지 아닌지에 대해 가르침을 주고 있다. 본성을 논할 때, 이 경의 가르침은 우리에게 많은 것을 시사해 준다. 1장에서 우리는 '본성'이란 개념이 '본래적이고 일차적인 실체, 태어나면서 갖고 있는 고유한 성질, 내재적인 성질'과 같은 의미임을 살펴보았다. 그렇다고 하면 붓다 당시의 사람들은 계급을 '태어나면서 갖게 되는 것'으로 보았기에, 이는 본성을 논하는 데 적합한 주제라고 할 수 있다.

> [와셋타] 세상의 눈으로 출현하신 고따마께 저희들은 출생에 따라 바라문이 되는지, 혹은 행위에 의해 [바라문이] 되는지 묻습니다. 무지한 저희들에게 바라문에 대해 알 수 있도록 말씀해 주십시오.[74]
>
> [붓다] 와셋타여, 그대들을 위해 모든 생명에 대한 출생의 차이를 차례로 있는 그대로 설명하겠습니다. 그들에게 출생은 서로 다르기 때문입니다.[75]
>
> 풀이나 나무에 대해서도 알아야 합니다. 비록 스스로 의식하지 못하더라도, 그들은 출생에 따른 특징을(liṅgaṃ) 갖고 있습니다. 그들에게 출생은 서로 다르기 때문입니다.[76]

---

74 Sn.599.

75 Sn.600.

76 Sn.601.

'출생에 따라 바라문이 되는지'라는 것은 '태어나면서 바라문이라는 본성을 갖게 되는 것인지'라는 것과 의미상 같다고 생각된다. 이렇게 생각하면, 바라문 와셋타는 기존의 통념대로 사람들은 태어나면서 본성이라는 것이 결정되는지를 알고 싶었던 것 같다. 여기에 붓다는 '출생에 따른 특징'을 갖고 이를 설명해 주고 있다. 특징은 링가(liṅga)를 번역한 말인데, 사전적 정의에 따르면 '특징, 표시, 속성' 등의 의미를 갖는다. 여기서 링가를 '속성'으로 번역하지 않고 특징으로 번역한 것은 속성이 실체와 매우 밀접한 개념이기 때문이다. 붓다는 답변에서 풀이나 나무, 벌레나 나비 등 곤충, 네발 달린 짐승, 배로 기어다니는 것, 물속에 사는 것, 하늘을 나는 생명체들은 출생에 따른 특징이 각기 다르다는 것을 먼저 가르친다. 이는 당연한 생물학적 지식인데, 예를 들어 고양이, 개, 양, 노루, 사자, 호랑이 등 네발로 다니는 짐승들은 각각 출생에 따른 특징을 달리한다. 그래서 이들이 각기 다른 동물임을 알 수 있다.

그런데 붓다는 인간들의 경우에는 출생에 따른 그와 같은 특징의 다양성이 없다(Sn.607)고 설한다. 이것이 이 경전의 핵심이다. 인간에게는 신체적인 특징을 갖고 구별할 수 있는 방법이 없다는 것이다. 예를 들어 눈이 크고 작음에 따라, 눈동자 색에 따라 출생에 따른 특징이 다르기에, 눈이 큰 존재는 인간이고 눈이 작은 존재는 인간이 아니라고 부르지 않는다는 것이다. 눈이 크든 작든 모두 인간이라는 사실을 말하는 것이다. 그렇다면 인간을 신체적인 특징을 갖고 구별할 수 없다면, 무엇으로 구별하는가. 그것은 바로 명칭(samaññā)뿐이라는 것이다. 명칭에 따른 구별은 그 사람이 무엇을 하느냐에 따라 달라진다. 경전의 내용을 정리하면 다음과 같다.

> 소를 치면 – 경작자 ; 기술을 갖고 있으면 – 기술자 ; 사고팔면
> – 상인 ; 남의 일을 하면 – 일꾼 ; 주지 않는 것을 빼앗으면 –
> 도둑 ; 활을 쏘면 – 전사 ; 제사를 지내면 – 제관 ; 나라를 다스리면
> – 왕.[77]

　말하자면 그 사람이 어떤 행위를 하느냐에 따라 그 사람을 부르는
명칭이 달라지는 것일 뿐, 태생에 의해 구별되는 바가 따로 있는
것이 아니라는 것이다. 행위라는 것은 관계에서 이루어진다. 즉 관계가
성립하지 않으면 행위가 이루어지지 않는 것이다. 결국 사람이란
끊임없이 삶의 현장에서(diṭṭhe va dhamme) 상호작용하는 연기적 존재
라는 것이다. 그래서 붓다의 가르침은 다음의 내용으로 이어진다.

> 현자들은 이와 같이 있는 그대로 그 행위를 봅니다.
> 그들은 연기를 보는 자들이며, 행위와 그 과보를 잘 아는 자들입
> 니다.[78]
> 세상은 행위에 의해 존재하고, 사람들도 행위에 의해 존재합니
> 다.(vattati)
> 달리는 수레가 축에 연결되어 있듯이, 사람들은 행위에 묶여 있습
> 니다.[79]

77　Sn.612~619.
78　Sn.653.

행위에는 그 과보가 따른다. 이것이 인과이다. 따라서 이 세상과 사람들은 결국 행위로 인해 존재하게 되는 것이지, 그 외에 다른 원리가 있는 것이 아니다. 이것을 조금 다른 측면에서 이해하면, 행위가 변하면 그 사람이 변한다는 것이 된다. 행위가 갖는 특징은 '변화'이다. 달리 표현하면 무상이 된다. 붓다가 행위를 강조한 것, 더구나 세상과 사람이 행위로 인해 존재한다고 한 것은 아뜨만과 브라만이 갖는 '부동성不動性'[80]에 대한 비판이기도 하다. 부동성은 행위하지 않음이다. 그것은 또한 단절이며, 관계하지 않음이다. 이것은 창조주인 브라만은 세계 너머에 있어야 하고 초월적이며 불변하지만, 동시에 그는 창조하고 유지하는 세계 안에 편재해야 하는 역설을 야기한다. 그리고 이것은 브라만과 아뜨만이 하나라면 아뜨만 역시 부동의 동자動者가 되는 결과가 된다.[81]

그런데 붓다는 「와셋타경」에서 '있는 그대로 행위를 보는 자들은 연기를 보는 자들이며, 행위와 과보를 아는 자들'로 그 의미를 분명하게 가르치고 있다. 우리는 보통 붓다가 인과론을 가르쳤다고 말하는데, 정확하게는 연기적 인과론이라고 할 수 있다. 연기적 인과론은 분석적 인과론과는 그 맥락을 달리한다. 이와 관련하여 아날라요의 설명은 우리에게 많은 도움을 준다.

연기법의 작용은 시간적으로 엄격한 직선적 상황으로 사건의

---

79 Sn.654.

80 리처드 곰브리치(2018: 144~145).

81 리처드 곰브리치(2018: 144).

연결이 국한되지 않는다. 오히려 연기는 마치 사건들이 서로 얽혀 있는 거미줄로 구성되어 있는 것처럼 현상의 조건적 상호연관을 뜻하며, 각 사건은 다른 사건들과 원인과 결과로 연계되어 있다. 각각의 조건 짓는 요소들은 동시에 조건 지어지며, 따라서 어떤 요소도 독립적이거나 초월적일 가능성은 배제된다.

이처럼 얽혀 있는 형태 안에서 주관적인 경험의 관점에서 보았을 때, 중심적으로 중요한 특정 조건은 의지이다. 미래의 활동이나 사건에 결정적인 영향을 주는 것은 현재 순간의 정신적 의지인 것이다.[82]

「와셋타경」에서 붓다는 이 세상과 사람이 행위에 의해 조건 지어져 있음을 가르치고 있다. 「와셋타경」에서 행위가 구체적으로 어떤 의미인지 명확하게 드러나 있지 않지만, 행위의 원어가 까르마(kamman, karma)라는 것에 주목한다면, 이는 매우 명확하게 이해된다. 행위는

---

82 아날라요(2014: 125). 이러한 아날라요의 연기 이해에 대해서 슐만이나 슈미트 하우젠 등은 동의하지 않는다. 즉 이러한 연기 이해는 대승불교의 연기 이해이고, 초기불교의 연기는 정신적 조건화에 의한 괴로움의 발생과 소멸의 과정에만 관여되어 있다고 보는 것이다.(이은정, 2018: 54) 그러나 MN.III, Bahudhātuka-sutta, p.63에 "이것이 존재하면 저것이 존재하게 된다. 이것이 생겨나면 저것이 생겨난다. 이것이 존재하지 않으면 저것이 존재하지 않게 된다. 이것이 소멸하면 저것이 소멸한다"와 같은 경문은 연기의 상호의존성이 대승불교의 이해에 국한되지 않음을 보여 준다고 필자는 생각한다. 그러나 이 주제는 본 논문의 주제가 아니기에, 더 이상의 논의는 하지 않겠다. 다만 다양한 이해의 방식을 이은정의 논문에서 자세히 밝히고 있기에 참고하면 좋을 것이다.

크게 신체적 행위, 언어적 행위, 정신적 행위로 구분된다.[83] 결국 이러한 행위들로 인해 사람들은 묶여 있고, 그것으로 세상 역시 존재하게 된다.[84]

우리의 구체적인 행위에 의해 도둑도 되고, 수행자도 되는 것이다. 도둑의 본성을 타고나거나, 수행자의 본성을 타고난 것이 아닌 것이다. 그래서 여기에서 중요하게 대두되는 것이 바로 '의지'라고 하는 것이다.

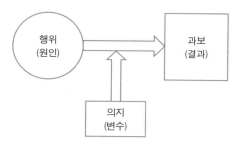

그림3. 행위-의지-과보의 관계

위 그림에서 '의지'가 변수로 작용하지 않으면 분석적 인과론이 된다. 그런데 인간에게는 '의지'라는 것이 작용하여 행위를 구체적으로 이끌기에 그 과보로 나타나는 결과가 매우 다양하게 해석될 수 있다. 그렇다면 여기에서 핵심적 요소는 행위를 이끄는 '의지'라고 볼 수 있다.

---

83 MN.Ⅲ, Bahudhātukasutta, p.66, MN.Ⅲ, Mahākammavibhaṅgasutta, p.207, SN.Ⅲ, dvayakārisutta, p.247 등.

84 MN.Ⅲ, Cūlakammavibhaṅgasutta, Mahākammavibhaṅgasutta의 두 경전에서 이를 확인할 수 있다.

그런데 여기에 아뜨만을 대입시키게 되면 구조가 성립되지 않게 된다. 왜냐하면 아뜨만은 "보지 못하고, 냄새 맡지 못하고, 맛보지 못하고, 말하지 못하고, 듣지 못하고, 생각지 못하고, 느끼지 못하고, 알지 못하기"[85] 때문이다. 이는 결국 경험적인 자아와 아뜨만이 단절된 것임을 알 수 있다. 본질 혹은 본성으로서의 아뜨만은 불변하는데, 이것은 생성(bhāva, becoming)에 반대되는 존재(sattva, being)이며, 어떤 것도 결여될 수 없는 충만(plenum)된 존재이다.[86] 따라서 이 아뜨만은 지금 여기에서 행위의 주체가 될 수도 없으며, 경험적인 자아와 관련을 가질 수도 없다. 사실 아뜨만은 '나'와 전연 관계가 없는 다른 존재인 것이다. 그렇기에 붓다는 아뜨만을 관념이 만든 허상이라고 본 것이고, 이것은 지혜로서 올바르게 보고 안 것이 아니라고 가르친 것이다.[87]

5. 가을이 깊어지니 낙엽이 진다

가을이 되면 낙엽이 진다. 이것은 연기, 즉 사실의 세계이다. 그런데 '가을이 되어 낙엽이 지니 마음이 쓸쓸하다'라고 하는 것은 사실의 세계가 아니라, 관념이 만든 허구의 세계이다. 그런데 이런 허구의 세계가 일단 만들어지면 그것이 우리에게 크게 영향을 미치게 된다.

필자가 이해하기로, 붓다는 이 세계를 꿈이라고 혹은 허상이라고

---

85 BĀU. IV.4.2.
86 리처드 곰브리치(2017: 50).
87 MN.II, p.15ff.

말하지 않았다. 붓다가 무지 혹은 무명을 통해 우리에게 가르치고자 한 것은 대상에 집착하여 그것을 실체시하는 우리의 욕망과 탐욕을 바라보라고 한 것이다.[88] 즉 우리가 욕망과 탐욕으로 이 세상을 바라보고, 실체시하는 것이 허상이며 꿈이라고 한 것이다.

예를 들어 『우다나』에는 "물에 의해 청정해지는 것이 아님에도 많은 이들은 여기에서 목욕을 하네. 진실과 진리가 있는 자, 그가 청정한 자이며, 바라문이네"[89]라는 게송이 있다. 예나 지금이나 인도인들 중에는 물의 신성함을 믿어 그 신성한 물에 목욕하면 죄가 사라진다고 믿는 사람들이 많다. 이것은 사실에 대한 바른 앎일까. 그렇지 않다. 물에 목욕하는 것과 죄의 없어짐은 아무런 관계도 없다. 그런데 어떤 사람들은 이것을 사실로서 믿는다. 이것이 허상이며 꿈인 것이다.

또한 어떤 사람들은 이 세상이 욕망의 대상으로 가득 차 있다고 말하기도 한다. 그런데 그것은 사실일까. "이 세상에 다양한 것들이 욕망의 대상이 아니라, 의도된 탐욕이 욕망의 대상이다."[90] 이 세상에 존재하는 것들은 그저 존재하고 있을 뿐인데, 그것을 욕망의 대상으로 만든 것은 우리들이 갖고 있는 의도된 탐욕(saṅkapparāga)이다. 이것이 사실이다. 그래서 이 세상이 욕망의 대상으로 가득 차 있다고 보는 것이 허상이고 꿈인 것이다.

우리가 니까야를 보다 보면, 너무나도 자주 접하는 경문 가운데 "이와 같이 이것을 있는 그대로 올바른 지혜로서 관찰해야 한다"[91]라는

---

88 Sn.364.

89 Ud.9.

90 AN.III, p.411.

문장이 있다. 이 문장의 앞에 나오는 내용은 색수상행식 오온 각각에 대해서 '이것은 나의 것이 아니고, 이것은 내가 아니고, 이것은 나의 자아가 아니다'라는 경문이다.

우리가 자아, 즉 아뜨만을 상정하는 이유는 '죽은 후에도 존재하는 불변하는 자아'[92]가 나의 참된 자아이기를 바라는 욕망 때문이다. 그래서 붓다는 "현명한 자라면 '내가 있다'고 생각하는 희론적 개념의 뿌리를 모두 제거하십시오"[93]라고 말씀하신 것이다. 붓다는 '참된 자아'라는 것은 관념일 뿐이지 사실이 아님을 분명히 강조하고 있다. "자아에 대한 관념을(vikappayaṃ) 만들지 말아야 합니다"[94]라는 내용이 바로 그것이다.

영원히 존재하며 불변하는 자아라는 관념은 허구이다. 오온으로 구성된 인간은 변하는 존재이며, 무너지는 존재로서 '무상한 존재'이다. 구성되고 무상한 존재를 있는 그대로 보게 되면, 우리는 온갖 둑카에서 벗어날 수 있다는 것이 붓다의 가르침인 것이다. 이렇게 지혜롭게 보고 알게 되면, 가을이 깊어지면 낙엽이 지는 것을 온전히 경험할 수 있을 것이다. 그럴 수 있는 것은 존재하는 것들의 본성이 '조건 지어진 것이고 변하는 것(무상)'이기 때문이다.

---

91 SN.III, p.165, 166 ; MN.I, p.138, 184, 422 등. "evam etaṃ yathābhūtaṃ sammappaññāya daṭṭhabbaṃ."

92 MN.II, p.33. "evaṃvaṇṇo attā hoti arogo maraṇā."

93 Sn.916ab.

94 Sn.918d.

6. 사족을 덧붙이며

이상 니까야를 중심으로 '본성'에 해당하는 '아뜨만'에 대한 내용을
비판하는 것을 살펴보았다. 비판의 내용은 주로 '무상과 무아'를 중심
으로 고찰했는데, 흔히 말하듯이 훗날 대승불교에서는 진여, 불성,
여래장과 같은 사상이 등장하면서 붓다의 가르침이 왜곡되었다고
하는 비판도 있다. 그럼 여기서 우리는 하나의 질문을 던질 수 있다.

'진여, 불성, 여래장과 같은 대승의 사상은 초기 붓다의 가르침과
관련이 없는 것인가?'

사실 이 문제는 매우 복잡한 문제이다. 여기에서 필자가 다룰 문제는
아니다. 그러나 붓다의 무아에 대한 가르침이 훗날 대승에서 왜곡되고
있다고 하는 현실적 문제를 어떻게 바라보면 좋을지에 대한 간단한
논의는 나름 의미가 있을 것 같다. 이 문제에 대한 이해를 돕기 위해
사이토 아키라의 말을 인용해 본다.

기원 후 4, 5세기에는 유가행유식파 속에서 알라야식(연기)설과
더불어 여래장(연기)설이 등장하게 된다. 모두 초기불교 교래의
재해석이라고 하기보다는 초기불교 유래의 전통 교리를 답습하면
서 당시의 종교사상사의 요청에 부응한 측면이 크다.
…(중략)…
『대승아비달마경』의 서문('무시이래의 도리[界] 운운)은 이러한 배

경 하에 알라야식 연기설, 혹은 여래장 연기설을 초기불교 유래의
「연」경을 원용하고, 도리로서의 무시이래의 연기에 알라야식을,
혹은 여래장을 자리매김하기 위해 성립하였다고 해도 과언이
아니다. 이 경우 알라야식이나 여래장이라는 술어는 모두 초기불
교에서 사용한 말을 구성 요소로 하여 만든 새로운 합성어로서
대승불교 특유의 키워드가 되고, 그 후의 불교사에서 큰 역할을
하게 되었다.[95]

   말하자면 대승의 여래장이나 알라야식과 같은 말은 초기불교에서
사용한 말을 원용하여 새롭게 만든 합성어란 의미이다. 이 말은 대승의
주요 사상들 모두 초기불교에서 그 유래를 찾을 수 있다는 것으로
이해 가능하다. 실제 알라야식(ālaya-vijñāna)의 ālaya와 vijñāna모두
초기경전에서도 볼 수 있는 단어이다. 그리고 여래장(thathāgata-
garbha)의 tathāgata와 garbha(gabbha)도 니까야에서 빈번히 등장하
는 단어이다.
   한편 청정淸淨의 개념을 본래청정의 개념에서 이해해 볼 수 있는
여지가 있는 경문도 있다.

   청정한 자는 본 것이나 들은 것이나 지각된 것으로 청정(visuddhi)
   을 생각하지 않으며, 다른 것에 의한 청정을 원하지도 않습니다.
   그는 〔욕망의 대상에〕 집착하지도 않고, 떠나지도 않기 때문입
   니다.[96]

---

95 사이토 아리카 외(2016: 29).

보통 청정이라고 하면 욕망을 떠난 상태로 이해하지만, 『숫따니빠따』의 경문은 그렇지 않다. 사실 욕망의 대상으로부터 떠나고자 하는 것 역시 하나의 집착이기 때문이다. 달리 이해하면, 청정이 욕망의 대상에 집착하지 않고 그것으로부터 떠나는 것도 아니라면, 이는 본래청정의 의미로도 이해해 볼 여지가 있다고 생각한다. 관련된 경문으로 "자기의 때를 마치 금세공사가 은의 때를 벗기듯"(Sn.1016cd)이나 "마음을 통일하여 어둠을 제거해야 하리"(1029d)가 있다. 때(mala)는 본래 갖고 있는 것이 아니라, 없던 것이 이런저런 인연으로 생겨난 것이다. 그럼 우리는 때가 없는 상태로 회복하는 것을 말할 수 있다. 또한 어둠(tama)을 제거한다는 것 역시 무지, 무명을 제거하는 것으로 이해한다면 무지가 없는 상태, 무명이 없는 상태인 지혜의 광명이 빛나는 상태를 회복하는 것으로도 이해해 볼 수 있을 것이다. 이러한 붓다의 가르침이 대승으로 이어지게 되면서 본래청정 같은 용어가 새롭게 만들어졌을 것으로 이해하는 것은 충분히 가능할 것이다.

그리고 대승불교의 특징 가운데 하나가 광명사상이다. 아미타불이 광명을 수놓는다는 표현이라든가 『화엄경』 등에서도 광명이 중요한 내용이 된다. 『이띠붓따까』에서도 그 일단의 모습을 우리는 확인해 볼 수 있다.

그들은 광명의 창조자, 빛을 만드는 자, 견고한 자, 눈을 갖춘

---

96 Sn.813. 한편 Sn.790에는 "공덕과 죄악에 물들지 않고(puññe ca pāpe ca anupalitto)"란 표현도 있다. 같은 맥락에서 이해될 수 있다고 생각한다.

자, 전투의 승리자로서 정법을 빛나게 한다.[97]

경문에 나오는 광명(pabhā) 혹은 빛(āloka)은 성자들의(ariyānaṃ) 특징으로 제시되고 있으며, 그들은 다시 태어나지 않는 존재들이다. 더욱이 앞에서 보았듯이, 열반을 최상의 즐거움으로 나타내고 있다는 점은 유념해 둘 필요가 있다.

병이 없음이 최상의 이익이며, 열반이 최상의 즐거움이네. 여덟 가지 고귀한 길은 불사不死의 안온에 이르는 길이네.[98]

이러한 내용들을 토대로 유추해 보면, 앞서 사이토 아키라의 말처럼 대승불교는 초기불교를 기반으로 시대적 요청에 부응하기 위해 기존의 용어들을 합성하여 새로운 용어들을 만들어 낸 것이라고 말하는 것도 가능할 것 같다. 그런 의미에서 한자경의 다음 말은 사이토의 말과 같은 맥락에서 이해할 수 있을 것 같다.

적멸에서도 깨어 있는 마음, 즉 해탈한 마음, 깨달은 마음이 있다는 말이다. 이 마음은 수행을 통해 비로소 생겨나는 것도 아니고 수행과 더불어 멸하는 것도 아닌 마음, 생멸 너머의 마음, 불생불멸의 마음이다. 그러므로 모든 중생에게 본래 내재해 있는 마음이다. 붓다는 이 마음을 '자성청정심'이라고 부르고, 대승은 이것을 본성,

---

97 It.109.

98 MN.I, Māgandiyasutta, p.508.

불성, 여래장, 진여심, 일심, 본래면목 등의 다양한 이름으로 부른다.[99]

결국 대승불교에서 말하는 본성, 불성, 여래장, 진여심 등등의 표현은 초기불교와 다른 맥락에서 말하는 것이거나 모순된 것이 아니라 붓다의 연기와 무아의 가르침을 표현한 또 다른 표현이라고 할 수 있다. 이렇게 이해해야 붓다의 가르침을 온전히 체득하여 그 깨달음을 증명할 수 있게 된다. 그렇지 않으면 불교는 결국 고따마 붓다가 그렇게 경계한 하나의 '견해'에 불과하게 될 것이기 때문이다. "진리는 하나일 뿐 두 번째 것이 없다"[100]는 붓다의 가르침처럼, 초기불교의 진리와 대승불교의 진리가 다를 수 없다. 이 둘은 언어적 표현이 다를 뿐, 같은 진리를 보여 주는 것이다.

---

99 한자경(2022: 29~30).

100 Sn.884a.

참고문헌

원전 :

AN   Aṅguttara Nikāya, PTS

DN   Dīgha Nikāya, PTS

It   Itivuttaka, PTS

MN   Majjhima Nikāya, PTS

SN   Saṃyutta Nikāya, PTS

Sn   Suttanipāta, PTS

Ud   Udana, PTS

Vin   Vinayapiṭaka, PTS

김서리 역주, 『담마빠다』, 소명출판, 2013.

김진영, 『베다종교의 철학적 주제들』, 도서출판 하우, 2022.

노엄 촘스키·미셸 푸코 지음, 이종인 옮김, 『촘스키와 푸코, 인간의 본성을 말하다』, 시대의 창, 2010.

데이비드 로이, 허우성 옮김, 『돈, 섹스, 전쟁 그리고 카르마』, 불광출판사, 2008.

로버트라이트, 이재석·김철호 옮김, 『불교는 왜 진실인가』, 마음친구, 2019.

루네 E.A. 요한슨, 박태섭 옮김, 『불교심리학』, 시공사, 1996.

리처드 곰브리치, 김현구 외 옮김, 『초기 불전의 기원, 불교는 어떻게 시작되었는가?』, 씨아이알, 2017.

＿＿＿＿＿＿＿, 송남주 옮김, 『곰브리치의 불교 강의』, 불광출판사, 2018.

박찬국, 『니체와 불교』, 씨아이알, 2013.

아날라요, 이필원·강향숙·류현정 옮김, 『Satipaṭṭhāna』, 명상상담연구원, 2014.

이은정, 「연기설을 둘러싼 쟁점에 관한 고찰」, 『불교연구』 48집, 2018.

이필원, 「초기불교 문헌에 나타나는 깨달음의 다원적 양상」, 『불교학연구』 54호, 2018.

전재성, 『쌍윳따니까야』 2, 한국빠알리성전협회, 2006.

_____, 『쌍윳따니까야』 2, 한국빠알리성전협회, 2007.

_____, 『맛지마니까야』, 한국빠알리성전협회, 2009.

_____, 『숫타니파타』, 한국빠알리성전협회, 2018.

_____, 『앙굿따라니까야』 2, 한국빠알리성전협회, 2018.

정준영, 「나라고 할 만한 것이 있는가」, 『나, 버릴 것인가 찾을 것인가』, 운주사, 2008.

한자경, 『실체의 연구』, 이화여자대학교출판문화원, 2019.

_____, 「무아無我와 일심一心의 회통」, 『한국불교학』 103집, 2022.

호진, 『무아·윤회 문제의 연구』, 불광출판사, 2018.

황순일, 「구원학적 측면에서 본 초기인도불교의 열반」, 『남아시아연구』 16-1, 2010.

사이토 아키라 외, 이자랑 역, 『대승불교의 탄생』, 씨아이알, 2016.

수전 블랙머어, 김성훈 옮김, 『선과 의식의 기술』, 바다출판사, 2015.

앤드류 올렌즈키, 박재용·강병화 옮김, 『붓다 마인드』, 올리브그린, 2018.

사전

Pali-Dictionary, Vipassana Research Institute.

PTSD Pāli-English Dictioanry, PTS.

Buddhist Dictioanry by Nyanatiloka Mahathera.

이상 사전은 https://palidictionary.appspot.com을 통해서 검색함.

마음의 해석학: 본성이란 무엇인가?

–경험적 실재론을 옹호하면서

인경(동방문화대학원대학교 석좌교수, 한국명상심리상담교육원 원장)

◆　◆　◆

본 연구는 "본성(心性), 실재인가? 개념인가?"라는 토론 주제로부터 시작하였다. 양자 대립적 관점에서 필자는 '경험적 실재론'을 옹호한다. 물론 본성에 대한 형이상학적 접근에 대해서는 적극적으로 반대한다. 불교사상사에 나타난 실재론, 중관론, 유식론 등을 양립할 수 없는 대립적인 인식론보다는 삶을 이해하는 실용주의적인 '해석학'적 관점에서 접근한다. 속제와 진제, 중생과 부처라는 2항의 이제설과 같은 주객의 대립적 관계가 아니라, 『기신론』의 체상용과 유식 삼성설의 3항 체계를 중심으로 일상에서 반복되는 연속적인 흐름을 구성하는 '순환적인 통합모델'로 해석한다.

　아울러서 본성의 이해와 관련하여 달마 분류체계에서의 위치를 확인할 목적으로 기존의 남방과 북방불교의 법체계를 비교 통합하고 시대적 요청을 반영하여 '명상불교'란 이름 아래 사회적 측면을 신설하여 '몸(색법)', '마음(심소법과 불상응행법 포함)', '사회', '본성(열반과 무위법 포함)'이란 4개 범주로 새롭게 재편한다. 그런데 마음의 본질을 남방불교에서는 '인식/앎'이란 인지적 측면을 강조한 반면에, 북방불교에서는 마음의 본성을 '청정성'과 '평등성'으로 말하여 존재론적인 성격으로 정의한 점에서 가장 눈에 띄는 차이점이다. 그리고 달마의 경험체계를 해석함에 있어서 북방불교의 『구사론』과 『기신론』에서 말하는 체상용體相用의 해석 틀과 남방불교의 『청정도론(Vsuddhi-Magga)』과 『아비담마합론(Abhidhammattha-saṅgaha)』의 'lakkhaṇa(특성)', 'paccupaṭṭhāna(형상)', 'rasa(작용, 맛)'라는 것이 매우 흡사함을 확인하였다.

본성과 관련된 선불교의 핵심 된 실천사상은 '견성見性'이다. 『육조단경』에서는 견성을 점수보다는 돈오나 혹은 돈수의 관점을 매우 중시한다. 그러면서도 모순되게 『육조단경』은 '삿된 견해(邪見)'와 탐진치 세 가지 잡독(三毒)을 '마구니'라고 하면서 윤회와 번뇌의 존재를 인정한다. 그런데도 '삿된 견해나 삼독을 어떻게 제거/치유할 것인지'에 대해서 구체적인 방안을 제시하지 않는 애매한 입장을 취한다. 이 점은 이후 돈점 논쟁을 촉발시켰다. 필자는 진여문과 생멸문을 현실의 연기적 측면에서 순환적으로 통합하는 '돈오점수頓悟漸修'의 실천론을 지지한다.

제4장에서는 조사선의 사례로서 마조와 무업의 선문답을 분석한 다음에 간화선과 비교하고, 이것 역시 『기신론』의 체상용 3항 체계로 살펴본다. 특히 종교적 경험이란 관점에서 무업이 경험한 본성이란 '청정성(體)'이고 반야지혜의 '작용(用)'이라고 본다. 무업은 그 순간에 놀라운 경이로움이란 경험(相)과 함께 단순한 인식론적인 인식/앎 그 이상을 보았을(見) 것이고, 이것은 우리가 원하면 언제든지 호흡을 만날 수 있듯이, 구름에서 벗어나는 달처럼, 분명하게 알고 있으니(本知), 스스로 언제든지 원하면 실재하는 견성見性을 반복적으로 경험하는 것으로 보았다.

1. 글쓰기 전략

우리의 본성은 실재인가? 개념인가?

　이 도전적인 질문을 받고, 처음에 필자는 대승불교와 선불교에서 '본성'의 의미를 고찰하는 것을 염두에 두었다. 본성에 관한 이슈는 대승불교의 불성사상과 함께 선불교에서 핵심 된 과제이기에 평소에 관심을 가진 주제이다. 그래서 이론적인 측면의 '심성론心性論'은 대승 경전을 중심으로, 실천론의 '수증론修證論'은 선불교를 중심으로 살펴 볼까 계획했다.

　그러나 최근에 출간된 필자(2022)의 『쟁점으로 살펴보는 현대 간화선』 제3장에서 불성과 관련된 주제를 『열반경』이나 『능가경』을 중심으로 고찰하였기에, 여기서 새롭게 논의하기에는 적절하지 않다는 고민이 생겨났다. 이전과 다른 접근이 필요해서 결국 경전보다는 대승의 '논서'를 중심으로 마음의 본성에 관한 의미를 고찰하기로 글쓰기 전략을 바꾸었다.

　그런데 보통 본성이나 불성의 과제는 남방불교보다는 대승불교, 북방불교적인 전통으로 인식하는 경향이 있다. 그러나 본성이나 자성과 같은 대승불교의 주요한 개념들이 사실 아비달마불교 시대에서 비롯되었고, 불교사상사에서 오랜 쟁론의 역사가 있었음을 고려할 때, 아비달마불교 시대의 논서를 살펴보지 않을 수가 없었다. 그렇다 보니 결과적으로 검토해야 할 외연이 아비달마불교에로까지 확장되었다.

　이런 외연 확장은 한정된 시간에 심도 있는 철학적이거나 문헌적 고찰을 약화시키는 약점도 있다. 그렇긴 하지만 남방 전통과 북방 전통에서 본성/자성의 용어가 어떻게 사용되는지를 비교할 기회를 제공하여 주는 장점도 있다. 이것으로 인하여 필자에게 남방불교는 본성이나 불성 개념을 잘 사용하지 않는다는 편견을 재고하게 되고, 양자의 비교를 통해서 정확한 의미와 그 차이점이 어디에 있는지를 알게 될 것이라는 기대가 생겨났다.

이렇게 보면 결과적으로 본성의 문제를 다루는 데 있어서 아비달마, 대승불교, 선불교라는 광범위한 영역을 다루다 보니, 본격적인 논의에 들어가기 전에 선행연구의 고찰로 필자는 먼저 기본적인 접근방법이나 불교사상사를 바라보는 대립된 시각을 먼저 정리해야 할 필요성이 있었다. 그래서 인식론과 본성/자성에 관한 전통적 견해를 어떻게 이해하고 통합하는지, 필자의 '실용주의적 입장'이 무엇인지를 먼저 밝혀야겠다고 판단하였다.

그리고 본성/자성의 실재성을 혹자(특히 비판불교적 시각을 말함)는 철저하게 '형이상학적 실체'로 보는 경향이 있는데, 이런 형이상학적 실재론의 관점은 세상을 창조한 신이나 아트만, 혹은 세계를 움직이는 어떤 원리가 존재한다고 주장한다. 본성에 대한 형이상학적 이해는 현실이나 우리의 인식과는 별도로 존재한다는 주장이라, 필자는 이것은 결국 증명할 수 없는 관념적이고 개념적 허구라고 본다. 이 점 역시 이미 『쟁점으로 살펴보는 현대 간화선』에서 상세하게 논의를 했기에 더 거론하지 않을 것이다.

본 연구에서는 일단 본성/자성에 대한 형이상학적 이해를 배제하고, 경험적 측면을 강조하는 '실용주의적 통합'이란 관점에서 심성론

으로서 아비달마와 대승불교, 그리고 실천론으로서 선불교의 조사선
과 간화선의 입장을 살펴볼 것이다.

2. 실용주의적 순환적 통합모델

'본성이란 실재인가? 개념인가?'라는 연구문제 앞에서 필자는 어떠한
철학적 태도나 접근방식을 취할지 먼저 논의를 하고 싶다. 첫째는
철학적으로 보면 이것은 '인식론'적이냐, 아니면 '해석학'적인 접근이
냐 하는 접근방법의 문제이고, 둘째는 본성에 대한 논의방식을 '실재와
개념'의 2항으로 다룰 것인지, 아니면 유식론의 '삼성설'이나 기신론의
'체상용'의 3항 체계로 다룰지의 문제이다. 이는 중관론과 유식론의
'공유空有' 논쟁에 해당되는 항목이기도 하다. 결론부터 말하면 필자는
철학적으로는 해석학적 접근을, 본성에 대한 해석은 체상용 3항 체계
를 채택하고 있음을 먼저 밝힌다.

1) 인식론과 해석학

우리가 무엇인가를 인식할 때 인식의 주체, 인식 대상, 감각기관
세 가지가 요청된다. 이를테면 여기에 가시가 달린 장미꽃이 있다고
하자. 그러면 장미꽃을 지각하는 '감각기관(根)', 책상의 장미꽃은
인식의 '대상(境)'이 되고, 그것을 장미꽃이라고 인식하는 주체는
'의식(識)'이 된다. 이것을 불교의 인식론에서 '세 가지 요소의 화합에
서 생겨난 접촉(三事和合觸)'이라고 부른다.

　세계에 대한 철학적 인식의 방식에는 세 종류의 관점이 있다. 먼저

일상에서 경험하는 인식들은 실제로 존재한다(實有)는 널리 알려진 실재론적 시각이다. 두 번째는 인식이란 단지 개념이고 사실은 상호협력에 의해서 일어난 현상이니 그 자체로는 실재하지 않는다는 무상공無常空이란 관점이다. 세 번째는 인식이란 의식의 거울에 비친 바로서 실질적으로 대상은 존재하지 않고, 혹은 대상과 무관하게 단지 마음에 의해서 구성된 인지적[1] '표상(唯識)'에 불과하다는 견해이다.

불교사상사는 이것들에 대한 해석을 둘러싸고 논쟁을 해 왔다. 인식을 구성하는 세 가지 요소인 감각기관, 대상, 의식(根境識)이 '실재'하여 현실에 존재한다는 입장은 '설일체유부說一切有部'의 '실재론'이다. 이들은 법法이란 실체로서, 항상 존재하며(恒有), 미래/현재/과거의 삼세에 걸쳐서 변함이 없다(三世實有)고 말한다.[2] 그러나 '중관론'자들은 이러한 실재론자의 주장을 비판하면서 인식은 인연화합因緣和合의 결과이고[3], 각각의 구성요소들 역시 그 자체로 실재하지 않는 '공空'이고 '무상無常'이라 규정한다. 그렇긴 하지만 '유식론'자들은 인식하는 자아(我)와 포착된 세계(法)는 모두 '의식의 전변(識轉變)'의 결과로서[4] 의식의 '흐름'이나 '과정'으로 본다.

---

1 인경, 「유식의 '변계소집성'과 '인지치료'의 통합적 접근」, 『보조사상』 22집, 2004, pp.11~42 ; 인경, 「영상관법의 심리치료적 함의-인지행동치료와 비교하면서」, 『명상심리상담』 2권, 2008, pp.61~89 ; 정현주, 「유식이십론 '유식무경'의 인지과학적 해명」, 『불교학연구』 62, 2020, pp.185~212.

2 배상환, 「설일체유부의 체용론」, 『불교학보』 55, pp.131~155.

3 조동복, 「용수의 십이연기十二緣起 해석」, 『동아시아불교문화』 37권, 2019, pp.107~137.

4 김재권, 「세친의 식전변설을 통해 본 식의 분화구조와 그 의의-'허망분별'과

그러면 인식과 세계에 대한 실재론, 중관론, 유식론 중 누가 옳은가? 불교의 사상사를 되돌아보면 이들은 서로 논쟁해 온 역사가 있다. 그렇다 보니 후학들은 이런 철학적 입장/관점에서 하나를 선택하도록 압박을 받곤 한다. 각각의 주장들을 일견해 보면 서로 양립할 수 없는 듯한 모순을 내포한 까닭에 적절한 하나를 선택할 수밖에 없는 상황에 놓인다. 실제로 실재론과 중관론의 논쟁[5], 실재론과 유식론의 논쟁[6], 중관론과 유식론의 논쟁[7] 등이 존재하여 왔다. 여기서 이것들에 대해서 하나씩 상론할 수는 없다. 단지 이런 논쟁이 제공하는 과제는 마음과 본성에 대한 인식을 어떻게 이해하고 각기 다른 견해를 어떻게 통합할 것인가 하는 점이다. 일단 먼저 필자의 입장을 밝히면 다음과 같다.

대립적 '인식론'의 관점에서 보면 하나만을 옳다고 선택해야 하지만, 필자는 이들 관점을 '해석학'적 입장에서 모두 필요하다고 인정한다. 적어도 이들은 자신이 선 관점에서 확실하게 유용한 정보를 제공하기 때문에 마음의 현실을 이해하고 해석하는 데 갈등할 필요가 없이,

'자기인식'의 관계를 중심으로」, 『인도철학』 52권, 2018, pp.49~74.

5 남수영, 「용수龍樹와 월칭月稱의 유부 삼세실유론 귀류 논파―『쁘라산나빠다』 제2장 「관거래품」 제1, 12, 14송을 중심으로」, 『한국불교학』 97권, 2021, pp.67~98 ; 윤갑종, 「연기緣起와 자성自性의 양립 불가능성에 대한 용수龍樹의 입장: 설일체유부說一切有部의 사연四緣에 대한 용수龍樹의 비판」, 『범한철학』 40권, 2006, pp.225~252.

6 황정일, 「설일체유부說一切有部의 작용론에 대한 논쟁-세친의 비판에 대한 중현의 반론을 중심으로」, 『인도철학』 19권, 2005, pp.191~211.

7 김현구, 「짠드라끼르띠의 유식학 비판」, 『범한철학』 62권, 2016, pp.87~126.

이들 세 가지 시각은 모두 필요하다고 본다.

예를 들면 먼저 책상의 꽃을 보자. 아니면 가까운 친구에게 졸업식 날에 장미꽃을 선물 받았다고 해보자. 어떤가? 일상에서 이런 경험 자체를 부인할 수 없다. '실재론'의 입장에서 보면 장미꽃의 꽃잎과 줄기 등의 감각 자료를 분명하게 보았고, 손으로 만졌고 그것을 두 손으로 받았기에 실제로 존재(實有)한다. 물론 이것 역시 인연화합인 까닭에 일주일이 지나면 장미꽃의 꽃잎과 줄기들은 시들해져서 끝내 는 쓰레기통에 버려지곤 한다. 이런 경우라면 역시 꽃의 잎사귀와 줄기 등은 삼세에 걸쳐서 실재한다고 주장할 수가 없다. 실재가 아닌 관계로 오고(來) 감(去)의 시간은 개념일 뿐이다.[8] 이게 '중관론'의 입장이다. 그러자 '유식론'은 주장한다. 장미꽃이란 실재가 아닌 개념 이다. 그렇다고 전혀 공空하여 실체가 없다고 말할 수 없다. 나는 대학 졸업식 날에 친구에게 꽃을 선물 받았음을 분명하게 그날의 감촉과 기분으로 '기억'한다. '유식론'의 입장에서 보면, '외적인 대상 이란 실로 단지 표상일 뿐이다(唯識無境)'[9]고 주장한다.

이들 각각의 시선은 현실의 경험을 해명하는 데 나름대로 모두 옳다. 만약에 이것들이 하나라도 결여된다면 오히려 현실의 기반을 송두리째 망쳐놓은 일이 아닐까 한다. 우리는 이러한 시각을 적절하게

8 조종복, 「『중론송』의 팔불연기는 연속적인가, 불연속적인가」, 『동아시아불교문화』 43권, 2020, pp.143~174.

9 김사업, 「유식무경唯識無境에 관한 해석상의 문제점과 그 해결: 삼류경설三類境說을 전후한 인도 중국 교설의 비교를 통하여」, 『불교학보』 35, 1998, pp.247~268 ; 한자경, 「유식무경」, 철학문화연구소, 『철학과 현실』, 1999, pp.17~26.

잘 활용해서 스스로 의미를 부여하고 자신과 세계를 구성하여 간다는 것이 일상의 상식에 부합한 관점이 아닐까 한다. 다시 말하면 실재론實在論, 중관론中觀論, 유식론唯識論 등은 인식론의 관점이기도 하지만 또한 삶을 이해하는 해석학적인 측면을 역시 갖추고 있기에, 이들 가운데 한 개의 입장만을 취하여 과도하게 현실을 해석하고 선택하는 일은 경직된 태도로서 오히려 문제가 될 수도 있다는 것이다.

더구나 우리의 인식론적 시각은 날씨의 변화처럼 일상에서 연속적인 흐름으로 상황에 따라서 반복적으로 관점의 이동을 경험한다. 이를테면 거울을 통해서 본인이 원하는 자기 모습(唯識論)을 단장했으면 다시 빨리 회사에 출근해야 한다. 집을 나가기 위해서 현실에 실재하는 신발도 신고 지하철도 타야 한다(實在論). 회사에 출근해서는 대인관계나 업무에서 집착이 없는 인연화합(中觀)인 것을 인정해야 효과적으로 협력할 수 있다. 그래야 집과는 다른 변화된 새로운 상황을 받아들일 수가 있다.

이런 인식의 과정은 어느 하나의 인식론만 선택하여 일관되게 사용하는 것이 아니라, 이들은 현실을 계속하여 '해석'하는 '순환' 과정으로 경험된다. 어떤 상황에서는 모든 것들이 다 실재한다고 보고, 어떨 때는 자신과 세상이 지나가는 꿈같다고 중관론의 입장에서 바라보기도 하고, 상황이 달라지면 그것을 표상하여 유식론처럼 모두 다 마음이 구성한 것으로 본다. 삶을 바라보는 이런 인식론적 관점의 변화는 모순처럼 보이지만 우리는 일상에서 반복적으로 경험한다. 이런 시각의 변화는 상황을 해석하고 구성하는 정상적 활동으로 인정한다. 삶이란 이런 해석학적 순환[10]의 연속적 과정이라고 이해한다.

그림 1. 순환적 통합모델

　일반적으로 서구에서 개발된 해석학은 고전적 테스트 문장이나 혹은 삶의 의미를 해석할 때 맥락에서 발생하는 전체와 부분의 상호작용을 '해석학적 순환'이라고 부른다. 여기서 '해석학적 순환'이란 마음의 본성과 삶을 이해하고 체험하는 방식의 세 가지 관점에 의한 해석의 순환 관계를 의미한다. 이런 점에서 필자는 불교의 교설이나 법체계란 결국은 마음과 본성(心性)을 경험적으로 이해하고 해석한다는 측면에서 '마음의 해석학'이라고 부른다.[11] 현장에서 출현한 실재론, 중관론, 유식론 등은 마음을 인식하고 해석하는 관점이고, 우리는 이들을

10 Richard E. Palmer. 1969. *Hermeneutics: Interpretation Theory in Schleier-macher, Dilthey, Heidegger, and Gadamer*, Studies in Phenomenology and Existential Philosophy(35 Books), Northwestern University; 리차드 팔머, 이한우 옮김, 『해석학이란 무엇인가』, 문예출판사, 2011.

11 인경, 「지눌 선사상의 체계와 구조」, 『보조사상』 12집, 1999, pp.179~232. 여기서는 해석의 주관적이고 경험적인 측면이 개입될 수밖에 없음을 말한다면, 해석의 타당한 객관성을 담보하는 문제에 대해서는 '최성환, 「해석학과 마음의 문제」, 『철학연구』 48, 2018, pp.55~195'를 참조 바람.

맥락에 따라서 적절하게 해석하여 사용한다는 의미에서 인식론의 '실용주의적 통합', 혹은 해석학의 '순환적 통합모델'이라고 호명하자. 이것을 그림 그리면, 위의 〈그림 1. 순환적 통합모델〉과 같다.

그렇기에 역사적 논쟁처럼, 원측圓測 법사의 『해심밀경소解深密經疏』에서 보여 주듯이[12], 실재론(實在論, 薩婆多宗), 중관론(中觀論, 龍猛宗), 유식론(唯識論, 彌勒所宗)을 반드시 대립적인, 혹은 적대적 관계로만 파악할 이유가 없다. 이들은 엄격한 인식론의 관점에서 양립할 수 없는 대립 관계지만, 느슨한 해석학의 입장에서는 서로 상보적인 통합적 유기체이다. 이렇게 이해하는 것이 현실을 설명하고 구성하는 데 훨씬 더 유용하다. 이들의 차이점을 엄격하게 구분하고 파악해야 한다고 주장할 수도 있지만 그렇다고 여기에만 머물러서 상호 대립하는 갈등 관계로만 우리의 삶, 곧 마음을 파악해야 할 이유는 없다. 여행을 다녀와서 다양한 관점에서 찍은 사진과 동영상을 하나로 통합하여 현실을 드라마로 '구성'하려면, 응당 이들의 다양한 관점을 인정해야 가능하다는 점에서 필자는 구성주의나 실용주의적 해석학의 입장을 지지한다.

상식을 옹호하는 실재론은 사물의 현실적인 측면을 고려한다면, 중관론은 연기하는 변화와 상호작용의 관점을 주목하고, 유식론은 대상과 무관하게 인식하는 마음의 표상작용에 초점을 맞춘다. 이들은 동일한 사물에 대한 서로 다른 관점에서 자신이 본 바를 주장한다.

---

12 圓測, 『解深密經疏』(韓佛全 第一冊, 124c-126a). 여기서 보이는 원측의 해석학적 태도는 특정한 종파의 견해를 중심으로 해석하지 않지만, 유식론의 입장에서 통합하려는 입장을 취함은 분명하게 보인다.

그렇다고 각각의 관점을 전혀 잘못되었다거나, 아니면 반드시 대립적인 갈등 관계로 볼 이유는 없다는 것이다. 어느 한 견해만 고집하고 선택하여 해석하는 일은 엄밀한 자연과학적 태도로, 작은 망원경 하나로 인문학의 넓은 하늘을 편 가르는 것과 다르지 않다. 주객의 이분법적인 인식론이나 논리적 정합성만을 따지면 양립 불가능하여 이들은 서로 별개가 되지만, 각각의 장점을 살려서 해석학적 입장에서 '순환적인 통합적 관계'로 이해하면 현실을 이해하는 유용한 도구가 된다.

예를 들면 『섭대승론』에 나타난[13] 새끼줄과 뱀의 유명한 비유를 보자. 농부에게 새끼줄은 농사에 필요한 실재하는 현실로 인식된다. 새끼줄은 매우 유용한 물건이다. 이것은 실재론實在論적 입장이다. 그런데 우리는 밤중이나 혹은 종종 건강에 문제가 있으면 덩굴이나 새끼줄을 뱀이라고 착각할 때도 있다. 이것은 잘못된 희론적 분별로서 개념에 불과한 내용이다. 이것은 개념적 이해를 철저하게 거부하는 중관론中觀論의 입장이 반영된 바이다. 그러나 유식론唯識論에서 보면 뱀이란 단지 표상일 뿐이고 새끼줄 역시 그 본질이 볏짚인 까닭에 이들은 모두 표상으로서 의식의 일부이다.

변화하는 현실을 누가 정확하게 인식한 것인가? 뱀, 새끼줄, 볏짚에 대한 인식은 분명하게 실재론, 중관론, 유식론의 관점에서 어느 것도 부정할 수 없을 만큼 각자의 입장이 있다. 이들은 모두 각각의 입장에서

---

13 (2권)攝大乘論(大正藏 31, 105a), "闇中如見繩謂蛇現相故 所謂如繩蛇不實 非衆生故." ; (3권)攝大乘論(大正藏 31, 123a), "譬如闇中藤顯現似蛇 猶如於藤中蛇卽是虛實不有故."

의미가 있다고 판단하고, 혹은 감추어지고 은폐된 현실을 해석한다. 그렇다고 양립할 수 없는 인식론의 대립된 구도에서 보듯 하나만을 선택하고 다른 쪽은 배제한다면 역시 문제가 된다. 만약 새끼줄을 뱀이라고 한다면 분명하게 잘못된 판단이 아닌가 반문한다. 그러나 설사 잘못된 인식이라고 해도 이것 역시 우리 인식의 일부로 그 자체로 인정해야만 하는 상황이 있다. 임상적 상황에서는 이런 잘못된 인식이 어떻게, 왜 생겨났는지를 파악하는 것은 매우 중요한 과정이다. 이것들을 중관론처럼 모두 잘못된 인식이라고 제외시킬 수는 없다는 말이다. 자식을 버릴 수 없듯이, 치료자나 상담자 혹은 자녀를 키우는 부모의 입장에 서면 그 병리적 패턴이나 문제점을 정확하게 진단하고 평가해야 한다. 그것이 단지 논리적으로 잘못되었다고 하여 내팽겨칠 수는 없다. 또한 새끼줄을 뱀이라고 한 만큼이나 역시 새끼줄 역시 잘못된 호칭이다. 새끼줄은 사실 볏짚이 그 정확한 질료이다. 말하자면 '볏짚', '새끼줄', '뱀'에 이르기까지, 이것들은 우리의 필요에 의해서 구성된 삶의 현상이고, 체험이며, 해석임을 인정하자는 것이다.

  그렇기에 필자는 끊임없이 움직이는 현실의 역동성을 인정하여, 실재론, 중관론, 유식론 등을 엄격한 '인식론'적인 측면이 아니라 삶을 해석하는 구성요소로서 '해석학'적 틀/시각이라는 점을 강조한다. 다시 말하면 우리의 삶이란 이런 해석 틀을 가지고 자신과 현실을 이해하고 구성하면서 고유한 자신만의 '순환적 통합체계'를 창조해 가는 과정이라고 본다. '순환적 통합모델'과 관련하여 필자가 말하고 싶은 것은 이렇다. 불교사상사에 나타난 다양한 인식론적 관점을 논리적으로 양립할 수 없는 정합성만을 내세워 서로를 배척하지 말고,

유연하게 이들을 세계와 마음의 본성을 해석하는 도구로 활용하여 현실에 유용한 방식으로 적용할 수 있는 실용적인 전략적 방법을 찾자는 것이다.

2) 마음의 본성
-이제와 삼성설을 중심으로

무엇이 마음의 본성인가? '본성本性'이란 용어는 사실 대승불교를 설명하는 핵심 된 용어이다. 그만큼 다양한 용례를 가진다. 잠깐 이것을 나열하여 보면, 넓은 의미에서 사물마다 가지는 고유한 의미의 성질을 가진다는 뜻에서 '자성自性'이란 용어로 사용되기도 하고, 모든 현상(法)에 내재된 공통된 요소라는 의미에서 '법성法性'이라 하기도 한다. 그 밖에 인간에게 적용되어서 교육학에서는 사람마다 가지는 타고난 성품이란 의미에서 '인성人性'이라 하고, 심리학에서는 사람의 본래적 성향의 존재를 인정하여 '본성'이란 용어를 사용한다. 또한 대승불교에서는 부처의 깨달음을 모든 중생이 함장하고 있다는 뜻에서 '불성佛性', 혹은 '여래장如來藏'이나 신령한 성품이란 의미에서 '영성靈性'이란 용어를 사용한다. 반면에 선불교에서는 '본래면목本來面目', '한 물건(一物)'이나 '일구一句'와 같은 용어를 애용하면서 대승불교와 사뭇 구별된다.

그렇기에 마음의 본성이 무엇인지를 규명하는 일은 대승불교와 선불교의 핵심 된 과제임이 분명하다. 마음의 본성을 이해하는 데 있어서도 마찬가지로 실재론, 중관론, 유식론이란 세 가지 관점이 있을 수가 있다. 이러한 서로 다른 시각을 상호 배척하지 않고 유기적으로 적절하게 통합해 주는 하나의 해석체계가 있을까? 이것을 필자는 '삼성설三性說'이라고 생각한다.

삼성설은 실재론, 중관론, 유식론의 입장을 모두 포괄할 수 있는 하나의 종합된 해석체계라고 판단한다. '변계소집성(遍計所執性, parikalpita-svabhāva)'은 '중관론'에서 말하는 언어적인 희론에 가까운 인지적 '개념'인 까닭이요. '의타기성(依他起性, paratantra-svabhāva)' 은 상호 의존되어서 작동하는 연기로서 현실에 실재한다는 측면에서 '실재론'과 상통한다. 마지막으로 유식론에서 원성실성(圓成實性, pariniṣpanna-svabhāva)은 가장 높은 가치의 원만하게 완성된 열반의 '진실'일 것이다.

사실 '집착된 개념', 실재하는 '현실의 연기', '궁극적 진실'이라는 삼성설三性說은 '마음의 본성이 무엇인지'를 정확하게 해명하는 '마음의 해석학'이다. 다시 말하면 마음의 본성이 가지는 고유한 세 가지 측면을 제시한다는 것인데, 필자는 이들은 서로 별개가 아니라 마음의 본성/자성(svabhāva)이 현실에서 드러나는 세 가지 '양상'이라고 본다.

주지하다시피 '삼성설의 구조적 체계를 어떻게 이해할 것인가' 하는 학계의 논의[14]가 있다. 이를테면 삼성설의 구조를 해명하는 '중추적 모델'은 실재하는 연기라는 '의타기성'을 중심으로 삼성설을 설명한다면, 수행과정을 중시하는 '발전적 모델'은 집착된 개념(변계소집성)

---

14 Sponberg, Alan. 1982. THE TRISVABHAVA DOCTRINE IN INDIA & CHINA: A Study of Three Exegetical Models, 『龍谷大學仏教文化研究所紀要』 21, pp.97~119 ; 안성두(2005), 「유식문헌에서의 삼성설三性說의 유형과 그 해석」, 『인도철학』 19권, pp.61~90.

→ 실재하는 연기(의타기성) → 궁극적 진실(원성실성)에로 이행하는 수행과정으로 삼성설을 설명한다. 필자는 이들의 주장에 대해서 전적으로 동의한다. 이 두 가지 모델은 설득력이 있다. 그렇긴 하지만 앞에서 필자가 말한 '순환적 통합모델'과는 차이점이 있다. 첫째는 순환적 통합모델은 기본적으로 세 가지 관점을 우열관계로 보지 않고 모두 현실을 이해하는 과정에서 나타나는 순환적 현상인 까닭에 균등하게 인정한다는 점이다. 둘째는 순환적 통합모델은 진실을 향한 발전적인 한 방향보다는 개인별 사례에 따라서 다면적으로 상호 순환적인 관계나 성장을 강조한다는 점이다. 셋째는 통합모델은 중추적 모델과 발전적 모델을 통합하여, 연기하는 현실의 중추적인 역할을 인정하고 명상수행의 길에서 순환적으로 발전한다는 마음의 성장을 함축한다고 본다.

　마음을 해석하는 순환적인 모델로서 마음의 본질을 해명하는 또 다른 중요한 교설은 『대승기신론大乘起信論』에서 말하는 일심一心의 체상용體相用 삼대三大가 아닌가 한다(이하 『기신론起信論』으로 약칭함. 단 문헌 『기신론』에 나타난 인식론이나 해석학적의 사상을 가리킬 때는 기신론이라고 호칭함). 주지하다시피 기신론은 한마음(一心)을 '근원적인 바탕(體)', '현실에 나타나는 형상(相)', '실천의 작용(用)'의 3항으로 해명한다. 이들은 유식의 삼성설과 매우 흡사하다. 아직 선행연구가 없지만, 아마도 기신론은 유식 삼성설의 성립에 영향을 미쳤을 것 같다. 느슨하지만 일단 진실의 원성실성은 마음의 바탕으로서 체대體大에, 개념의 변계소집성은 집착된 형상을 대변하는 상대相大에, 의타기성은 연기로서 현실에서 작용하는 실천의 용대用大로 이해할 수가 있다. 상세한 논의는 다음 장에서 남방불교의 마음 해석 틀과 비교하여 다시 거론할 것이다.

일단 이렇게 필자는 기신론의 '삼대三大'나 유식론의 '삼성설'에 기반하여 마음의 본성이란 현실에 대응하는 인지적 '개념'이고, 실재하는 '연기'이며, 청정한 '진실'이라는 세 가지 측면에서 규정한다. 그렇지만 마음의 본성에 대해서 '실재인가? 개념인가?'의 두 가지 측면에서 질문하고, 둘 중 하나를 선택하여 답하라고 한다면, 어떻게 대답할 것인가?

필자는 첫 번째로 '실재론'의 입장에서 대답한다. 왜냐면 개념은 허구이고 실제적인 힘이나 영향력과 같은 작용의 효력을 발휘하지 못한다는 지적인 이해의 수준이 되는 까닭이다. 반면에 진실한 실재는 실제로 우리 삶에서 영향력을 미치고 구체적으로 만질 수가 있고 그 효력을 검증 가능하다는 것을 의미한다. 그렇긴 하지만 두 번째로 '개념/이론'의 영역을 완전하게 무시할 수는 없다. 현실에서 보면 개념과 실재는 모두 필요한 요소이다. 이론적 개념이 없으면 현실에서 실천이 강력하게 효력을 발휘할 수 없고, 반대로 이론만 있고 현실적인 적용이 없다면 그 이론은 허망하기 그지없다.

그런데 '실재인가? 아니면 개념인가?' 하는 양자택일적 질문에는 중요한 철학적 논쟁점이 숨겨져 있다. 이를테면 실재냐 개념이냐는 질문에는 '마음'의 본성/자성을 해명하는 데 있어서 언어적 개념과 같은 세속적 진리(俗諦)와 궁극적인 실재(眞諦)라는 이제二諦의 양가적 관점으로 한정한다는 의미가 함축되어 있다. 이것은 분명하게 중관론적 관점이다. 반면에 마음의 본질을 해석할 때 기신론의 '체상용'이나 유식불교의 '삼성설'은 근본적 진실(體), 개념적 형상(相), 실재하는 연기적 작용(用)이라는 세 가지 측면으로 설명한다.

물론 역사적으로 보면 먼저 삼세실유三世實有의 실재론을 비판하면서 중관론의 이제관二諦觀이 성립되고 나중에 연기적인 의타기성이 첨부되면서 유식 삼성설이 성립되었다.[15] 하지만 이후 여전히 이들 사이에는 논쟁이 있다.

여기서 문제는 마음의 본질을 해석하는 데 속제/진제의 이제二諦인가? 아니면 기신론의 체상용/삼대나 혹은 유식의 삼성설인가? 어느 쪽이 효과적인가 하는 논란이다. 이런 논란은 청변(淸辨, Bhāvaviveka, 490~570)과 호법(護法, Dharmapāla, 530~561)의 논쟁인데, 그 중심에는 과연 '연기/의타기성을 어떻게 볼 것인가?' 하는 핵심 된 이슈가 있다.[16] 만약에 의타기성이 부정된다면 중관론의 입장인 속제/진제의 이제二諦가 세력을 얻게 된다. 그러나 만약 의타기성이 현실에 필요한 교설/해석체계라면 유식의 삼성설이 정당화된다. 그러니 잠깐 이들의 논쟁을 여기서 살펴보고 가자.

이것에 인연하여 일이 생긴다는 것을 의타기성依他起性이라고

---

15 김재권, 「초기 유식사상의 구조적 변화와 그 의의-이제와 삼성의 구조적 관계를 중심으로」, 『동아시아불교문화』 26권, 2016, pp.33~59.

16 Paul Hoornaert, 1986, Bhavaviveka's Critique of the trisvabhava-Doctrine, Journal of Indian and Buddhist Studies, 35권-1호 ; 김치온, 「청변淸辯과 호법의 공유 논쟁에 대하여」, 『한국불교학』 25권, 1999, pp.479~503 ; 윤종갑, 「대승불교의 진리관-龍樹의 空과 二諦說에 대한 中觀學派와 唯識學派의 논쟁을 중심으로」, 『철학연구』 116, 2010, pp.225~256.

한다. 이것을 인연하여 물질과 느낌과 생각 등을 얻게 된다면, 의타기성의 자성自性은, 차별로서 임시로 세운 바로 그 본성은 변하게 된다. 만약 이것이 없다면 임시로 가립된 것 또한 없다 …(중략)… 이것의 의미가 의타기의 본성을 '얻을 수 없음(無所有)' 인 것을 말한다면, 이것은 공空이 된다.[17]

이것은 중관론의 입장을 대변하는 청변淸辨의 주장이다. 그의 비판은 분명하다. 연기는 인연을 따라서 생겨났다가 인연을 따라서 변하게 되니, 그것의 자성은 얻을 수 없는 무소유無所有이고 이것의 본질은 공空이라는 주장이다. 이것이 있으니 저것이 있다, 이것이 없으니 저것도 없다는 논리이다. 반면에 삼성설을 세워야 하는, 30년을 불꽃처럼 짧게 살다간, 호법護法은 이렇게 말한다.

의타기성依他起性은 실재(實)와 개념적 가설(假)의 양면이 있다. 모여서 집합하고, 계속적으로 상속相續되고, 쪼개져서 위치하는 (分位) 특성을 가진 까닭에, 이때는 임시적 가설로서 존재함(假有) 이다. (그러나 일상의 삶에서) 마음과 마음 현상과 지어진 물질은 모두 인연을 따라서 생겨나는 까닭에 실로 존재함(實有)이다.[18]

---

17 淸辯, 大乘掌珍論(大正藏 30, 272a), "此緣生事 卽說名爲 依他起性 依此得有 色受想等 自性差別 假立性轉 此若無者 假法亦無 …(中略)… 若此義言 依他起 性 亦無所有 故立爲空."

18 護法, 成唯識論(大正藏 31, 47c), "依他起性有實有假 聚集相續分位性故說爲假 有 心心所色從緣生故說爲實有."

호법에 의하면 의타기성은 양면이 있다. '물든 연기(染分依他)'가 있고 '청정한 연기(淨分依他)'가 있다.[19] 물든 연기는 집착된 개념으로서 변계소집성에 해당되고, 청정한 연기는 원성실성이다. 연기, 곧 물든 의타기성이 세간의 속제이고, 청정한 의타기성이 출세간, 진제眞諦의 원성실성에 속한다. 그렇기 때문에 현실 속에서 갈등하는 이들 양자, 세간의 속제과 출세간의 진제를 연결해 주고 통합하는 중추적 모델로서 연기법, 곧 의타기성이 필요한 것이다.

이들의 공유 논쟁은 있음/없음의 양립 불가한 관점에서 비롯된 인식론의 논쟁이다. 하지만 그 핵심 된 요인은 '의타기/연기를 어떻게 이해할 것인가' 하는 해석학적 관점이 놓여 있다. 연기/의타기성은 삼성설에서 중요한 중추적 위치를 차지하는데, 만약에 호법이 주장하는 연기가 '임시적 있음(假有)'이나 '실재적으로 있음(實有)'이 아니라면, 그래서 청변의 주장처럼 의타기란 '무소유無所有'이고 '공空'으로 해석한다면, 유식의 삼성설은 결과적으로 의타기성을 시설할 필요가 없다. 그러면 유식의 삼성설은 해체되어서 중관파의 공空/유有나 진眞/속俗의 이제二諦로 다시 환원된다. 사실상 이것은 현실을 파악하는 패러다임/프레임의 경쟁이다.

그러면 어떤가? 본 연구의 문제와 연결해서 다시 질문해보자. 연기/의타기依他起의 본성(性)은 '개념(空)'인가? 아니면 실재(有)인가?' 양자 중 하나를 굳이 선택하라면, 실용주의자이고 해석학적 순환론을 주장하는 필자의 입장은 양자가 모두 옳다는 입장을 취한다.

---

19 護法, 같은 책, p.46b, "頌言分別緣所生者 應知且說染分依他 淨分依他亦圓成故."

청변의 주장처럼 연기는 끊임없이 변천한다는 점에서 공空이지만, 또한 호법의 주장처럼 연기는 현실의 구체적인 경험내용이라는 점에 서는 실재(有)에 속한다. 필자가 보기에는 '연기'는 무상한 공성과 법계에 상주함을 모두 함축하는데도[20] 논쟁자들은 대체로 자신들의 입장을 정당화하는 것을, 곧 자신들이 보고 싶은 부분만을 본다.

그런데 실용주의적 관점에서 문제의 핵심은 현실과 마음의 본질을 해명하는 데 어떤 교설이 더 유용하며 효과적인가 하는 점이다. 현실에 서 원하는 그것이 존재한다면 집착에 빠지기 쉽고, 반대로 그것이 존재하지 않는다면 현실은 공허해진다. 갈등하는 양자를 통합하는 것이 필요하다. 때문에 필자는 양자 대립적인 공유空有의 '이제설二諦 說'보다는 갈등하는 양자를 통합하는 '체상용體相用'이나 '삼성설三性 說'이 보다 효과적인 해석 틀이라고 평가한다.

이를테면 중관론의 이제설은 극단적으로 '진리와 번뇌', 아니면 '중생과 부처', 혹은 '진여와 생멸'이라는 대립된 프레임으로 대중을 몰고 간다. 물론 이런 관점은 긴장감을 주고 극적인 반전으로서 돈오의 길을 제공한다. 그러나 이것은 유무有無의 양극단이기에 현실에 대한 적응이나 문제 해결에서 약점을 노출한다. 사실 양립할 수 없는 공空/ 유有나 진眞/속俗의 양자 갈등에는 매개하는 중재자가 없다. 물론 '중도'라곤 하지만 사실상 이것은 거룩한 '침묵'이다. 선택을 강요하는 현실 속에서 중도란 의미는 퇴색된다. 현실에서 부처면 중생이 아니 고, 번뇌면 진리가 아니다. 진여이면 생멸이 없고, 생멸이면 그곳에는

---

20 인경, 앞의 책, 『쟁점으로 살펴보는 현대 간화선』, p.210.

진여가 없다. 결국 공/유와 진/속의 논리는 서로 양립할 수가 없는 갈등의 구조이다.

이것을 해결하는 방안은 중생이 그대로 곧 부처이고, 번뇌가 바로 해탈이라는 중도의 깨달음이다. 이것이 원효나 원측이 말하는 화쟁和 諍이나 회통會通이다.[21] 이것은 갈등하는 두 개의 항목이 '서로 다르지 않음', 곧 '상즉相卽'의 통합방식이다.[22] 혹은 이것을 대부분 일심이문一 心二門에 의한 중도中道적 통합이라고도 부른다. 여기서는 속제가 그대로 진제이며, 번뇌가 곧 그대로 보리菩提이니까. 그러니 갈등하는 양자 사이에는 구체적 중재자나 매개요인이 필요하지 않다. 그러나 이 방식은 돈오라는 극적인 깨달음의 반전이 있어야 가능하다.

이런 이유로 필자는 '변증법'적인 통합이라는 세 번째 길이 있다고 주장한다. 중관론의 공유空有나 진속眞俗의 2항 대립구조를 정반합의 현실적이고 중추적인 의타기성/연기로서 통합하는 방안이다. 기신론의 체상용體相用이나 유식론의 삼성설三性說의 3항 체계로 마음의 설계도를 구조 변경한다면, 그러면 개념적 갈등이 해소되고 '연기'하는 현실에서 강력한 치유적 도구가 되지 않을까 한다. 중관론의 입장에서는 연기의 본질이 공空인 관계로 통합의 핵심이 될 수 없다고 주장할

---

21 장규언, 「공유空有 논쟁에 대한 원측圓測의 화쟁 논리-『대승광백론석론大乘廣百論釋論』 「교계제자품敎誡弟子品」을 중심으로」, 『철학논집』 37권, 2014, pp.293~327 ; 이정희, 「원효의 삼성설三性說을 통한 공유空有 사상 종합」, 『한국불교학』 78권, 2016, pp.377~413.

22 김영미, 「승랑과 원효의 상즉론相卽論의 비교연구」, 『인도철학』 62권, 2021, pp.137~168.

수도 있지만, 유식론의 입장에서는 연기는 매우 구체적인 현실임을 부정할 수 없다고 말한다. 현실은 그대로 열반의 모습일 수도 있지만 동시에 집착의 현실은 지옥일 수도 있다. 이런 갈등을 의타기성, 곧 연기에 의해서 양자를 정반합의 변증법적으로 통합이 가능하다는 입장이다.

다음으로는 보리/번뇌나 진/속 이제二諦라는 '상즉相卽'의 2항 통합에서 설사 돈오를 성취했다고 해서 곧장, 다시 말하면 집착의 변계소집성에서 원성실성의 궁극적 진실에로 명상수행과 돈오에 의해서 단번에 존재론적 질적인 전환을 이루어낼 수 있을까 하는 문제이다. 이 부분은 선불교에서 돈오頓悟와 점수漸修의 관계 문제이다. 이것은 다음 장에서 다시 거론할 것이다. 만약에 마음의 본성에 대한 깨달음은 단번에 일어난다고 하지만, 현실 속에서 번뇌의 장애로 인하여 궁극적인 변화를 단번에 가져오지 못하고, 점진적인 과정을 거쳐서 이루어진다면, 그렇다면 필자는 결국 이 과정은 아래의 〈그림 2. 체상용 순환모델〉처럼 순환적인 과정이 된다고 본다.

그림 2. 체상용 순환모델

숙세의 업장으로 진실에 대한 깨달음, 돈오는 다양한 상황에서 다시 집착된 현실과 마주해야 할 수 있다(궁극의 진실 → 현실의 집착된 형상). 이러할 때 다시 돈오는 집착의 현실을 냉정하게 그 연기성을 통찰하게 되고(집착 → 연기), 그러한 연기의 현실을 통해서 마음의 진실을 발견하는 과정(연기 → 진실)을 거치게 될 것이다. 이런 과정은 '돈오에 기반한 점수(頓悟漸修)'라는 수행과정이다.

이런 순환과정은 마음의 본성에 대한 구조적 해명보다는 역동적인 측면에서 파악하는 것이 효과적이다. 그러면 상구보리上求菩提의 관점에서 현실의 집착된 형상(相)/변계소집성에서 → 그것의 연기/의타기성을 보면(用) → 원성실성의 진실(體)을 깨닫게 되는(頓悟), 반복적이고 순환적인 발전모델이 된다. 현실에서 작동하는 연기는 생멸문의 물듦과 진여문의 청정함이란 양면을 동시에 가지고 있기에, 의타기성/연기가 중추적 역할을 하면서 물듦(染)이 청정함(淨)으로 전환하는 마음의 질적 변화, 전의(轉依, āśraya-parāvṛtti)가 일어나게 된다. 하화중생下化衆生의 길에서도 이와 마찬가지로 이 정반합의 통합된 순환체계는 동일한 방식으로 작동하게 된다. 이것을 '뱀과 새끼줄' 비유로 다시 말하면 '집착'된 뱀이 사실은 '연기'하는 새끼줄임을 통견洞見할 수 있게 돕는다면, 그는 오랜 업장의 두려움과 공포란 물듦으로부터 벗어나서 본래 존재하는 마음의 평정과 청정성을 회복할 것이다. 이렇게 하여 그는 마침내 점진적으로(漸修) 궁극의 여래지/열반에 도달하게 될 것이다.

물론 이런 과정은 단 한 번에 그리고 한 방향으로만 일어나는 것이 아니라, 마치 뱀에 대한 공포증이 정도의 차이는 있지만 단박에 개선되지 않듯이, 다양한 경험 속에서 중첩적으로 발전하고 성장하여 간다고 본다. 궁극의 여래지에 이르기 전까지는 순례자인 우리는 오랜 업장에 의한 '집착'과 더불어서 '연기'의 현실을 직시하면서, 그리고 참된 '진실'에 대한 통찰을 반복하면서 순환하는 계절과 함께 성장할 것이다.

3. 심성론: 아비담마와 대승불교에서의 본성

본성/자성을 어떻게 이해할 것인가? 여기서는 마음의 본질에 대해서 남방의 '아비담마'와 북방 '대승불교'의 해석 틀을 비교하면서 '몸', '마음', '본성'이란 세 가지 측면을 순차적으로 하나씩 논의할 것이다.

1) 몸/지수화풍

먼저 불교 경전이나 논서에 자주 등장하는 몸을 구성한다는 '지수화풍 地水火風'에 대해서 검토를 해보자. 지수화풍이 단지 '개념'의 수준인가 아니면 '실재'의 수준인가를 질문해보자는 것이다. 물론 이런 양자의 요소를 다 가질 것이다. 지수화풍에 대해서 대화를 할 때나 그것을 활용하는 농부는 이것들의 개념/지식을 분명하게 가지고 있고 그것을 잘 사용할 것이다.

　농작물을 짓는 농부라면 '땅'의 요소는 결코 개념적 수준만도 아니다. 농부에게 토지는 삶에서 직접적으로 영향력을 가진 절박한 실재이다. 왜냐면 그 땅에서 농산물을 생산하고 그것을 시장에 내다가 판매를 하면서 살아가기에 땅의 요소는 실재성을 가진다. 단순한 개념이 결코 아닌 것이다. '땅'의 요소뿐만 아니라 '물', '불', '바람'의 경우도, 우리는 말하거나 토론할 때 그것을 '개념'의 틀로서 사용하지만, 또한 그것을 현실에 실재하는 구체적인 효력을 가진 '실재'적 요소로 인정한다.

그러면 지수화풍의 본성이란 무엇일까? 그것이 단순한 개념적 수준이 아니면 그것의 구체적인 '실재'로서의 본성은 무엇일까? 이것을 주장하는 문헌적 사례를 제공할 필요가 있다. 이것은 대표적으로 『구사론』에서 확인이 가능하다. 그것은 다음과 같다.

> 게송에서, 대종大種이란 4계이다. 곧 지수화풍地水火風이다.
> 능히 성장과 유지 등의 행위를 하며
> 견고함(堅), 습기(濕), 뜨거움(煖), 움직임(動)을 성품으로 한다.[23]

지수화풍에 대한 비유는 초기경전인 『대념처경』에서도 언급한 내용이다. 보통 이것을 4대라고 부른다. 그런데 『구사론』에서는 '대종大種', 커다란 종자라고 부른다. 일체의 물질적 현상이 모두 4대로부터 기인한 까닭이다. 이것에 대한 세친의 해설은 다음과 같다.

> 논하여, 지수화풍은 능히 자기 형상(自相)과 지은 바의 물질(所造色)을 유지한다. 그렇기에 고유한 자기 영역으로서 계(界, dhātu)가 된다. 또한 이들 지수화풍 4계는 커다란 존재/요소/종자(大

---

23 世親, 『俱舍論』(大正藏 29, 3a), "大種謂四界 卽地水火風 能成持等業 堅濕煖動性."

種, mahābhūta)라고도 한다. 왜냐면 일체의 다른 물질들이 의지하는 본성(性)인 까닭이요, 그 바탕(體)이 두루 광대하기 때문이요, 혹은 지수화풍에서 증성하여 그 무더기/집합의 형상이 아주 큰 까닭이다. 또한 여러 가지 커다란 사건의 작용을 일으키기 때문이다.[24]

여기에 의하면 지수화풍은 4대로 혹은 대종, 커다란 종자/존재/요소로 불린다. 왜냐면 다른 물질들이 의지하는 근본적 '본성(性)'인 까닭이다. 본성은 여기서 구체성을 가진 '실재'이다. 인간의 몸도 근본적으로 보면 그 '바탕(體)'은 지수화풍이 증대하고 집합되어서 이루어진 바이다. 지수화풍은 각각 고유한 자기 형상(相)을 가지고 인연을 따라서 다양한 물질을 만들어 낸다(所造色). 그러면 어떻게 지수화풍 4대는 다양한 형상의 물질을 만들어 내는가? 이것은 지수화풍 4대의 행위(業)/작용(用)에 관한 문제이다. 다음을 보자.

그러면 이들 4가지 커다란 존재/요소/종자는 능히 어떤 행위/작용을 이루는가? 그것들은 차례로 능히 유지하고, 수용하며, 성숙하게 하고, 증장시킨다. 땅의 요소는 능히 지지대의 역할을 하고, 물의 요소는 능히 만물을 받아들이고, 불의 요소는 능히 성숙시키고, 바람의 요소는 증장시킨다. 증장이란 능히 증가시키고 성장시킨다는 의미이고, 혹은 다시 흘러가게 하여 끌어당긴다는 의미를

---

24 같은 책, 3b, "論曰 地水火風 能持自相 及所造色 故名爲界 如是四界 亦名大種 一切餘色 所依性故 體寬廣故 或於地等 增盛聚中 形相大故 或起種種 大事用故."

가진다.[25]

이것은 지수화풍의 행위(業) 혹은 그 작용(用)을 설명한다. 땅의 요소는 사물을 지탱하게 하고, 물의 요소는 능히 수용하게 하고, 불의 요소는 곡식을 익게 하고, 바람은 증장시킨다는 것이다. 이렇게 지수화풍은 각자의 고유한 작용(用)을 통해서 사물의 다양성(相)을 만들어 낸다. 이게 가능한 이유는 지수화풍의 작용이 자체의 본성(性)에서 비롯된 것이기 때문이다. 그렇다면 그것의 고유한 성품으로서 '자성自性'은 무엇인가?

'행위의 작용(業用)'이 이렇다면 그 자성은 어떠한가? 그것들은 순서대로 견고성(堅性)이고, 습기성(濕性)이며, 뜨거움의 성품(煖性)이며, 움직임의 성품(動性)이다. 이런 연유로 말미암아서 능히 커다란 종자/요소와 지은 바의 물질을 끌어당겨서 그들로 하여금 상속하게 하여 다른 장소에서 생겨나도록 한다. 이를테면 등잔불을 불어서 불을 끄는 것과 같다. 이것을 '운동(動)'이라고 말한다.[26]

여기서 고유한 성품, '자성自性'이란 사물이 가지는 고유한 바탕/본

---

25 같은 책, 3b, "此四大種 能成何業 如其次第 能成持攝 熟長四業 地界能持 水界能攝 火界能熟 風界能長 長謂增盛 或復流引."

26 같은 책, 3b, "業用旣爾 自性云何 如其次第 卽用堅濕 煖動爲性 地界堅性 水界濕性 火界煖性 風界動性 由此能引 大種造色 令其相續 生至餘方 如吹燈光 故名爲動."

질(體)을 의미한다. 만약에 그것이 없다면 그것을 그것이라고 부를 수가 없다. 이를테면 '불'에서 뜨거움이 없다면 그것을 '불'이라 말할 수 없다. 불의 본성은 뜨거움이다. 이 뜨거움은 불을 떠나서는 존재하지 않는다. 추운 겨울에 불을 가까이하면 따뜻해진다. 이것은 불의 작용(用)이다. 왜냐면 불의 본성은 바로 따뜻함, 뜨거움이기 때문이다. 이것은 불의 뜨거운 '본성'이 다양한 현실마다 그 형상(相)은 서로 다르지만, 그것이 불인 이상 따뜻한 행위의 '작용'을 일으킨 것은 분명하게 맞다. 마찬가지로 땅의 본성인 '견고성'은 다양한 사물을 지탱하는 작용하고, 물의 요소는 '습성'을 본성으로 하여 사물에 스며드는 작용을 하고, 바람의 '운동성'은 촛불을 불어서 끄는 작용을 가능하게 한다.

이상을 요약하면 〈표 1. 지수화풍 4대의 본성과 작용〉과 같다. 이렇게 지수화풍의 원소들은 각자의 본성(性)을 가지고 각각의 인연에 따른 현실(相)에서 그 행위와 작용(業用)을 드러낸다. 그렇기에 지수화풍의 본성은 단순한 추상적인 '개념'이 아니라 실제로 우리가 일상에서 경험하는 '실재'이다. 현실의 작용은 사실 그 자체로 그것의 본성이 고유한 인연 속에서 구체적으로 드러남에 다름 아니다.

〈표 1〉

4대종자(種子)	본성[性]/바탕[體]	행위의 작용[業用]
땅(地)	견고성	지지대, 떠받침
물(水)	습기성	흘러감, 젖음
불(火)	뜨거움	따뜻함, 태움
바람(風)	움직임	이동, 운동

이런 지수화풍의 성질을 인간은 잘 아는 까닭에 그것을 적절하게 일상에서 활용한다. 이를테면 퇴비의 땅과 수분의 물과 적당한 온도의 불과 살랑거리는 바람의 요소를 잘 이용하여 과일 농사를 짓는 농부를 보면 그렇다. 어떤 품종을 선택할 것이지, 수박의 종자는 수박이란 녹색 줄무늬 과실을, 포도의 씨앗은 포도란 자줏빛 결실을, 참외는 참외란 노란 과일을 열리게 할 본성을 그 자체로 가진다. 우리는 그 본성을 알기에 그 품종을 선택할 수 있다. 그 씨앗이 있으면, 그것들이 적절한 환경, 토양과 물과 불과 바람이란 인연因緣을 만나면 그렇게 고유한 자신의 행위와 작용을 시작하여 결과로서 열매(果)를 맺게 될 것이다. 그렇기에 농부는 말하지 않아도, 커다란 종자/씨앗으로서 대종大種의 '본성'은 결코 형이상학적 개념이 아니고 '작용하는 실재'라는 의미를 아주 분명하게 잘 알고, 그것을 활용하는 기술을 적용하여 그가 원하는 생산물을 수확한다.

이렇게 보면 『구사론』에서 사용하는 지수화풍/물질에 대한 이해방식은 역시 『기신론』에서 말하는 체상용體相用의 해석체계와 서로 다르지 않음을 알 수 있다. 적극적으로 다시 말하면 『구사론』에서 지수화풍을 설명하는 기본적인 해석 틀은 『기신론』의 체상용 3항 체계를 그대로 채택하고 있다. 그런데 지수화풍에서 체상용의 실재성을 인정하지만, 그렇다고 마음과 마음 현상(心所法)이 상응하지 않는 '불상응행법不相應行法'에 속하는 '개념/지식'의 부분을 전적으로 배제할 수가 없다. 순환적 통합모델의 입장에서 지수화풍과 같은 물질을 인식하는 농사법에 관한 개념/지식의 영역은 유능한 농부가 되기 위해서는 분명하게 요청된다.

이를테면 농부들은 땅을 가꾸고 토지의 질적 상태를 평가할 때, 자신의 땅이 가지는 개념을 분명하게 사용한다. 땅의 기름진 상태인지 그 형상(相)을 평가해야 한다. 그래야 농부는 더 많은 과일을 생산할 수 있다. 이런 구체적인 땅의 상태를 평가해야만 씨앗을 뿌리기 전에 땅의 상태를 자신이 원하는 방식으로 가꿀 수가 있다.

이렇게 보면 땅의 상태(相)와 함께 과일을 익게 하는 실제적인 작용(用)을 일으키는 것은 다름 아닌 그 사물이 가지는 '본성/자성(體)'에서 기인한다. 좋은 토지와 바람과 햇살과 물의 구체적이고 가까운 인연因緣을 만나면, 씨앗의 본성은 자신의 결과를 만들어 낸다는 점에서 현실적 '효과성'을 가진다. 농부는 계절의 변화와 함께 언제 씨앗을 뿌리고 언제 농장에 나가 손질을 해야 효과가 있는지, 그 씨앗의 본성에 기반한 작용(業用)을 개념적으로 잘 알고 있다. 그럼으로써 '콩을 심으면 콩이 나고 팥을 심으면 팥이 난다'는 현실적 인과의 공덕功德/형상(相)을 만들어 낸다는 의미에서 '실재'와 함께 '개념'을 잘 활용한다.

2) 마음(心)의 본질과 작용

몸을 구성하는 커다란 종자로서 지수화풍의 물질적 요소가 그러하다면, 마음(心)은 어떨까? 마음은 어떻게 이해할 수 있을까? 북방불교의 『구사론』과 『기신론』은 체상용이란 세 가지 측면을 말한다. 그러면 남방불교 전통에서는 마음을 어떻게 이해할까? 여기서 남방불교와 북방불교에서 '마음의 해석'을 비교하여 기술한다.

(1) 남방불교의 Abhidhammattha-saṅgaha

불교에서 '마음(心)'을 범어(빨리어에서도 동일함)로 'citta'라고 하는데
이것의 사전적 의미로는 '주목하다(noticed)', '주의하다(attending)',
'관찰하다(observing)', '사유하다(thinking)', '반영하다(reflecting)', '상
상하다(imagining)', '기억하다(memory)' 등이 나열된다. 다양한 술어
들이지만 이것들의 공통된 특징은 '마음(mind, citta)'이란 곧 대상을
'인식'하고 '사유'하는 인지적이고 인식론적인 측면임을 잘 보여 준다.

남방의 테라바다(Theravāda) 전통에서 아비담마(Abhidhamma)의
중요한 Pali 논서인 Abhidhammattha-saṅgaha(이하『아비담마합론』
이라고 번역함[27])에서도 역시 'citta/마음'의 인식/인지적 측면이 강조
되고 있다.『아비담마합론』은 스리랑카 승려인 Anuruddha에 의해
11세기와 12세기 사이에 쓰여졌다고 알려져 있다. 현대적으로 재편집
하고 해석한 Bhikkhu Bodhi는 남방의 불교 논서를 대표하는 표준적
교과서이고 최고의 성과로 평가한다. 여기서 'citta'에 대해서 다음과
같이 정의한다.

첫 장에서 citta/의식, 혹은 마음에 대해서 검토하고 있다. citta는
('마음', '마음 현상', '물질', '열반'이라는) '4가지 궁극적 실재(The
Fourfold Ultimate Reality)' 가운데 첫 번째이다. (명상수행) 공부를
할 때 제일 먼저 마음을 공부해야 한다. 왜냐면 이것들은 개념이
아닌 실재로서 이것들에 대한 분석은 '경험'에 초점을 맞추기 때문

27 필자는 saṅgāha란 말이 여러 가지 교설을 한군데 '모으다', '합치다'는 의미이고,
그 성격이 논서인 점을 감안하여『아비담마합론』이라고 번역하여 사용한다.

이다. 경험으로서 마음은 핵심 된 요소인데, 마음은 대상을 '아는' 것(knowing) 혹은 '자각하는' 것(awareness)을 말한다.[28]

여기서 마찬가지로 첫 번째로 중요한 쟁점은 '실재(reality)'와 '개념 (conception)'에 대한 구분이다. '개념'은 일상에서의 개념적 사유를 말한다. 곧 관습적 표현들로서, 이를테면 사람, 동물, 남성, 여성과 같은 것들로 세상을 이해하는 관념/언어로서 그림 그리는 대상을 말한다. 이것들은 속제俗諦로서 단지 개념일 뿐이기에 실질적인 행동은 아니다. 반면에 '실재'는 '스스로 본래 갖추어진 성품(own intrinsic nature, sabhāva, 自性)'에 근거해서 존재하는 '현상', 담마(dhamma)이다. 실재는 유용한 결과를 낼 수가 있고, 쪼갤 수 없는 존재의 최종적인 요소이고, 우리 일상의 경험을 분석함으로써 도달하는 '궁극적 실재 (parama+attha)'로서 진제眞諦이다.

　여기서 주목해야 할 점은 사람이나 자아란 '개념'이고 '실재'가 아니라는 것이다. 개념이란 관습적인 진리이고 언어적 관념이다. 반면에 실재/법의 마음과 물질 등은 쪼갤 수 없는 직접적인 경험이다. 언어학적인 관점에서 보면 사람이나 자아는 구체적으로 가리키는 대상이 존재하지 않는 까닭에 실재가 아닌 개념이다. 혹은 현대적 학문에서 보면 '사람'이란 개념은 사회학적 분석단위라면 '마음'이란 실재는

---

28 Bhikkhu Bodhi(Author), Mahāthera Nārada(Translator). 1993, *A Comprehensive Manual of Abhidhamma:* The Abhidhammattha Sangaha of Ācariya Anuruddha, Buddhist Publication Society, Kandy Sri Lanka, p.27. 국내 번역은 대림 스님과 각묵 스님의 『아비담마 길라잡이』(초기불전연구원, 2002)가 있다.

심리학적 분석단위에 가깝다. 물론 사회학에 속하는 정치나 경제 현상은 개념도 개념이지만 실재하는 현상으로 간주한다. 그러나 고대 불교학에서는 이들을 '실재'보다는 '개념', 곧 관습적 진리로 파악한다. 그 이유는 직접적인 관찰의 대상으로 간주하지 않는 점에서 그렇다. 이것을 정리하면 아래 〈표 2. 개념과 실재〉와 같다.

〈표 2〉

개념(sammuti, 언어)	실재(paramattha, 법)
사람(人)	마음, 물질, 마음현상(心所法), 열반
자아(我)	물질(色), 감정(受), 생각(想), 갈망(行), 의식(識)

두 번째는 지수화풍의 물질과 마음을 궁극적 실재로서 다룬다는 점이다. 그것도 첫 번째 범주가 마음/citta이다. 『아비담마합론』은 마음을 인식/인지적 측면, 곧 대상에 대해서 '아는' 것이고 '자각'하는 것으로 정의한다. 그러면서 'citta'에 대해서 다음과 같이 구체적으로 논술한다.

빨리어 citta는 '인지하다', '알다'라는 동사 어근 '√citi'에서 유래한 다. 전통적으로 주석자들은 citta를 '행위의 주체(agent)', '수단이 나 도구(instrument)', '작용/활동(activity)'의 3가지 관점에서 해명 한다. '행위'의 주체로서 마음은 대상을 '인식'하는 것이고, 수단이 나 도구로서 마음은 뒤따르는 마음 현상(心所有法)이 대상을 인식 하는 도구/수단이 되고, 마음의 작용/활동은 대상을 인식하는 과정일 뿐, 다른 것이 아니라는 것이다.[29]

여기서 마음을 정의할 때, 마음은 인식이란 행위의 주체이고, 앎의 인식 수단이고, 인식/앎의 활동 자체를 의미한다. 인식의 3요소가 모두 마음이란 말이다. 마음의 본질은 바로 대상을 알고 인식하는 것인데, 그런 앎의 '주체'가 마음이고, 그런 앎의 '도구'가 마음이고, 그런 앎의 '활동'이 바로 마음이라는 것이다. 인식하고 아는 주체, 도구, 활동이 마음이고 이런 것들을 떠나서는 '마음'이 아니라는 말이다. 이것을 보면 '마음'을 철저하게 인식론적인 측면에서 바라본다.

물론 이것은 인식/앎의 주체로서 '영원한' 자아가 존재한다는 잘못된 견해를 배제할 목적으로 인식 행위의 원인이나 도구라고 정의한 것이다. 아무튼 Abhidhammattha-saṅgaha(『아비담마합론』)에서는 '마음'을 인식론이나 인지적 활동으로 규정함으로써 개념적 이해나 관습적인 측면이 아니라, '물질', '마음 현상', '열반'과 함께 핵심 되는 궁극적인 '실재'로 파악한다는 것이다.

세 번째로 주목할 점은 마음이란 실재를 이해하는 '해석 틀'의 문제이다. 그것은 다음과 같은 4가지 측면을 가진다고 말한다.

궁극적 실재를 설명하기 위해서 빨리어 주석자들은 그것의 한계를 설정하는 4가지 방식의 장치를 설정한다. 첫째로 그것은 'lakkhaṇa(특성)'로서 현상의 핵심 된 본질적 성격/법인法印이다. 둘째로 그것은 'rasa(작용, 맛)'로서, 구체적인 업무의 실행, 혹은 목표의 성취이다. 셋째로 그것은 'paccupaṭṭhāna(형상)'로서, 경험 속에서 드러내는 방식이다. 마지막으로 넷째로 그것은 'padaṭ-

---

29 같은 책, p.28.

ṭhāna(가까운 원인)'로서 그것이 의존하는 원칙적 조건이다.[30]

여기서 '특성', '작용', '형상', '인연' 4가지는 경험적 실재로서 마음을 해석하는 남방불교의 해석 틀이다. 이것은 5세기경에 Buddhaghosa에 의해서 간행된 『청정도론(Vsuddhi-Magga)』에서도 지수화풍을 해석할 때 이미 사용한 방식이다.

여기에서 물질의 쌓임(色蘊, rūpakkhandha)은 변화하는 특성을 가진 하나이지만, 그것은 기본적 핵심 물질(bhūta rūpa)과 그것에서 파생된 물질(upādāya rūpa) 2가지로 분류된다. 기본적 핵심 물질은 견고성의 지계(地界, pathavīdhātu), 응집력의 수계(水界, āpodhātu), 뜨거움의 화계(火界, tejodhātu), 움직임의 풍계(風界, vāyodhātu)라는 4가지이다. 이들 4가지 물질적 요소는 특성(akkhaṇa), 작용(rasa), 형상(paccupaṭṭhāna)에 의해서 정의되는데, 가까운 인연은 각자 다른 세 가지와 서로 근인(近因, pa-daṭṭhāna)이 된다.[31]

---

30 같은 책, p.29.

31 Visuddhimagga(PTS XIV, 443), "Tadetaṃ ruppanalakkhaṇena ekavidhampi bhūtopādāyabhedato duvidhaṃ. Tattha bhūtarūpaṃ catubbidhaṃ- pathavīdhātu āpodhātu tejodhātu vāyodhātūti. Tāsaṃ lakkhaṇarasapaccupaṭṭhānāni catudhātu-vavatthāne vuttāni. Padaṭṭhānato pana tā sabbāpi avasesadhātuttayapadaṭṭhānā." 『청정도론』의 국내 번역은 범라 번역의 『위숟디 막가』(화은각, 1999)가 있고, 영역은 THE PATH OF PURITY(London: The Pali Text Society, 1975)가 있다. 인용문 번역은 이들을 참고하여 번역하였음을 밝힌다.

여기『청정도론』에서 말하는 지수화풍의 자성과 작용에 대한 해석
은 앞에서 고찰한『구사론』과 비교할 때 거의 동일함을 보여 준다.
특히 지수화풍에 대해『청정도론』이 채택한 사물의 '본질적 특성',
그 사물의 본성이 '작용'하는 것, 이런 작용으로 나타난 '형상', 그리고
이들 사이의 '상호인연' 관계라는 4가지 해석 틀은『아비담마합론』에
서도 그대로 답습한 것이다. 이것은『청정도론』이『아비담마합론』에
직접적으로 영향을 미친 증거가 아닌가 한다.

이런 4가지 해석 틀은 마음/citta를 해석할 때도 그대로 적용이
된다. 여기에 대입하여 보면 이렇다. 첫째로 마음의 '본질적 특성'이란
대상에 대한 인식/앎이다. 인식/앎을 떠나서 별도로 마음을 설명할
길이 없다. 둘째로 마음의 '작용'은 항상 감정이나 생각 그리고 갈망과
같은 수많은 마음 현상(心所法)의 근거/원인이 되고 그것들을 주도하
고 이끄는 선행된 전신이고 전조이다. 마음의 인식/앎에 근거해서
파생되는 활동이 바로 마음 현상(心所法)인 것이다. 셋째로 마음의
형상은 명상수행이나 일상생활의 상황에서 구체적으로 나타나는 경
험 방식, 곧 다양한 형태를 말한다. 마음과 마음 현상이 작동하여
그 결과로서 일상에서 다양한 인연을 따라서 고유한 형태의 형상들이
나타난다. 네 번째 마음의 해석 틀인 '가까운 원인(近因)'이란 마음은
인연을 만나면 작동한다는 의미이다. 왜냐면 지수화풍 물질과 마음/
의식은 단독으로 홀로 작용하지 않고 반드시 주변의 원인과 조건을
동반하여 발생되기 때문이다. 다시 말하면 마음 현상(心所法)이나
물질적 요소(色)는 인연을 떠나서 그것들이 결여된 채로 '마음(心)'이
단독적 상태에서 문득 홀연히 발생할 수가 없다는 의미이다.

마지막 넷째로 주목할 점은 핵심 키워드로 자주 등장하는 '마음 (citta, 心)', '사량(mano, 意)', '의식(viññāṇa, 識)'에 대해서 대체로 초기불교와 남방불교에서는 이들을 구분하지 않고 동의어로 사용한 다는 점이다.

실로 이와 같이 비구여,
'마음(citta)', '사량(mano)', 그리고 '의식(viññā)' 등이 함께 불리워 지는 것이 있다.[32]
비구여, 이 '마음', 이 '사량', 이 '의식'이 있다. 마땅히 이것을 잘 사유하라.[33]
인식하는 '의식'과 '마음'과 '사량'이라는 것은 같은 표현이다.[34]

이들은 순서대로 『쌍윳따니까야』, 『잡아함경』, 『청정도론』의 인용 문이다. 이들은 한결같이 심心/의意/식識을 동일한 의미로 파악한다. 이것을 보면 확실하게 초기불교 경전과 남방 전통에서는 심/의/식을 동일한 의미로 파악하고 있음이 확실하게 확인된다.

이상으로 보면, 지수화풍의 물질에 대한 『구사론』의 해석 틀은 『기신론』에서 말하는 체상용과 동일한 맥락임을 확인하였다. 특히 『청정도론』과 『아비달마합론』의 남방불교에서 마음을 해석하는 방

---

32 SN, PTS(61/94), "Yaṃ ca kho etaṃ bhikkhave, vuccati cittaṃ itipi mano itipi viññāṇaṃ itipi."

33 雜阿含經(大正藏 2, 8a), "比丘, 此心 此意 此識 當思惟此."

34 *Vsuddhi-Magga*(PTS, 452), "viññāṇaṃ, cittaṃ, mano ti atthato ekaṃ."

식과 그 해석 틀이 북방불교의 대표적인 논서인 『기신론』과 비교하면, 놀랍게도 정확하게 일치한다는 것이다. 특성으로서 바탕(體)과 현실에 드러난 형상(相), 그리고 대상에 작용하는 활동(用)'이란 것이 서로 다르지 않다. '가까운 원인(近因)'이란 것도 마음이란 독립된 주체가 아니라 인연과 함께 작동한다는 의미이기에 양자는 크게 서로 다르지 않다. 단지 주목할 만한 점은 남방불교가 마음의 본질을 '인식/앎'이란 인지적 과정이나 인식론적 측면으로 파악한다는 점이 가장 큰 특징이라 할 수 있고, 북방불교에서 인정하는 논리적인 개념이나 관계에 대한 '불상응행법不相應行法'을 인정하지 않는 점은 차이점이다.

(2) 대승불교 북방 전통

대승불교에서 마음을 어떻게 이해하는가에 대한 문제는 『기신론』이 대표적이지만, 여기서는 '유식'과 '화엄'의 경우를 중심으로 살펴볼까 한다. 특히 동북아시아에서 유행했던 세친의 『구사론』과 『유식삼십송』, 징관의 『화엄소』와 종밀의 『사자승습도』를 중심으로 고찰한다.

유식학파의 『구사론』과 『유식삼십송』

불교가 마음의 문제를 핵심과제로 삼고 있지만, '마음'을 심층적인 관점에서 정밀하게 탐색하여 집중한 인물은 아마도 유식불교에서의 세친(世親, Vasubandhu, 316~396?)일 것이다. 그는 심/의/식을 동일한 같은 의미로 파악하는 남방불교 전통과는 다르게 『구사론』과 『유식삼십송』에서 심/의/식의 의미를 각각 엄격하게 구분하여 사용한다.

142

논하여, 모여서 발생함은 '마음(心)'이라 이름하고, 사유함은 '사량(意)'이라 하고, 대상을 구분하여 인식할 때는 '의식(識)'이라 한다. …(중략)… 그러므로 비록 심의식心意識이 전하는 의미는 서로 다르지만 그 바탕(體)은 하나이다.[35]

여기 『구사론』에서 보듯이 마음/사량/의식을 분명하게 구분하여 사용한다. 물론 이들의 몸통(體)은 하나지만 분명하게 서로 다른 기능을 구별할 수 있다고 말한다. 이후 대승의 유식불교에서 정보를 모아서 발생시키는 마음을 제8식, 사량하는 것을 제7식, 대상을 인식하는 의식을 제6식으로 구분하는 것은 분명하게 초기불교적 남방불교 전통과 비교할 때 중요한 관점/패러다임의 전환이라고 말할 수 있다. 마음의 다양한 역할을 그 기능에 따라서 다양하게 분류하고 체계화시킨 점은 매우 중요한 변화이다. 왜냐면 이렇게 세분하지 않으면 인간의 인식/앎의 과정을 정밀하게 분석할 수가 없고, 나아가서 심리상담이나 심리치료의 현장에서 고객/내담자가 세계와 자신을 어떻게 구성하고 해석하는지를 밝혀내는 데 결정적인 단서를 제공해 준다는 점에서 이것은 현대에서도 여전히 매우 의미가 깊다.

세친은 『유식삼십송』에서 이들 세 가지가 자신(我)과 세계(法)를 구성하고 의식을 전변시키는 데 있어 주도적인 핵심 역할을 한다는 뜻에서 이들 심/의/식을 '능변식能變識'이라고 불렀다.[36] 유식에서

---

35 『俱舍論』(大正藏 29, 21c), "論曰 集起故名心 思量故名意 了別故名識 復有釋言 淨不淨界種種差別故名爲心 卽此爲他作所依止故名爲意 作能依止故名爲識 故心意識三名所詮 義雖有異而體是一."

분류하는 제6식(識), 제7식(意), 제8식(心)에 대해서 대상을 인식하는
과정에 따라서 그 역할을 세분하여 쪼갠 점은, 현대에 널리 알려진
정보 처리 시스템인 인터넷 데이터베이스와 비교할 수 있다.

대상을 분별하는 제6식/의식이 전오식前五識 감각기관의 도움을
받아서 정보를 직접적으로 요별/지각하고 수집하는 기능을 담당한다
면, 끊임없이 사량하는 제7식/사량은 수집된 정보를 평가하고 관리하
는 역할을 하고, 마지막 제8식/마음은 수집되고 평가된 데이터를
저장하여 새로운 경험에 대해서 평가하고 관리하는 데 직접적으로
영향을 미친다.

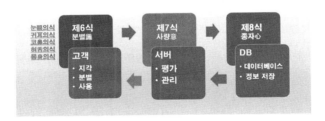

그림3. 데이터베이스 설계 3단계 모델

이들의 상호작용 관계의 모델[37]은 처음에 정보가 입력되고 훈습되는
과정(現行識變爲種子)으로, 정보수집의 제6식 → 평가와 관리의 제7식

---

36 護法, 앞의 책, p.7b, "而能變識類別唯三 一謂異熟 卽第八識多異熟性故 二謂思
  量 卽第七識恒審思量故 三謂了境 卽前六識 了境相麤故."

37 窺基, 『成唯識論述記』(大正藏 43, 240c), "然依內識之所轉變 謂種子識變爲現
  行 現行識變爲種子 及見・相分 故名爲變."

→ 정보를 저장하는 제8식으로 진행된다. 이것은 정보를 심층으로 입력(in-put)하는 과정이다. 반면에 정보가 밖으로 유출(out-put)되는 과정(種子識變爲現行)은 저장된 데이터베이스의 제8식에서 → 관리하고 평가하는 제7식을 거쳐서 → 다시 제6식의 분별하는 개별적 감각에 영향을 미친다. 이것을 현대의 대단위 인터넷망에 비유하면 제6식의 '고객'은 평가하고 관리하는 제7식의 '서버'를 통해서 광대한 메인 컴퓨터의 제8식의 데이터베이스에 접속하게 된다. 위의 〈그림 3. 데이터베이스 설계 3단계 모델〉에서 보듯이, 가상의/가립된 인터넷 망을 통해서 고객은 자신이 원하는 정보를 가져와서 자신의 의도에 따라서 실재하는 현실 속에서 적절하게 활용하게 된다. 물론 계속적으로 저장되는 빅데이터는 일정한 기간에 정기적으로 체계적으로 정비되어서(種子生種子) 고객에게 다시 서비스를 제공하게 된다.

이렇게 보면 결국 이것도 역시 해석이지만, 유식불교에서도 마음을 인식/앎의 인지적 과정이나 절차로서 파악한 점에서 초기불교나 남방불교의 전통과 동일하지만, 심의식을 각각의 기능에 따라 세분하고 심층적으로 그 역동성을 규명한 점은 유식불교의 고유한 독창성이라고 본다.

화엄학파의 『화엄경소華嚴經疏』와 『사자승습도師資承襲圖』

마음의 본질을 무엇으로 볼 것인가? 이런 과제는 불교사상사에서 학파나 종파를 떠나서 계속해서 반복되는 핵심 질문이다. 대승불교에서 마음의 본질을 인식/앎으로 규정한 불교의 전통에 대해서 대표적인 논의는 징관澄觀의 『화엄경소』에서도 역시 발견된다. 그것은 다음과 같다.

> (마음의 본질, 知에 관한 문답) 여덟 번째로 앎(知)이 마음의
> 바탕이다. 대상에 대한 요별(제6식)은 곧 참된 앎(眞知)이 아니다.
> 그러므로 의식은 알 수가 없다. 문득 보는 것은 참다운 앎이 아니다.
> 그러므로 마음의 경계가 아니다. 마음의 바탕은 생각을 떠난 관계
> 로 생각이 없다는 생각도 없으므로, 성품은 본래 청정清淨하다.
> 중생은 번뇌에 가려 있기에 알지를 못한다. 그래서 부처께서 열어
> 보이시어 중생이 깨달음에 들게 한 것이다. 바탕에 즉한 작용인
> 관계로 그것을 물으면 '지知'로서 대답한다. 작용에 즉한 바탕이기
> 에 '성품의 청정'으로서 대답한다. 앎(知), 한 글자는 온갖 묘한
> 문이다. 만약에 능히 자신을 텅 비우고, 이것을 안다면 부처의
> 경계에 계합할 것이다.[38]

여기 요점을 살펴보면, 첫째로 가장 먼저 눈에 띄는 포인트는 마음의
본질을 '인식/앎'으로 규정한 점에서 남방불교의 『아비담마합론』과
같은 맥락으로 일치한다. 그러나 둘째는 남방 전통이나 유식에서
자주 등장하는 의식(識)을 '참된 앎(眞知)'으로 간주하지 않는다는
점이다. 외적인 대상에로 '지향된' 의식(了別)으로는 마음의 본질,

---

38 澄觀, 『大方廣佛華嚴經疏』(大正藏 35, 612b-c), "八知卽心體了別卽非眞知 故
非識所識 瞥起亦非眞知 故非心境界 心體離念卽非有念可無 故云性本淸淨 衆
生等有或翳不知 故佛開示皆令悟入 卽體之用 故問之以知 卽用之體 故答以性
淨 知之一字衆妙之門 若能虛己而會便契佛境."

청정한 성품을 알 수가 없다고 말한다. 곧 마음(心)과 의식(識)을 동일한 관점에서 파악하지 않고, 서로 분명하게 구별하고 있음을 본다. 셋째로 징관은 마음의 바탕(體)을 청정성으로 보고, 마음의 작용(用)을 앎(知)으로 설명한다. 곧 앎(知)이란 청정한 바탕(體)에 기반(卽)한 마음의 작용(用)으로 보고, 마음의 바탕(體)이란 앎의 작용에 기반한 '청정성'의 본성으로 본다.

이런 인식/앎에 대한 해석방식은 징관(澄觀, 738~839)의 독자적인 방식으로 그의 제자 종밀에게로 계승된다. 징관과 마찬가지로 종밀(宗密, 780~841)은 대승불교적 관점에서 말하는 인식/앎이란 제6식의 요별, 곧 단순하게 분별이 있는 대상에 대한 인식/앎만을 말하지 않는다. 이것은 미혹하거나 깨닫거나 어떤 때든지 스스로 마음이 가진 '본래적인 앎(本知)'이고[39] 또한 이것은 있음(有)과 없음(空)을 근본적으로 초월한 까닭에 알기는 어렵지만 명백하고 명백해서 어둡지 않아 '항상 존재하는 앎(常知)'이다.[40] 이것은 단순하게 내외적인 대상에 대한 분별이 있는 앎이 아닌, 본래의 청정한 마음에 대한 분별이 없는 앎이기에, '신령한 앎(靈知)'[41]이라고도 말한다.

종밀은 마음의 본질을 앎(知)으로 규정한 점에서 남방 전통과 상통하지만, 마음의 본질은 의식(識)과 다른 인간의 고유한 본성임을 분명하게 한다. 그리고 이 본성, 곧 앎을 작용으로 이해하고 그것을 '스스로 성품으로서의 작용(自性用)'과 '대상에 따르는 작용(隨緣用)'으

---

39 宗密, 『禪源諸詮集都序』(大正藏 48, 403a), "是汝眞性任 迷任悟心本自知."
40 같은 책, p.404c. "此心超出前空有二宗之理 故難可了知也)明明不昧了了常知."
41 같은 책, p.402c. "空寂之心靈知不昧 卽此空寂之知 是汝眞性."

로 구분한다.[42] 거울에 비유하면, '자성용'이란 거울은 대상과 관계없이 스스로 비추는 역량이 있음과 같고, 대상에 따른 작용으로서 '수연용'은 거울이 인연에 따라서 대상을 비춤과 같다.

이렇게 화엄종파는 마음의 본질에 대해 인지적 측면을 인정하면서도 단순하게 대상에 대한 인식이나 앎의 수준이 아닌, 본성을 본래적 청정성(體)과 함께 스스로 본성이 가지는 본래적 앎(用)으로 파악한 점에서 남방 전통이나 유식종파와도 구분된다.

3) 성품/본성(性)

─『기신론』과 『아비달마합론』의 해석 틀은 서로 다르지 않다.

마음(心)과 마음의 본성(性)을 분석하고 해석할 때, 가장 중요한 관점은 마음의 본질을 무엇으로 볼 것인가 하는 문제와 함께 그것을 분석하고 해석하는 방법적 문제이다. 지금까지 논의를 다시 정리해 보면, 이렇다.

먼저 대승불교에서 이런 해석 틀을 제공하는 대표적인 이론서는 바로 『기신론起信論』이다. 이후 대승불교의 사상적 전개에서 세친의 『구사론俱舍論』이나 징관의 『화엄경소華嚴經疏』와 종밀의 『도서都序』에 이르기까지 '마음의 본질'을 정의하는 '바탕(體)'과 '작용(用)'의 관점/해석 틀 역시 바로 『기신론』의 방식에 직접적으로 영향을 받고 있다.

---

42 宗密, 『中華傳心地禪門師資承襲圖』(卍新纂續藏經 Vol.63, No.1225, p.7), "眞心本體 有二種用 一者自性本用 二者隨緣應用 猶如銅鏡 銅之質是自性體 銅之明是自性用 明所現影 是隨緣用 影卽對緣方現 現有千差."

또한 기원후 2세기에 출현한 북방불교의 『기신론』에서 사용하는 체體/상相/용用의 해석 틀을 기원후 5세기에 간행된 『청정도론(Vsuddhi-Magga)』과 기원후 11세기에 출간된 『아비담마합론(Abhi-dhammattha-saṅgaha)』에서도 유사한 방식으로 사용한다. 이들은 공통적으로 마음이 작동하는 가까운 인연 조건(padaṭṭhāna)을 기본적으로 전제하고서 마음의 본질적 특성(lakkhaṇa, 體), 경험 속에 드러난 형상(paccupaṭṭhāna, 相), 목표를 향하여 실행하는 작용(rasa, 用) 등으로 분류한다.

이런 해석 틀은 우리의 평범한 일상에서도 찾아볼 수 있다. 예를 들면 책상 위에 꽃이 있다고 하자. 그리고 옆에 있는 친구가 이것은 무슨 꽃인가 하고 물었다고 하자. 그러면 장미꽃이라고 대답을 한다. 묻고 대답하는 이런 인지적 특성이 마음의 '본성(體)'이다. 친구의 질문에 대답하기 위해서 고유한 본성에 기반한 '기능/작용(用)'을 사용한 것이다. 그것에 집중하여 '저것은 장미꽃이다'고 대답한다. 이것은 인식의 결과로서 드러나는 '형상(相)'이다. 마지막으로 이런 인식/앎의 결과가 이루어지기 위해서는 친구, 꽃, 시간과 공간과 같은 여러 환경/인연/조건이 선행되었다.

실로 마명(馬鳴, Aśvaghoṣa, A.D. 80?~150?)의 『기신론』은 대승불교의 형성에 크게 영향을 미친 대표적인 논서이다. 그러면 『기신론』에서 마음을 해석할 때 사용하는 '바탕(體)', '형상(相)', '작용(用)'이란 어떤 의미인지 좀 더 정밀하게 살펴보자.

마하연이란 전체적으로 2종류가 있다. 하나는 법이고, 다른 하나

는 뜻이다. 이른바 법이란 중생의 마음(衆生心)이다. 이 마음은
일체의 세간世間과 출세간出世間 현상(法)을 포섭한다. 이 마음에
의지하여 마하연의 의미를 현시한다. 왜냐면 이 마음이 진여眞如
의 모습, 곧 마하연의 바탕(體)을 곧 제시하기 때문이요. 또한
이 마음이 생멸하는 인연의 모습으로 능히 자체의 체상용體相用을
드러내기 때문이다. 이른바 뜻(義)이란 3종류가 있다. 무엇이
세 가지인가? 첫째는 체대體大로서 일체법이 진여이고 평등하여
증가나 소멸이 없는 까닭이요, 둘째는 상대相大로서 여래장이
구족한 무량한 성품의 공덕인 까닭이요, 셋째는 용대用大로서
능히 일체의 세간과 출세간에 좋은 인과를 만드는 까닭이다. 일체
의 모든 부처가 본래 갖춘 바이요, 일체 보살이 이 법을 갖추어
모두 여래지如來地에 도달한 까닭이다.[43]

그림 4. 한마음과 체상용

---

43 馬鳴, 眞諦譯 『大乘起信論』(大正藏 16, 575c), "摩訶衍者 總說有二種 云何爲二
一者法 二者義 所言法者 謂衆生心 是心則攝一切世間法出世間法 依於此心顯
示摩訶衍義 何以故 是心眞如相 卽示摩訶衍體故 是心生滅因緣相 能示摩訶衍
自體相用故 所言義者 則有三種 云何爲三 一者體大 謂一切法眞如平等不增減
故 二者相大 謂如來藏具足無量性功德故 三者用大 能生一切世間出世間善因
果故 一切諸佛本所乘故 一切菩薩皆乘此法到如來地故."

이것을 요약하면 이렇다. '대승'이란 바로 중생의 마음인데, 이것은 크게 참되고 한결같은 '진여문'과 인연을 따라서 끊임없이 변화하는 '생멸문'으로 나눈다. 이것은 궁극적 실재로서 '법法'이다. 이것의 의미(義)는 다시 체體/상相/용用으로 분류한다. 바탕/체는 진여심에 속하고, 형상/상/모양과 작용/용은 생멸심에 속한다. 이것을 정리하면 위의 〈그림 4. 한마음과 체상용〉과 같다.

이것을 『아비담마합론』과 비교하여 보자. 첫 번째, 바탕/본성에 대한 해석이다. 아마도 남방과 북방불교 전통에서 마음의 특성과 바탕/체體를 해석하는 부분에서 큰 차이점이 발견된다. 이런 차이는 결국 '마음의 본질/성품/바탕/체體를 어떻게 볼 것인가?' 하는 문제인데, 이는 중요한 관점이다.

진제 역眞諦譯: 첫째로 체대體大로서 일체법이 진여이고 평등하여 증가나 소멸이 없는 까닭이다(體大 謂一切法 眞如平等 不增減故). 실차난타 역實叉難陀譯: 첫째는 체대로서 일체법이 진여이고 물들거나 청정하거나 (관계없이) 그 성품이 항상 평등하여 증대되거나 감소되는 법이 없고 서로 차별이 없는 까닭이다(一體大 謂一切法眞如 在染在淨 性恒平等 無增無減 無別異故).[44]

---

[44] 馬鳴, 實叉難陀譯『大乘起信論』(大正藏 16, 584b), "謂摩訶衍略有二種 有法及法 言有法者 謂一切衆生心 是心則攝一切世間出世間法 依此顯示摩訶衍義以此心眞如相 卽示大乘體故 此心生滅因緣相 能顯示大乘體相用故 所言法者 略有三種 一體大 謂一切法眞如在染在淨性恒平等 無增無減無別異故 二者相大 謂如來藏本 求具足無量無邊性功德故 三者用大 能生一切世出世間善因果故 一切諸佛本所乘故 一切菩薩皆乘於此入佛地故."

『기신론』의 범어 원본은 전승되지 않고 있다. 두 개의 한역본을 참조할 수밖에 없는 이유이다. 진제眞諦의 번역에서는 '일체법/마음의 본질(體)은 진실하고 한결같아서(眞如) 평등하며 증대하거나 감소하지 않음'으로 정의한다. 실차난타實叉難陀의 번역에서는 '일체법/마음의 본질은 진실하고 한결같아서 물들거나 청정하거나 그 성품은 항상 평등하고, 증대하거나 감소하지 않고 별도의 차별이 없다'고 정의한다.

이것을 보면 초기불교와 남방불교 전통에서는 마음의 본질을 '인식이나 앎의 활동'으로 규정하여 인식론이나 인지적 측면이 강조된다.[45] 반면에 북방불교의 『대승기신론』은 '진실하고 한결같음(眞如)'의 측면(門)으로서 상대적으로 마음의 성품(性)이 어떻게 존재하느냐 하는 '존재론적' 측면이 더 강조되고 있음을 알 수 있다. 인식론과 존재론, 이 점은 매우 중요하다. 왜냐면 마음의 본질에 대한 남방과 북방의 차이점을 제시하고 있기 때문이다. 그런데 양자의 차이점은 해석하는 관점의 차이이기도 하다. 북방불교에서는 마음의 본성에 대해 청정성과 평등성을 강조하는데, 이것은 남방불교에서 강조하는 '열반'이고, 아비달마불교에서는 '무위법'에 해당된다. 인위적인 행위가 없는 열반이야말로 바로 '청정성'이고 항상 '평등성'을 구현하는 까닭이다. 이런 까닭에 필자는 '열반'이나 '무위법'을 '본성'의 영역에 포함시켜서 이해한다.

『아비담마합론』에서는 실재를 '마음', '물질', '마음 현상(心所法)',

---

45 권오민, 「아비달마불교에서의 마음에 관한 몇 가지 쟁점」, 『동아시아불교문화』 28권, 2016, pp.183~212.

'열반'으로 분류하는데 여기서 '마음 현상(心所法)'은 '마음'에 부수된 현상이고, '열반'은 바로 '본성'에 해당되는 까닭에 필자는 인간을 이해하는 관점으로 '몸/물질', '마음/마음 현상', '본성/열반'이란 3가지 범주로 요약하여 재분류한다. 그러면 마음(心)과 본성(性)에 대한 남북의 시각 차이를 좁힐 수가 있다. 그리고 여기서 빠진 사회적인 측면 역시 달마 분류체계 안으로 수용할 필요가 있다. 그래야 불교의 사회적인 역할이 좀 더 강화될 것이기 때문이다.

둘째는 작용(用)에 대한 이해방식이다. 『아비담마합론』에서 '작용(rasa)'이란 직접적으로 인식/앎의 활동을 말한다. 다시 말하면 구체적으로 상호작용하는 업무, 인식하는 행위이고, 수행 목표를 향한 실천을 말한다. 이런 활동은 마음의 본성(性)/자체(體)에 기반한 마음 현상(心所法)에 의해서 작용한다는 점에서 주목할 가치가 있다. 마음의 활동에 있어, 본성/바탕의 인식/앎에 근거해서 파생되는 부수적 활동이 바로 그렇다. 반면에 『기신론』에서 말하는 '작용'이란 세간이나 출세간에서 긍정적인 착한 인과因果를 만드는 업무이고, 끝내는 일체 보살이 궁극의 여래지에 도달하게 하는 실천행위로 정의한다. 전체적으로 마음의 작용을 인식/앎의 활동, 일어나는 업무와 명상수행의 실천이란 측면에서 정의한 것을 보면, 남/북방의 불교 전통은 서로 크게 어긋난 해석은 아니다.

셋째는 모양/형상(相)에 대한 이해이다. 『아비담마합론』에서 '형상'이란 마음 자체(體)와 마음 현상(心所有法)의 작용에 의해서 나타난 다양한 경험 방식을 말한다. 인식론적 관점에서 보면 인식과 인식활동에 의한 결과를 말한다. 반면에 『기신론』에서는 '여래장에 본래 갖추어

진 무량한 성품의 공덕(性功德)'이라고 정의한다. 여기서 여래장,
곧 마음의 바탕(體) 자체가 가졌다는 '무량공덕無量功德'이란 무엇인
가? 이것에 대해서 법장(法藏, 643~712)의 『대승기신론의기大乘起信
論義記』에서 해명하고 있는데, 다음과 같다.

> '상대相大'는 여래장이 구족한 무량한 공덕을 말한다. '상대相大'라
> 고 하는 것은 2가지 여래장 가운데 '공하지 않음(不空)'의 의미로서
> 바탕(體)에 근거한 형상(相)을 말한다. 그런 까닭에 본성의 덕德이
> 다. 이것은 마치 물(水)이 가지는 8가지 덕과 다르지 않음과 같다.[46]

　여기서 말하는 '물(水)이 가지는 8가지 덕성(德性, guṇa)'이란 낮은
곳으로 흐르는 '겸손', 막히면 돌아갈 줄 아는 '지혜', 더러움도 받아주
는 '포용력', 서로 다른 그릇에도 담기는 '융통성', 바위도 뚫는 '인내',
장엄한 폭포와 같은 '용기', 작은 길을 유유히 흘러 바다에 이르는
'대의', 다양한 변화 속에서도 변하지 않는 '신의' 등이 바로 그것이다.
이들 여덟 가지는 본래 구족한 물이 가진 속성으로서 바로 무량한
물의 공덕인데, 이들은 물이란 본성이 본래 가지는 특성으로서의
덕성이다.
　이렇게 보면 『기신론』의 공덕이란 것과 『아비담마합론』에서 말하
는 인식의 결과로 나타나는 다양한 '형상'과는 조금 차이가 있다.
마음의 본질(體)이 본래 가지는 인식/앎의 활동(用)에 의한 현실

46　法藏, 『大乘起信論義記』(大正藏 44, 251a), "二者相大謂如來藏具足無量性功德
　　故　相大者　二種如來藏中不空之義　謂不異體之相　故云性德　如水八德不異於水."

속에서 나타난 다양한 결과(相)를 형상이라는 것과 마음의 본질, 곧 본성이 가지는 무량한 공덕이란 의미는 서로 일치하지 않는 점이 있다.

이렇게 체상용이란 해석 틀은 유사하지만 그것의 구체적인 내용에서는 남방과 북방이 서로 분명하게 차이점도 발견된다. 이런 차이점을 통합하여 이해하려고 한다면 어떻게 하면 좋을까?

첫 번째 통합 문제는 마음의 특성/바탕/본성(體大)에 대한 이해이다. 이를테면 『기신론』이 마음의 바탕(體)을 '청정성'으로 보고 존재론으로 규정하고, 『아비담마합론』이 마음의 본성(性)을 '인식/앎'의 활동으로 정의한 점에서 서로 다른 관점처럼 보인다. 앞에서 살펴본 징관의 『화엄경소』에서도 청정성을 본성/바탕으로 보고, '본래적 앎(本知)'을 본성/바탕(體)에 기반한 작용으로 본다. 본래적인 앎이란 점에서는 남방 전통과 그 맥락을 같이 하지만 앎에 대한 이해가 조금 다르다. 징관은 '본래적 앎'을 '청정성'에 기반(即)한 '작용(用)'이라고도 규정한다. 징관의 해석을 계승한 종밀은 『승습도』에서 마음의 바탕/본성을 '자성의 작용'과 대상에 따른 '수연의 작용'을 구분하여 사용한다. 이 점은 자성自性을 반드시 바탕, '존재'론적으로 규정하면서도 동시에 인식의 작용으로서 '활동'으로 규정한 것이다.

결국 마음의 본질을 어떻게 볼까? 『기신론』처럼 마음의 본질/본성을 '청정성'으로 볼 것인가? 아니면 『아비담마합론』에서처럼 인식/앎의 활동으로 볼 것인가? 이들은 분명하게 차이점이 있지만, 양자를 모두 마음의 본성으로 인정하여 바탕(體)과 작용(用)에 의해서 통합할수가 있다. 청정성은 마음의 '본성(性)'이고 '바탕(體)'이고 이것은 마음의 '적정寂定'이고 '공적空寂'이라는 존재성을 표현한다. 반면에 인식(識)/앎(知)의 활동은 마음의 지적 작용(用)이다. 이 작용은 안으로 작용하면 자신의 청정성을 만나고, 밖으로 향하면 대상에 대한 인식과 앎의 형태로 나타난다. 이것은 체용의 통합이다.

두 번째 통합 문제는 형상/상대相大의 차이점에 대한 이해이다. 곧 형상(相大)을『아비담마합론』에서처럼 인식/앎의 결과로 볼 것인가? 아니면『기신론』처럼 마음의 본래적 본성이 가지는 무량한 공덕으로 볼 것인가? 이런 대립된 관점은 바탕(體)과 형상(相)에 의해서 통합적으로 이해할 수가 있다. 형상이 인식/앎의 활동의 결과라면, 그리고 한량없는 공덕이 마음의 본성에 속하는 것이면 이렇게 차이점만을 강조하면 통합하기가 어렵다. 그러나 남방불교에서 현실에 나타나는 결과로서의 '형상'은, 다름 아닌 북방불교에서 말하는 본래 본성이 가지는 '공덕'의 한 모습이라고 이해한다면, 양자는 서로 통합이 가능하다.

예를 들면 서로 다른 그릇에 물이 담기는 성격은 물의 본성(體)이다. 그것이 밥그릇이나 컵에 담겨지는(用) 모양이 서로 다르지만 물/액체라는 점에서는 서로 다르지 않다. 하지만 현실의 인연에 따른 그 결과로서 나타난 형상과 모양(相)은 인연에 따라서 서로 다르다. 물의 본성이 현실에 나타나는 방법에 초점을 맞추면 각양각색이라 결코 서로 같지 않지만, 이런 모양의 변형도 결국은 물의 본성이 가지는 '젖어 들어감'에 의한 변형/공덕의 결과라고 본다면 양자의 통합적 이해가 가능하다. 다른 예로 말하면 금을 가지고 용도에 따라서 반지를 만들 수 있고 혹은 목걸이를 만들 수도 있다. 반지와 목걸이라는 이런 외적인 모양(相)의 차이점에도 불구하고 근본적으로 그들이 금이란 본성(性)이 가지는 공덕의 결과임에는 변화가 없다는 말이다.

남방의 『아비담마합론』은 현실에 나타난 결과로서 '형상'에 초점을 맞춘다면, 『기신론』은 그렇게 현실에 나타날 수 있는 그 모양 자체가 바로 본성이 가진 '공덕'이라고 한다면, 이들은 서로 통합이 된다. 이런 점에서 바탕/본성과 현현의 결과로 나타난 형상/모양이 서로 전혀 다른 내용이 아니라 통합이다. 이것은 체상體相 통합이다.

이렇게 보면 결과적으로 『기신론』과 『아비담마합론』에 나타난 해석 틀로서 '체상용體相用'은 동일하지만 구체적인 내용에서는 차이점이 있다. 차이점을 통합하는 데는 2종류가 있다. 첫째는 남방불교에서 말하는 마음의 본성에 대한 인식론(知)과 북방불교 전통에서 강조하는 존재론(淨)적 관점을 '체용體用'으로 통합한 경우이고, 둘째는 현실에 나타난 인식의 결과로서 남방불교의 형상과 북방불교의 마음 본성으로서 공덕을 '체상體相'으로 통합한 경우이다. 이것은 결국 마음의 본성/바탕/본질(眞如門)에 근거하여 마음의 작용과 현실의 결과가 나타남(生滅門)을 말하는 것이다. 마음의 작용(用)도 마음의 본성(體)에 근거한 작용이고, 현실에 표현되는 형상(相)도 결국은 마음의 본성(體)에 기반한 형상이다. 이런 요약은 선불교에서 중요한 주제가 된다. 왜냐면 결국 마음의 본질인 '본성'에 대한 통찰/깨달음 없이는 한 걸음도 나아갈 수 없다는 결론이 되기 때문이다.

4. 실천론: 선불교에서의 본성

마음의 본성은 무엇인가?

이런 질문에 대한 우리의 처음 반응은 당혹스러움이다. 왜냐면 질문에 대해서 우리는 논리적으로 대답하여야 한다는 편견에 익숙하기 때문이다. 선불교는 논리적인 대답이 아니라 그 본성을 '체험'하고, '드러냄'을 요구한다는 점에서 그 핵심 된 실천론/수증론을 보여 준다.

넓게 보면 선불교의 이런 입장은 해석학과도 상통한다. 왜냐면 해석학이란 먼저 체험을 해야만 온당하게 이해할 수 있음이고, 그런 다음에는 은폐된 그것의 존재성을 역사 현실에서 드러냄을 의미하기 때문이다. 이를테면 사랑을 설명한다고 해서 사랑을 실천하는 것은 아니다. 사랑은 실질적으로 '경험'해야 이해하고, 그것을 현실에서 '드러내야' 한다. 이것은 바로 해석학적 접근이며, 곧 '깨어 있음'을 말한다.[47]

마찬가지로 이것을 선불교에서는 본래적 앎(本知)의 작용이나 청정성과 같은 본성/열반/무위법이 단순한 개념적 이해가 아닌, 직접적인 체험을 통해서 현재의 삶에서 실재적으로 온전하게 드러낸다고 함이다. 이것은 고요한(寂寂) 가운데 깨어 있음(惺惺)이요, 깨어 있는(惺惺) 가운데 고요함(寂寂)의 실천이다. 여기서는 선불교의 실천과 관련된 견성, 돈오와 점수, 선문답 등을 다룰 것이다.

---

47 신승환, 「하이데거의 해석학과 해석학의 철학」, 『가톨릭철학』 23권, 2014, pp.243~271.

1) 돈점과 정혜의 해석 문제

돈점頓漸이나 정혜定慧 문제는 곧바로 본성과 연결된다. 본성과 번뇌의 관계는 돈점 문제와 연결되고, 본성의 바탕(定)과 작용(慧)은 정혜의 핵심 된 과제이다. 먼저 선불교의 실천을 논의하기 전에 '달마 분류체계'에서 '본성'의 위치를 정확하게 다시 설정할 필요성이 있다.

남방불교	대승불교	명상불교
• 마음 • 물질 • 마음현상 • 열반/무위법	• 마음 • 물질/몸 • 마음현상 • 불상응행법 • 열반/무위법	• 몸(물질) • 마음(마음현상) • 사회 • 본성(열반, 무위)

그림 5. 명상불교의 달마분류체계

불교에서 법을 분석하는 가장 널리 알려진 범주는 남방불교에서는 마음, 물질, 마음 현상, 열반이란 4가지로 분류하고, 북방불교에서는 여기에 논리적 관계나 언어적인 명칭처럼 '마음'과 '마음 현상'이 서로 직접적으로 상응하지 않는 '불상응행법不相應行法'을 첨가하여 5가지로 분류하곤 한다.[48] 그런데 여기에는 본성의 영역이 없다. 필자는 앞 장에서 언급한 바처럼, 남방 전통의 '열반'이나 아비달마의 '무위법'을 대승불교의 '본성'과 동일한 의미로 이해하고 이들을 본성의 영역으로 포함시킨다. 이에 인간을 이해하는 법(dhama) 분류체계를 간결하

---

[48] 『俱舍論』, 앞의 책, p.18b, "謂一切法略有五品 一色 二心 三心所 四心不相應行 五無爲."

게 통합해서 '몸(색법)', '마음(심소법과 불상응행법 포함)', '본성(열반과 무위법을 포함)'에다가 새롭게 '사회'적 영역을 첨가하여 전체를 4가지 범주로 분류한다.

필자는 새롭게 만들어진 달마(법) 체계를 〈그림 5: 명상불교의 달마 분류체계〉라고 호칭한다. '선'불교보다는 '명상'불교란 용어를 사용한 것은 어원적으로 dhyāna(범어)나 jhāna(빨리어)는 과거에는 '선(禪 那)'으로, 현대에는 '명상(meditation)'로 번역하여 사용하곤 한다. 전통 적 맥락의 '선불교'란 용어를 여기서 '명상불교'란 용어로 바꾸어 부른 이유는 스트레스로 고통받는 현대인들의 건강과 관련된 시대적 요청 에 부응하고, 심리상담을 비롯한 현대 과학적 접근과 함께 공동 연구할 필요성 때문이다. (이런 이유로 이하 필자는 과거 문헌적인 접근으로 사용할 때는 선불교란 용어를 사용하지만, 현대적 시각과 현실의 적용과 관련된 맥락에 서는 '명상불교'란 용어를 채택할 것이다.)

위의 그림 5에서 명상불교에 초월적인 본성과 함께 사회적 영역을 포함시킨 이유는 일차적으로 본성의 진여문과 현실의 사회적인 관점 의 생멸문을 통합적으로 운영한 목적이 크지만, 인간이란 사회적 동물이라든지 혹은 사회적인 구조가 인간의 의식을 결정한다는 말이 있듯이, 사회적 영역은 인간을 이해하는 데 매우 중요한 필수적 영역이 라고 판단한 까닭이다. 인간은 사회를 떠나서 살 수가 없으며, 그동안 불교 심리학에서 소외된 사회적인 영역을 포함시켜서, 명상/선불교 의 사회적인 역할을 강화시킬 목적도 있다.

명상불교의 달마 분류체계는 세계보건기구(WHO) 집행부가 1998 년에 인간의 건강체계를 몸 건강, 마음 건강, 사회 건강이라는 기존의

3축에 대해서 제4축으로 본성/영적 건강을 제안한 내용과 일치한다.[49] 물론 총회에서 본성이나 영성의 문제가 건강 영역보다는 종교적 영역에 속한다고 하여 채택하지 않았다. 그렇지만 이 점은 달마 분류체계에서 '사회'라는 영역과 함께 '본성/영성'의 위치를 설정하는 데 중요한 시사점을 제공한다.

사실 건강문제와 실재성의 문제는 같은 맥락에 있다. 앞 장에서 필자는 몸/마음/본성을 개념이 아닌 실재로서 파악하고 남방 아비담마 전통과 북방 대승불교의 유식학과 화엄학을 중심으로 비교, 검토하여 이들이 개념이 아닌 실재임을 논증하였다. 마찬가지로 만약에 이들 몸/마음/사회/본성(열반, 무위)이란 4개 범주가 '실재'가 아니라 단지 '개념'이라면, 이것에 대한 건강의 측면이나 명상불교의 실천은 성립하지 않게 된다. 이들이 단지 '개념'이라면 그것에 대한 실효성이 없기에, 결국 몸/마음/사회/본성에 대한 어떤 명상수행의 실천도 결국 현실적인 작용을 매개할 수가 없게 되고, 무의미한 결과가 된다. 이런 맥락에서 '명상불교'란 용어는 남방불교와 대승불교의 달마 분류체계를 새롭게 통합한다는 것과 몸/마음/사회/본성이란 4축의 영역에서 다양하게 통합되어서 명상수행을 함께 실천한다는 것을 의미한다.

'심성론心性論'에 대해서 『기신론』은 본성의 청정성과 평등한 '진여심/무위법'과 인연에 따른 작용과 형상의 '생멸심/유위법'으로 분류한다. 그런데 이런 양자 분류는 막상 실천수행을 하고자 할 때 갈등적

---

49 인경, 『명상심리치료』, 명상심리상담연구원, 2012, p.218 ; 앞의 책, 『쟁점으로 살펴보는 현대간화선』, 2022, p.523.

문제를 야기한다. 논리적으로 진여의 마음은 '생멸문生滅門'이 아니고, 생멸의 마음은 '진여문眞如門'이 아니다. 다시 말하면 생멸하는 마음은 어떻게 참되고 평등한 성품이 되고, 반대로 진여/본성의 마음은 현실에서 어떻게 작용하고 다양한 형상으로 나타나게 되는가?

이런 문제에 대한 전통의 선불교는 '본성을 본다'는 견성見性으로 응답한다. 본성을 깨닫게 되면, 곧 견성하면 본성(體)에 기반한 무량한 공덕(相)과 실천적 작용(用)이 자연스럽게 현실에서 '뒤따르기에' 해결된다는 입장이다. 견성이란 '돈오'에 의해서 생멸문과 진여문의 갈등구조가 해소된다고 본다. 이런 입장을 대표하는 것이 『육조단경』이다.

- 곧 견성見性을 하면 곧바로 성불成佛한다.[50]
- 스스로 법의 본성은 공덕을 갖추고 있다. 평등하고 곧음이 곧 덕이다.[51]
- 진여眞如의 깨끗한 본성이 바로 참된 부처요, 삿된 견해와 세 가지 잡독이 바로 마구니이다. …(중략)… 본성은 스스로 다섯 가지 욕망을 떠났으니, 본성을 보는 것(見性) 즉시 곧 이것이 참됨이다. 이제 금생에 돈교문에서 깨닫는다면, 즉시 본성을 깨닫고 눈앞에서 세존을 친견할 것이다.[52]

---

50 六祖壇經(大正藏 48, 337a), "卽得見性直了成佛."

51 같은 책, p.341b, "自法性有功德 平直是德."

52 같은 책, p.345a, "眞如淨性是眞佛 邪見三毒是眞魔 …(中略)… 性中但自離吾(五)欲 見性刹那卽是眞 今生若吾頓敎門 悟卽(性)眼前見性(世)尊."

- 깨닫는 사람은 단박에 닦음(頓修)이요. 스스로 본질을 알아서 곧 본성을 보는 것이다. 깨달음에는 원래 (늦고 빠름에) 차별이 없지만, 깨닫지 못함은 오랜 윤회의 결과이다.[53]

이상을 요약하면, 첫째로『육조단경』에서 견성見性의 사상은 기본적으로『기신론』에서 '진여문의 바탕(體)'의 '청정성(淨)'과 '평등성(平)'에 연결되어 있고, 무엇보다도 '성불成佛'과 연결되어 있다. '본성을 본다(見性)'는 것은 그 자체로 '부처를 이룬다(成佛)'는 사상인 것이다.

둘째는『육조단경』에서 말하는 견성이란 '단박에 깨닫는다'는 돈오頓悟라는 점이다. 성품/본성을 보는 일은 돈오이고 성불인데, 이것은 천천히 이루어지는 것이 아니라 '곧장', '당장에', '즉각적으로' 이루어진다는 점에서 '돈교문頓教門'이고, 혹은 '돈수頓修'라고도 한다.

셋째로『육조단경』은 본성이 청정성이고 부처의 성품이고 진여임을 말하고 있지만, 정작 견성見性이 구체적으로 '어떻게 이루어지는지?'에 대해선 상세한 설명을 하지 않고 있다. 단지 성품/본성은 원래 청정한 바탕(體)인 까닭에, 또한 반야지혜 의 작용(用)을 갖춘 까닭에, 성품/본성을 '보면(見)' 곧 그대로 부처를 이루고(成佛), 단박에 깨닫고(頓悟), 이것이 곧장 닦음(頓修)이라고 말한다.

넷째로 그러면서도 모순적으로『육조단경』은 '삿된 견해(邪見)'와 세 가지 잡독(三毒)을 '마구니'라고 하면서 윤회와 번뇌의 존재를

---

53 같은 책, p.338c, "悟人頓修 識自本是見本性 悟即元無差別 不悟即長劫輪迴."

인정한다. 이 점은『기신론』에서 보면 생멸문生滅門에 해당된다. 그런데 윤회와 번뇌가 현실적으로 인정되면, 진여문/무위법과 생멸문/유위법 양자는 결국 다시 대립된 갈등구조에 놓이게 된다. 그렇지만『육조단경』은 '삿된 견해나 삼독을 어떻게 제거/치유할 것인지?'에 대해서 말하지 않고 있다. 번뇌의 치유가 당장 가능한 돈수頓修인지, 아니면 점진적으로 개선되는 점수漸修인지 구체적으로 직접적인 언급을 하지 않는다.

이런 돈점頓漸에 대한『육조단경』의 애매한 태도는 이후 선종사에서 남종 혜능慧能과 북종 신수神秀로 대변되는 돈점 갈등으로 표출하게 된다. 이런 갈등구조는 신수와 혜능의 '대립'적 편집에서 잘 드러난다.

몸은 깨달음의 나무요, 마음은 밝은 거울과 같다.
시시때때로 부지런히 닦아서 때가 끼지 않게 하라.[54]

깨달음에는 본디 나무가 없고, 밝은 거울 또한 대가 없다.
부처의 본성은 항상 청정한데 어디에 때가 끼겠는가?[55]

주지하다시피 첫 번째 게송은 북종 신수의 게송이고, 두 번째는 혜능의 게송이다. 당시 역사적인 진실을 현재의 시점에서 정확하게 알 수가 없지만, 이들은 신수의 점수와 혜능의 돈오를 대변하는 수행론

---

54 같은 책, p.337c, "身是菩提樹 心如明鏡臺 時時勤佛拭 莫使有塵埃."
55 같은 책, p.338a, "菩提本無樹 明鏡亦無臺 佛性常淸淨 何處有塵埃. 心是菩提樹 身爲明鏡臺 明鏡本淸淨 何處染塵埃."

을 설명한다고 널리 알려진 게송이다. 이들의 공통된 점은 거울로 비유되는 부처 본성(佛性)의 청정성을 인정한 점이다. 그러나 바라보는 시각은 서로 다르다. 신수의 게송은 거울에 낀 때, 곧 '번뇌'의 존재에 초점을 맞춘다. 번뇌는 당장에 금방 끊어지지 않는다. 그것은 오랜 세월에 의해서 습관화된 행동방식이기 때문에 시간을 두고 조금씩 치유/정화된다.

반면에 혜능의 게송은 번뇌에 초점이 맞추어져 있지 않고 거울의 '청정성'에 주목한다. 마음의 본성은 청정하기에 당연히 돈오이고 돈수일 뿐만 아니라 별도의 수행 자체가 요청되지 않는다. 마음의 본성은 청정하고 허공과 같아서 원래 때가 낄 수가 없다. 그래서 무수무증無修無證이다. 본성은 그 자체로 세상의 가치나 행위에 물들지 않고 시대를 초월한다. 이렇게 청정해야, 그래야 끊임없이 변화하는 현실을 반영할 수가 있다. 거울 자체는 변하지 않는 스스로 비추는 힘/역량(自性見)을 가진다. 그러면서도 동시에 변화하는 대상을 반영해 준다(自性用).

신수와 혜능의 이런 관점의 차이점은 한쪽은 '번뇌'의 존재에, 다른쪽은 청정한 '본성'에 초점을 맞춘다. 이런 관점은 『기신론』의 입장에서 보면 마음이 가지는 양면, 바탕(體)과 작용(用), 진여문眞如門과 생멸문生滅門을 대변한다. 그러나 『육조단경』의 편집자는 양자를 우월의 관계로 혹은 대립적인 관계로 파악한다. 그럼으로써 번뇌에 초점을 맞춘 신수는 패배자로, 청정성의 본성을 중시하는 혜능은 승리자로 만든다. 그렇다 보니 이후 선종사를 보면 번뇌에 대한 '점수漸修'가 가지는 마음의 현실적인 작용을 무시하거나 경시하는 심대한 부정적인 영향을 남겼다. 이 점은 아쉬운 점이다. 왜냐면 필자가 보기에 이후로 선불교는 돈오/진여문이라는 마음의 초월적 측면이 과도하게 강조되면서, 돈오는 현실과 유리되거나 관념화로 떨어질 위험이 높아지고, 결과적으로 점수/생멸문의 현실 속에서 작용하는 측면이 약화되면서, 수행자의 역사 사회적 현실에 대한 대응역량을 현저하게 약화시키는 결과를 가져왔다고 보는 까닭이다. 이것은 필자가 '선불교'와 구분하여 '명상불교'라는 용어를 채택한 이유이기도 하다.

이런 『육조단경』의 의도적으로 만들어 낸 갈등(matching)적 편집은 '정혜定慧'를 해석함에서도 반복된다.

신수神秀 화상은 계정혜戒定慧를 이렇게 말한다. 모든 악을 짓지 않음을 계戒라 하고, 모든 선을 봉행함을 혜慧라 하며, 마음을 스스로 청정하게 함을 정定이라고 한다. …(중략)… 혜능慧能이 대답하기를, 그대는 나의 설법을 잘 듣고 살펴보길 바란다. 마음의 대지(心地)에 의심과 그릇됨이 없는 것이 자성自性의 계이고, 마음의 대지에 산란함이 없는 것이 자성의 정이고, 마음의 대지에 어리석음이 없는 것이 자성의 혜이다. 혜능 대사는 "네가 말하는 계정혜는 작은 근기의 무리에게 권하는 바이고, 내가 말하는 계정혜는 상근기의 사람에게 권하는 바이다"[56]라고 말하였다.

---

56 같은 책, p.342b, "秀和尙言戒定惠 諸惡不作名爲戒 諸善奉行名爲惠 自淨其意 名爲定 此卽名爲戒定惠 彼作如是說 不知和尙所見如何 惠能和尙答曰 此說不 可思議 惠能所見又別 志城問何以別 惠能答曰見有遲疾 志城請和尙說所見戒

계정혜를 해석함에 있어서도 신수와 혜능은 관점이 서로 확연하게 다르다. 신수는 생멸하는 마음 현상의 현실적 모양(法相)에 초점을 맞춘다. 이것은 분명하게 '옳고 그름(善惡)'의 사회적인 가치와 연결되어 있다. 선악의 사회적 가치란 시대에 따라서 혹은 평가하는 사람의 입장에 따라서 변화할 수 있다는 점에서 생멸문/유위법에 속한다.

반면에 혜능의 경우는 사회적 가치라는 기준점이 아니라 본래적인 '스스로 본성(自性)'의 관점에서 계정혜를 말한다. 여기에 따르면, 마음의 대지(心地)나 마음의 본성(自性)에는 '그릇됨(非)', '산란함(亂)', '어리석음(癡)'이 없다는 입장이다. 이곳은 '참(眞)되고', '고요함(定)'이며, '지혜로움(慧)'이란 것, 그 계정혜가 우리의 본성/무위법이다. 때문에 계정혜를 닦음의 대상이 아니라, 이런 자성을 발견하고 깨닫는 작업, 곧 돈오頓悟가 우리의 수행이다. 이것은 천천히 일어나지(漸修) 않고, 갑자기 문득, 일순간에 일어난다는 점에서 돈수頓修라고도 말한다. 그러면 이런 돈오頓悟는 어떻게 실현되는가? 혜능은 이렇게 말한다.

자성自性에 그릇됨과 산란함과 어리석음이 없는 관계로, 단지 생각 생각에 반야로서 관조觀照하라. 그러면 곧 현상의 형상에서 벗어난다. 어찌 무엇인가를 세울 것이 있겠는가? 자성은 돈수인 까닭에 점차(漸)를 별도로 세우지 않는다.[57]

定惠 大師言 如汝聽悟說看悟所見處 心地無疑非自性戒 心地無亂是自性定 心地無癡自性是惠 能大師言 汝戒定惠勸小根諸人 吾戒定惠勸上人 得吾自亦不立戒定惠 志城言 請大師說不立如何."

혜능의 입장을 요약하면 이렇다. "자신의 내면을 살펴보라. 생각이
일어나 생각이 사라지는 때를 관조觀照해 보라." 그러면 어떤가?
"그곳 어디에 잘못됨이 있고, 산란함이 있으며, 어리석음이 있는가?
마음의 대지, 스스로 마음의 본성, 그곳은 청정함이고 평정이고 지혜
로움이 아닌가?" 이런 깨달음은 천천히 일어남(漸修)이 아니고, 관조
하는 순식간에 곧장 이루어진다(頓修). 그러니 돈오라고 말한다. 이곳
에서는 점차를 세우지 않는다.

이런 혜능의 입장은 철저하게 마음의 본성, 곧 '진여문'의 입장에서
말한다. 물론 필자는 이런 입장에 그렇다고 기쁘게 동의한다. 우리
마음의 본성은 청정함이고 평정이고 밝은 지혜인 까닭이다. 그렇긴
하지만 여기에는 앞의 달마 분류체계에서 말하는 현실적인 마음과
마음 현상과 같은 유위법의 번뇌나 '사회'적인 영역을 전혀 고려하지
않고 있다.

우리는 역사 현장 안으로 태어났고, 그 속에서 자라나면서 의식은
깨닫기 이전에 '선이해'로서 이미 그곳에 물들어져 있다. 여기서 벗어
날 수 없다. 이런 '생멸문'의 입장에서 보면 어떤가? 우리는 설사
승가라고 해도 역사의 현장이라고 하는 정치적 현실 안에서 살아갈
수밖에 없다. 선악의 가치는 사회집단이나 개인적인 입장에 따라서
다를 수가 있고, 시대에 따라서 달라질 수가 있다. 경험으로 알고
있듯이, 거의 모든 현실적인 일들은 금방 당장에 쉽게 이루어지지
않는다. 오히려 긴 시간을 두고 여러 가지 요인들의 인연이 다 갖추어질

---

57 같은 책, p.342c, "大師言 自姓無非無亂無癡 念念般若觀照 當離法相 有何可立
自姓頓修 立有漸此契以不立."

때 비로소 이루어진다. 우울증 환자의 건강 회복은 시간과 부단한 노력의 결과로 이루어진다. 심리문제나 사회적인 문제에서 치유 과정을 보면, 당장에 닦는다는 '돈수頓修'보다는 오히려 많은 시간과 노력의 결과로서 점차로 이루는 '점수漸修'의 길이 더 합리적이고 신뢰가 가는 설명이다. 이게 진실임을 많은 현장의 치료자나 상담사, 혹은 교육자나 복지사들은 인정할 것이다. 이곳에서 돈수는 사실상 불가능한 기적과 같은 환상이다.

그렇다면 우리는 진여문과 생멸문을 우열관계가 아니라, 동일한 선상에서 함께 양자를 모두 인정할 수밖에 없다. 진여문의 자성/본성/바탕은 시간을 두지 않고 문득 단박에 이루어진다. 이 경우는 분명하게 돈오 혹은 돈수가 맞다. 그러나 생멸문의 역사 현장에서 일어나는 일이나 사회나 심리적인 현상들은 천천히 조금씩 시간을 두면서 성장하여(異熟) 마침내 치유가 완성된다는 점에서 점수가 옳다. 이런 점에서 필자는 진여문과 생멸문을 현실의 연기/의타기성의 측면에서 순환적으로 통합하는 '돈오점수頓悟漸修'의 실천론을 지지한다.

양자는 서로 보완적으로 혹은 순환적으로 작동해야 한다. 근본적인 바탕/본성에 대한 '돈오'는 집착하고 동일시되어서 현실의 변화에 끌려가는 것을 멈추게 한다. 반면에 '점수'는 돈오가 현실을 떠나서 허망한 초월이나 관념에로 넘어지는 것을 방지한다. 왜냐면 '돈오'란 현실에 작용하는 본성에 대한 깨달음의 실천이고, '점수'란 생멸하는 다양한 현실에서 반복적으로 경험하는 '돈오'에 다름 아니기 때문이다. 이게 우리 마음의 비밀이다. 우리는 현실 속에 있으면서도 그곳에서 벗어나 있고, 역사적 현실에서 벗어나 있으면서도 항상 역사적 현장 바로 그곳에 존재한다. 이게 진실이다.

2) 견성의 실천론

『육조단경』에서 '견성'이란 용어는 매우 핵심 된 위치를 차지한다. 그러나 구체적으로 견성이란 '어떻게 실천하는지'에 대한 해명이 부족하다. 물론 '관조觀照'란 용어가 있지만 구체적인 논의는 없다. '견성見性'과 관련된 본격적인 논의는 돈황본 『신회화상선화록』(양증문楊曾文 편집, 이하 『신회어록』으로 약칭함)에서 발견된다. 견성과 관련된 문답은 「남양화상문답잡징의南陽和尙問答雜徵義」에서 찾아볼 수 있다.

답하기를, 밝은 거울에 비유하자면 대상을 마주하지 않는다면 거울에는 끝내 영상이 나타나지 않는다. 여기서 지금 '영상이 나타남(現像)'이라는 말은 대상을 마주한 까닭에 영상이 나타남이다. 묻기를, 만약에 대상을 마주하지 않는다면 거울의 비춤(照)도 비춤이 아니지 않는가? 답하기를, 지금 비춤(照)이란 말은 마주하거나 마주하지 않거나 하는 말이 아니라 갖추어서 '항상 비춤(常照)'을 말한다. 묻기를, …(중략)… 지금 비춤이란 말은 어떠한 비춤인가? 답하기를, 지금 비춤이라 하는 것은 밝은 거울인 까닭에 '스스로 본성의 비춤(自性照)'이 있음이다. 만약에 중생의 마음이 청정하다면 자연스럽게 커다란 지혜의 광명이 있다. 비춤은 다른 세계가 아니다. …(중략)… 묻기를, 이미 (대상이) 없다면 '봄(見)'이란 없지 않는가? 답하기를, 비록 본다고 하여도 이것은 다시 보지 않는다고 말할 수가 없다. 묻기를, 다시 보지 않는다고 말할 수 없다고 할 때, 그러면 여기서 봄(見)이란 어떤 의미인가? 답하기를, (이런 경우에) 보지만 봄의 대상이 없다(見無物). 이것이 '참된 봄(眞見)'이고 '항상 봄(常見)'이다.[58]

여기서 기신론적 해석으로 보면, 거울 자체는 바탕/본성(體)이고, 그곳에 나타난 영상은 형상(相)이며, 비춤은 작용(用)에 해당된다. 여기서 신회가 주장하는 중요한 포인트는 '봄(見)'에 2종류가 있다는 것이다. 거울에 비유하자면 하나는 마주하는 대상을 비추는 작용으로서 '봄'이고, 다른 하나는 대상과 마주함과 관계없이 그 자체(自性)의 비춤의 작용으로서 '봄'이다. 전자는 대상을 지향한다는 의미에서 '수연견隨緣見'이라면, 후자는 대상과 관계없이 스스로 본질로서 가지는 '자성견自性見'이다.

이런 관점은 나중에 종밀에게 영향을 미친다. 종밀은 마음의 본질적 작용을 '앎(知)'으로 파악하고, 『승습도』에서 대상에 작용하는 앎을 '수연용隨緣用'이라 하고, 마음이 가지는 자체적인 특성으로서 앎을 본래적인 앎이란 의미에서 '자성본용自性本用'이란 용어를 사용한다. 이렇게 양자를 구분하는 마음의 해석학적 전통은 모두 『기신론』에서 중생의 마음을 참되고 변화가 없다는 의미의 진여문眞如門과 현실적

---

58 神會, 「南陽和尙問答雜徵義」(『神會語錄』, p.69.), "答 譬如明鏡 若不對像 鏡中終不現像 爾今言現像者 爲對物故 所以現像 問 若不對像 照不照 答 今言照者 不言對與不對 俱常照 問 …(中略)… 今言照者 復是何照 答 今言照者 以明鏡故 有自性照 若以衆生心淨 自然有大智慧光 照無餘世界 …(中略)… 問 旣無 見是物(勿) 答 雖見 旣不喚作是物 問 旣不喚作是物 何名爲見 答 見無物 卽是眞見 常見."

대상을 따라서 변화하는 생멸문生滅門으로 구분하는 해석 틀/패러다임에서 유래한다. 자성견은 진여문에, 수연견은 생멸문에 대비된다. 단지 선불교의 신회는 '봄(見)'을 강조하고, 화엄불교의 종밀은 '앎(知)'을 강조한 점에서 차이점이 있을 뿐이다. 이 점에 대해서 신회는 불성을 아는 것을 지知라 하고, 불성을 직접적으로 보는 것을 '견見'이라고 해서 구분하여 설명한다.

> 선지식이여, 자기 몸안의 불성을 아직 철저하게 보지 못했다. 왜 그러한가? 여기서 비유하자면 집안에 의복, 가구들이 존재함을 알고 있고, 이것을 다시 의심하지 않는다. 이것을 이름해서 '앎(知)'라고 하고 '봄(見)'이라고 이름하지는 않는다. 만약에 집에 도착하여 집안의 물건을 직접 본다면, 이것은 '봄(見)'이라고 하지 '앎(知)'라고 하지 않는다. 마찬가지로 어떤 사람이 현재에 타인에 의해서 몸안에 불성이 있다는 말을 듣고 자각한 바가 있다지만, 아직 그는 (불성에 대한 '앎'이 있을지라도) 철저하게 불성佛性에 대한 '봄(見)'은 아니다.[59]

여기 인용문은 「남양화상돈교해탈선문직요성단어南陽和尙頓教解脫禪門直了性壇語」에서 가져온 것이다. 비록 불성/성품/본성이 내게

---

59 神會, 「南陽和尙頓教解脫禪門直了性壇語」, 같은 책, p.12, "知識, 自身中有佛性 未能了了見. 何以故. 喩如此處 各各思量 家中住宅 衣服臥具 及一切等物 具知 有 更不生疑. 此名爲知 不名爲見. 若行宅中 見說之物 卽名爲見 不名爲知. 今所覺者 具依他說 知身中有佛性 未能了了見."

있다는 '앎'은 있지만, 그것을 철저하게 보지(見) 못하면 여전히 문제가 있게 된다. 이것은 돈오頓悟가 아니다. 그렇기에 불성/본성에 대한 '앎(知)'보다는 '봄(見)'이 중요하다는 말이다. 아비담마의 전통이나 징관과 종밀의 화엄불교에서는 '앎/본지本知'를 근본적인 마음의 본질로서 중요시한다. 그러나 선불교의 혜능과 신회는 불성에 대한 인식론적인 '앎'보다는 존재 자체로서의 체험적인 '봄(見)'을 강조하는데, 이것은 이후 선불교의 중요한 전통으로 자리를 잡게 된다.

이를테면 송대에 들어와서 임제종의 부흥과 함께 화엄사상을 비판하고 교외별전敎外別傳 사상이 성립되었다. 교외별전이란 교학적인 가르침 밖에 별도로 전하는 가르침이란 의미로 직접적인 체험/현량을 중요한 진리의 기준점으로 삼는다. 이런 관점에서 임제종의 선불교는 징관이나 종밀이 주장한 화엄종의 '본래적 앎(本知)' 사상을 알음알이, 추론적 성격이라고 평가 절하한다.

주지하다시피 '봄(見)'은 직접적인 지각/체험으로서 현량現量이라면, '앎(知)'은 직접 눈앞에 보이지 않아도 과거의 기억이나 추리를 통해서 알게 되는 비량比量에 해당된다. 앞의 『신회어록』에서도 보듯이 집안에 침대를 비롯한 옷가지가 있다는 사실을 우리는 기억을 통해서 알고 있다. 이것은 '앎'이지 '봄'은 아니다. 그러나 외출하고 집안에 들어가서 옷가지와 침대를 확인하면 이것은 '봄'이지 '앎'이라 하지 않는다.

그러나 양자는 모두 중요하다. 앎이 없으면 봄은 단순하게, 사건 A는 단지 사건 A로 존재할 뿐이다. 전후의 맥락을 유추할 수 없다. 다음에 다시 그 사물을 볼 때 그것은 다시 전혀 다른 새로운 사물로 인식하게 된다. 이것은 제자리 뛰기와 같다. '앎'에 기반할 때, 사건 A는 사건 B와 '연결'되면서 인과적 '의미'를 가진다. 그래서 교외별전에 철저한 임제종의 '선불교'와는 다르게 현장에서의 실용성을 중시하는 '명상불교'에서는 양자의 유기적인 통합을 매우 중요한 사항으로 평가한다.

그런데 화엄종의 입장에서 보면 징관과 종밀은 '앎'을 추리나 개념으로 파악하지 않는다는 점이다. 물론 '앎'에는 개념적 추리와 같은 요소도 있다. 그러나 이것은 대상에 따른 앎으로 수연용隨緣用에서 그렇다는 말이고, 본래적 본성으로서 앎(本知)은 그 자체로 본래적 앎으로, 자성용自性用으로 '성찰'이나 '직관'이다. 때문에 '본래적 앎(本知)'은 개념과 추리의 비량比量이 아니라 직접적인 지각과 같은 현량現量에 속한다. 이런 점에서 『신회어록』에 기반하여 다시 보면, 거울에 비유하여 대상을 비추는 수연견隨緣見과는 다르게 본래적인 스스로의 '자성견自性見'은 대상과 관계없이 항상 비춤의 작용(常見)을 가진 점에서 종밀의 '본지本知'와 서로 다르지가 않다. 양자는 모두 직접적인 지각, 직관으로서 '인식론'적 현량現量이지만, 오히려 실제로는 대상과 관계없이 그 자체로 존재한다는 의미에서 본성의 '존재론'적 해명이라고 평가할 만하다.

3) 조사선과 간화선

본성(體), 형상(相), 작용(用)의 '순환적 통합모델'이란 '참되고 항상된 마음'인 진여심眞如心과 대상을 따라서 '끊임없이 변화를 거듭하는' 생멸심生滅心이 모두 중생의 '한마음(一心)'이 현실에 드러나는 양태를 강조한 말이다. 이것이 심성론이고, 실천과정에서는 견견과 지知가 본성에 근거하여 연기하는 현실에서 순환적 통합과정으로 상호작용하면서 나타나게 된다. 이 점을 선불교의 조사선과 간화선의 실천론에서 살펴보고자 한다.

(1) 조사선

진여문과 생멸문은 현실에서 양자의 통합이 그렇게 쉽지가 않다. 이들은 서로 다르게 쪼개져서 경험한다. 이를테면 여기서 호흡명상을 한다고 가정해보자. 처음 시작할 때 조금 호흡에 집중하려면 끊임없는 다른 생각들로 인하여 집중하기가 쉽지 않다는 것을 금방 알게 된다. 다른 생각에 빠지면 그곳에는 호흡이 없다. 반대로 호흡에 집중하면 그곳엔 다른 생각이 없다. 이런 순간을 보면 확실하게 호흡에 집중(呼吸三昧)하는 진여문과 생각에 끌려다니는 생멸문은 서로 쪼개져서 양립할 수 없다.

물론 『기신론』에서는 파도와 바닷물처럼, 생각들의 생멸문도 한마음이고, 호흡에 집중된 진여심도 역시 한마음이다. 그러니 파도와 바닷물은 서로 다르지 않고, 양자는 쪼개진 게 아니라고 역설한다. 그러나 현실에서 양자는 배타적으로 쪼개져 있다. 인식론에 의하면 마음은 찰나에 생멸하고 그 대상은 계속해서 변화를 거듭하기에 동시에 두 개의 대상을 마음은 인식하지 못한다. 한순간에 한 개씩이다. 좌복에 앉아있을 때는 선정이 있지만 좌복을 떠나서 현실 속으로 들어갈 때는 그곳에 선정이 없다. 이것을 어떻게 통합시킬 것인가?

이것은 이론이 아니라, 실천에서는 이게 문제이다. 이것의 해결책은 앞에서 살펴본 '견見'과 '지知'의 '순환적 통합'이다. 호흡명상을 실행할 때 문득 생각에 끌려가면 그 순간에 곧 그것을 '알아차림' 한다. 그러면 금방 호흡에로 돌아올 수 있다. 생각을 알아차림하는 것은 '봄'에 속한다. 그 즉시로 생각은 소멸되고, 평상심의 호흡에 집중이 가능해진다. 왜냐면 호흡은 늘 그곳에 생명의 흐름처럼 존재하기 때문이다. 호흡과 만나는 일은 '알아차림'의 봄(見, seeing)'의 체험이면서도 동시에 호흡에 항상 존재한다는 분명한 '앎(知, knowing)'을 강화해 준다. 이들은 상호 순환관계에 놓여 있다.

이것을 평상심시도平常心是道의 조사선祖師禪의 문답을 해석하는 데 적용하여 보자. 여기에 좋은 사례가 있다. 처음 무업이 마조 대사를 만났을 때, 마조 대사는 "법당은 아주 큰데, 그곳에 부처가 없군"이라고 했다. 그러자 큰 덩치의 무업은 무릎을 꿇고 "이론적 교학 공부는 조금 했는데 선문禪門에서 '마음이 곧 부처(即心是佛)'라는 말을 알 수가 없습니다" 하고 말했다. 마조는 "모르는 그 마음일 뿐 따로 없네"라고 대답했다. 그러나 무업은 여전히 그 뜻을 알 수가 없어서 다시 질문했다.

무업은 다시 물었다. "달마대사가 서쪽에서 와서 전한 심인心印은 무엇입니까?" 이때 마조는 "정말 소란스럽군, 우선 갔다가 다음에 오게"라고 말했다. 무업이 일어나서 나갈 때 마조는 "이보게!"라며 무업을 불렀다. 무업이 고개를 돌려 보자, 마조는 "이것이 무엇인가?"라고 질문을 던졌다. 이때 무업은 깨닫고 마조에게 절을 했다.[60]

여기서 문답의 의미는 분명하다. '진여문'은 큰 법당의 부처이고, 달마대사가 전한 심인이고, 평상의 마음이다. 반면에 '생멸문'은 마음이 곧 부처라는 의미가 무슨 뜻인지 묻는 '질문'이고, "이보게!" 하고 부르고, 고개를 돌리는 일상의 모든 '행위'이다.

이것을 '봄(見)'과 '앎(知)'이란 관점에서 해석하여 보면 이렇다. 마조는 불성/심인에 대해서 이미 '보고 있으며', 동시에 그 '앎'을 가지고 있지만, 무업은 들어서 그런 '앎'이 조금 있을 수 있겠지만, 직접적으로 '봄'이 없는 상태이다. 그러나 무업이 고개를 돌리는 순간에 '이게 무엇인가?'라는 질문을 받고 무업은 깨닫게 된다. 호흡명상에서 알아차림하는 순간에 다른 생각들로 은폐된 구체적인 존재, 호흡을 만나듯이, 그 마음작용 그대로 달마가 전한 마음의 도장(心印)이고, 부처가 깨달은 성품/본성이란 점을, 보고 듣고 느끼고 아는 평상의 작용이 그대로가 곧 본성, 곧 '작용=본성'임을 '보(見)게' 된다.

이것이 '견성見性의 체험'이다. 견성은 일상의 연기법을 벗어나지 않는다. 일단 이런 체험을 통렬하게 한번 겪게 되면, 그리고 이것을 확인/인가印可를 받게 되면, 그는 이후로 마음의 본성과 그 작용은 마치 호흡처럼 항상 이미 그곳에 있음을 '알(知)게' 된다.

여기서 무업의 경험을 좀 더 살펴보자. 첫 번째, 우선 이것은 남방불교의 『아비달마합론』에서 말하는 바인 '대상을 인식하는 앎의 활동'을

---

60 『景德傳燈錄』(大正藏 51, 257a), "馬祖睹其狀貌瑰偉語音如鐘 乃曰 巍巍佛堂其中無佛 師禮跪而問曰 三乘文學麤窮其旨 常聞禪門卽心是佛 實未能了 馬祖曰 只未了底心卽是 更無別物 師又問 如何是祖師西來密傳心印 祖曰 大德正闇在且去別時來 師才出 祖召曰 大德 師迴首 祖云 是什麼 師便領悟禮拜."

의미한다. 무업이 고개를 돌리는 순간에 '이것은 뭔가?'라는 질문으로
촉발된 인식/앎이다. 이 순간에 무업이 자각한 내용은 고개를 돌리는
순간의 마음을 자각하는 것이라고 정의할 수 있다. 달리 말하면 "이보
게!"에 반응하자 "이게 뭔가?"라는 질문에 의해서 발생된 앎, 곧 '아는
것을 아는 마음작용'이다.

두 번째, 불교 논리학(因明論)에서 이것은 일종의 상위자각, '메타-
자각(meta-awarenes)'에 해당이 된다. 대체로 인간의 본성을 특징하여
말할 때 후기 구석기시대 이후로 현재에까지 인류를 '호모 사피엔스
사피엔스(Homo sapiens sapiens)'라고 호칭한다. 'sapiens'란 대상을
'알고' '사유하고' '기억하는' 능력을 말한다. 이런 점은 다른 동물과
인간을 구분하는 핵심적 특징이다. 이런 점에서 보면, 조사선의 문답
은 사피엔스가 두 번 겹쳐진 사피엔스 사피엔스로서 '아는 것을 아는'
상위자각 능력을 인간의 본성/본질로 정의한 것과 상당하게 일치한
다. 필자는 유사어로 '메타 인지(meta-cognitive)'라는 말도 있지만,
이것이 자기신념과 같이 너무 지적인 측면에 경도된 표현이라, 여기서
는 자기 직관이나 자기 통찰과 동의어인 '메타 자각(meta-awarenes)'이
란 표현을 사용한다. 불교적 용어로는 견분과 상분에 대해서 양자를
반성하고 통합하는 의미로 사용되는 '자증분(自證分, svasaṃvitti)'이
여기에 상응한다.[61]

셋째, 『기신론』의 입장에서 보면 마조의 조사선에서 말하는 평상심

---

61 Dan Arnold, 2010. Self-Awareness(svasaṃvitti) and Related Doctrines of
   Buddhists Following Dignāga: Philosophical Characterizations of Some of
   the Main Issues, Journal of Indian Philosophy SCOPUS 38권 3호, pp.323~378.

시도平常心是道에서 '평상심平常心'이란 체상용의 마음을 모두 포괄한 일심의 '중생심'이다. 무업이 마조와의 문답을 통해서 깨달음을 성취했다면, 그는 어떤 마음을 얻었을까? 만약에 무엇을 얻었다고 말하면 이것은 다시 개념적인 이해로 떨어질 것이다. 그 총체적인 경험을 언어로 다 말할 수 없다. 무업이 질문한 선문에서 말하는 '마음이 곧 부처(心卽是佛)'란 것과 '달마가 전한 심인心印'이 무엇인지를 마조가 언어적인 설명이나 해석을 통해 해답을 찾았다면, 무업은 그것과 관련된 지식을 하나 더 첨가했을 것이다. 그러나 진정으로 마음의 바탕(性)이나 작용(用)과 그 공덕(相)을 직접 경험하거나 체득하지 못했을 것이 분명하다. 만약 그랬다면 마조는 깨달음의 본질을 전하는 데 크게 실패했을 것이다.

넷째, 종교적 경험이란 관점에서 보면, 무업이 경험한 본성이란 '청정성(體)'이고 반야지혜 의 '작용(用)'이다. 무업은 그 순간에 놀라운 경이로움이란 경험(相)과 함께 단순한 인식론적인 인식/앎 그 이상을 보았을(見) 것이다. 이것을 한량없는 행복감이나 '신령한 앎(靈知)'이라고 하든지 무엇이라 말하든지 관계가 없다. 이런 경험은 원하면 언제든지 호흡을 만날 수 있듯이, 구름에서 벗어나는 달처럼, 알고 있으니(知) 스스로 언제든지 반복적으로 경험할 것이다. 이것은 본인의 강력한 구도의 열정에서 비롯된 바이니 축하할 일이다.

이상으로 정리하면, 선불교의 실천론은 진리의 직접적인 체험으로 곧 현량現量을 중시한 점에서 정당하다고 본다. 그렇다고 선불교에서 보여 준 선문답이 추론의 비량이나 성언량을 결코 무시한 것은 아니다. 다만 결정적으로 중요한 순간은 본인의 열정과 함께 직접적인 '체험'을 중시한다는 점이다. 단지 무업과 마찬가지로 "이보게, 이게 뭔가?"
질문을 받고 무업처럼 그 순간에 본성에 대한 깨달음을 경험하기를
희망할 뿐이다.

(2) 간화선

"무엇이 너의 본성인가?"

이게 간화선에서 핵심과제이다. 논리적 해명으로 빙 돌아가는 길이
아니고, 질문을 통해서 직접 마음의 본질로 들어가는 직관의 길이다.
마조와 무업의 문답에서 보면, 핵심 된 질문, "이보게! 이게 무엇인가?"
에서 마음의 본성에 대해서 직접 '경험'을 못했다면 '문제'가 생겨난다.
선대의 문답에는 핵심 된 언구가 있다. 이런 언구는 잘 이해가 되지
않을 수도 있다. 그렇다면 의심하여 참구하여 보자. 이것이 간화선의
출발점이다.

스승이 제자에게 하는 질문을 교육학에서는 '발문'이라고 한다.
간화선에서는 이런 질문을 '화두'라고 부른다. 그런데 여기서 해답을
찾지 못했다면, 그는 계속적 이 문제를 질문하면서 스스로를 탐색해야
한다.

처음에는 무업과 마조 대사처럼 선문답이 있었다. 이게 1단계이다.
이것을 우리는 '조사선'이라고 부른다. 스승과 제자가 서로 다양한
이슈에 대해서 서로 문답하고 논쟁을 하는 시기이다. 모든 문답에는
항상 핵심 된 언구가 있다. 그곳에는 마음의 본성에 관한 대화가
있다. 그러나 이런 문답에서 막히는 대목이 있고, 항목이 생겨나고
그것에 대해서 의심을 가지고 집중적으로 탐색을 하고 혹은 탐색을

요구하는 시기가 온다. 이게 2단계이다. 이런 시기를 '간화선'의 단계라 한다.

예를 들면 "개에게 불성이 있는가?" 이런 질문에 조주 화상이 "무無!"라고 대답을 했다면, 이런 경우는 제1차의 조사선 단계이다. 물론 조주 화상은 이 무자를 가지고 24시간 의심하여 깊게 질문하고 탐색을 하라고 하지 않았다. 그러나 후대에 들어서, 정확하게 송나라에서 선문답에 대한 문헌들이 목판인쇄가 되고 독서하는 지식인 계층에게 널리 알려지면서, 이것을 자기 공부로 삼게 되고, "무無야!", "무無야!" 하면서 수행의 도구로 사용하게 되었다. 이게 간화선의 성립 단계이다.

마조 대사가 무업에게서 "이보게! 이게 무엇인가?"라고 했을 때, 만약에 무업이 그 순간에 깨닫지 못했다면, "이게 무엇인가?"는 화두가 된다. 관문을 통과할 때까지 계속적으로 참구를 해야 하는 과제가 된다. 대승불교에서 자주 언급된 본성, 자성, 불성, 법성에 대한 논의는 선불교의 실천적 입장이 되면, 특히 간화선에서는 논리적인 논의가 아니라 그것을 직접적으로 체험하고 깨닫는 작업이 중시된다.

간화선에서는 질문 자체가 수행의 핵심 된 과업이 된다. 수행에는 영적 자기 과업이 있어야 동력을 얻게 된다. 계속적으로 노력을 하게 하는 자기 질문이 있어야 성찰이 있다. 물론 이런 질문에 대해서 논문을 쓰듯이, 논리적인 해석으로 대답할 수도 있을 것이다. 그러나 이것은 직접적인 체험이나 체득이 아닌 까닭에 채택할 수 없다. 이것들은 화두가 가지는 논리적 모순이나 갈등에 대한 일종의 추론적 지식이나 논리적 타협, 선병禪病과 같은 것이다.

논리학적 관점에서 보면 '진리를 인식하는 도구'로 대체로 세 가지를 언급한다. 하나는 직접적인 직관으로서 '현량現量', 둘째는 개념이나 추리에 의존하는 '비량比量', 셋째는 믿을 만한 권위자/스승의 말씀에 의지하는 '성언량聖言量' 등이다. 간화선은 이들을 모두 존중하지만 질문/화두 앞에서 엄격하게 직접적인 현량을 중시한다. 물론 그 결과에 대해서는 검증을 받아야 한다. 그렇지 않으면 잘못된 길에서 헤맬 수가 있기 때문이다. 그렇긴 하지만 결정적으로 먼저 중요한 것은 자신에게 스스로 절박한 화두 질문이다.

처음 지수화풍으로 돌아가서 질문을 해보자. 어떠한가? 불의 본성은 '뜨거움'이다. 뜨거움으로 사물을 불태운다. 만약에 이런 특성이 없다면 그것을 '불'이라 부를 수가 없다. 그래서 뜨거움은 불의 본성/본질이다. 마찬가지로 물의 본성은 '젖음'이다. 젖음이 있기에 이곳저곳에 스며들 수가 있다. 만약에 물에게서 젖음이 없다면 이것을 '물'이라 부를 수가 없다. 그래서 젖음은 물의 본성/본질이다.

그러면 마음의 본성은 무엇인가? 무엇을 마음의 본질이라 할 수 있나? 만약에 마음에 이것이 없다면 마음의 본성이니 마음의 본질이라 부를 수 없는 것, 이게 무엇일까? 우리가 일상에서 좋다고 하고 싫다 하고 그러는데, 필경 이것은 무엇인가? 대답하여 보라고 한다면 무엇이라고 대답할 것인가?

간화선은 이론이나 개념이 아니다. 지금까지 앞에서 논의한 바처럼 본성은 인식/앎이요, 청정성이라 말하면 이것들은 말일 뿐이다. 실제적인 경험을 말해 보라. 그렇지 못하면 지금까지 논의한 이것들은 모두 다 망상妄想이고 선병禪病이다. 이것이 실질적으로 경험되지 못한다면 더욱 그렇다. 간화선은 절박하게 자신에게 질문하여 보고,

그것에 대한 깊은 체험을 요구한다. 거친 소가 미세한 바늘구멍을 뚫고 가야 하는 절박한 질문, 이게 화두이다.

본질을 향한 화두는 돌아갈 수 없게 만드는 직면이다. 마음이 곧 부처라(卽心是佛)는 말이나, 달마 대사가 서쪽에서 가져온 마음의 도장(心印)이 무엇인가에 대해서 직접적인 체험을 하지 못한다면 무업無業에게 아무런 소용이 없다. 마치 매우 목이 마른데 직접적으로 물을 마시지 못하고 물과 관련된 이론적인 논의로만 가득 채운다면, 이것으론 그는 여전히 목마름의 괴로움을 멈출 수 없을 것이다.

그러니 다시금 묻지 않을 수 없다. 어디에 물들지 않고 이미 완성되어 있고, 부르면 대답하는 실로 눈앞에 존재하는(實有) 이것은 무엇인가? "이보게! 이게 무엇인가?"

5. 경험적 실재론을 옹호하면서

본성은 실재인가? 개념인가?

이것에 대해서 필자는 경험적 실재론을 옹호한다. 불교의 핵심사상은 인연설因緣說 혹은 연기설緣起說이다. '연기'를 해석하는 문제를 중심으로 불교사상사를 되돌아보면 다양한 학파 간에 오랜 논쟁의 역사가 있었다.

대표적으로 설일체유부의 실재론을 비판하고 등장한 중관론, 삼성설로 대표되는 유식론이 있다. 실재론의 입장에서 보면, 연기하는 실체(緣體) 혹은 연기의 자성/본성(緣性)은 실재한다. 설일체유부는 연기하는 외부에, 아트만이나 신과 같은 어떤 실체가 있어서 연기를 발생시킨다는 '형이상학적' 실재론을 배제한다. 설일체유부 학파는 대상(境), 감각기관(根), 대상을 지향하는 의식(識)이 화합하여 발생시키는 연기적 사태는 시간의 흐름 속에서 실로 항상 존재한다(法體恒有)는 입장을 취한다.

그러나 중관론은 이런 실재론의 입장을 정면으로 비판한다. 연기는 그 자체로 인연화합이기에 무자성無自性이고 연기의 본질은 공空이라고 본다. 『중론』에서 오고(來) 감(去)의 운동/시간이란 그 자체로 실체가 없기에, 『아비달마대비바사론』에서 해석하는 '연기하는 실체(緣體)'나 '조건 된 자성(緣性)'을 중관학파는 도무지 인정할 수가 없다. 그런데 이들의 유무有無 논쟁을 바라보면서 성장한 유식론/유가행파는 이런 주장들 역시 모두 마음의 표상으로서 구성된 해석으로 본다. 연기란 마음에 나타난 의식의 전변이다. 연기라는 '동전'은 양면이 있다. 한쪽은 개념으로 물든 연기로 변계소집성이요, 다른 한쪽은 청정한 진실의 연기로서 원성실성이다. 이런 입장은 필자가 보기에 일심/연기법에 대한 『대승기신론』의 진여문과 생멸문에서 직접적으로 영향을 받은 해석이 아닌가 한다.

필자는 중관학파의 연기에 대한 비판적 해석을 존중하지만, 현실적인 설일체유부의 경험적 실재론을 옹호한다. 그동안 본성과 자성에 대한 실재론적 입장을 형이상학적 의미로 오해하거나 왜곡된 비판이 많았다. 오늘날 불교의 사회적 역할을 강화하기 위해서라도 현장에서 실재론을 다시 부흥시킬 필요성이 있다. 필자가 말하는 실재론이란, 신이나 아트만의 존재를 주장하는 '형이상학적 실재론'이 아니라, 일상의 삶에서 경험하는 상식을 지지하는 '경험적' 실재론을 의미한다.

이를테면 여기에 콩과 팥이 있다고 하자. 만약에 중관론의 주장처럼 무자성無自性이고 공空이라면 '콩'과 '팥'을 실질적으로 구분할 수 없다. 농부는 콩을 심으면 콩을 수확하고 팥을 심는다면 팥을 수확한다는 것을 경험으로 알고 있다. 그는 수확물을 시장에 내다팔 것이다. 이렇게 콩과 팥은 각각의 본성, 자성을 가진다고 해석해야 현실적인 실효성을 담보할 수 있다. 또 다른 예를 들어보자. 여기에 명상수행자가 있다고 하자. 혹은 우울증 환자가 있다고 하자. 명상을 실천해서 열반에 도달한다면 어떤가? 만약에 '열반'은 무자성이고 실재하지 않는 개념이라면 어떠한 결과도 얻지 못할 것이다. 명상을 통해서 우울증 환자는 치유의 길을 걷지 못할 것이다. 필자는 이런 경험적 사례들에 근거해서 경험적 실재론을 옹호한다.

지금까지 본 연구는 "본성(心性), 개념인가 실재인가"라는 주제에 응답하기 위해서 제2장에서 연구방법으로 어떻게 접근할 것인지, 제3장에서 아비달마불교와 대승불교에서의 심성론, 제4장에서 선불교의 실천론/수증론을 살펴보았다.

첫째, 본 연구는 불교사상사에 나타난 실재론, 중관론, 유식론 등을 양립할 수 없는 배타적인 인식론보다는 삶을 이해하는 실용주의적인 '해석학'적 관점에서 접근한다. 이들은 주객의 대립적 관계가 아니라, 일상에서 반복되는 연속적인 흐름을 구성하는 '순환적인 통합모델'로 본다. 아울러서 '본성, 실재인가 개념인가'라는 토론 주제가 실질적으로 중관론의 이제설二諦說을 염두에 둔 질문이라고 보고, 『기신론』의 체상용과 유식론의 삼성설三性說에 기반한 해석체계와 비교하여 기존의 공유空有 논쟁을 재검토하였다. 속제와 진제, 중생과 부처라는 2항의 이제설은 중재가 없는 관계로 '상즉相卽'의 통합이다. 반면에 『기신론』의 체상용과 유식 삼성설의 3항 체계가 현실에 실재하는 의타기성/연기를 중심으로 이루어진 정반합의 '변증법'적이고 '순환적 통합모델'로 이해하였다.

둘째, 본성과 관련하여 인간을 이해하는 달마 분류체계를 보면 남방불교에는 마음, 물질, 심소법, 열반으로, 북방불교에서는 여기에 '불상응행법'을 첨가하여 법체계를 5범주로 체계화한다. 그러나 기존의 법 분류체계는 '본성'과 '사회' 영역이 제외되어 있다. 이에 필자는 남방과 북방불교의 법체계를 통합하고, 건강과 관련된 시대적인 요청을 반영하여 '명상불교'란 이름 아래 '몸(색법)', '마음(심소법과 불상응행법 포함)', '사회', '본성(무위나 열반 포함)'이란 4범주로 새롭게 재편하였다.

셋째, 달마/담마를 이해하고 분석하는 『구사론』과 『기신론』에서 말하는 체상용의 해석 틀이 남방불교의 『청정도론(Vsuddhi-Magga)』과 『아비담마합론(Abhidhammattha-saṅgaha)』에서 말하는 'lakkhaṇa(특성)', 'paccupaṭṭhāna(형상)', 'rasa(작용, 맛)'과 매우 흡사하다는 점을 확인하였다. 그리고 초기불교와 남방불교가 심의식心意識을 서로 구분하지 않고 사용한 반면에 북방불교의 유식론은 이들을 엄격하게 구분한다. 대승의 유식불교에서는 정보를 모아서 발생시키는 마음을 제8식, 사량하는 것을 제7식, 대상을 인식하는 의식을 제6식으로 구분한다. 이 점은 심리상담이나 심리치료의 현장에서 고객/내담자가 세계와 자신을 어떻게 구성하고 해석하는지를 밝혀내는 데 결정적인 단서를 제공해 준다는 것이고, 가립된 정보화 사회에서 널리 알려진 정보 처리 시스템인 '데이터베이스 설계 3단계 모델'과 매우 유사함을 기술하였다.

넷째, 남방불교가 마음의 본질을 '인식/앎'으로 규정한 점에 비교해서, 북방불교에서는 마음의 본성을 '청정성'과 '평등성'으로 말하여 존재론적인 성격으로 정의한 점이 가장 눈에 띄는 차이점이다. 그런데 화엄학파에서는 남방 전통이나 유식에서 자주 등장하는 의식(識)을 '참된 앎(眞知)'으로 간주하지 않는다. 특히 징관과 종밀은 마음의 바탕(體)을 청정성으로 보고, 마음의 작용(用)을 앎(知)으로 설명한다. 곧 앎(知)이란 청정한 바탕(體)에 기반(卽)한 마음의 작용(用)으로 보고, 마음의 바탕(體)이란 앎의 작용에 기반한 '청정성'의 본성으로 본다.

다섯째, 체상용의 해석 틀을 자세하게 살펴보면 남방불교와 북방불교가 서로 차이점이 있는데, 이들은 체용體用과 체상體相의 통합적인 이해가 가능하다. 청정성은 마음의 '본성(性)'이고 '바탕(體)'이고, 이것은 마음의 '적정寂定'이고 '공적空寂'이라는 존재성을 표현한다. 반면에 인식(識)/앎(知)의 활동은 마음의 지적 작용(用)이다. 이 작용은 안으로 작용하면 자신의 청정성을 만나고, 밖으로 향하면 대상에 대한 인식과 앎의 형태로 나타난다. 이것은 체용體用의 통합이다. 또한 남방의 『아비담마합론』이 현실에 나타난 결과로서 '형상'에 초점을 맞춘 반면, 『기신론』은 그렇게 현실에 나타날 수 있는 그 모양 자체가 바로 본성이 가진 '공덕'이라고 한다면, 이들은 서로 통합이 된다. 이런 점에서 바탕/본성과 그 결과로 나타난 형상/모양과의 통합이란 서로 전혀 다른 내용이 아니다. 이것은 체상體相 통합이다.

　여섯째, 본성과 관련된 선불교의 실천사상은 '견성見性'이다. 견성은 성품/본성을 본다는 의미로서『육조단경』이후로 정형화되었다. '본성을 본다(見性)'는 것은 그 자체로 '부처를 이룬다(成佛)'는 사상이다.『육조단경』은 견성을 철저하게 견지하여 점수보다는 돈오나 혹은 돈수의 관점을 매우 강조한다. 그러면서도 모순적으로『육조단경』은 '삿된 견해(邪見)'와 탐진치 세 가지 잡독(三毒)을 '마구니'라고 하면서 윤회와 번뇌의 존재를 인정한다. 그렇지만 '삿된 견해나 삼독을 어떻게 제거/치유할 것인지'에 대해서 구체적인 방안을 제시하지 않는 애매한 입장을 취한다. 이 점은 이후 돈점 논쟁을 촉발시켰다. 필자는 진여문과 생멸문을 현실의 연기적 측면에서 순환적으로 통합하는 '돈오점수頓悟漸修'의 실천론을 지지한다. 양자는 서로 보완적으로 혹은 순환적으로 작동해야 한다. 근본적인 바탕/본성에 대한 '돈오'는 집착하고 동일시되어서 현실의 변화에 끌려가는 것을 멈추게 한다. 반면에 '점수'는 돈오가 현실을 떠나서 허망한 초월이나 관념에로 넘어지는 것을 방지한다.

　일곱째, 아비담마의 전통이나 징관과 종밀의 화엄불교에서는 '앎/본지本知'를 근본적인 마음의 본질로서 중요시한다. 그러나 선불교의 혜능과 신회는 불성에 대한 인식론적인 '앎'보다는 존재 자체로서의 체험적인 '봄(見)'을 강조하는데, 이것은 이후 선불교의 중요한 전통으로 자리를 잡게 된다. 이를테면 조사선의 사례로서 마조와 무업의 선문답을 분석한다. 무업의 깨달음은 고개를 돌리는 순간에 '이것은 뭔가?'라는 질문으로 촉발된 인식/앎이다. 이것은 현생인류의 학명인 '호모 사피엔스 사피엔스', 곧 '아는 것을 아는 것과 일치하는 마음작용'

이다. 이것은 불교 논리학(因明論)에서 일종의 상위자각, '메타-자각(meta-awarenes)'에 해당된다. 필자는 '메타인지(meta-cognitive)'라는 용어가 자기 신념과 같이 너무 지적인 측면에 경도된 표현이라 자기 직관이나 자기 통찰과 동의어인 '메타-자각(meta-awarenes)'이란 표현을 사용한다. 불교적 용어로는 견분과 상분에 대해서 양자를 반성하고 통합하는 의미로 함께 사용되는 '자증분(自證分, svasaṃvitti)'이 여기에 상응한다.

여덟째, 간화선은 조사선의 문답에서 발전되어 그 핵심 된 언구를 탐구하는 것을 의미한다. 질문/화두를 통한 자기 자각/깨달음인데, 이것 역시 체상용 3항 체계로 분석한다. 이것을 종교적 경험이란 관점에서 보면, 무업이 경험한 본성이란 '청정성(體)'이고 반야지혜의 '작용(用)'이다. 무업은 그 순간에 놀라운 경이로움이란 경험(相)과 함께 단순한 인식론적인 인식/앎 그 이상을 보았을(見) 것이다. 이것을 한량없는 행복감이나 '신령한 앎(靈知)'이라고 하든지 무엇이라 말하든지 관계가 없다. 이런 경험은 원하면 언제든지 호흡을 만날 수 있듯이, 구름에서 벗어나는 달처럼, 알고 있으니(知) 스스로 언제든지 반복적으로 가능하다. 이것은 본인의 강력한 구도의 열정에서 비롯된 바이니 축하할 일이다.

참고문헌

『Saṃyutta Nikāya』(PTS)

『Visuddhimagga』(PTS)

『雜阿含經』(大正藏 2)

圓測, 『解深密經疏』(韓佛全 第一冊)

佛陀扇多譯 『攝大乘論』(大正藏 31)

眞諦譯 『攝大乘論』(大正藏 31)

淸辯, 『大乘掌珍論』(大正藏 30)

護法, 『成唯識論』(大正藏 31)

世親, 『阿毗達磨俱舍論』(大正藏 29)

窺基, 『成唯識論述記』(大正藏 43)

澄觀, 『大方廣佛華嚴經疏』(大正藏 35)

宗密, 『禪源諸詮集都序』(大正藏 48)

宗密, 『中華傳心地禪門師資承襲圖』(卍新纂續藏經 Vol.63)

馬鳴, 眞諦譯 『大乘起信論』(大正藏 16)

馬鳴, 實叉難陀譯 『大乘起信論』(大正藏 16)

法藏, 『大乘起信論義記』(大正藏 44)

燉煌本, 『六祖壇經』(大正藏 48)

「南陽和尙問答雜徵義」(『神會和尙禪話錄』, 楊曾文編校)

「南陽和尙頓教解脫禪門直了性壇語」(『神會和尙禪話錄』, 楊曾文編校)

『景德傳燈錄』(大正藏 51)

대림 스님·각묵 스님, 『아비담마 길라잡이』, 초기불전연구원, 2002.

범라 번역, 『위숟디 막가』, 화은각, 1999.

인경, 『명상심리치료』, 명상상담연구원, 2012.

____, 『쟁점으로 살펴보는 현대 간화선』, 조계종출판사, 2022.

권오민, 「아비달마불교에서의 마음에 관한 몇 가지 쟁점」, 『동아시아불교문화』 28권, 2016.

김영미, 「승랑과 원효의 상즉론相卽論의 비교연구」, 『인도철학』 62권, 2021.

김사업, 「유식무경唯識無境에 관한 해석상의 문제점과 그 해결: 삼류경설三類境說을 전후한 인도 중국 교설의 비교를 통하여」, 『불교학보』 35, 1998.

김재권, 「세친의 식전변설을 통해 본 식의 분화구조와 그 의의_'허망분별'과 '자기인식'의 관계를 중심으로」, 『인도철학』 52권, 2018.

_____, 「초기 유식사상의 구조적 변화와 그 의의-이제와 삼성의 구조적 관계를 중심으로」, 『동아시아불교문화』 26권, 2016.

김치온, 「청변淸辯과 호법의 공유 논쟁에 대하여」, 『한국불교학』 25권, 1999.

김현구, 「짠드라끼르띠의 유식학 비판」, 『범한철학』 62권, 2016.

남수영, 「용수龍樹와 월칭月稱의 유부 삼세실유론 귀류 논파-『쁘라산나빠다』 제2장 「관거래품」 제1, 12, 14송을 중심으로」, 『한국불교학』 97권, 2021.

배상환, 「설일체유부의 체용론」, 『불교학보』 55, 2010.

신승환, 「하이데거의 해석학과 해석학의 철학」, 『가톨릭철학』 23권, 2014.

윤갑종, 「연기緣起와 자성自性의 양립 불가능성에 대한 용수龍樹의 입장: 설일체유부說一切有部의 사연四緣에 대한 용수龍樹의 비판」, 『범한철학』 40권, 2006.

안성두, 「유식문헌에서의 삼성설三性說의 유형과 그 해석」, 『인도철학』 19권, 2005.

이정희, 「원효의 삼성설三性說을 통한 공空유有 사상 종합」, 『한국불교학』 78권, 2016.

인경, 「지눌 선사상의 체계와 구조」, 『보조사상』 12집, 1999.

_____, 「유식의 '변계소집성'과 '인지치료'의 통합적 접근」, 『보조사상』 22집, 2004.

_____, 「영상관법의 심리치료적 함의-인지행동치료와 비교하면서」, 『명상심리상담』 2권, 2008.

장규언, 「공유空有 논쟁에 대한 원측圓測의 화쟁 논리-『대승광백론석론大乘廣百論釋論』 「교계제자품教誡弟子品」을 중심으로」, 『철학논집』 37권, 2014.

조동복, 「용수의 십이연기十二緣起 해석」, 『동아시아불교문화』 37권, 2019.

_____, 「『중론송』의 팔불연기는 연속적인가, 불연속적인가」, 『동아시아불교문

화』 43권, 2020.

정현주, 「유식이십론 '유식무경'의 인지과학적 해명」, 『불교학연구』 62, 2020.

최성환, 「해석학과 마음의 문제」, 『철학연구』 48, 2018.

한자경, 「유식무경」, 철학문화연구소, 『철학과 현실』, 1999.

황정일, 「설일체유부設一切有部의 작용론에 대한 논쟁-세친의 비판에 대한 중현의 반론을 중심으로」, 『인도철학』 19권, 2005.

Bhikkhu Bodhi(Author), Mahāthera Nārada(Translator). 1993, *A Comprehensive Manual of Abhidhamma*: The Abhidhammattha Sangaha of Ācariya Anuruddha, Buddhist Publication Society, Kandy Sri Lanka.

The Pali Text Society, 1975. *THE PATH OF PURITY*, London.

Dan Arnold, 2010. Self-Awareness(svasaṃvitti) and Related Doctrines of Buddhists Following Dignāga: Philosophical Characterizations of Some of the Main Issues, Journal of Indian Philosophy SCOPUS 38권 3호, 323-378.

Richard E. Palmer. 1969. *Hermeneutics: Interpretation Theory in Schleiermacher, Dilthey, Heidegger, and Gadamer*, Studies in Phenomenology and Existential Philosophy(35 Books), Northwestern University; 리차드 팔머, 이한우 옮김, 『해석학이란 무엇인가』, 문예출판사, 2011.

Sponberg, Alan, 1982, THE TRISVABHAVA DOCTRINE IN INDIA & CHINA: A Study of Three Exegetical Models, 『龍谷大學仏教文化研究所紀要』 21, 97-119.

Paul Hoornaert, 1986, Bhavaviveka's Critique of the trisvabhava-Doctrine, Journal of Indian and Buddhist Studies, 35-1.

질서를 낳는 본성과 질서랑 일체화된 본성

신정근(성균관대학교 유학대학 교수)

◆　　◆　　◆

본성 주제는 유교를 비롯한 동양철학에서 오랫동안 치열하게 진행된 논쟁의 중심에 있었다. 유교에서 본성은 천명天命 사유에 이어서 등장하면서, 또 동시에 천명과 결합하여 사람에 내재하는 특성이 되었다. 이로써 사람은 본성에 따라 삶에서 그것을 실천하면 도덕적으로 완전해질 뿐만 아니라 행복해질 수 있다.

　이러한 이상은 현실에서 완전하게 재현되지 않았다. 이 때문에 어떻게 해야 본성이 현실과 삶에서 완전히 작동할 수 있는지 논의하게 되었다. 경제 환경, 교육, 기질 변화, 기호 등이 방안으로 제시되었다. 이로 인해 본성 담론은 유교만이 아니라 동양철학의 중요한 논점으로 자리잡게 되었다.

　하지만 본성과 그 술어(선악)는 그렇게 간단하지 않다. 사람마다 본성과 선악의 정의를 달리할 뿐만 아니라 본성은 독야청청할 수 없고 늘 그것과 상반되는 타자와 공존하는 상황에 놓여 있었다. 이 때문에 사람이 "본성에 따르라!"라는 요구는 간단하지만 그렇게 명료하지 않을 수 있었다. 동양철학에서는 본성 담론의 간명성과 명료화를 위해 기나긴 시간을 걸쳐 지적 모험을 게을리하지 않았다고 할 수 있다.

오랜 기간에 걸친 본성 담론을 요약하기란 쉽지 않지만 다음과 같이 개괄할 수 있다. 본성은 개인의 마음과 삶의 질서를 낳는 근원이라는 공통성을 갖는다. 이 공통성이 질서를 생산할 수 있는 경향성으로 실천에 초점을 두기도 하고, 그 자체가 질서와 일체화되는 실체로 훼손될 수 없는 순수성에 초점을 두기도 했다. 본성 담론은 이 두 축을 중심으로 경향성에서 실체로 다시 실체에서 경향성으로 의미 변화를 보였다.

---

1. "일체유성조一切唯性造"의 성립과 전개 역사

흔히 '불교' 하면 우리는 여러 가지 개념과 사상을 생각할 수 있는데 그중에 '연기緣起'나 '일체유심조一切唯心造'를 쉽게 떠올릴 듯하다. 연기는 특정 원인과 그것의 지배적 작용을 부정하여 실체 중심의 사고를 허물어뜨렸다. 대신 연기는 여러 가지 조건의 임시 결합으로 생멸을 설명하는데, 이는 불교 철학의 핵심을 압축적으로 전달한다. 사람은 살아가면서 자신을 둘러싼 다양한 환경의 거대한 힘을 느끼게 되면 그 힘이 임시 결합이 아니라 영원히 존재하고 넘어설 수 없는 벽처럼 인지하게 된다. 이때 벽으로 인지되는 환경도 불교에 따르면 사실 늘 있는 것이 아니라 사람이 마음으로 지어낸 것이다. 이것이 바로 『화엄경』에 나오는 내용으로 원효 대사의 일화와 결부된 "일체유심조一切唯心造"이다.

동양철학에서 연기와 일체유심조에 대응할 만한 개념이나 사상이 있다면 무엇일까? 아마 "변화(化)"가 연기에 대응할 듯하다. 유교나 도교는 이 세계를 신의 설계(창조)가 아니라 끊임없는 변화의 과정으

로 파악하기 때문이다.[1] 유교나 도교에 일체유심조에 딱히 대응할
만한 용어가 없지만 그것에 빗대어 새롭게 조어를 한다면 "일체유성
조一切唯性造"나 "일체유도조一切唯道造"가 가능할 듯하다. 유교에서
는 사람이 본성(性)을 자각하고 실천하면 사람이 세계의 본래면목과
하나가 되는 천인합일天人合一에 이른다고 주장하고, 도교에서는 도
道가 이 세상의 생성과 운동을 낳고 일으키는 근원으로 간주하기
때문이다.

　이 글에서는 동양철학의 맥락에서 본성이 논의되는 흐름을 살피면
서 유교를 위주로 다루고자 한다. 본성은 기본적으로 본질주의 사고랑
연결될 수 있으므로 연기의 불교만이 아니라 변화의 도교와 다소
이질적으로 보이기 때문이다. 물론 본성이 세계의 본질 그 자체가
아니라 세계의 본래면목을 인식하여 그에 따른 삶을 살아가는 동력의
맥락이라면 불교와 도교에서도 풍부하게 논의될 수 있다.

　『장자』의 경우 내편內篇에서 도를 사람의 마음(心)이나 시비의
근원과 연결하여 논의하지만 본성(性)과 결부시키지 않는다. 외편外
篇과 잡편雜篇에 이르러서야 '선성繕性'의 표현처럼 도와 본성의 상관
성을 활발하게 논의한다. 외편과 잡편에서 본성이 도에 이르는 결합
지점이 발견되었다고 할 수 있다.[2] 불교도 초기경전 『열반경涅槃經』에
서부터 "모든 중생이 본래부터 불성을 지니고 있다(一切衆生, 悉有佛

1　같은 변화라도 유교와 도교에서 그 의미가 다르다. 유교에서 변화는 善의
　방향으로 나아가며 축적을 통한 발전이 일어나지만, 도교의 경우 방향이 없고
　끊임없이 유전한다.

2　신순정, 「장자의 심성관과 이상적 인간」, 『철학논총』 88권 2호, 2017 참조.

性)"라고 하는 만큼 본성을 다루고 있다. 이 본성은 불佛이 될 수 있는 성질, 곧 중생이 성불할 수 있는 가능성을 말한다. 하지만 불성이 심心 또는 식識과 결합하여 심식의 본체 또는 본래성으로 이해되면서 본체론적 사유로 이해되었다.[3] 이처럼 불교와 도교에서도 이해와 오해의 변주 속에서 불성론佛性論과 도성론道性論이 등장하여 활발하게 논의되었다.[4]

반면 유교에서는 현실과 이상의 차이를 인정하고 사람이 후천적 학습과 수양을 통해 이상에 끊임없이 가까워지기를 요구한다. 이 이상은 과거 성왕의 언행이든 경전의 구절이든, 객관적 원리이든 내재적 심성이든 다양하게 존재한다. 사람은 학습을 통해 그 이상을 인지하거나 수양을 통해 생래적이었지만 무시無視된 이상을 회복하여 삶과 의식에서 활성화시켜야 한다. 이 활성화는 개인의 차원에서 본성의 충실한 구현이고, 우주의 차원에서 천인합일天人合一이라는 과제의 숭고한 실현이다. 이로써 인간은 현실과 이상의 괴리에 수동적으로 놓이지 않고 하늘 및 대지와 함께 이 세계의 운행에 함께 참여하는 삼재三才적 존재가 된다.[5]

---

3 석길암, 「佛性 개념의 중국적 변용 과정」, 『유교사상문화연구』 88, 2022, pp.203~208. 이러한 이해는 불교가 人性과 心性을 논의하면서 본체론적인 방법을 고수하면서 추상적 실체를 중시한다는 오해로 나아간다. 라이용하이(賴永海)는 그런 오해를 아주 잘 보여 준다. 라이용하이(賴永海), 김진무 옮김, 『불교와 유학』, 운주사, 1999; 2010 2쇄, p.51.

4 무기타니 구니오(麥谷邦夫), 정재상 옮김, 「도교 교리사상의 형성과 전개」, 『종교와 문화』 33, 2017, pp.1~19 참조.

5 신정근, 「중용, 극단의 시대를 넘어 균형의 시대로」, 사계절, 2010 참조.

우리는 앞으로 유교의 본성을 논의하기 위해서 성性 개념에 주목하고자 한다. 유교에서 본성과 관련해서 도道·기氣·덕德 그리고 천인합일天人合一 등 다양한 개념과 사상이 있지만 이들은 모두 성性과 유기적으로 연결되어 있다. 아울러 성은 단독으로 쓰여도 본성의 뜻을 나타내거나 성과 본성을 서로 바꿔 쓸 수 있다.[6] 앞으로 성性을 중심으로 동양철학의 본성을 논의하면서 유교의 다른 개념이나 사상을 함께 고찰하고, 아울러 도교나 불교 등 다른 학문과 영향 관계도 함께 살펴보고자 한다.

성을 중심으로 본성을 논의하더라도 어려움은 없지 않다. 성이 선악과 결합하여 다양한 논의를 낳게 되는데, 이때 사상가들이 같은 성과 선악善惡의 개념을 사용하더라도 각각의 의미와 초점이 완전히 일치하지 않는다. 성은 실체와 작용, 선천과 후천, 본질과 경향성, 그리고 선악은 원인과 결과, 특성과 분류 등으로 쓰이는데, 이들은 각각 서로 다른 의미 연관을 갖는다. 성과 선악이 다양한 의미 연관 중에 어느 쪽에 집중되느냐에 따라 자연히 본성 논의의 맥락도 달라질 수밖에 없다. 이를 "질서를 낳는 본성, 즉 경향성"과 "질서와 일체화된 본성, 즉 실체"라는 관점에서 논의를 진행하고 한다. 따라서 이 글에서는 다양한 텍스트에 나오는 성과 선악의 의미 맥락을 분명하게 구분하여 본성 논의를 진행하고자 한다.

이 글은 논의를 크게 세 부분으로 나눠서 진행하고자 한다. 먼저

---

6 『순자』「性惡」: "問者曰, 禮義積僞是者, 是人之性. … 應之曰, … 然則禮義積僞者, 豈人之本性也哉?" 순자는 問者와 應者의 문답으로 논지를 진행하면서 性과 本性을 같은 의미로 간주하고 있다.

성性 자의 어원과 철학의 주제로 등장하게 되는 맥락을 살펴본다. 이어서 유교의 초기 문헌(『서경』과 『논어』)에 나오는 성의 의미를 검토하고, 맹자孟子 이후에 등장한 본성 논쟁(맹자와 고자, 맹자와 순자)을 둘러싼 담론의 지형도를 전반적으로 살펴본다. 여기에는 선진시대만이 아니라 한 제국 시기에 전개된 본성 논의(동중서와 양웅)를 아울러서 다룬다.

이어서 유교에서 본성이 형이상학적 실체로서 세계의 운행과 사물의 운동을 규제하는 근원의 자리에 오르는 과정(주희와 왕양명)을 살펴본다. 다음으로 실체로 본성의 위상을 해체하고 작용과 기능에 집중하는 다양한 논의(대진과 정약용)를 살펴보고자 한다. 이 과정을 통해 유교에서 본성 담론이 도교나 불교의 담론과 상호작용을 하며 끊임없이 재정립하는 역정을 확인할 수 있을 것이다.

2. 본성의 어원과 초기 의미의 지형도

1) 성性의 어원과 상호작용론의 맥락

과거에 개념과 용어의 어원을 살피려면 거의 전적으로 허신許愼의 『설문해자說文解字』에 나오는 소전小篆과 그 풀이에 의존했다. 하지만 20세기에 들어 갑골문甲骨文의 연구가 점차 활성화되면서 우리는 소전보다 훨씬 이전의 초기 글꼴, 즉 금석문金石文과 갑골문을 확인할 수 있게 되었다. 따라서 허신의 풀이에만 의지하면 개념의 최초 의미가 아니라 파생된 의미를 어원으로 착각할 수 있다. 성性의 경우도 마찬가지이다. 허신은 성을 "사람의 양기로 성은 선하다"라고 풀이한다.[7]

이 풀이는 맹자가 성선을 주장하고 또 性이 氣와 결합하여 논의되던 상황을 반영하고 있으므로 性의 참된 어원으로 볼 수가 없다.[8]

현재 性 자는 갑골문에 보이지 않는다. 대신 갑골문에 보이는 生 자를 통해 심↑과 결합한 이후의 모습을 그려볼 수 있다. 현재로서 온전한 性 자의 글꼴은 『설문해자』에 소개된 소전小篆을 통해 확인할 수 있다.[9] 양자를 비교하면 왼쪽 심장을 나타내는 부분이 추가되어 조금 달라졌을 뿐 오른쪽 生 부분은 거의 흡사하다.[10] 이를 바탕으로 性의 어원을 살펴보자. 금문과 소전의 성은 1) 마음에 나타나는 '것'이거나, 2) 마음이 일으키는 '것'을 가리킨다고 할 수 있다. 마음이 무엇과 결부되건 아니면 독자적이건 이전에 하지 않던 기능을 하게 된 맥락이라고 할 수 있다. 하지만 어원 단계에서 두 가지 의미의

---

7 許愼, 段玉裁 주, 『說文解字注』: "性, 人之陽氣, 性善者也. 从心生聲. 息正切."

8 일찍이 허신의 한계를 바로잡으려고 한 사람으로 阮元(1764~1849)과 傅斯年(1896~1950)을 들 수 있다. 예컨대 완원은 『揅經室一集』 권10 「性命古訓」에서 性 자가 心과 生의 결합어이고 먼저 生 자가 쓰이고 性 자가 나중에 만들어졌다고 주장했다. 푸쓰녠은 『性命古訓辨證』에서 주나라의 다양한 그릇을 보면 生 자는 자주 보이지만 性 자가 보이지 않는다고 밝혔다. 두 사람은 그간 한자의 어원에 대해 절대적 권위를 가진 『설문해자』의 위상을 상대화시키는 데 크게 이바지했다고 할 수 있다.

9 실제 글꼴은 리쉐친(李學勤), 『字源』下, 天津: 天津古籍出版社, 2012; 2019 4쇄, pp.924~925 참조.

10 心과 生의 결합은 사람이 上帝나 天의 인격신과 天子나 王의 지배자에 복종하면서도 자신이 하는 일에 대해 생각하고 반성하고 책임지는 사고를 하게 된 맥락과 관련이 있다. 이와 관련해서 신정근, 『사람다움의 발견: 仁 사상의 역사와 그 문화』, 이학사, 2005 참조.

차이와 '것'의 정체에 대해 깊이 검토되지 않았다. 이렇게 유보된 질문은 그렇게 오래 내버려두지 않았다. 철학사에서 성性이 심心·정情과 어떤 관계를 맺느냐를 둘러싸고 논쟁이 진행되면서 어원 단계에 묻혀 있던 차이와 의미가 중요한 의제로 부각하게 되었다.

성性 자는 금문에 처음 나타나지만 성의 요소, 즉 심心과 생生 자가 이미 갑골문이 있다는 점도 주의할 만하다. 즉 성은 완전히 새롭게 조어된 글자가 아니라 이전에 별도로 존재하던 글꼴을 하나로 합친 형태이다. 이는 두 가지 점에서 주목할 만하다. 하나는 성의 의미가 결국 심과 생의 두 가지 기본 의미의 조합을 반영한다는 점을 나타낸다. 성은 심과 생에 의해 의미 구속성을 갖는다. 다른 하나는 사람이 천과 성왕에 따르기만 하던 존재가 아니라 사람이 자신을 둘러싼 환경에 반응하는 존재가 되었다는 점을 나타낸다. 그 반응의 무대가 바로 자신의 마음(心)이고, 양상이 생이다. 이처럼 심과 생의 합성어로서 성은 어원에서부터 앞으로 다양하게 분화될 논점과 치열하게 전개된 논쟁을 함유하고 있다고 할 수 있다.

이제 성의 초기 용례를 살펴볼 필요가 있다. 이와 관련해서 『서경』과 『논어』의 용례를 살펴보고자 한다. 『서경』의 경우 성性은 「탕고」, 「태갑」상, 「서백감려」, 「여오」, 「소고」, 등에서 모두 5차례 쓰인다. 이 중에 「탕고」, 「태갑」상, 「여오」는 고문상서에 속하므로 제외한다면[11] 「서백감려」, 「소고」 두 곳의 성 자를 살펴볼 수 있다.[12] 세 자료의

---

11 『고문상서』에 보이는 성의 용례는 다음과 같다. 「湯誥」: "若有恒性", 「太甲」상: "習與性成", 「旅獒」: "犬馬非其土性不畜." 屈萬里, 『尚書集釋』, 臺北: 聯經出版事業公司, 1983, pp.13~26. 閻若璩(1636~1704)의 『古文尚書疏證』과 丁若鏞

성은 『고문상서』의 문헌이라는 사실만이 아니라 개념의 시대적 맥락에 맞지 않다. 『서경』에서 천명天命과 성왕聖王은 사회 질서의 근원이다.[13] 이러한 시대적 조건에서 변하지 않고 늘 한결같으며 영원한 본성으로서 항성恒性이 있다고 하면, 그것은 천명의 개념이나 성왕의 존재와 호응하지 않는다. 양자가 서로 호응한다고 하더라도 천명과 항성, 성왕과 항성의 관계가 더 논의되어야 한다. 그렇지 않고 항성恒性의 문자만 가지고 그러한 사유가 있다고 단정할 수는 없다.

이러한 의미 맥락은 「서백감려」와 「소고」에 나오는 성의 분석에도 그대로 적용될 수 있다. 「서백감려」의 "불우천성不虞天性"[14]과 「소고」의 "절성節性"[15]을 살펴보자. 성性 개념의 출현만으로 본성 담론의

(1762~1836)의『梅氏書平』에 따르면 『고문상서』는 동진 시대 梅賾의 위작으로 밝혀져서 문헌의 신뢰성이 인정되지 않는다. 따라서 『서경』의 성 용례는 이를 제외하고 『금문상서』의 자료를 위주로 분석한다. 정약용, 이지형 역주, 『매씨서평』, 문학과지성사, 2003 참조.

12 西伯은 주나라 문왕을 가리키고, 黎는 지금 山西성 長治현에 있던 은나라의 지배 지역이다. 陝西성에 자리한 문왕이 자국과 멀리 떨어진 은나라의 지배 지역을 대파했다. 이에 은나라 대신 祖伊가 紂王에게 해결책을 제안했다. 이것이 「西伯戡黎」의 내용이다. 주나라가 천자국이 된 뒤에 수도 鎬京(오늘날 西安 부근)에 이어 제2 수도를 낙읍洛邑(오늘날 洛陽)에 건설하고자 했다. 당시 어린 成王을 보좌하던 두 삼촌 召公과 周公은 낙읍에 터를 잡고 성왕을 모셔서 제사를 지내고, 또 周公과 召公이 치국의 유의사항을 말하고 있다. 이것이 「召誥」의 내용이다.

13 신정근, 『사람다움의 발견: 仁 사상의 역사와 그 문화』, 이학사, 2005 참조.

14 『서경』「서백감려」: "不虞天性, 不迪率典. 今我民罔弗欲喪. 曰, 天曷不降威? 大命不摯, 今王其如台? 王曰, 嗚呼! 我生不有命在天? 祖伊反, 曰, 嗚呼! 乃罪多參在上, 乃能責命于天? 殷之卽喪, 指乃功, 不無戮于爾邦."

성립이라고 단정한다면, 손성연孫星衍의 주장처럼 천성은 "하늘이 명령한 본성으로 인의예지신을 말한다"라거나, 절성은 "절은 조화롭게 하다의 뜻이고, 성은 하늘이 명령한 오상五常의 본성이다"라고 풀이할 수 있다.[16] 여기에서 나아가 천성은 사람이 태어나면서 갖게 된 선천적 품성이나 기질이 될 수 있고, 절성은 본성을 조절하고 제한한다고 풀이할 수 있다.[17]

하지만 이러한 풀이는 시대착오적이다. 그것은 전국시대『중용中庸』이후라면 가능하지만 은주殷周 교체기의 맥락에서는 가능하지 않기 때문이다. 천명과 성의 결합, 즉 천성天性은『맹자』에 비슷하게 논의되다가『중용』에 처음으로 나타나고, 오상五常은 한 제국에서 제기되는 개념이다. 절성節性은 오상의 본성끼리 관계가 논의되거나 양생養生을 논의하는 맥락에서 제기될 수 있다. 그러한 논의가 전혀 없는데 개념이 있다고 후대의 맥락으로 해석한다면 손성연의 주석은 텍스트의 탈시대적 탈맥락적 특성, 즉 한계를 보여 준다고 할 수 있다.[18]

「서백감려」와「소고」에 나오는 성을 어떻게 풀이할 수 있을까?

---

15 『서경』「召誥」: "旦曰, … 王厥有成命, 治民, 今休. 王先服殷御事, 比介于我有周, 御事節性惟日其邁. 王敬作所, 不可不敬德."

16 孫星衍, 『尚書今古文注疏』, 北京: 中華書局, 2004, p.251, p.398.

17 박영진, 「『상서』'性' 자와 그 함의」, 『대동문화연구』71, 2010, pp.99~105.

18 『서경』의 성을 본성 담론으로 풀이를 강행하면, 여기에 텍스트를 절대로 회의할 수 없다는 일종의 텍스트 물신주의라고 할 수 있다. 이러한 텍스트 물신주의는 플라톤의 이데아에 비행기와 컴퓨터의 이데아가 있다거나『서경』의 성왕은 모든 걸 다 알고 있었다는 식의 논의로 귀결될 수 있다.

텍스트의 신빙성을 부정하지 않는다면 성이 초기에 생生의 맥락에서 쓰이는 점에 주목할 수밖에 없다. 「서백감려」에서 조이祖伊는 "천성天性을 헤아리지 않고 전장典章을 지키지 않아서" 은나라가 멸망의 위기에 이르렀다고 말하자, 주왕은 "아생我生이 하늘의 명령에 달려 있다"라며 은나라의 건재를 말한다. 이에 조이는 주왕이 더 이상 천에 책명責命을 할 수 없고 은나라가 멸망하리라고 주장하고 있다. 이에 의하면 아생은 "내가 태어나다"라는 뜻이 아니라 "천명으로 나를 천자로 태어나게 하다" 또는 "천명으로 내가 이 자리에 있게(태어나게) 되다"라는 맥락이다. 이러한 맥락을 보면 아생은 천생아天生我의 의미 맥락으로 보는 편이 자연스럽다. "불우천성"은 하늘이 나를 낳아 부여한 역할을 헤아리지 않는다는 맥락이 된다.

「소고」에서 절성은 주공 단周公旦이 성왕에게 훌륭한 군주가 되기를 당부하는 맥락에 나온다. 먼저 성왕이 은나라의 옛 관료를 잘 포용하여 주나라의 관료와 호흡을 맞추게 하고, 다음으로 절성하면 그들도 나날이 나아질 것이라는 맥락이다. 여기서 절성은 말이나 행동, 몸가짐을 삼가 신중하게 하는 자중자애自重自愛의 맥락이다. 즉 은나라의 유신이 경거망동하여 스스로 위험한 처지에 빠지지 않도록 경계하는 것이다. 이때 절성은 욱하는 성질대로 하지 않고 절제한다는 의미로 전개될 수 있는 가능성도 있지만 신중하게 행동하는 점에 초점이 있다고 할 수 있다.

이제 『논어』의 성을 살펴보기로 하자. 『논어』에서 성은 2차례만 쓰일 정도로 많이 보이지 않는다. 이는 『논어』에 인仁과 예禮 등 여러 덕목 담론이 활발히 논의되고 있지만[19] 아직 성性을 둘러싼 본성 담론이 형성되지 않은 반증이라고 할 수 있다. 이런 맥락에서 보면 『서경』의 성도 본성 담론이 아니라 생生 자와 연관해서 제한적 맥락에서 풀이되는 게 자연스럽다고 할 수 있다.[20] 『논어』에 성 자가 보이긴 하지만 다소 특이한 진술이 있다. 제자 자공子貢은 공자로부터 『시경』, 『서경』과 관련된 강의를 들었지만 "성여천도性與天道"와 관련된 강의는 듣지 못했다고 말하고 있다.[21] 이 구절 자체만으로 『논어』에 왜 본성 담론이 형성되지 않았는지를 설명해 주고 있다.

또 「공야장」의 내용은 고대 한어의 시제와 의미의 표현이 명확하지 않다는 특성을 고려하면 몇 가지 풀이가 가능하다. 1) 공자가 천명과 성을 강의 주제로 정해서 말하지 않았다고 볼 수 있다. 이렇게 보면 이 구절은 자공이 공자에게 들은 수업을 회상하면서 하는 말이 된다. 2) 다음으로 제자가 질문을 해도 공자가 천명과 성을 강의 주제로 삼아서 말하려고 하지 않았다고 볼 수 있다. 이렇게 보면 이 구절은 공자가 귀신鬼神과 사생死生 논의를 적극적으로 펼치지 않은 경우처럼 "성과 천도"도 논의할 의사가 강하지 않았다고 볼 수 있다.[22] 3) 또

---

19 허버트 핑카레트, 송영배 옮김, 『공자의 철학: 서양에서 바라본 예에 대한 새로운 이해』, 서광사, 1991 참조.

20 이러한 주장은 금문과 전국 문자에서 省·生·性 등이 이체자로 통용되거나 동원자라는 점에서 근거를 가질 수 있다. 강신석, 『죽간에 나타난 원시 유가의 인성론』, 신아사, 2016, p.101.

21 『논어』「공야장」: "子貢曰, 夫子之文章, 可得而聞也. 夫子之言性與天道, 不可得而聞也."

22 『논어』「선진」: "季路問事鬼神. 子曰, 未能事人, 焉能事鬼? 曰, 敢問死. 曰, 未知生, 焉知死?" 이러한 맥락에서 보면 『논어』의 귀신과 사생 그리고 성과

자공이 "성여천도性與天道"를 묶어서 말한 점에 착안하면 공자는 성과 천도의 상관성에 대해 말하지 않았다고 할 수 있다. 이렇게 보면 공자가 성과 천도를 적게 말한 점과 『논어』에 본성 담론이 등장하지 않은 점을 동시에 해명할 수 있다.

「공야장」의 구절을 위의 가능성 중에 어느 쪽으로 보더라도 자공이 아마 공자 사후에 서서히 진행되는 성과 천도의 상관성 또는 본성 담론을 바라보면서 공자에게 받았던 강의와 대비시킨다고 할 수 있다. 그렇다면 공자 사후에 서서히 진행된 본성 담론이 바로 맹자孟子와 고자告子 논쟁이라고 할 수 없다.[23] 시간상 공자와 맹자 사이에 100여 년의 차이가 있으므로[24] 자공이 맹자와 고자 논쟁을 들었을 리가 없기 때문이다. 공자와 맹자 사이에 곽점초간郭店楚簡 중 『성명자출性命自出』과 상해박물관장전국죽간上海博物館藏戰國竹簡 중 『성정론性

천도는 부처가 대답을 거부하고 침묵한 불교의 "十四無記"처럼 "四無記"로 볼 수 있다. 『논어』 「자한」: "子罕言利與命與仁." 또 다른 제자의 전언에 따르면 공자는 利를 주장하거나 命과 仁을 공인하지 않았다고도 한다.

23 주희는 정자의 관점을 이어받아 능력별 강의에 따라 子貢이 처음으로 성과 천도를 듣고 감탄하고 찬미했다고 풀이한다. 『논어집주』: "性者, 人所受之天理. 天理者, 天理自然之本體, 其實一理也. 言夫子之文章, 日見乎外, 故學者所共聞. 至於性與天道, 則夫子罕言之, 而學者有不得聞者. 蓋聖門教不躐等, 子貢至是始得聞之, 而歎其美也. 程子曰, 此子貢聞夫子之至論, 而歎美之言也." 정자와 주희의 주장이 타당하므로 『논어』 어딘가에 자공이 들은 공자의 至論이나 자공만큼 뛰어난 다른 제자가 들은 至論도 있을 만하다. 현재 통용본에서 그것이 없다는 점은 두 사람에게 약점으로 작용한다.

24 『맹자』 「진심」하 38: "由孔子而來, 至於今, 百有餘歲. 去聖人之世, 若此其未遠也. 近聖人之居, 若此其甚也. 然而無有乎爾, 則亦無有乎爾."

情論』에서 본성 담론이 등장했다고 할 수 있다.[25]

이제 『논어』에 나오는 또 하나의 성 용례를 살펴보자. "성性에서는 서로 가깝지만 습習에서는 서로 멀어진다."[26] 이 구절을 옮길 때 성과 습을 주어로 보지만 사실 '사람'이란 주어가 생략되어 있고, 성과 습은 주어가 아니라 주제어에 해당된다. 달리 번역하면 "사람은 성에서 서로 비슷하지만 습에서 서로 차이가 난다"라고 할 수 있다. 사람은 성의 차원에서 서로 엇비슷하여 별다른 차이가 없지만 습의 차원에 차이가 발생한다는 말이다. 습은 습관 또는 습관화(사회화)된다는 뜻으로 보는 데에 이견이 없지만, 성性을 어떻게 보느냐에 차이가 있다.

이 성에 대해 주희는 순수한 본연지성本然之性에 대비하여 사람의 개별적 기질과 결합된 기질지성氣質之性으로 풀이한다. 나아가 그이는 기질지성도 처음에 사람끼리 "불심상원不甚相遠", 즉 "상근相近"이었지만 선과 악 중 어느 쪽에 습관이 되느냐에 따라 "시상원始相遠"으로 된다고 본다.[27] 이러한 풀이는 나중에 살펴보겠지만 주희의 인성 도식에 부합하지 않는다. 기질지성은 이미 사람마다 달라 서로 같을 수가 없는데도 "불심상원不甚相遠"이라고 하면, 「양화」의 구절을 설명하기 위해 자의적인 해명을 한다고 할 수 있다.

같은 곳의 성에 대해 정약용은 "본심이 좋아하고 싫어하는(本心之好

---

25 강신석, 『죽간에 나타난 원시 유가의 인성론』, 신아사, 2016, pp.102~105.

26 『논어』 「양화」: "子曰, 性相近也, 習相遠也."

27 『논어집주』: "此所謂性, 兼氣質而言者也. 氣質之性, 固有美惡之不同矣. 然以其初而言, 則皆不甚相遠也. 但習於善則善, 習於惡則惡, 於是始相遠耳."

惡)" 기호嗜好로 풀이한다. 나아가 습에 대해 "보고 듣는 경험의 익숙함(見聞之慣熟)"으로 풀이한다.[28] 임헌규의 글에 보이듯 정약용은 성을 기호로 설명하기 위해 『맹자』의 사람마다 서로 비슷하다는 "동연同然"을 비롯하여 다양한 논거를 제시하고 있다. 하지만 그이도 근과 원을 선과 악으로 풀이하는 점에서 해명은 서로 다르지만 맥락은 주희와 같아진다.

여기서 근과 원은 글자 그대로 사람이 서로 유사하다, 그렇지 않다는 맥락일 뿐이지 선과 악의 의미로 확대되지 않는다. 이런 맥락에서 성도 선악과 연결되는 인성, 즉 맹자와 순자 이후의 본성 담론과 다르다고 할 수 있다. 이 성은 생生과 연결된 맥락에서 태어난 생활하는 환경과 관련이 있다.[29] 이는 사람이 같은 환경에 놓이면 서로 비슷하지만 다른 환경에 놓여 자라게 되면 서로 멀어진다는 맥락이다. 여기서 성은 인간 본성, 철학적 인간학의 맥락이 아니라 지역색이나 집단 특성, 사회적 상호작용론에 가깝다고 할 수 있다. 성이 있다고 하더라도 사람은 습에 의해 서로 달라지게 된다. 따라서 성보다 습이 사람에게 더 영향을 끼친다고 할 수 있다. 사람이 후천적으로 상호작용하면서 각각 자신의 특성을 갖춰가게 되는 셈이다.[30]

---

28 임헌규, 「다산 정약용의 『논어』 해석(1): 性 개념을 중심으로」, 『동양고전연구』 38, 2010, pp.40~48.

29 신정근, 「공자의 '마음' 논의: 흰 마음과 검은 마음」, 『동양철학연구』 72, 2012 참조.

30 조지 허버트 미드(G.H. Mead), 나은영 옮김, 『정신·자아·사회: 사회적 행동주의자가 분석하는 개인과 사회』, 한길사, 2010 참조.

2) 초기 본성 담론의 지형도: 성선性善 대 성악性惡

『서경』에 성 자가 보이긴 하지만 당시 본성 담론이 사상적 논의의 핵심을 차지하지 못했다. 이는 세계와 사회가 천명天命을 위주로 운영되던 시대적 조건과 맞물린다고 할 수 있다. 그렇다면 성은 전국시대에 이르러 맹자의 성선性善과 순자의 성악性惡처럼 본성 담론으로 등장하게 되었을까? 성과 같은 철학 개념은 갑자기 평지돌출할 수 없고 결국 심心과 천명의 위상 변화와 관련이 있다고 할 수 있다.

먼저 마음의 위상 변화를 살펴보자. 『서경』과 『시경』에서 은나라 말과 주나라 초기의 글을 보면 오늘날 일인칭 대명사, 예컨대 자自·기己 등을 빈번하게 사용하고 있다. 이때 일인칭 대명사는 행위를 하는 주어로 쓰이면서 동시에 그 행위의 책임을 떠안는 재귀대명사(reflexive pronoun)의 특성을 갖는다. 이는 은나라의 위정자들이 수행하는 형태에 대한 반성이다. 그들은 천명이 자신의 지위를 영원히 보증한다고 생각하여 폭정暴政을 벌이기만 할 뿐 그것에 대해 어떠한 책임을 지지 않았기 때문이다.[31] 이에 천명을 받으면 아무런 책임을 지지 않아도 되는지 논의하게 되었다.

공자는 『논어』에서 평생 지켜야 할 덕목으로 서恕를 제안했다. 이 서는 "내가 바라지 않는 것을 다른 사람에게 시키지 말라!"라는 형식으로 관용의 원칙이라고 할 수 있다.[32] 여기서 "내가 바라지 않는 대우"가 "다른 사람도 바라지 않는 대우"에 해당되므로 서는 사람이

---

31 신정근, 『사람다움의 발견: 仁 사상의 역사와 그 문화』, 이학사, 2005 참조.
32 『논어』 「위령공」: "子貢問曰, 有一言而可以終身行之者乎? 子曰, 其恕乎! 己所不欲, 勿施於人."

공통으로 바라지 않는 지점이 있다는 특성을 나타내게 된다.[33] 당시 사람 사이는 매뉴얼, 즉 예의 규정에 따라 규제되었다. 서는 사람이 매뉴얼에 없는 타자를 어떻게 대우할지 진지하게 검토한 결과라고 할 수 있다.[34]

이어서 맹자는 인의예지仁義禮智와 성선性善을 말하면서 그 근거로 『시경』의 구절을 제시하고 있다. "하늘이 뭇 백성을 태어나게 했으니 사물이 있으면 규범가 있다."[35] 이에 따르면 현실에 다양한 종류의 사물이 있고 또 하나의 사물마다 각양각색을 갖추고 있더라도 각각 지켜야 할 규범으로서 이치가 있다. 맹자는 『시경』의 "칙則·이彝·호덕好德"에서 인의예지와 성선의 근거를 끌어내고 있다. 이로써 사람은 천명만이 아니라 인의예지와 성선을 지키고 돌봐야 하는 존재가 되었다.

기己와 같은 재귀대명사의 책임, 서恕의 공통성, 칙則의 규범 등을 발견해 내고 또 이러한 사고가 서로 결합하게 되자 사람은 이전과 다른 존재가 되었다. 이제 사람은 천명과 성왕聖王의 지시를 따르기만

---

33 「위령공」이외에도 恕와 관련된 비슷한 용례가 많은데, 이와 관련해서 신정근, 「도덕원칙으로서 恕 요청의 필연성」, 『동양철학』 21, 2004, pp.95~118 ; 이향준, 『서, 인간의 징검다리』, 마농지, 2020 참조.

34 신정근, 「도덕원칙으로서 恕 요청의 필연성」, 『동양철학』 21, 2004 참조.

35 『맹자』「고자」상 6: "孟子曰, 乃若其情, 則可以爲善矣, 乃所謂善也. … 仁義禮智, 非由外鑠我也. 我固有之也, 弗思耳矣. 故曰, 思則得之, 舍則失之. … 詩曰, 天生蒸民, 有物有則. 民之秉彝, 好是懿德. 孔子曰, 爲此詩者, 其知道乎! 故有物 必有則, 民之秉彝也, 故好是懿德." 시의 구절은 『시경』「대아大雅·증민烝民」 에 나온다.

하는 수동적 존재가 아니라 그에 대해 느끼고 반응하며 요구할 수 있는 존재라는 점을 자각하게 되었다. 그 자각이 그간 일상 언어 차원에 머물고 있던 심心을 철학의 언어로 상승하게 만들었다. 심心의 재발견이라고 할 수 있다. 그 자각을 인식하고 수행하는 기관이 필요하기 때문이다.

원래 심心 자는 갑골문에서 일찍이 심장을 본뜬 글꼴로 존재했다. 당시 심은 일상 언어의 차원에서 마음으로 쓰였다. 특히 『시경』에서 심心은 시인이 불신·질투·곤경 등의 다양한 상황을 겪으면서 슬퍼하고 분노하고 희망하고 기획하는 기관으로 쓰이게 되었다.[36] 이러한 심의 특징은 순자荀子에 의해 가장 명백하고 정확하게 규정된다. 이 단계에서 심은 일상 언어를 벗어나서 철학 개념으로 쓰이게 되었다.

마음은 "무엇을 하라고 명령을 내리지만 무엇을 하도록 명령을 받지 않으며", "스스로 제지하고 시키고 빼앗고 취하고 실행하고 그만 두게 한다." 이 때문에 "입으로 침묵하게 하고 행동으로 위축되게 하더라도", "마음은 겁박해서 뜻으로 바꾸게 하지 못하고 옳으면 수용하고 틀리면 거절한다."[37] 이 때문에 순자는 심을, 현실을 다스리는 군주에 대비하여 오관五官을 다스리는 "천군天君"의 이름으로 불렀다.[38] 이로써 심은 이전의 천 또는 천명이나 성왕聖王이 하는 역할과

---

36 신정근, 「中庸 미학에서 生生 미학으로: 『시경』을 중심으로」, 『동양철학연구』 110, 2022 참조.
37 『순자』「解蔽」: "心者, 形之君也, 而神明之主也. 出令而無所受令. 自禁也, 自使也, 自奪也, 自取也, 自行也, 自止也. 故口可劫而使墨云, 行可劫而使詘申. 心不可劫而使易意, 是之則受, 非之則辭."

마찬가지로 외적 지시나 관습을 받지 않고 자체적으로 판단할 수 있는 기관으로 자리잡게 되었다.

심의 위상 변화와 함께 천명도 『중용』 첫 문장의 선언으로 질적 변화를 맞이하게 된다. 그 변화가 또 심과 결합하면서 본성 담론의 서막을 여는 과정을 살펴보자. 이전의 천명은 하늘과 유덕자有德者 사이의 특수한 관계를 정당화시켰다. 유덕자는 하늘(하느님)의 명령을 받아 지상을 통치할 수 있는 권한과 정당성을 갖게 되고 하늘(하느님)과 부자 관계를 맺었다.[39] 하늘(하느님)은 부모이고 유덕자는 자식으로 천자天子로 불리었다. 이때 천명은 천과 자연 또는 천과 인간 일반의 관계가 아니라 철저히 천과 유덕자 사이의 폐쇄적인 관계에만 적용되었다.

『중용』에서는 천명을 천자가 아니라 사람이 사람으로 살도록 뭔가를 부여하는 내용으로 시작한다. "하늘이 명령한 것이 본성(性)이다."[40] 『중용』의 '천명' 선언은 아주 간단하고 짧지만 아주 간명하다. 이 간명한 테제는 이전의 "하늘이 명령한 것이 권세(權)이다"라고 표현할 수 있는 천명과 뚜렷이 결별하게 된다. 『중용』에서는 천이 명령의 방식을 통해 사람 일반에게 "어떻게 살아야 한다"라는 규범으로서 본성을 부여하고 있다.

---

38 『순자』「天論」: "心居中虛, 以治五官, 夫是之謂天君."

39 벤자민 슈워츠(B. Schwartz), 나성 옮김, 『중국 고대사상의 세계』, 살림, 2004 참조.

40 『중용』: "天命之謂性. 率性之謂道. 修道之謂敎."

천(天, 발신) → 명(命, 방식) → 인류(人, 수신) → 성(性, 내용)

이로써 천은 유덕자와만 폐쇄적으로 관계하지 않고 사람 일반과 관련하게 되었다. 나아가 사람은 모두 하늘로부터 "어떻게 살아야 한다"라는 명령을 받은 셈이 된다. 수명의 대상이 천자 한 사람에서 세상의 모든 사람으로 확대되었다고 할 수 있다. 『중용』 첫 구절에서는 이 명령의 내용이 무엇이라고 명시적으로 주장하지 않고 독자로 하여금 텍스트 전체를 읽고 재구성하게 한다.[41]

『중용』 이후에 맹자는 "천 → 명 → 인류 → 성"의 도식에서 성의 내용과 특성을 규명하는 도전에 나섰다. 이것이 바로 유학의 본성 담론에서 "성선性善"으로 알려지게 되었다. 맹자는 "성선"을 천근天根으로 규명하여[42] 성선이 도덕적 상황에서 실제로 어떻게 작용하여 사람을 도덕적 존재로 만들 수 있는지 입증하고자 했다. 그 과정을 살펴보면 아래와 같다.

---

41 이후의 유학사에서는 『중용』의 첫 문장의 선언을 다른 개념, 덕목 그리고 사상과 연결시키고자 노력했다. 이러한 노력의 일환으로 천명의 성이 맹자의 성선, 인의예지와 결합하게 되었다. 이 결과로 본성은 선이고 인의예지의 내용을 갖게 되었다. 아울러 『논어』와 『맹자』 그리고 『대학』과 『중용』은 유교의 핵심 가치를 담은 네 권의 책, 즉 四書라는 특별한 지위를 갖게 되었다. 사서가 한 권으로 있으면 텍스트의 내용이 연결되지 않고 고립적으로 남아 있게 된다.

42 『맹자』「만장」상 7: "天之生此民也, 使先知覺後知, 使先覺覺後覺也." 『맹자』「진심」상 21: "君子所性, 仁義禮智根於心, 其生色也, 睟然見於面, 盎於背, 施於四體, 四體不言而喻."

첫째, 소동연所同然의 논점이다. 맹자는 사물마다 공통성을 가지고 있고 감각기관도 비슷하게 반응(호응)하는 특성을 지니고 있으므로 마음도 함께 그렇게 비슷하게 반응하는 특성(所同然), 즉 공통성을 지니고 있다고 보았다. 그이는 이 공통성을 이의理義로 본다.[43] 이 주장은 아주 중요하다. 맹자가 처음으로 사람을 감각기관과 마음으로 나눠서 각각의 지향이 있다고 밝히고 있기 때문이다. 이후에 이런 이분의 도식은 이후에 큰 영향을 끼쳤다.

둘째, 유자입정孺子入井의 사유 실험이다. 아이가 앞에 우물이 있는 줄도 모르고 그쪽으로 기어가는 걸 누군가 보게 된다면 어떻게 할까? 맹자는 사람이라면 누구라도 어떠한 이해관계를 따지지 않고 오로지 아이를 구해야겠다는 일념으로 아이를 구하리라고 예상한다. 이러한 예상에 동의한다면 사람은 타인의 고통에 공감하는 측은지심惻隱之心을 비롯하여 네 가지 도덕의 싹(四端)으로서 도덕감(moral sense)을 가지고 있다고 할 수 있다.[44] 이로써 성선이 사단을 통해 사덕四德, 즉 인의예지仁義禮智와 연결된다는 것이다.

---

43 『맹자』「고자」상 7: "故曰, 口之於味也, 有同耆焉. 耳之於聲也, 有同聽焉. 目之於色也, 有同美焉. 至於心, 獨無所同然乎? 心之所同然者, 何也? 謂理也, 義也. 聖人先得我心之所同然耳. 故理義之悅我心, 猶芻豢之悅我口."

44 『맹자』「공손추」상 6: "今人乍見孺子將入於井, 皆有怵惕惻隱之心, 非所以內交於孺子之父母也, 非所以要譽於鄕黨朋友也, 非惡其聲而然也. 由是觀之, 無惻隱之心, 非人也. 無羞惡之心, 非人也. 無辭讓之心, 非人也. 無是非之心, 非人也. 惻隱之心, 仁之端也. 羞惡之心, 義之端也. 辭讓之心, 禮之端也. 是非之心, 智之端也."

성선은 천명처럼 도덕적 상황에 맞게 명령의 방식으로 자동으로 발현되지 않고 사람이 고유한 상황에 따라 심리적 사태를 경험하고서 그에 어울리게 행동하게 하는 원동력과 방향이다. 이로 인해 성선은 환경과 상호작용하는 특성을 갖는다. 구체적으로 말하면 성선은 환경과 독립적으로 발현되지 않고 우호적이거나 적대적인 환경에 따라 상이하게 전개될 수 있다.[45] 맹자는 이를 보완하고자 정전제井田制와 같은 경제적 안정, 즉 항산恒産을 마련하고자 했다.[46] 성선과 우호적인 환경과 상호작용을 하면 도덕적 상황에 부합되는 방식으로 행위가 활성화될 수 있기 때문이다.

맹자의 성선性善은 선성善性과 같은 뜻이다. 성선, 즉 선성은 사람이 도덕적 상황에서 이해관계를 초월하여 네 가지 도덕 정감을 경험하고 그에 상응하는 방식으로 행위하도록 이끄는 힘을 지니고 있다. 성선이 천근天根이라는 점에서 선천적이고, 또 환경의 영향을 받아 상호작용을 하며 양적인 변화를 보인다는 점에서 가변적이다. 특히 선천적이고 가변적인 성선은 사람과 동물이 구별되는 차별점이라는 점에서 인간

---

45 『맹자』「고자」상 7: "富歲, 子弟多賴. 凶歲, 子弟多暴. 非天之降才爾殊也, 其所以陷溺其心者然也."『맹자』「공손추」상 2: "敢問何謂浩然之氣? 曰, 難言也. 其爲氣也, 至大至剛, 以直養而無害, 則塞於天地之間. 其爲氣也, 配義與道. 無是, 餒也."

46 『맹자』「등문공」상 3: "民之爲道也, 有恒産者, 有恒心, 無恒産者, 無恒心. 苟無恒心, 放辟邪侈, 無不爲已. … 方里而井, 井九百畝. 其中爲公田, 八家皆私百畝, 同養公田. 公事畢然後, 敢治私事, 所以別野人也. 此其大略也, 若夫潤澤之, 則在君與子矣."

본성을 가리킨다.

맹자가 성선을 주장한다고 해서 『맹자』에 그것과 다른 목소리가 나오지 않는다고 생각하면 오산이다. 맹자는 고자告子와 논쟁을 통해 성선을 주장하지만 『맹자』에는 본성의 방향을 둘러싼 다양한 논의가 제기되고 있다. 그중에 고자告子는 개울의 물을 동으로 터주면 동으로, 서로 터주면 서로 흐르듯이 성은 선과 불선의 방향을 갖지 않는다며 성선을 부정하거나[47] 또 성을 식욕과 성욕처럼 사람이 타고난 기본적 욕구나 본능으로 보면서 사람과 동물을 구별 짓지 않으려고 한다.[48] 『맹자』에서 고자는 맹자와 논변에서 패배자로 되어 있지만, 그 당시에도 주목을 받았을 뿐만 아니라 후대에도 비판되기도 하고 다른 테제로 끊임없이 부활되기도 했다. 고자는 잊힌 인물이지만 사실 동양철학에서 맹자에 못지않게 철학적 사유와 논쟁을 촉발하는 인물이었다.[49]

순자荀子는 성선에 대비해서 성악을 말한 사상가로 알려져 있다. 사실 순자는 단순히 맹자의 테제에 대해 무조건 반대를 한 것이 아니라 성선이 논리적으로 초래할 수 있는 한계를 지적하면서 성악을 입증하고자 했다. 맹자와 순자에게는 성의 의미만이 아니라 선과 악의 양태도 다르다. 따라서 두 사람의 차이를 단순히 성선 대 성악의 구도로만

---

47 『맹자』 「고자」상 2: "告子曰, 性猶湍水也. 決諸東方, 則東流. 決諸西方, 則西流. 人性之無分於善不善也, 猶水之無分於東西也."

48 『맹자』 「고자」상 3: "告子曰, 生之謂性." 『맹자』 「고자」상 4: "告子曰, 食色, 性也."

49 김성인, 「고자의 인성론에 대한 주자의 인식 고찰」, 『태동고전연구』 41, 2018, pp.191~211 참조.

설정하게 되면 초기 본성 담론의 지형도를 심각하게 왜곡할 수 있다.[50]

먼저 순자가 맹자의 성선을 비판하는 맥락을 살펴보자. 성선은 사람이 도덕적 삶을 살 수 있는 내재적 근원을 가리킨다. 이 점에 주목하면 사람이 도덕적 삶을 위해 후천적 학습을 할 필요가 없다. 본성이 그 자체로 선하므로 거기에 덧보탤 일이 없기 때문이다. 이렇게 되면 사람이 선천적 경향과 후천적 노력의 차이가 구분되지 않는다.[51] 하지만 사람이 과연 후천적으로 학습하지 않고 도덕적으로 완전해질 수 있을까? 순자는 그렇지 않다고 생각한다. 그래서 성선은 부당하다는 것이다.

이제 순자는 맹자의 성선의 한계를 무엇으로 파악하는지 살펴보자. 순자는 제자백가 중에 개념의 의미에 대해 누구보다도 예민했다. 그러한 특성은 본성 담론에서도 그대로 드러난다. 그이는 성의 개념을 명확하게 정립하고자 한다. "사람의 본성이란 자연적으로 나아가는 방향으로 후천적으로 배울 수도 노력할 수도 없다"라고 본다. 본성이란 배고프면 배불리 먹고 싶고. 추우면 따뜻하게 하고 싶고. 피곤하고

---

50 순자가 맹자를 비판할 때 정당성과 관련해서 유희성, 「순자의 맹자에 대한 비판은 정당한가?」, 『중국학보』 62, 2010 참조. 순자만 맹자의 성선을 비판한 것은 아니다. 한 제국의 동중서와 왕충만이 아니라 마테오 리치도 비판의 대열에 함께했다. 西學이 전래될 때 마테오 리치는 성선을 수용하면 天主를 전교할 수 없다고 보았다. 이 때문에 그이는 性善과 性卽理를 강하게 비판하고 그 대안으로 習善을 제시했다. 정현수, 「마테오 리치의 천학과 성리학의 인성론 연구: 『천주실의』를 중심으로」, 『유교사상문화연구』 54, 2013 참조.

51 『순자』 「性惡」: "孟子曰, 人之學者, 其性善. 曰: 是不然. 是不及知人之性, 而不察乎人之性僞之分者也."

쉬고 싶은 바람이다.[52] 이러한 순자의 본성 정의는 맹자와 논쟁했던 고자의 "생지위성生之謂性"을 다시 보는 듯한 생각이 들게 한다.

이어서 유명한 "성악"을 주창하는 맥락을 살펴보자. 사람의 본성은 태어나면서 호리好利의 성향을 보이는데, 이를 그대로 따라가게 되면 싸우고 빼앗는 투쟁이 생겨나고 상대를 배려하는 사양이 사라지게 된다. 순자는 앞서 살펴본 인간의 기본적 욕구와 본능으로서 본성에 호리 등의 내용을 대입하고자 논의를 진행하고 있다.[53] 호리는 이익을 좋아하고 손해를 피하려고 한다는 호리피해好利避害의 줄임말로 인간의 이기적 성향을 나타낸다. 즉 사람은 자신의 이익을 최대화하기 위해 노력하고 극단적으로 타인을 대상으로 경쟁과 약탈을 할 수도 있다.[54]

여기서 악은 맹자의 성선과 달리 사후적(후천적)으로 낳게 되는

---

52 『순자』「성악」: "凡性者, 天之就也, 不可學, 不可事. 禮義者, 聖人之所生也, 人之所學而能, 所事而成者也. 不可學, 不可事之[而]在天者, 謂之性. 可學而能, 可事而成之在人者, 謂之僞. 是性僞之分也. … 今人之性, 飢而欲飽, 寒而欲煖, 勞而欲休, 此人之情性也."

53 『순자』「성악」: "今人之性, 生而有好利焉. 順是, 故爭奪生而辭讓亡焉. 生而有疾惡焉. 順是, 故殘賊生而忠信亡焉. 生而有耳目之欲, (有)好聲色焉. 順是, 故淫亂生而禮義, 文理亡焉. 然則從人之性, 順人之情, 必出於爭奪."

54 호리피해의 또는 就利避害의 본성은 관자와 묵가를 비롯하여 商鞅과 韓非의 법가가 사상체계를 세울 때 가장 기초 또는 전제로 삼는 특성이다. 이와 관련해서 쉬푸관(徐復觀), 유일환 옮김, 『중국인성론사(선진편): 도가·법가 인성론』, 을유문화사, 1995 1쇄, 참조. 황수임·윤무학, 「한비 인성론의 연원과 특징: 묵가 및 선행 법가와의 비교를 중심으로」, 『온지논총』 53, 2017, pp.223~254 참조.

결과를 가리킨다. 선도 악과 마찬가지로 행위 이후에 나타나는 결과를 나타낸다. 성선은 선천적인 방향과 기준으로 사람이 선으로 나아가도록 이미 결정되었다는 말이다. 순자는 사람이 어떻게 행위를 하지도 않았는데 어떤 행위가 선과 악이라고 판정할 수 있는지 의문을 제기했다.

여기서 주의할 사항이 있다. 순자는 사람의 본성이 악으로 진행될 가능성을 인정한다고 해서 성악을 어떻게 할 수 없다거나 성악을 방임하자고 주장하지 않는다. 그이는 사람이 본성이 악하다고 말하지만 그 성악을 선으로 전환하는 문제를 풀고자 한다. 바로 여기서 그이는 본성이 자연적으로 악이지만 선으로 바꾸려면 인위적인 노력이 필요하다고 주장한다. 순자는 이를 성性과 위僞의 구분으로 말한다. 바로 이 지점에서 맹자가 선천적인 본성을 강화하는 존심양성存心養性을 기치로 내걸었다면, 순자는 본성을 변화시키기 위해 인위적인 노력을 하는 화성기위化性起僞를 주장하게 된다.[55]

순자의 과제는 사람의 본성이 성악으로 나타나는 그 기제를 설명하는 데에만 있지 않다. 그이도 사람의 본성이 선천적으로 악의 성향을 보인다고 하더라도 어떻게 그 성향(방향)을 바꿀 수 있는지 고민하지 않을 수 없다. 실마리는 「성악」에서 성악을 말하는 구절에서 나오는 "순시順是"에 주목할 만하다. 순자는 "본성이 악하다"라고 단정적으로

---

55 『순자』 「성악」: "君子者, 能化性, 能起僞, 僞起而生禮義. 然則聖人之於禮義積僞也, 亦猶陶埏而生之也. 用此觀之, 然則禮義積僞者, 豈人之性也哉?" 자세한 논의는 신정근, 「맹자와 순자 사상의 결정적 차이」, 『동양철학연구』 67, 2011 참조.

말하지 않고 "본성이 호리의 경향을 지니고 있는데 '순시', 즉 이대로 내버려 두면 악하게 된다"라는 조건문을 말하고 있다.

순자의 논법에 따르면 본성이 자연적으로 그렇게 나아가는 경향이지만 명령처럼 사람을 옴짝달싹하지 못하게 할 수는 없다. 즉 순자의 본성은 거부할 수 없는 천명의 형식이 아니다. 따라서 사람이 "순시"가 아니라 "불순시不順是" 또는 "역시逆是"의 가능성이 있고. 그 가능성을 개척하면 악이 드러나지 않고 반대로 선이라는 후천적 결과에 이를 수가 있다.[56]

그렇다면 어떻게 해야 할까? 우리는 맹자가 사단에 시비지심是非之心을 포함하는 반면에 순자는 성性과 지知를 구분하는 측면에 주목할 필요가 있다. 순자는 노력하지 않아도 저절로 그렇게 나아가는 경향을 본성으로 보고, 본성의 좋고 싫어함을 감정으로 보고, 감정이 드러나면 마음이 이에 따라 선택하는 작용을 사려로 보고, 마음이 사려하고 나서 그에 따라서 움직이고 이렇게 사려가 쌓여서 하나의 틀이 갖춘 성과를 인위로 본다.[57] 순자는 사람의 본성을 성악으로 보지만 사려가 사람을 "순시"가 아니라 "불순시"로 이끌어갈 수가 있다고 본다. 마음의 사려가 "순시"와 "불순시"를 놓고 어느 쪽이 합당한가를 검토하게 되고, 그러한 경험이 쌓인 적려積慮 상태가 되면 성악과 구별되는 습習이라는 새로운 길이 생기게 된다.

---

56 성태용, 「순자, 마음은 임금」, 서울대학교 철학사상연구소 엮음, 『마음과 철학 (유학편)』, 서울대학교출판문화원, 2013, pp.65~66.

57 『순자』「正名」: "不事而自然, 謂之性. 性之好·惡·喜·怒·哀·樂, 謂之情. 情然而心爲之擇, 謂之慮. 心慮而能爲之動, 謂之僞. 慮積焉, 能習焉, 而後成, 謂之僞."

220

이런 점에서 순자는 사려를 본성 안이 아니라 밖에 두고서 본성을 새로운 방향으로 이끌어 가는 점에서 맹자와 구별되는 특성을 갖는다고 할 수 있다.[58] 아울러 이 습은 공자의 성근습원性近習遠과 다르다. 공자는 습을 사회화의 맥락에서 말했다면, 순자는 본성과 다른 길을 개척하는 맥락이기 때문이다.

3) 한 제국에서 초기 본성 담론의 보완: 성선질性善質과 성선악혼性善惡混

지금까지 초기의 본성 담론이 맹자와 순자에 의해 논의가 정리되었다고 서술했다.[59] 본성을 선과 악으로 양분하는 만큼 그러한 평가도 가능하다. 하지만 맹자와 순자에 이어 한 제국에서 본성 논의를 빼놓을 수가 없다. 그래야만 초기 본성 담론이 완결되고 이후에 이를 바탕으로 논의가 한층 깊어지게 되는 점을 더 잘 이해할 수 있다. 이 점에 주목하면 한 제국의 본성 담론은 성선과 성악 중 한 편만을 강력하게 지지하기보다 둘 다 종합하려는 방향을 보인다. 이론의 완결성 측면에서 보면 성선과 성악 모두 난점이 있기 때문이다.

한 제국의 본성 담론은 사상가마다 차이가 있지만 그들은 대체로 성삼품설性三品說을 주장한다고 볼 수 있다.[60] 이는 본성이 선과 악

---

58 신정근, 「맹자와 순자 사상의 결정적 차이」, 『동양철학연구』 67, 2011 참조.
59 펑유란(馮友蘭), 박성규 옮김, 『중국철학사』상하, 까치, 1999 참조.
60 팡리톈(方立天), 박경환 옮김, 『중국철학과 인성의 문제』, 예문서원, 1998 ; 2009 3쇄, pp.62~64, pp.70~71 ; 이연승, 『양웅: 어느 한대 지식인의 고민』, 태학사, 2007 ; 오이환, 「양웅, 선악이 뒤섞인 마음 바탕」, 서울대학교 철학사상연구소 엮음, 『마음과 철학(유학편)』, 서울대학교출판문화원, 2013, p.99.

중의 어느 한 갈래가 아니라 세 부류의 사람으로 나눠서 논의해야
한다는 것이다. 즉 하나의 성이 아니라 상중하의 성이 있다는 말이다.
맹자와 순자는 분열된 전국시대에 군자(君子, 선각자)가 소인(小人,
후각자)을 계몽하는 책무를 중시했다면, 한 제국에 이르러 천자(황제)
와 관료(학자)가 백성을 대상으로 선도하는 역할을 수행한다는 현실
질서의 차이를 보여 준다.

한 제국의 본성 담론은 대부분 순자가 맹자의 본성론을 비판하는
맥락에서 종합화를 시도하고 있다.[61] 이렇게 보면 순자가 맹자를 비판
했지만 아직 완전히 해결되지 않은 의문점, 특히 선악善惡 개념의
의미 맥락이 남아 있다고 할 수 있다. 그렇다고 한 제국의 본성 담론이
단순히 순자의 반복은 결코 아니다. 순자가 본성(性)과 사려(慮)를
구분하여 성악의 전환을 시도했다면, 한 제국의 본성 담론에서는
본성과 사려를 통합하고 본성의 의미를 순자보다 더 분석적으로 접근
하는 특성을 보여 준다.

한 제국 초기의 본성 담론으로 동중서董仲舒와 양웅揚雄을 논의할
만하다. 먼저 동중서의 본성 담론을 살펴보자. 동중서도 순자와 마찬
가지로 개념 정의의 입장에서 맹자의 성선을 비판한다.

첫째, 맹자는 선善의 기준을 동물(下質)에 두기 때문에 사람의 본성

---

61 동중서는 성을 질박으로 정의하는데, 이는 순자와 비슷하다. 『春秋繁露』「實
性」: "性者, 天質之樸也. 善者, 王敎之化也. 無其質, 則王敎不能化. 無其王敎,
則質樸不能善. 質而不以善性, 其名不正, 故不受也." 이는 맹자보다 순자와
비슷하다. 『순자』「성악」: "性者, 本始材朴者也." 이는 唐宋 이후에 본성 담론이
맹자의 성선을 전제로 하는 점에서 차이가 난다.

이 이미(선천적으로) 선하다(性已善)고 주장하게 된다. 이에 대해 동중서는 선의 기준을 성인의 행실(上質)에 두게 되면 본성은 아직 선하지 않다(性未善)고 본다.[62] 대상의 차이를 고려하지 않고 모든 사람을 일률적으로 성선이라고 할 수 없다는 말이다.

둘째, 선은 결과 개념으로서 쌀과 같고 본성은 벼와 같은데, 벼를 쌀이라고 부를 수 없듯이 성이 선으로 나아간다고 하더라도 성을 선이라고 할 수 없다. 쌀과 선은 자연을 이어서 사람이 노력한 결과이다. 이 때문에 본성은 선의 바탕(善質)을 지니고 있다고 할 수 있지만 아직 선이라고 부를 수 없다.[63] 즉 성과 선을 분리시킨다고 할 수 있다.

동중서는 맹자가 성 개념의 기준을 너무 낮게 잡아서 성이선性已善 또는 성선이라고 말했고, 또 성과 선은 서로 다른 측면을 말하므로 호응할 수 없는데도 연결했으므로 부당하다고 말한다. 동중서는 선을 결과 개념으로 보는 점에서 순자와 같지만, 상질과 하질이라는 성의 기준이라는 새로운 개념을 제시하고 있다. 이 두 측면을 결합하면 동중서는 본성을 일종의 가능태로 보는 셈이다. 즉 본성은 선으로

---

62 『춘추번로』「深察名號」: "孟子下質於禽獸之所爲, 故曰性已善. 吾上質於聖人之所爲, 故謂性未善."

63 『춘추번로』「實性」: "善如米, 性如禾, 禾雖出米, 而禾未可謂米也. 性雖出善, 而性未可謂善也. 米與善, 人之繼天而成於外也, 非在天所爲之內也. 天所爲, 有所至而止, 止之內謂之天, 止之外謂之王教, 王教在性外, 而性不得不遂, 故曰, 性有善質, 而未能爲善也." 동중서는 성과 선을 벼와 쌀만이 아니라 박과 옥의 관계에도 견주고 있다. 『춘추번로』「실성」: "米出於粟, 而粟不可謂米. 玉出於璞, 而璞不可謂玉. 先出於性, 而性不可謂善."

나아갈 수 있는 바탕을 지니고 있지만 아직 본성 그 자체를 선으로 볼 수 없기 때문이다.

그렇다면 동중서는 가능태의 본성이 어떤 계기를 통해 선을 실현할 수 있다고 보고 있을까? 순자는 개인이 본성 밖의 사려가 수행하는 비교 판단의 능력을 강조했다. 동중서는 본성을 자연성으로 바꿔 말하면서 내외의 도식을 끌어들인다. 본성과 벼는 자연이 사람에게 준 가능태여서 그 범위 안(內)을 벗어날 수 없다. 선과 쌀은 자연의 가능태를 수용해서(繼) 사람이 거기에다 노력을 덧보태서 그 범위 밖에서 이룩한 결과이다.[64]

이때 노력에는 순자처럼 개인의 사려도 들어갈 뿐만 아니라 왕교王教의 작용과도 결부시킨다. 동중서는 제국이 주체가 되어 실시하는 후천적인 교화가 필수적이라고 보는 것이다. 이렇게 보면 본성의 가능태가 현실태로 되는 과정은 "성(善質) + 사려 + 왕교(王教, 제도 교육) = 성선"의 도식으로 요약할 수 있다.[65] 동중서의 본성 담론에는 맹자나 순자와 달리 통일을 이룩한 제국帝國의 조건을 반영하고 있다는 특징을 보여 준다.

다음으로 양웅의 본성 담론을 살펴보자. 양웅은 당시만이 아니라 후대에도 성선악혼설性善惡混說을 주장했다고 널리 알려져 있다. 실

---

64 『춘추번로』「실성」: "米與善, 人之繼天而成於外也, 非在天所爲之內也. 天所爲, 有所至而止, 止之內謂之天, 止之外謂之王教, 王教在性外, 而性不得不遂."

65 신정근, 『동중서: 중화주의의 개막』, 태학사, 2004, pp.145~164 ; 박동인, 「董仲舒의 人性論: 맹·순 종합적 특성을 지닌 未善의 人性論과 皇帝教化論」, 『퇴계학보』 123, 2008, pp.201~242 참조.

제로『법언法言』을 보면 "사람의 본성에 선과 악이 섞여 있다. 선을 기르면 선인이 되고 악을 기르면 악이 된다. 기氣는 선과 악으로 나아가는 말(馬)인가?"[66] 양웅의 말에서 첫 문장은 성선악혼설을 명시적으로 말하고 있다.

둘째 문장에서 선과 악 중에 어디에 주목하느냐에 따라 결과가 다르다고 말하고 있다. 본성이 선악이 혼재되어 있고 수修에 따라 선과 악으로 나아갈 수 있다는 말이다.[67] 여기까지만 보면『법언』에 주석을 단 이궤李軌의 말처럼 양웅의 성선악혼설은 맹자의 성선과 순자의 성악과 함께 초기의 본성 담론을 대표하는 주장으로 볼 수 있다.[68]

셋째 문장에서 양웅은 스스로 물음을 제기하고 이후에 후속 논의를 진행하지 않는다. 이런 측면에서 "성선악혼설이 과연 선언을 넘어 논증된 이론으로 볼 수 있을까?"라는 회의도 제기될 수 있다.[69] 문제를

---

[66] 『法言』「修身」: "人之性也, 善惡混. 修其善, 則爲善人. 修其惡, 則爲惡人. 氣也者, 所以適善惡之馬也與?"

[67] 修惡은 현실에서 악의 발생을 설명할 수 있다. 하지만 이 수악이 일시적이고 우연한 길을 넘어 영원하고 의도적인 악마의 탄생을 설명하는지 좀 더 면밀하게 검토할 필요가 있다.

[68] 李軌, 『法言注』: "荀子以爲人性惡, 孟子以爲人性善, 而楊子以爲人性雜. 三子取譬雖異, 然大同儒敎, 立言尋統, 厥義兼通耳. 惟聖罔念作狂, 惟狂克念作聖. 楊子之言, 備極兩家, 反復之喩, 於是俱暢." 王充도 맹자의 성선을 중인 이상, 손자(즉 순자)의 성악은 중인 이하, 양웅의 성선악혼설은 중인을 가리킨다며 세 이론을 한 묶음으로 분류하고 있다. 『論衡』「本性」: "余固以孟軻言人性善者, 中人以上者也. 孫卿言人性惡者, 中人以下者也. 揚雄言人性善惡混者, 中人也."

[69] 오이환, 「양웅, 선악이 뒤섞인 마음 바탕」, 서울대학교 철학사상연구소 엮음,

제기했으면 그에 그치지 않고 자신의 주장을 명시적으로 펼쳐야 하는데 그렇지 않기 때문이다. 다른 곳에서 이런 선언에 이어서 논의를 전개하지 않는다면 의문 제기가 나름 타당하다고 할 수 있다.

양웅은 선악혼설을 통해 현실의 선과 악이 어떻게 발생하는지를 설명해 냈다. 이제 "어떻게 해야 사람이 선을 할 수 있는가?"라는 문제를 풀지 않을 수가 없다. 그이는 이미 수선修善과 수악修惡의 두 가능성을 제시하고 있지만 그 두 가지는 등가가 아니다. 수악의 가능성을 미리 막으면서 결국 수선의 가능성을 최대로 실현하는 길을 제시해야 한다. 양웅은 후천적 학습을 강조한다.

조수鳥獸가 외부의 자극을 받아 감정의 충동을 느끼는데 보통 사람도 이와 다를 바가 없다. 반면 현인賢人과 성인은 그와 다르다. 바로 이 때문에 예의禮義가 생겨나게 된다. 사람이 후천적으로 배우지 않으면 몰라서 걱정은 없겠지만 동물과 차이가 없다. 후천적 학습은 군자가 되고자 추구하는 바탕인데, 결과적으로 보면 그러한 추구가 성공하지 못할 수도 있지만 추구하지 않으면 아예 성공할 수가 없다.[70]

양웅은 수선의 가능성을 위해 후천적 학습을 제시하면서도 현실에서 악의 출현을 완전히 막을 수 있다고 생각하지 않는다. 그이는 잘못을 익히면(習非) 올바름을 이길 수 있다고 말하면서, 그 반대로 올바름을 익혀서(習是) 잘못을 이기자고 제안하면서 학자는 무엇이

『마음과 철학(유학편)』, 서울대학교출판문화원, 2013, p.88.

70 『법언』 「學行」: "鳥獸觸其情者也, 衆人則異乎! 賢人則異衆人矣, 聖人則異賢人矣. 禮義之作, 有以矣夫. 人而不學, 雖無憂, 如禽何? 學者, 所以求爲君子也. 求而不得者有矣夫, 未有不求而得之者也."

옳은지 잘 살펴야 한다(審是)고 주장했다.[71]

『법언』은 『순자』와 같은 논증 형식의 글쓰기가 아니라 『논어』와 같은 잠언 어투의 글쓰기를 하고 있다. 이 때문에 더 논의될 지점에서 『법언』은 그치고 진행하지 않아 양웅 사상의 전모를 파악하기가 꽤 어렵다. 하지만 양웅은 수선과 수악의 가능성을 습시와 습비로 치환하면서 선악善惡을 이기고 지는 대결(勝負)로 보고 있는데, 이는 훗날 본성 담론에 큰 영향을 주게 된다.

지금까지 논의를 정리해보자. 성선과 성악이 그 차이에도 불구하고 맹자와 순자의 본성 담론에서 전제 역할을 하고 있다. 이 전제를 바탕으로 성선의 극대화나 성악의 교정 프로젝트가 진행될 수 있다. 반면 성삼품설은 현실에서 사람의 다양한 차이에 주목하여 본성 담론을 진행하고 있다. 차이를 강조하는 만큼 그 차이가 자연적으로 해소되지 않으므로 후천적 학습을 통해 선의 실현을 모색하고 있다.

이러한 차이에도 불구하고 성선과 성악 그리고 성삼품(성선질, 성선악혼)은 모두 본성을 일종의 경향성(tendency)으로 파악하고 있다. 이는 사람이 어떤 상황에 놓일 때 일반적으로 드러나게 되는 방향이다. 이 방향성은 자체적으로 주재력을 발휘하지 못하고 후천적 학습 또는 수양과 상호작용을 통해 강화될 수도 있고 억제될 수도 있다. 이 때문에 본성 담론은 필연적으로 존심양성存心養性, 화성기위化性起僞, 수성修性 등의 후천적 수양, 학습 등으로 이어질 수밖에 없었다.

---

71 『법언』「학행」: "習乎習, 以習非之勝是, 況習是之勝非乎? 於戲! 學者審其是而已矣!"

3. 본성의 형이상학적 실체화: 질서와 일체화된 본성

1) 새로운 본성 담론의 기반: 기의 품수稟受와 도교의 신선가학神仙可學

초기 본성 담론은 성과에도 불구하고 여전히 해결해야 할 많은 과제를
남겼다. 성과라면 본성이 도덕적 삶과 어떤 연관을 맺는지 밝혀낸
점이다. 이는 사회적 선을 위한 모방과 학습만을 강조하던 이전 시대와
획을 긋는 발전이다. 사람은 천명이나 황제와 같은 외적 권위와 무관하
게 스스로 자연적인 경향을 조절하여 도덕적 삶을 살 수 있게 되었다.

하지만 초기의 본성 담론은 크게 세 가지 난제를 풀어야 했다.
첫째, 본성 담론이 형성된 뒤에 맹자 이래로 "다 같은 사람인데 왜
도덕적 차이가 발생하는가?"라는 고전적인 물음을 어떻게 풀어낼까?
이에 대해 맹자는 대체大體와 소체小體를 해답으로 제시했지만 그것만
으로 현실의 다양한 차이를 충분히 해명할 수 없었다.[72] 이는 전국시대
의 추연鄒衍과 한 제국 초기의 동중서가 음양오행을 자연과 역사
영역에서 사회와 정감 문제의 공명으로 확장시키면서 본성 논의를
확장시킬 수 있었다.

둘째, 본성이 사람의 도덕적 삶을 이끌어 가는 힘을 지녔다고 하더라
도 그 힘이 사람을 구체적으로 어떻게 변화시킬 수 있을까? 성선의
본성이 있다고 해서 신처럼 자체적으로 전개될 수는 없다. 또 성악의
본성을 조절하면 된다고 하더라도 그 조절은 한두 번으로 끝나지

---

72 『맹자』「고자」상 15: "孟子曰, 從其大體, 爲大人. 從其小體, 爲小人. 曰, 鈞是人
也, 或從其大體, 或從其小體, 何也? 曰, 耳目之官, 不思, 而蔽於物. 物交物,
則引之而已矣. 心之官, 則思. 思則得之, 不思則不得也. 此天之所與我者."

않고 삶을 통해 지속되어야 한다. 이런 측면에서 본성이 있다고 하더라도 그다음의 문제는 해결되지 않고 남아 있다. 이 물음은 후한 이후에 사회적 영향력을 확대하던 도교의 양생養生과 수련修練을 통해 논의를 확장시킬 수 있었다.

셋째, 본성이 자연적 경향성으로 사람을 도덕적 삶으로 이끌어간다고 하면 본성의 운동에 상반되는 힘도 존재하게 된다. 자연적 경향성은 도덕적 삶에 대해 긍정과 부정이라는 양날의 칼이라는 특성을 갖는다. 이 때문에 초기의 본성 담론이 도덕적 삶을 위한 근원과 힘을 발견했지만 필연성을 담보하지 못했다. 이는 불교와 도교에서 전개되던 불성佛性과 도성道性 개념을 통해 논의를 확장시킬 수 있었다.

이는 초기의 본성 담론이 다음 단계로 나아가는 기반이 되었다. 앞서 소개한 논점을 좀 더 자세하게 검토해 보면 다음과 같다.

첫 번째 논점과 관련해서 왕충王充의 품성稟性과 품기稟氣의 개념에 주목할 만하다. 이 개념은 리理철학 또는 성리학에서 중시하는 기질氣質·기질지성氣質之性 개념의 초기 형태로 중요한 의미 맥락을 지니고 있기 때문이다. 동중서에 의해 사람의 사고와 감정이 음양오행과 관련이 있고 또 사람의 음양오행이 수數 등의 유비 관계에 따라 하늘의 음양오행에 연동(공명)한다는 점은 이미 주장되었다. 보통 이를 천인감응天人感應 또는 천인 상관적 사고라고 부른다.[73] 동중서에 의해 하늘과 사람 그리고 감정과 행위 등이 상호 공명하는 관계는 충실히

---

73 정일동, 「秦末·漢初에 있어서 천인상관론의 전개」, 『중국사연구』 42, 2006 ; 앤거스 그레이엄(A.C. Graham), 나성 옮김, 『도의 논쟁자들: 중국 고대 철학 논쟁』, 새물결, 2015, 4장 참조.

해명된다.

하지만 동중서는 기氣의 어떤 측면이 사람에게 다르게 작용하는지에 대해 상세하게 논의를 진행하지 못한다. 그이는 기의 공명 관계를 말하지만 그 공명의 정확한 기제와 원인을 명확히 밝혀내지 못했다. 이 때문에 왕충은 동중서의 천인감응의 체계가 자의적이며 주관적이라고 비판하지만 그렇다고 기氣철학 자체를 부정하지는 않는다. 여기서 그이는 품성과 품수 개념을 도입하여 동중서의 남겨진 문제를 해결하고자 했다.

왕충은 술의 농담濃淡이 모두 누룩에서 나오듯이 사람의 선악도 모두 원기元氣로부터 나오는데, 기의 다소多少에 따라 본성의 현우賢愚가 나뉘게 된다고 주장한다.[74] 왕충이 말하는 원기와 기의 다소는 동중서의 경우와 그리 차이가 없다. 왕충은 원기와 기의 다소를 다시 품성과 품수의 논의로 진전시켜서 설명한다. 이 점은 동중서가 말하지 못한 지점이다. 군자와 소인은 품성이 전혀 다른 종류라기보다 오곡五穀의 차이로 설명할 수 있다. 오곡이 모두 사람에게 쓸모가 있는 점에서 다르지 않지만 효과의 측면에서 제각각 다르다.

바로 이 지점에서 선천적으로 품수 받은(가지고 태어나는) 기의 후박厚薄에 따라 사람의 선악이 갈리게 된다고 본다.[75] 왕충은 품성과

---

74 『論衡』「率性」: "是故酒之泊(薄)厚, 同一麴蘖. 人之善惡, 共一元氣. 氣有少多, 故性有賢愚."

75 『논형』「솔성」: "豆麥之種, 與稻粱殊, 然食能去飢. 小人君子, 稟性異類乎? 譬諸五穀皆爲用, 實不異而效殊者, 稟氣有厚泊, 故性有善惡也." 『논형』「氣壽」: "人之稟氣, 或充實而堅强, 或虛劣而軟弱." 『후한서』「郎顗傳」: "臣備生人

품기를 구분하면서 기의 다소에 이어서 후박, 즉 품기稟氣로 인해 다양한 차이가 발생한다는 점을 설명해 내고 있다. 품기는 선천적으로 나뉘게 되는 기의 비율을 나타낸다고 할 수 있다. 이렇게 되면 사람이 모두 원기로부터 태어나지만 그 원기의 다소와 후박, 즉 품기에 의해 다르게 되는 셈이다.

두 번째 논점인 양생과 세 번째 논점인 본성을 함께 살펴보자. 천명은 하늘이 사람에게 명령의 방식으로 다가온다. 사람은 명령에 대해 실행의 의무를 갖는다. 이 의무가 얼마나 성실하게 이행되느냐와 관련해서 책임과 심판의 사상이 뒷받침되어야 한다.[76] 천근은 하늘이 사람의 마음에 본성을 부여하는(심어주는) 방식으로 다가온다. 사람은 부여에 대해 주의하고 집중하여 돌보아 완전히 "나의 것"으로 하는 체화의 절차를 거치게 된다. 이 체화가 맹자에서 존심양성存心養性과 전심치지專心致志 등의 요구로 제시되지만[77] 구체적으로 어떻게 하는

倫視聽之類, 而禀性愚慤, 不識忌諱." 『한비자』 「解老」: "死生氣禀焉, 萬智斟酌焉, 萬事廢興焉"에 氣禀이 처음 쓰이며, 이는 생사의 맥락을 나타낸다. 하지만 『논형』처럼 사람의 차이와 본성 담론을 다루는 철학적 맥락으로 충실하게 논의되지 않고 있다.

76 이로 인해 천자가 제 역할을 수행하지 못하면 受命의 자격을 잃는다는 사고가 나오고 『춘추』를 비롯하여 역사 법정이 제시되었다. 하지만 모든 사람을 대상으로 하는 사후 심판의 사고는 생겨나지 않는다. 아마도 기독교가 傳來되기 이전에도 동아시아인은 불교의 輪廻 사상을 통해 사후세계와 사후 심판의 사고를 하게 되었다고 할 수 있다.

77 『맹자』 「고자」상 9: "今夫奕之爲數, 小數也, 不專心致志, 則不得也." 『맹자』 「진심」상 1: "孟子曰, 盡其心者, 知其性也. 知其性, 則知天矣. 存其心, 養其性, 所以事天也. 夭壽不貳, 修身以俟之, 所以立命也."

지 별다른 내용이 제시되지 않는다.

후한 말에서 위진남북조 시기까지 왕조가 단명하며 권력이 빈번하
게 교체되는 등 정치적 혼란이 이어지자 사람들은 현실을 이상 사회로
만들기보다 스스로 소모적이고 위험한 세상으로부터 거리를 두며
불로장생을 꿈꾸게 되었다. 간명하게 표현하면 유학에서 이상 인격으
로 간주되는 성인聖人이 되고자 노력하기보다 도교에서 추구하는
불로장생不老長生 또는 불사不死의 신선神仙 또는 진인眞人이 되고자
했다.[78]

신선 또는 진인이 되려면 맹자처럼 방향만을 제시할 수 없고, 그것을
넘어서 구체적인 수련과 양생 등의 절차와 그에 대한 노력이 필요하다.
그것이 후한 이후에 도교의 발흥과 더불어 발전하게 되었다. 도교는
크게 외부의 약물을 복용하는 외단外丹과 내면의 수련에 치중하는
내단內丹으로 나눌 수 있다.

외단은 신선이 되는 방법으로 선약仙藥 또는 단약丹藥을 복용하는
데, 이를 단정파丹鼎派로 부른다. 단약을 제련한다는 맥락에서 연단술
煉丹術이라고도 한다. 위백양魏伯陽의 『주역참동계周易參同契』는 도
교 단정파의 최초 이론서이다.[79] 『주역참동계』에서 '주역'은 『주역』에

---

78 신선은 늙지도 죽지도 않는 장생불사와 하늘을 날아올라 선계로 가는 昇天의
   의미를 핵심으로 한다. 仙은 선계를 산으로 표상하고 있고 僊은 선계를 하늘로
   표상하는 점에서 차이를 보인다. 두 가지는 葛洪에 의해 天仙과 地仙으로
   구분된다. 『抱朴子』「論仙」: "按仙經云, 上士去形升虛, 謂之天仙. 中士游於名
   山, 謂之地仙." 이와 관련해서 김현수, 「갈홍의 神仙可學論과 神仙命定論의
   관계에 대한 고찰」, 『중국학보』 82, 2017, pp.420~422.

79 난화이진(南懷瑾), 최일범 옮김, 『참동계 강의』상하, 부키, 2019 참조.

서 이론의 근거를 찾는다는 뜻이고, '참'은 『주역』·황로黃老·화로火爐 세 가지를 가리키고, '동'는 통합이고, '계'는 책이라는 뜻이다. 이 중 화로는 연단을 제조하는 방법과 관련이 된다.[80]

진나라 갈홍(葛洪, 283~363)도 금단을 제련하며 복용하면 불로에 이르고 신선이 될 수 있다고 주장했다. 이런 점에서 『포박자抱朴子』는 외단의 초석을 다졌다는 평가를 받는다. 이 밖에도 갈홍은 특별한 기를 타고 태어나야 신선이 될 수 있다는 혜강嵇康의 주장을 비판하고 사람이 후천적으로 노력하면 신선이 될 수 있다는 신선가학론神仙可學 論을 주장했다.[81] 이는 나중에 성인이 후천적으로 배우고 기질을 변화 시켜 성인이 될 수 있다는 리철학의 성인가학론聖人可學論에 영향을 주었다.[82]

갈홍은 물질에 열을 가하면 성질이 크게 바뀐다는 과학적 지식을 가졌다. 예컨대 진흙은 쉽게 없어질 수 있지만 구워서 기와로 만들면 오래가고, 떡갈나무는 쉽게 썩지만 불태워 재로 만들면 오래간다. 또 수레의 곁말도 잘 기르면 늦게 죽지만 명마도 험한 곳을 다니면 일찍 죽고, 겨울을 못 나는 벌레도 생태가 맞으면 자기 수명의 배를 살 수 있다.[83] 이에 따르면 사람도 죽을 수밖에 없지만 금단金丹을

---

80 머우중젠(牟鐘鑒), 이봉호 옮김, 『중국 도교사: 신선을 꿈꾼 사람들의 이야 기』, 예문서원, 2015, pp.44~46.

81 김현수, 「갈홍의 神仙可學論과 神仙命定論의 관계에 대한 고찰」, 『중국학보』 82, 2017, pp.425~433.

82 주렴계, 『通書』 「聖學」: "聖可學乎? 曰, 可. 曰, 有要乎? 曰, 有. 請問焉. 曰, 一爲要. 一者, 無欲也. 無欲, 則靜虛動直. 靜虛則明, 明則通. 動直則公, 公則溥. 明通公溥, 庶矣乎!"

섭취하면 신체의 질료를 변화시켜 불로장생할 수 있다는 결론을 끌어내고 있다.

외단에서 단약을 복용하면 형질이 변화하여 보통 사람이 진인이 된다고 하지만 실제로는 일종의 수은 중독이 만연했다. 당 제국은 왕조 차원에서 도교를 장려하고 황제가 단약을 음용하다가 독사하는 참극이 빈번하게 일어났다. 이로써 『수서』 「경적지經籍志」를 비롯하여 단약의 음용을 경계하는 이야기가 늘어나게 되었다.[84]

역사서의 기록만이 아니라 도교 내부에서도 단약의 물질을 제조하고 음용하여 불로장생 또는 진인이 된다는 외단을 성찰하면서 내단으로 전환이 일어나게 되었다. 즉 사람은 외부가 아니라 내부에 불로장생 또는 진인이 될 수 있는 장생약을 지니고 있으므로 약물에 관심을 가질 필요가 없다는 말이다.[85]

내단에서는 사람의 심신을 정精·기氣·신神으로 되어 있다고 보고 벽곡辟穀(금식)·토납吐納(호흡법)·명상·체조 등의 수련을 통해 심신의 형질을 바꿀 수 있다고 보았다.[86] 그 과정을 연정화기鍊精化氣

---

83 『포박자』「내편 至理」: "泥壤易消者也, 而陶之爲瓦, 則與二儀齊其久焉. 柞櫟速朽者也, 而燔之爲炭, 則可億載而不敗焉. 轅豚以優畜晚卒, 良馬以陟峻早斃, 寒蟲以適己倍壽."

84 머우중젠(牟鐘鑒), 이봉호 옮김, 『중국 도교사: 신선을 꿈꾼 사람들의 이야기』, 예문서원, 2015, pp.159~160.

85 張伯端, 『悟眞篇』 권상 其七: "人人本有長生藥, 自是迷徒枉擺抛. 甘露降時天地合, 黃芽生處坎離交. 井蛙應謂無龍窟, 籬鷃爭知有鳳巢. 丹熟自然金滿屋, 何須尋草學燒茅?"

86 『黃庭經』은 律詩 형식으로 내단의 養生과 修練의 원리를 담고 있는 上淸派의

→ 연기화신鍊氣化神 → 연신환허鍊神還虛로 설명한다.[87] 이는 다시 청 제국 천진도 이서월(李西月, 1806~1856)에 의해 연정 → 연기 → 연신요성煉神了性 → 연신요명煉神了命 → 연신환허의 오관으로 확장되었다.[88]

이러한 내단의 수련은 형신쌍수形神雙修에서 발전된 성명쌍수性命雙修로 압축되었다. 여기서 성性은 선종의 본래면목과 기본적으로 일치하며 사람 마음의 본성을 가리키는데 신과 서로 연결된다. 명命은 기에 의해 개별화된 몸, 원기를 가리키는데 형形과 서로 연결된다.[89] 사람은 외적 약물이 아니라 심신의 성과 명을 수양하게 되면 불사성을 가진 일종의 배아를 자신 안에 만들어 기를 수 있다. 이 과정을 통해 사람의 몸은 조금씩 불사신의 신체 기관으로 바뀌게 된다.[90] 여기서 일종의 배아가 외단의 약물을 대체한다고 할 수 있다.

이렇게 보면 내단의 배아, 즉 심신의 금단이 생성되면 노화와 죽음을 피할 수 없는 보통 사람을, 그것을 초월한 진인으로 탈바꿈하게 된다. 이러한 배아 또는 씨앗의 사고는 "사람만이 아니라 풀과 나무 그리고 흙과 돌에도 도를 깨달을 수 있는 본성이 내재해 있다"라는 당 제국 맹안배孟安排의 도성론道性論과 일맥상통한다.[91] 도성론은 불성론佛

핵심 경전이다. 정우진, 『몸의 신전: 황정경 역주』, 소나무, 2019 참조.

87 김경수, 『중국내단도교』, 문사철, 2020 참조.

88 머우중젠(牟鐘鑒), 이봉호 옮김, 『중국 도교사: 신선을 꿈꾼 사람들의 이야기』, 예문서원, 2015, p.292.

89 김재숙, 「性命雙修: 도교의 수련과 진인의 경지」, 『도교문화연구』 27, 2007, pp.98~99.

90 김재숙, 위의 글, 2007, pp.96~97.

性論의 영향에서 촉발되었지만 도를 깨달을 뿐만 아니라 심신의 변화를 이루려는 도교의 내재적 사상에서도 도출될 수 있다.[92]

지금까지 살펴본 바에 따르면 갈홍의 성인가학聖人可學과 내단의 배아 또는 씨앗으로서 내단 그리고 맹안배의 도성론은 유가의 본성 담론이 이전과 달리 선천적 실체로 발전할 수 있는 수많은 자양분을 제공했다고 할 수 있다.[93] 이러한 본성 담론은 유有와 무無를 우주의 근원으로 보는 담론, 즉 숭유론崇有論과 귀무론貴無論 등과 함께 실체화 경향으로 나아간다. 이처럼 씨앗과 같은 실체화가 송나라의 유교가 본성을 맹자의 성선을 바탕에 두고 재정립하는 과정에 직간접으로 영향을 주게 된다.

2) 주희朱熹: 본성의 선천적 실체화와 기질 변화론

송나라는 이민족의 중원 지배라는 위기를 해결하면서 등장했다. 철학사의 측면에서 보면 송명 신유학자는 중원 지역의 문화 정체성 또는 문화 정통성을 '도통道統' 이름으로 구축하고자 했다. 중원에서 위기와 디아스포라를 겪으면서 상황의 변화에도 훼손할 수 없는 가치를 지켜

---

91 『道性義樞』 제8권 「道性義」: "道性體義者, 顯時說爲道果, 隱時名爲道性. 道性以淸虛自然爲體. 一切含識, 乃至畜生·果木·石者, 皆有道性也."

92 무기카니 구니오(麥谷邦夫), 정재상 옮김, 「도교 교리사상의 형성과 전개」, 『종교와 문화』 33, 2017, pp.2~4.

93 주희는 불교보다 도교에 대해 훨씬 우호적인 태도를 보인다. 주희의 도교에 대한 인식과 관심에 대해서 김낙필, 「주희의 도교 인식」, 『태동고전연구』 제10집, 1993 ; 미우라 구니오(三浦國雄), 이승연 옮김, 『주자와 기 그리고 몸』, 예문서원, 2003 참조.

야 한다는 각성을 하게 되었기 때문이다.[94]

아울러 유가는 어떠한 외부의 자극이나 권위에 의해 영향을 받지 않을 뿐만 아니라 개인의 심리적 요인에 의해서도 왜곡되지 않는 도덕 근원을 확립하고자 했다. 이 확립은 기존의 기철학을 리철학으로 전환하는 과정에서 일어났다.[95] 이러한 도덕 근원은 초기의 본성 담론에서 제시한 심리의 자연적 경향성으로 호응할 수 없었다. 그것이 바로 본체(실체)로서 본성 담론을 형성하고자 했던 과정이라고 할 수 있다.

공자가 오경五經 등 중원中原 유역의 지적 자산을 활용하여 유학의 본성 담론이 형성될 수 있는 마당을 마련했다. 주희는 사서오경四書五經과 한당漢唐의 경학經學 그리고 도교와 불교의 양생과 수련 및 본성 담론에다 장재張載와 이정二程과 같은 북송오자北宋五子의 선구적 성과를 종합하여 리理 중심의 철학을 종합화 해냈다.

본성 담론과 관련해서 보면 주희는 도교의 신선가학神仙可學을 바탕으로 기질 변화의 가능성을 끌어내고 현학의 유무有無 논쟁과 도성道性 그리고 불교의 불성을 바탕으로 실체로서의 본성 사유를

---

94 이용주, 『주희의 문화 이데올로기: 동아시아 사상 전통의 형성』, 이학사, 2003 ; 신정근, 『철학사의 전환: 동아시아적 사유의 전개와 그 터닝포인트』, 글항아리, 2012 참조.

95 한정길은 철학사 이외에 미발의 理가 지닌 의의에 대해 다층면에서 조망하고 있다. 그에 따르면 형이상학에서 인간의 존재론적 지위 확보, 사회철학에서 인류 사회의 건립을 위한 주체의 내면적 본원 탐구, 도덕 심리학에서 순수한 도덕적 자아 발견, 공부론에서 도덕 본성의 실현 문제를 함축하고 있다. 한정길, 「왕양명의 '미발'관과 양지 체용론」, 『양명학』 23, 2009, p.9.

개척했다. 이 사유를 종합하기 위해 주희는 천에 대해 기존의 인격적 맥락을 완전히 걷어내고 자연과 사회를 관통하는 객관적인 원칙, 즉 천리天理에 주목했다.[96]

원래 천리는 리철학에서 처음 사용한 개념이 아니라 자연의 이치를 나타내거나 사람의 본성을 나타내는 말로 일찍부터 간간이 쓰였다.[97] 하지만 천리가 자연과 사회 나아가 본성을 꿰뚫는 원칙이자 규범으로 쓰이지 않았다. 정이程頤는 천리를 다른 것에 의해 영향을 받지 않고 이 세계를 규제하는 원칙으로 규정하고, 정호程顥도 자신이 이전 학문의 영향을 받았을지라도 천리天理 사상만은 스스로 체득한 사항으로 자부했다.[98] 즉 그이는 원기元氣나 태허太虛를 기반으로 하는 기철학에 대응해서 천리天理를 바탕으로 리철학을 창안하게 되었다는 자부심을 나타내고 있다.

그렇다면 그들은 어떻게 천리 사상 또는 리철학을 구축했을까? 세계의 존재는 모두 음과 양, 선과 악처럼 다양한 짝(對) 또는 짝 개념(concept of bi-polarity)으로 구성되어 있고, 짝은 한쪽이 늘어나면 다른 쪽이 줄어드는 방식으로 서로 연동하여 변화한다.[99] 즉 이러한

---

96 천라이(陳來), 안재호 옮김, 『송명 성리학』, 예문서원, 1997 참조.

97 『장자』「天運」: "夫至樂者, 先應之以人事, 順之以天理." 『禮記』「樂記」: "夫物之感人無窮, 而人之好惡無節, 則是物至而人化物也. 人化物也者, 滅天理而窮人欲者也." 孔穎達 疏: "理, 性也, 是天之所生本性滅絶矣."

98 『二程集』『河南程氏遺書』: "莫之爲而爲, 莫之至而至, 便是天理." 『이정집』 『하남정씨유서』: "明道常言, 吾學雖有所受, 天理二字却是自家體貼出來."

99 『이정집』: "萬物莫不有對, 一陰一陽, 一善一惡, 陽長則惡(陰)消, 善增則惡減. 斯理也, 推之其遠乎? 人只要知此耳."

변화의 연동은 신적 존재의 의도나 세도가의 조작이나 사람의 주관적
인 원망과 무관하게 그 자체의 원인에 의해 전개되고 있다. 여기까지
기철학과 리철학이 공유할 수 있다. 그들은 이 과정이 기 자체의
자연(내재적인) 운동이 아니라 리의 설계와 재생이라고 본다.

그들이 천리를 발견했다고 해서 사람의 본성 논의를 완결 지었다고
할 수 없다. 여기서 주희는 리理가 객관적 원칙으로만 존재하지 않고
사람에게 내재하는 길을 찾게 된다. 주희는 사람과 사물, 즉 세계의
생성을 물리적 과정에 한정하지 않고 리理의 전개라는 가치 창출의
사건으로 해석한다. 즉 사물의 생성은 예외 없이 1) 천지의 리, 즉
천리를 얻어서 본성으로 삼게 되고, 천지의 기를 얻어서 형체로 삼는
결합으로 일어난다.[100] 이렇게 되면 리와 성은 있는 곳의 차이를 가질
뿐 동일성을 잃지 않는다. 이로 인해 유명한 테제, 즉 성즉리性卽理가
조어되었다. 사실 리즉성理卽性으로 바꿔도 문제가 없다. 둘 다 객관적
원칙과 개별자의 본성이 연결되어 있고 상통한다는 특성을 나타내기
때문이다.

이러한 결합은 주희가 정립한 본성 담론의 기본 구도이다. 이 구도는
다양하게 변주되지만 끈질긴 생명력을 가지고 오랫동안 지배적인
이론으로 군림했다. 여기서 주희에 따르면 본성은 리와 동일성을
갖는다. 리가 외부의 어떠한 힘과 자극에 영향을 받지도 훼손되지도
않으면서 세상의 운행이 질서 있게 이루어지게 하면 원칙으로서 성도

---

100 『맹자집주』「이루」하 19: "人物之生, 同得天地之理以爲性, 同得天地之氣以爲
形. 其不同者, 獨人於其間得形氣之正, 而能有以全其性, 爲少異耳. 雖曰少異,
然人物之所以分, 實在於此."

그러한 특성을 갖는다. 이런 점에서 본성은 리와 마찬가지로 실체로 볼 수 있다. 이런 점에 본성이 질서 그 자체와 일체화되었다고 할 수 있다. 질서는 새롭게 구성하는 것이 아니라 이미 있는 것을 확인(재확인)하여 현실에 그대로 구현하게 된다.

하지만 성은 리와 다른 조건에 놓인다. 리理는 기氣에 앞서 그 자체로 존재할 수 있지만 사물의 경우는 사정이 다르다. 개별 존재는 리와 기가 반드시 결합하여 성(본성)과 형(신체)의 형식으로 생성된다. "리만의 사물"이나 "기만의 사물"은 원래부터 존재할 수가 없다. 개별 사물은 리의 내재화인 성(본성)과 기의 개별화인 형(신체)이 공존하는 상황(조건)에 놓인다는 점이다. 이를 본성의 언어로 말하면 천지지성 天地之性과 기질지성氣質之性으로 구분된다.[101]

이러한 구도는 인간이 선을 실행할 수 있는 강력한 근원을 확보하면서 현실에서 악으로 흐를 수 있는 가능성을 성공적으로 설명해 낼 수 있다. 이것은 초기 본성 담론에서 다양하게 논의해 온 성선, 성악, 성삼품설(성선질설, 성선악혼설) 등을 모순 없이 하나로 녹여내는 종합이다. 이 지점에서 주희의 구도는 이론적 완벽성을 갖는다고 할 수 있다.[102]

---

101 『朱文公文集』권56「答鄭子上」: "論天地之性, 則專指理言. 論氣質之性, 則以理與氣, 雜而言之, 非以氣爲性命也." 이때 天地之性은 주희가 장재로부터 물려받은 유산으로 때에 따라 天命之性이나 本然之性 등으로 불리기도 한다.
102 이후 주희의 본성 담론은 두 가지 방향으로 진행된다. 첫째, 주희가 "아직 말하지 않은 부분"을 규명하여 구도를 더욱 정교하게 만드는 방향이다. 둘째, 주희의 구도에서 性을 재정의하여 부분적으로 대체 방안을 찾는 방향이다. 전자는 조선 유학에서 인물성동이 논쟁, 사단칠정 논쟁 등으로 전개되었다.

이론이 완벽하다고 해서 도덕적 삶이 자동으로 활성화될 수 없다. 특히 주희의 구도에서 개별 존재는 기질지성으로 인해 리와 기가 호의적으로 공존할 수도 있고 적대적으로 대립할 수도 있는 상황에 놓이게 된다. 이는 주희가 설계했던 구도가 안고 있는 피할 수 없는 존재 구속성이라고 할 수 있다.

그렇다면 주희는 본성의 구도를 만든 다음에 또 사람이 본성에 따라 도덕적 삶을 살 수 있는 길을 어떻게 제시할까? 주희는 이 과제를 성性과 정情의 개념을 체體와 용用의 도식으로 설명해 낸다. 체와 용은 각각 본체本體와 작용作用으로 풀이한다. 본체인 성은 작용인 정이 작용할 수 있는 방향과 가치를 지시하고, 작용인 정이 본체인 성의 지시에 따라 상황에 맞는 행위를 수행하는 도식이다.

예컨대 인仁은 성이고 측은惻隱은 정이다. 인은 사람이 사랑의 방향으로 나아가도록 하늘로부터 부여받는 가치(사랑, 사람다움)이지만 그 자체가 사람이 어떻게 하도록 움직이게 하지 못한다. 대신 측은은 타인의 고통에 공감하고 그에 상응된 방식으로 행위를 하게 하는 정감이다.[103] 이때 인은 본체이고 측은은 작용이다. 인은 측은의 작용력을 통해 구체적 상황에서 전개될 수 있다.

후자는 다음 절에서 논의하려고 한다. 한국사상사연구회 편, 『인성물성론』, 한길사, 1994 ; 황준연, 『역주 사단칠정논쟁』, 학고방, 2009 ; 홍원식, 『사단칠정론으로 본 조선 성리학의 전개』, 예문서원, 2019 참조.

103 『주자어류』 권5: "孟子言惻隱之心, 仁之端也. 仁, 性也. 惻隱, 情也. 此是情上見得心. 又曰, 仁義禮智根於心, 此是性上見得心, 蓋心便是包得那性情, 性是體, 情是用."

여기서 정이 본성의 가치와 방향에 부합되는 방식으로 사람을 이끌어간다면 주희의 본성 담론은 이론의 완벽성에다 실천의 완벽성을 갖추었다고 할 수 있다. 하지만 정은 본성의 가치와 방향에 완전히 부합하는 방식으로 사람을 이끌 수도 있지만 그렇지 않을 수도 있다. 이것은 주희가 사람의 본성을 천지지성과 기질지성으로 구분했던 도식 자체가 안고 있는 문제 상황이기 때문이다.

이 문제 상황은 개념의 도식에 한정되지 않고 실제로 사람이 자신의 상황을 인지하고 해결하려는 활동과 긴밀하게 연관되어 있다. 도식만 있고 활동이 없으면 문제 상황을 인지하지만 어떠한 긍정적 변화를 일구어낼 수 없다. 바로 이 지점에서 주희는 기질 변화에 주목하게 되었다. 기질 변화가 일어난다면 주희의 도식이 문제를 자체 해결할 수 있는 틀을 완비하기 때문이다.

주희는 먼저 사람과 사물의 본성을 구분하여 사람이 기질을 변화시킬 수 있다는 근거를 제시했다. 사람의 본성은 개인에 따라 밝고 어두운 명암明暗의 차이가 있지만 사물의 본성은 그 자체로 치우고 막힌 편색偏塞의 한계가 있다. 이 때문에 사람은 암의 기질을 지니고 있더라도 명의 상태로 바뀔 수 있지만 사물의 편색은 근원적인 변화, 즉 통通으로 바뀔 수가 없다.[104]

이는 어찌 보면 이론의 구도에서 필연적으로 나아갈 수밖에 없는 방향이기도 하다. 기질지성은 현실과 몸으로 인해 기질의 영향을 받아 본성 원래의 가치와 방향이 온전히 전개될 수밖에 없기 때문이다.

---

104 『주자어류』 권4: "人之性論明暗, 物之性只是偏塞. 暗者可使之明, 而偏塞者不可使之通也."

활동의 방향이 정해졌다고 하지만 그 과정은 한두 번의 노력으로 일어나지 않고 무척이나 어렵다.[105] 하지만 어렵다고 그 노력을 멈춘다면 개인적으로 기질의 제약을 벗어날 수 없고 주희의 이론적 구도도 한계를 드러내게 된다. 따라서 '극난極難'은 사람이 노력을 멈추게 하는 절망이 아니라 기질 변화의 시도에 나설 수밖에 없는 인간의 운명을 보여 주고 있다.[106]

여기서 우리는 기질 변화의 의미를 오해하지 않아야 한다. 기질 변화라고 하면 자칫 사람이 후천적으로 자신의 몸과 정신을 돌봐서 근육질이 되거나 초능력을 가지는 활동으로 오해할 수 있다. 기질 변화는 사람의 물리적 생리적 질료의 조건을 바꾸는 일이 아니라 기질이 자기 자신에게 부정적 영향을 지속하는 상태를 바꾸는 활동이다.[107]

바로 이 지점에서 주희의 기질 변화가 호흡법과 약물의 복용을 강조하는 도교와 다르다고 할 수 있다. 도교에서는 앞에서 살펴본

---

105 『주자어류』 권4: "人之性皆善, 然而有生下來善底, 有生下來便惡底, 此是氣稟不同. … 人之爲學, 卻是要變化氣稟."『주자어류』 권4: "人之爲學, 卻是要變化氣稟, 極難變化."

106 여기서 바로 敬과 志가 중요성을 갖는다. 敬은 사람이 미발과 이발 모두에서 성에 집중하도록 하는 공부이고, 志는 보통 사람으로 현인을 거쳐 성인이 나아가야겠다고 스스로 결단하는 계기를 나타내기 때문이다.

107 이승환은 기질 변화를 구체적으로 자기상의 확립, 자기 지각의 증진, 자기 통제와 의지력의 강화, 인지 체계의 개선 등 4가지로 설명한다. 이승환, 「주자 수양론에서 性과 성향: 기질 변화설의 성품 윤리학적 의미」, 『동양철학』 제28집, 2007, pp.151~162.

양생과 수련을 통해 보통 사람이 질적으로 다른 진인眞人이나 신선, 즉 유한한 인간을 초월한 불사의 무한한 존재가 되고자 했다. 또 불교는 수행과 좌선 등의 명상을 통해 인식의 근본적 전환을 이루어 성불成佛의 깨달음을 추구했다. 주희는 도교나 불교와 다른 길을 개척했다고 할 수 있다.

그렇다면 주희가 마지막으로 매달리는 기질 변화는 과연 가능한 것일까? 기질 변화가 한갓 이론적 요청에 지나지 않으면 이론적 완결성을 구축할 수 있을 뿐이다. 기질 변화가 현실적으로 가능하지 않다면 주희는 사람에게 불가능한 일을 가능성이라는 희망 고문에 가두는 가학적 활동을 하는 것일까? 이와 관련해서 다양한 사례 분석이 필요하지만, 조선 후기에 후천적 장애를 극복하고 시인이자 학자로 문명을 날렸던 김득신(金得臣, 1604~1684)을 살펴볼 만하다.[108]

김득신은 어릴 적에 천연두를 앓아 선천적 기질이 후천적으로 더 악화되었다. 성상질로性傷質魯, 즉 본성이 다치고 자질이 나빠졌다. 이 때문에 당시의 통상적 교육 과정을 따라가지 못하고 10세에 『십팔사략十八史略』을 배우게 되었다. 하지만 '천황天皇'으로 시작하는 첫 부분 26자[109]를 3일간 배웠지만 제대로 끊어 읽지를 못했다. 주위에서 공부를 만류했지만 아버지는 김득신의 자질이 나쁘지만 명직문요命直文曜하여 세상에 문명을 떨칠 것이라 믿었다.[110]

---

108 이유은, 「백곡 김득신의 공부론」, 『교육사상연구』 제33권 제3호, 2019, pp.39~71 참조.

109 『十八史略』 「太古」: "天皇氏, 以木德王. 歲起攝提, 無爲而化. 兄弟十二人, 各一萬八千歲."

김득신은 한 권의 책과 글을 만 번 이상씩 읽는 등 각고의 노력을 통해 과거에 급제하여 관료가 되고, 또 시인으로 성장하여 결과적으로 성상질로性傷質魯를 극복하여 아버지의 바람대로 문명어세文鳴於世를 할 수 있었다. 김득신은 선천적 기질만이 아니라 후천적 장애(性傷質魯)를 극복한 사례로 볼 수 있다. 나아가 주희가 말하는 기질 변화의 현실적 성공 사례로 볼 수 있다.

그렇다면 주희의 기질 변화는 한갓 이론적 완결성을 위한 요청이라고 볼 수 없다. 사람이 기질의 변화가 실제로 일어날 수 있다는 믿음을 바탕으로 지속적인 노력을 기울일 때 현실에서 일어날 수 있는 사건이다.[111] 이러한 기질 변화는 주희가 도교와 불교의 수련과 수행이 흥성하던 시대적 분위기에서 의식적이건 무의식이건 영향을 받았을 수 있다.[112] 주희의 수련과 수행은 도교와 불교의 이론과 밀접하게 연계되어 있다고 하더라도 물론 이론과 독립적 의미와 기능을 가질 수 있기 때문이다. 수련은 이론 종속적이지 않고 이론 독립적인 특성을 가질

---

110 『柏谷集』附錄 「行狀草(金行中)」: "重經痘疾性傷質魯. 十歲, 始受曾史於曾王父, 而天皇一章學三日, 不成口讀. 三考之外舅梅溪公, 睦參判斅欽, 來見, 謂曰, 已之. 曾王父曰, 是兒質魯雖如此, 然命直文曜, 他日可以文鳴於世. 十五, 雖勤受業, 文理未違."

111 舜은 왕이 되기 이전에 자신을 죽이려고 했던 아버지 瞽瞍와 이복동생 象을 미워하지 않고 지극한 사랑으로 대하여 결과적으로 그들을 선량한 사람으로 감화시켰다. 현실에서 순보다 더 나쁜 가족이 있기가 어려울 듯하다. 어찌 보면 유학은 기질 변화의 서사에서 시작된다고 할 수 있다.

112 주희의 도교에 대한 관심은 미우라 구니오(三浦國雄), 이승연 옮김, 『주자와 기 그리고 몸』, 예문서원, 2003 참조.

수 있다.

이런 사례는 음양오행이 원래 추연의 음양가 학설이었지만 동중서에 의해 유교에 수용된 뒤에 우주론과 인성론을 설명하는 틀로 자리잡게 된 과정과 비슷하다. 음양오행이 우주론과 인성론의 바탕이 되자 이후에 누구도 음양가의 기원을 따지며 비판하지 않았다. 유교의 인성론과 우주론에서 음양오행을 빼버리면 추상의 원리와 구체의 현실 사이에 엄청난 간격이 발생하여 이해 불가능한 영역이 양산되기 때문이다.

3) 왕양명王陽明: 통합적 실체와 관점주의

왕양명은 『대학』 판본, 『대학』의 '격물格物' 해석만이 아니라 본성 담론에서 주희와 많은 차이를 보인다. 이 차이는 유학 내부의 미세한 불일치인지 아니면 결정적 불일치인지 관점에 따라 다를 수 있다. 본성 담론의 맥락에서 보면 왕양명과 주희의 차이는 결코 사소하지 않다. 마음과 본성 그리고 수양과 실천의 문제에서 다른 길을 보여준다고 할 수 있다.

주희는 1) 본성을 본체(실체)의 성전에 모셔놓고, 2) 사람이 정을 통해 도덕적 삶을 살아가는 구도를 마련했다(性體情用, 性發爲情). 본성이 본체(실체)의 권좌에 있는 한 스스로 직접 몸과 현실에 개입하여 통제할 수 없기 때문이다. 이로써 본성은 자체의 순수한 세계에 존재하는 만큼 몸과 현실에 대해 거리가 생길 수밖에 없다.

이때 정은 기질로 인해 몸과 현실의 영향을 받으므로 사람이 도덕의 삶으로 나아갈 수도 있지만 그 반대의 길로도 나아갈 수 있다. 따라서 주희의 도식에 따르는 한 본성이 몸과 현실에 대해 직접 관계를 맺지 못하는 측면과 정을 매개로 간접 통제에 나서지만 실수(실패)의 가능성을 완전히 배제할 수 없는 측면의 문제를 떠안게 된다.

이 문제와 관련해서 왕양명(1472~1529)이 미발未發과 이발已發을 주희와 다르게 규정하는 의미 맥락을 살펴보자. 주희는 중화中和 논변을 거치면서 마음이 성과 정을 통괄하는 심통성정心統性情의 중화신설中和新說을 확립하게 된다.[113] 이때 미발은 현상적 의식의 근원에 있는 본체로서 성(심성론)과 아직 지향 활동을 전개하지 않은 미지향적 의식(공부론)을 가리킨다.[114] 반면 이발은 지향 활동이 전개되어 호오好惡 등 다양한 지각이 나타난 상태로 사람이 이를 스스로 의식할 수 있다.

왕양명도 미발과 이발의 개념을 사용하기는 하지만 주희와 다른 의미 맥락으로 사용한다. 누군가 미발과 이발을 질문하자 왕양명은 처음에 대범하게도 미발과 이발이 없다고 잘라 말했다. 하지만 이는 미발과 이발을 아예 부정하자는 의도가 아니라 그것에 대한 관행적 사고에 무슨 문제가 있는지를 반성하도록 하는 일종의 충격 요법이었다. 우리가 그 문제를 충분히 제대로 인지한다면 왕양명은 미발과 이발이 있다고 해도 괜찮을 뿐만 아니라 원래부터 있었다고 주장한다.[115]

---

113 손영식, 『이성과 현실: 송대 신유학에서 철학적 쟁점의 연구』, 울산대학교출판부, 2013, 제8장 '주희의 심성론의 형성: 중화 논변을 중심으로' 참조.

114 이승환, 「주자 수양론에서 '미발 공부'의 목적과 방법 그리고 도덕심리학적 의미」, 『동양철학』 32, 2009, pp.326~327.

115 『傳習錄』 307조목: "或問未發已發. 先生曰, 只緣後儒將未發已發分說了. 只得

주희의 입장에서 보면 왕양명의 발언은 본체인 성과 작용인 정의 엄격한 구분을 무력화시키고 있다. 본성이 정으로 드러나는 성발위정性發爲情은 정이 본성의 통제 아래에 있다는 점을 나타낸다. 미발과 이발의 구분이 본체와 작용의 관계로 엄격하지 않으면 본성이 정을 통제할 수 있는 가능성이 약화될 수 있다. 이렇게 보면 왕양명은 미발과 이발의 개념을 주희와 다른 방식으로 사용하고 있다. 그 구분은 실질적 맥락이 아니라 명목적이거나 개념적 맥락이라고 할 수 있다.

그렇다면 왕양명은 미발과 이발을 어떤 방식으로 구분하고 있을까? 그이도 미발과 이발을 희로애락이 드러난 것을 기준으로 한다는 점에서 전통적 논의와 크게 다르지 않다. 반면 그이는 심통성정心統性情의 구도에서 미발과 이발의 작동 시스템을 설명하는 방식에서 주희와 차이를 보인다. 주희가 미발과 이발을 성체性體와 정용情用으로 본다면, 왕양명은 심체心體와 심용心用으로 본다.[116] 왕양명은 미발과 이발을 마음의 특정 상태나 국면이 아니라 모두 마음의 본체와 작용으로 규정한다.[117]

이에 따르면 왕양명의 미발과 이발은 개념적으로 구분되는 점에서 주희와 비슷하지만 마음으로 통합되는 점에서 주희와 다르다. 여기서 왕양명은 심통성정을 공유하는 점에서 주희와 같지만 성발위정을

劈頭說箇無未發已發, 使人自思得之. 若說有箇已發未發, 聽者依舊落在後儒見解. 若眞見得無未發已發, 說箇有未發已發, 原不妨. 原有箇未發已發在."

116 『王陽明全集』권4 「答汪石潭內翰」: "喜怒哀樂之未發, 則其指本體而言, 性也. … 喜怒哀樂之與思與知覺, 皆心之所發. 心統性情. 性, 心體也. 情, 心用也."

117 한정길, 「왕양명의 '미발'관과 양지체용론」, 『양명학』 23, 2009, p.20.

부정하는 점에서 주희와 다르다. 나아가 왕양명은 마음 이면의 또 다른 심층 또는 의식과 사려를 통제할 수 있는 부동의 근원으로서 본성을 부정하는 점에서 주희와 차별상을 갖는다고 할 수 있다. 왕양명은 마음이 성과 정을 통합하는 특성을 더 강조한다.

왕양명의 경우 본성은 마음 밖에 따로 존재하지 않고 마음 그 자체이다. 달리 말하면 마음 자체가 본성이다. 본성은 마음에 대한 어떤 것이 아니라 마음의 본체일 뿐이기 때문이다. 이것이 바로 성즉리性卽理와 구별되는 심즉리心卽理의 테제라고 할 수 있다.[118] 달리 말하면 마음은 사람을 사람이게끔 하는 특성으로서 성이면서 그렇게 살아가도록 사려하고 지각하는 작용으로서 정이다. 일종의 관점주의라고 할 수 있다. 마음에 대한 관점에 따라 성이 되기도 하고 정이 되기도 한다. 이는 정체定體를 부정하는 성의 논의에도 그대로 적용된다.[119]

주희는 미발과 이발 또는 성과 정을 체용의 도식으로 구분하여 본체의 신성성과 절대성을 지키면서 작용을 규제하는 임무를 수행하게 한다. 하지만 이러한 이원화는 체용體用의 본래 용법에 걸맞지 않다. 체용은 원래 한 실체의 양상에 대해 말하지 서로 다른 대상의 관계를 말하지 않는다.[120] 예컨대 눈은 뭔가를 볼 수 있는 시력과

---

118 『전습록』 3조목: "心卽理也. 此心無私欲之蔽, 卽是天理. 不頂外面添一分. 以此純乎天理之心, 發之事父便是孝, 發之事君便是忠, 發之交友治民便是信與仁. 只在此心去人欲存天理上用功便是."

119 『전습록』 308조목: "性無定體, 論亦無定體, 有自本體上說者, 有自發用上說者, 有自源頭上說者, 有自流弊處說者 : 總而言之, 只是一箇性, 但所見有淺深爾. 若執定一邊, 便不是了."

120 강진석, 『체용 철학』, 문사철, 2011 참조. 예컨대 근대에 중국이 서구 문화의

뭔가를 실제로 보고 지각하는 시각을 갖는다. 이때 눈의 시력이 체이고 눈의 시각이 용이다. 왕양명은 체용 도식이 다른 대상 사이의 관계가 아니라 단일한 하나의 실체, 즉 마음(心)의 특성을 설명하고자 한다. 이런 점에서 왕양명은 체용별원體用別源이 아니라 체용일여體用一如와 체용일원體用一源의 통합적 사유를 하고 있다.

주희의 성체정용은 악의 발생을 설명하는 데 유리하다. 악은 본성과 무관하고 정으로 인해 발생한다고 설명할 수 있기 때문이다. 이로써 본성의 순수성과 무오류성에 아무런 문제가 발생하지 않는다. 왕양명처럼 본성과 정을 심체와 심용으로 규정하면 악의 원인이 마음에 있게 되고, 그렇게 되면 주희의 입장에서 당연히 마음이 악의 원인이면서 도덕의 근원이 될 수 있느냐는 의문을 제기할 수 있다.

이에 대해 왕양명은 천지지성 대 기질지성의 도식 대신에 천리天理대 사의私意, 양지良知 대 사의, 본체 대 사의의 도식을 설정한다. 이때 사의는 『전습록』에서 주로 "사의격단(私意隔斷, 제5조목)", "사의장애(私意障礙, 8조목)", "출어사의(出於私意, 11조목)"처럼 천리의 진행을 끊거나 가로막아서 문제를 일으킨다. 또 사의는 안배安排와 사색思索(145, 169조목)처럼 사람이 천리에 벗어나 자신에게 유리하도록 상황을 조작하는 이기적 활동을 가리킨다. 때때로 왕양명은 사의 대신에 사욕私欲을 사용한다.

이때 왕양명은 상투적으로 "마음에 사의나 사욕의 방해가 없으면

충격에 대해 中體西用을 해결책으로 제시한 적이 있다. 이 경우에도 體用은 중국과 서구라는 각각 서로 다른 두 대상의 관계를 제시하고 있다. 이 때문에 중체서용도 체용의 올바른 용법에 어긋난다고 할 수 있다.

곧 천리이다"[121]라는 말을 되풀이한다. 마음에 사의와 구별되는 어떤 존재로서 별도의 천리가 있는 것이 아니다. 마음에 "내 것을 위해"나 "나만을 위해"라는 이기적 욕망이 움트지 않으면 그 자체로 천리이고 천리 상태이다. 이렇게 보면 왕양명은 사람이 기질에 의해 성이 제약받는 근원적 조건보다 사의와 사욕이 움틀 수 있는 가능성에 주목하고 있다. 이 때문에 왕양명은 기질의 실체성을 부정하고 욕망을 사의나 사욕처럼 의식의 일시(임시)적인 이기적 활동으로 본다고 할 수 있다.

후기에 이르러 왕양명은 본성을 양지良知로 바꿔서 말한다. 이 양지는 후천적인 학습에 의존하지 않더라도 선천적으로 시비와 선악을 판가름하는 마음 바탕이다. 왕양명에 따르면 양지는 마음의 본체로서 사람이 나아갈 바를 늘 비추는 존재(恒照者)이다.[122] 이로써 우리는 양지를 빼놓고 자신의 삶만이 아니라 자기 자신을 말할 수가 없다. 양지가 바로 "나 자신(眞吾)"이기 때문이다.[123]

왕양명은 이런 양지를 삶의 상황에 그대로 온전하고 충실하게 실천하는 치양지致良知를 중시했다. 용어가 낯설다는 점만 내려놓으면 치양지는 오늘날 우리가 "건전한 양식良識에 따른다"거나 "순수한 양심良心을 믿다"라는 말을 행위의 근거로 제시하는 경우와 비슷하다. 일상적 도덕적 갈등이 있을 때 우리는 양식과 양심에 따라서 판단하기

---

121 『전습록』 3조목: "心卽理也. 此心無私欲之蔽, 卽是天理. 不頂外面添一分. 以此純乎天理之心, 發之事父便是孝. 發之事君便是忠, 發之交友治民便是信 與仁. 只在此心去人欲存天理上用功便是."

122 『전습록』 152조목: "良知者心之本體, 則前所謂恒照者也."

123 『왕양명전집』 권7 「從吾道人記」: "夫吾之所謂眞吾者, 良知之謂也."

도 하고 또 다른 사람에게 그렇게 하기를 권장하기도 한다. 문제를 둘러싼 복잡한 사실과 정보가 사람을 헷갈리게 한다. 이때 유불리를 떠나서 오로지 자신의 양식과 양심에 따라서 판단을 내린다. 이렇게 보면 왕양명은 머나먼 길을 걸어서 번잡한 사실에 둘러싸여 번민하지 않고 사람에게 늘 올바른 길을 비춰주는 양지라는 본성을 찾아냈다고 할 수 있다. 이 양지 본성은 격물치지를 통해 빛을 찾는 길보다 직접적이고 간명하다는 특성을 지니고 있다고 할 수 있다.

4. 형이상학적 실체의 해체와 질서를 낳는 본성

1) 대진: 리理의 폭력성 조명과 본성 구도의 대체

대진(戴震, 1723~1777)은 왕양명과 달리 리철학에서 인간의 본성 담론을 논의할 때 상투적으로 사용하는 개념을 재검토한다. 예컨대 천지지성과 기질지성의 이원적 구도를 수용하지 않는다. 이때 천지지성과 기질지성의 구도가 계속되면서 역사성과 권위를 쌓아오고 그것으로 인해 담론이 계속 축적되었지만, 대진은 그것에 조금도 주눅 들지 않았다. 대진은 이 구도를 과감하게 던져버리고 혈기血氣와 심지心知라는 개념으로 본성 담론을 새롭게 전개한다.

　대진의 지적 도전과 용기는 어디에서 오는 것일까? 주희의 본성 담론은 유학의 경전에 나오지 않고 불교에서 빌려왔다고 한다면, 후자는 유교 경전에 근거(출처)가 있기 때문이다.[124] 이처럼 경전의

---

124 『예기』「樂記」: "夫民有血氣心知之性, 而無哀樂喜怒之常." 戴震, 『孟子字義疏證』「性」: "人之血氣心知, 原於天地之化者也."

권위를 바탕으로 대진은 주희의 본성 담론을 훌쩍 뛰어넘는다. 대진은 본성 담론에서 천지지성과 기질지성의 구도만을 부정하지 않는다. 나아가 그이는 주희가 구축한 철학의 토대, 예컨대 리理와 성性에 대해 어원을 밝히고 용례를 제시하며 철저하게 해체하는 전략을 구사한다. 그이는 이렇게 주희의 본성 담론을 해체한 뒤에 철저히 유학의 의미 맥락에서 진정한 본성 담론을 재구축하고자 한다.

먼저 대진이 기철학을 리철학으로 전환시킨 주희의 작업과 반대 방향으로 리철학을 기철학으로 재전환시키는 의미 맥락을 살펴보자. 그이는 리철학의 이론 내재적인 구도가 선의 활성화보다 오히려 사회적으로 악습을 낳게 된다고 보았다.

첫째, 실체의 대립적 이원화와 절대의 언어 남용

이정과 주희는 실체를 대립적 짝 개념, 예컨대 천리와 인욕으로 조합하여 전자에 의해 후자의 완전한 통제를 목표로 한다.[125] 이를 아주 극단적인 테제, 즉 "존천리存天理, 멸인욕滅人欲"으로 구호화시킨다. 여기서 멸인욕의 극단적 표현을 쓴다는 점은 거꾸로 인욕이 사람을 움직이는 힘이 그만큼 무시할 수 없다는 말이다.[126] 이 때문에 주희는 거듭해서 인심에 대한 도심의 주재 필요성을 역설한다. 이 주재는 도심을 인심의 기준(準)으로 설정한다.[127] 또 주희는 형기와 도심을

---

125 『이정유서』 권15: "不是天理, 便是人欲. … 無人欲, 則皆天理."

126 주희는 불교의 禁欲이 불가능하다는 점을 역설했다. 그렇다면 주희도 "存天理, 滅人欲"이 방향이지 목표가 아니라는 점을 알고 있는 셈이다. 『주자어류』 권62: "彼釋迦是空虛之魁, 饑能不欲食乎? 寒能不假衣乎? 能令無生人之所欲者乎? 雖欲滅之, 終不可得而滅也."

배와 방향타(柁)에 비유한다. 방향타가 있어야 배가 파도에 휩쓸리더라도 해를 입지 않는다는 말이다.[128] 이러한 기준과 방향타의 강조는 가치의 측면에서 인심에 대한 도심의 절대적 우위를 강조하게 된다. 사실 그들은 사람의 기본적 생존욕과 같은 욕망에 대해 결코 금욕을 주장하지 않지만[129] 극단적인 테제에서 인욕은 천리에 대비하여 존재할 가치가 완전히 부정되고 만다.

둘째, 리로 기계적인 환원의 악습과 이리살인以理殺人의 폐해

리理가 원칙과 규범의 의미로 쓰이다가 송대에 이르러 자연과 사회를 포괄하는 이치이자 이념으로 자리를 차지했다. 리理가 이러한 지위를 획득하고 그 지위가 공고해지자 사람의 일상생활의 언어까지 영향을 주게 되었다. 어떤 일을 처리하거나 어떤 사람을 질책할 때 리理가 상투적으로 등장하게 되었다. "리理에 따르면"이라는 말이 습관적으로 쓰이게 되었다.[130] 그 결과 리理는 사람을 죽이는 명분이

---

127 『주자어류』 권62: "然無所主宰, 則流而忘反, 不可據以爲安, 故曰危. 道心則是 義理之心, 可以人心之主宰, 而人心據以爲準者也."

128 『주자어류』 권62: "形氣猶船也, 道心猶柁也. 船無柁, 縱之行, 有時入於波濤, 有時入於安流, 不可一定. 惟有一柁以運之, 則雖入波濤無害." 주희는 「中庸章 句序」에서 道心이 주재하고 人心이 명령을 듣는다는 방식으로 설명하기도 한다. 「中庸章句序」: "必使道心常爲一身之主, 而人心每聽命焉, 則危者安, 微 者著."

129 『주자어류』 권61: "夫口之欲食, 目之欲色, 耳之欲聲, 鼻之欲臭, 四肢之欲安佚, 如何自會恁地? 這固是天理之自然. 方自信嚴氣正性, 嫉惡如讐, 而不知事情之 難得, 是非之易失於偏, 往往人受其禍, 己且終身不悟, 或事後乃明, 悔已無及."

130 『맹자자의소증』 「理」: "今雖至愚之人, 悖戾恣睢, 其處斷一事, 責詰一人, 莫不 輒曰理者, 自宋以來始相習成俗."

되었다는 점에서 이리살인以理殺人으로 비판받았다. 즉 사람이 법에 따라 죽으면 주위 사람의 동정을 받지만 리에 의해 죽으면 그 누가 동정하겠는가라는 반문이 나오게 되었다.[131]

대진은 리가 절대화되면서 생기는 폐해를 신랄하게 비판했다. 이에 대해 대진은 리理의 어원과 의미를 처음부터 다시 논의하며 그 위상과 권위를 해체하고자 했다. 리理의 어원은 옥과 피부를 비롯하여 겉면에 나타난 무늬를 가리킨다. 예를 들면 기리肌理·주리腠理·조리條理 등에서 리의 어원을 확인할 수 있다. 리는 사물이 지닌 내적 속성을 가리킨다. 대진은 이런 사실에 바탕을 두고 리理를 형이상학적 원리나 초월적 존재로 보는 관점을 거부한다.[132] 그 이유는 너무나도 간단하다. 자연적 사실과 초월적 원리 사이에 간격이 너무나도 멀기 때문이다.

나아가 대진은 리에 대한 폭탄선언을 던졌다. 이를 위해 그이는 청렴하고 결백하며 자제력이 있고 마음에 이기심이 없는 사람을 가정한다. 그 사람이 어떤 일을 처리하거나 어떤 사람을 질책할 때 자신이 옳다는 걸 옳다고 하고 그르다는 걸 그르다고 한다. 이때 그 사람은 엄격하고 공정하게 원수를 미워한다고 생각하지만, 일의 사정을 파악하기가 어렵고 시비가 한쪽으로 치우치기 쉬워서 자신이 다른 사람에게 화를 끼치고 있다는 걸 자각하지 못한다. 평생 무슨 잘못을 했는지 깨닫지 못하다가 사후에 일이 명백해진 다음에야 후회하지만 소용이

---

131 김선희, 「대진의 인간 이해: 정과 지를 중심으로」, 『서강인문논총』 43, 2015, p.404.

132 김선희, 위의 글, 2015, p.403.

없다.[133]

대진이 가정한 그 사람은 스스로 보편적 기준에 따라 일과 사람을 편견 없이 공정하게 처리한다고 생각할 수 있다. 하지만 아무리 리가 보편적이라고 하더라도 개별적 상황에 적용될 때 사정이 복잡하고 시비가 간단하지 않다. 이때 그 사람은 자신이 옳고 그르다는 것을 기준으로 삼지만 그것이 과연 보편타당하다는 것을 어떻게 알 수 있는가? 특히 역사적 격변기의 선택은 급박한 상황에서 면밀하게 검토하지 못하고 일어날 수 있다. 대진에 따르면 주희는 아직 무엇이 옳고 타당한지 판가름 나기도 전에 어떤 일의 옳음이 이미 정해져 있다고 하는 셈이다. 여기서 독단주의자가 득세할 수 있다. 이에 대진은 리가 결국 개인의 의견에 불과하다는 폭탄선언을 내리고 있다.

바로 이 때문에 대진은 『맹자자의소증』을 지어 개인의 의견을 보편적 리로 오해하는 문제를 바로잡고자 했던 것이다.[134] 개인의 의견을 리로 간주한다는 대진의 비판은 사람이 빠지기 쉬운 자기 독단에 대한 경고라고 할 수 있다. 여기서 개인의 독단적인 의견에 사람의 운명을 맡길 수 없다는 결론이 나오게 된다. 흔히 리철학자가 기철학자를 비판할 때 "기를 리로 착각(오인)한다"라는 "인기위리認氣

---

133 『孟子字義疏證』「理」: "卽其人廉潔自持, 心無私慝, 而至於處斷一事, 責詰一人, 憑在己之意見, 是其所是, 而非其所非, 方自信嚴氣正性, 嫉惡如讐, 而不知事情之難得, 是非之易失於偏, 往往人受其禍, 己且終身不悟, 或事後乃明, 悔已無及." 『맹자자의소증』「權」: "以意見爲理, 而禍天下者也."

134 『戴震全集』 권6 「與段茂堂書」: "今人無論正邪, 盡以意見誤名之曰理, 而禍斯民, 故疏證不得不作."

爲理"의 테제를 빌리면 "인의견위리認意見爲理", 즉 "이의견위리以意見
爲理"라고 할 수 있다.[135]

　대진이 리理를 해체하는 전략은 본성 담론에도 그대로 적용된다.
대진은 리철학에서 본성을 초월적 실체로 규정하려는 시도의 기원을
찾아낸다. 즉 맹자는 본성 담론을 펼치면서 이의理義와 인의예지仁義
禮智를 언급했다.[136] 여기서 리철학에서는 맹자가 말하고자 하는 취지
를 제대로 이해하지 못하고 기품氣稟 이외에 별도로 리의지성理義之性
이 있다고 생각하여 새롭게 조어했다.[137] 대진이 말하는 리의지성은
리철학에서 말하는 천지지성·천명지성·본연지성을 가리키는데, 이
는 결국 맹자의 취지를 오해한 결과로 생겨난 개념일 뿐이다. 개념
자체가 리철학에서 오해의 산물이라면 그러한 실체가 존재할 리도
없고 기질지성과 본연지성의 이분법도 아무런 근거가 없다.

　대진은 본성 담론에서 초월적 실체를 부정하고 기품만을 인정한
셈이다. 기품을 본성으로 보는 입장을 좀 구체적으로 살펴보자. 본성
은 음양과 오행을 각각 다른 비율로 나눠 가진 결과이다. 이 차이는

---

135 『맹자자의소증』「理」: "以意見爲理, 自宋以來莫敢致斥者, 謂理在人心故也."
136 『맹자』「고자」상 7: "聖人先得我心之所同然耳. 故理義之悅我心, 猶芻豢之悅
　　我口."『맹자』「고자」상 6: "仁義禮智, 非由外鑠我也, 我固有之也, 弗思耳矣."
　　『맹자』「진심」상 21: "君子所性, 仁義禮智根於心, 其生色也, 睟然見於面, 盎於
　　背, 施於四體, 四體不言而喩."
137 『맹자자의소증』「理」: "儒見孟子言性, 則曰理義, 則曰仁義禮智, 不得其說.
　　遂氣稟之外, 增一理義之性, 歸之孟子矣."「天道」: "分於陰陽五行, 以有人物,
　　而人物各限於所分, 以成其性. 陰陽五行, 道之實體也. 血氣心知, 性之實體也.
　　有實體, 故可分."

사람의 개별적 차이만이 아니라 사람과 사물을 구분하는 원인이기도 하다. 음양과 오행이 사람과 사물에 본성으로 분화가 일어날 때 다시 혈기血氣와 심지心知로 구분된다. 대진은 본성을 본연지성처럼 유가의 문헌에 나오지 않는 말이 아니라 『예기』에 나오는 혈기와 심지를 사용하여 이론의 명확한 근거를 제시한다.[138]

혈기는 몸과 몸으로 인한 욕망을 가리키고, 심지는 지각과 사유 활동을 가리킨다. 대진은 본연지성과 같은 초월적 실체가 아니라 혈기와 심지처럼 경험으로 확인(검증) 가능하고 실제로 작동하는 자연적 사실에 바탕을 둔다. 나아가 혈기와 심지는 확인(검증) 가능하고 실제로 작동하기 때문에 개인의 의견과 달리 보편적이고 과학적이라고 할 수 있다.[139]

대진은 혈기와 심지의 본성을 사람의 경우 욕欲·정情·지知로 세분한다. 욕은 성색과 취미에 관계하며 좋아하거나 꺼리는 반응을 나타내고, 정은 희로애락의 감정에 관계하며 아프거나 편안한 반응을 나타내고, 지는 미추와 시비에 관계하고 호오의 반응을 나타낸다. 대진은 이 셋을 저절로 그러하다는 자연自然으로 규정한다. 이는 앞의 실체와 연결해서 생각하면 혈기와 심지는 사람의 외재적이지 않고 내재적이며 초월적이지 않고 자연적으로 존재하는 사실성을 강조하고 있다.[140]

---

138 『맹자자의소증』「性」: "性者, 分於陰陽五行, 以爲血氣心知, 品物區以別焉."
139 오늘날 음양과 오행은 의학과 풍수 그리고 전통문화에서 여전히 활용되고 있지만 이전처럼 자연을 포괄적으로 설명하는 지위를 갖지 않는다. 하지만 대진의 시대에 음양과 오행의 기는 과학적이며 자연적인 사실의 영역에 속했다.

　여기서 대진은 혈기와 심지 또는 욕·정·지가 유가의 도덕과 어떻게 관련되는지 논의를 확장시킨다. 욕은 사람의 혈기가 저절로 그렇게 나아가는 경향이다. 욕은 성색과 취미에 대해 학습을 거치지 않아도 좋아하거나 꺼리는 애외愛畏의 반응을 보인다. 여기에만 그친다만 유가의 도덕을 입증하기 어렵다. 대진은 훌륭한 덕(懿德)을 좋아하고 그 반대를 싫어하는 호오의 반응을 보이는데, 이는 심지가 학습을 거치지 않아도 저절로 그렇게 나아가는 경향이라고 한다.[141]

　대진은 혈기와 심지의 자연 본성에 바탕을 두고 유가의 도덕을 입증하고자 하므로 사람이 리의理義를 기뻐하는 자연적 경향을 지니고 있지만 득리합의得理合義에 완전하지 않을 수 있는 가능성을 인정한다. 이는 사실 자연 본성에 내재된 특징이기는 하지만 유가 도덕론에서 치명적인 약점이 될 수 있다. 특히 리철학에서 강하게 비판할 지점이기도 하다. 이에 대해 대진은 자연과 필연必然을 구분하면서[142] 자연이 필연으로 나아간다는 방향을 제시한다.[143]

　대진의 본성 담론이 개인의 자유와 권리 주장보다 전체의 보편타당

---

140 『맹자자의소증』「才」: "人生而後有欲, 有情, 有知. 三者, 血氣心知之自然也. 給於欲者, 聲色臭味也, 而因有愛畏. 發乎情者, 喜怒哀樂, 而因有慘舒. 辨乎知者, 美醜是非也, 而因有好惡."

141 『맹자자의소증』「理」: "欲, 血氣之自然. 其好是懿德也, 心知之自然, 此孟子所以言性善. 心知之自然, 未有不悅理義者, 未能盡得理合義耳."

142 최형식, 「대진 인성론의 존재론적 근거와 그 특징」, 『철학연구』120, 2011, pp.309~332.

143 『맹자자의소증』「理」: "由血氣之自然, 而審察之以知其必然, 是之謂理義. 自然之與必然, 非二事也. 就其自然, 明之盡而無幾微之失焉, 是其必然也."

한 도덕 기준을 중시하고 개인은 그 기준에 귀속해야 한다는 점을 강조했다는 점에서 한계를 보이며 주회와 차이도 없다고 비판된다.[144] 오늘의 기준에서 보면 대진의 본성 담론은 당연히 한계를 갖는다. 철학사로 보면 대진이 선험적 본성이 가진 독단주의의 한계를 비판하고 누구나 확인 가능하고 모두 동의할 수 있는 경험적 본성을 주장한 점에 충분한 의의를 갖는다고 할 수 있다.

그리고 대진이 리철학에 대해 경험적 본성 담론을 주장하게 되면 그에 따라 개념의 재배치가 일어날 수밖에 없다. 그 재배치는 선험적 본성 담론에서 구축한 가치에 균열을 낼 가능성이 있다. 그것이 바로 욕欲에 대한 대진의 재규정이다. 리철학에서 "존천리, 멸인욕"을 주장했다면 대진은 그와 다른 달정수욕達情遂欲 또는 수욕달정遂欲達情을 주장한다. 대진이 정감을 펼치게 하고 욕망을 성취하게 한다고 하더라도[145] 그 주장은 오늘날 남에게 피해를 주지 않는 한 자유로운 욕망 또는 사익의 추구를 허용하는 맥락과 다르다.

달정수욕은 소극적으로 보면 굶주린 자가 먹고 헐벗은 자가 입고 힘든 자가 쉴 수 있는 기본적인 욕구의 충족을 말한다. 대진은 소분所分과 분한分限을 통해 사람의 욕망이 결코 무제한이 아니라 한도가 있다는 점을 분명히 하고 있기 때문이다. 사실 달정수용은 순자가 말했던 욕구를 충족시켜야 한다는 양욕급구養欲給求의 재판이다.[146]

---

144 홍성민, 「遂欲達情, 공감의 윤리와 욕망의 소통」, 『철학연구』 41, 2010, pp.64~65.

145 『대진전집』 「與某書」: "聖人之道, 使天下無不達之情, 求遂其欲而天下治."

146 『순자』 「禮論」: "故制禮義以分之, 以養人之欲, 給人之求, 使欲必不窮乎物,

이런 주장이 반복되면 당장 욕망의 전면적 긍정 또는 욕망의 권리화가
일어나지 않더라도 욕망이 본성 담론에 대비하여 의제로 부각하게
된다. 철학사로 보면 욕망의 의제화 자체만으로도 충분한 의의를
갖는다. 이는 "존천리, 멸인욕"과 "양욕급구"나 "달정수욕"을 대비해
보면 그 간격이 심연에 가까울 정도로 너무나도 깊고 넓기 때문이다.

2) 정약용: 실체의 무능력과 기호嗜好의 본성

정약용(丁若鏞, 1762~1836)은 자신의 글에서 모기령(毛奇齡, 1623~
1716)을 자주 인용하며 비판하고 있다. 즉 그이가 학문적 진실보다
주희를 공격하려는 의도를 가지고 있다는 것이다. 이렇게 보면 정약용
은 청 제국의 학술 현황과 성과를 나름대로 접하고 있다고 할 수
있다.[147] 하지만 정약용은 모기령 다음 세대에 활약한 대진(1724~1777)
을 직접 언급하지 않지만 리철학을 비판하는 측면에서 서로 닮은
점이 많다. 정약용은 대진과 비슷한 전략을 구사하며 리철학의 본성
담론을 비판하고 있기 때문이다.[148]

　정약용도 대진처럼 개념과 사상이 육경六經과 사서四書처럼 전통적

　物必不屈於欲, 兩者相持而長, 是禮之所起也."

147 조선 후기 모기령의 경학에 대한 수용과 비판은 심경호, 「조선후기의 경학연구
　　법 분화와 毛奇齡 비판」, 『동방학』 29, 1999 ; 김문식, 「조선후기 모기령
　　경학의 수용 양상」, 『사학지』 38, 2006 참조.

148 금장태, 「대진의 기학적 세계관과 다산 실학」, 『동양학』 31, 2001, p.2. 대진과
　　정약용 사상의 유사성이 있다고 해서 이를 영향론으로 설명하기 어렵다.
　　당시 한중일의 동아시아 학술계에는 동시성에 나타나고 있기 때문이다. 앞으
　　로 이 동시성에 대한 연구가 필요하다.

인 유가의 문헌에 나오는지를 비판과 신뢰의 기준으로 삼았다. 즉 특정 개념과 사상이 육경이나 사서에 나온다면 신뢰할 만하고 비판의 대상이 되지 않지만, 그렇지 않으면 신뢰할 수 없고 비판의 대상이 된다.[149] 이 때문에 정약용은 리철학의 핵심 개념에 대해 논리적 비판도 하지만 출처에 대한 시비를 제기한다. 예컨대 리철학에서 본성을 본연(천지)과 기질로 구분하는 논법이 육경에도 보이지 않고 사서에도 보이지 않는다고 주장했다.[150]

나아가 정약용은 왜 리철학의 핵심 근거, 즉 초월적 실체로서 리를 해체解體시키려고 하는지 살펴보자. 달리 말하면 리철학이 도대체 어떤 한계를 보인다고 생각하는 것일까? 리가 초월적 실체로서 자연과 사회 질서의 근원이자 원인이라고 하지만 현실에서 실제로 질서 형성과 생성의 역할을 하고 있는지 회의할 수 있다. 리철학은 기가 리를 또는 기질지성이 본연지성을 제약하는 측면을 강조하고, 그 문제를 해결하기 위해 기질 변화를 사람의 중요한 과제로 설정했다.

이때 리가 마땅히 현실에서 질서를 생성할 수 있고 또 생성해야 하는 제 역할을 하지 못할 때, 리를 제약하는 기에게 모든 책임을

---

149 이러한 사고는 오늘날의 입장에서 보면 다소 비판의 근거가 약하다고 생각될 수 있다. 어떤 사상가가 육경과 사서에 나오지 않는 개념과 사상을 도입 또는 수용하여 유가의 체계를 더 풍부하고 완전하게 한다고 생각할 수 있기 때문이다. 하지만 정약용은 대진과 마찬가지로 육경과 사서에 나오지 않는 개념과 사상이 유가와 양립 불가능하다는 전제를 가진 듯하다. 나아가 육경과 사서에 나오지 않는 개념과 사상은 유가에 수용되면 유가의 근본정신이 타락 또는 오염된다고 생각하는 듯하다.

150 『與猶堂全書』『孟子要義』 권2: "伏惟本然氣質知說, 不見六經, 不見四書."

지우고 리는 모든 책임으로부터 자유로울 수 있을까? 이는 리철학에서
결코 제기하지 않았던 질문이다. 리철학이 지배 교설이 된 이후에
그간 던지지 않던 질문은 얼마든지 제기될 수 있다. 현실에서 질서보다
혼란이 만연한다면 리 자체의 무능력 또는 무기력한 리의 책임을
물을 수 있지 않을까?[151] 정약용은 바로 이러한 회의 의식을 가지고
있기 때문에 초월적 실체로서 리를 부정하고 질서를 생성하는 리를
도출하고자 하는 것이다.

정약용은 리를 초월적 실체로 보는 리철학의 구도를 도인桃仁과
행인杏仁, 즉 복숭아와 살구의 알맹이(씨앗) 비유로 이해하면서 비판
하고 있다.[152] 복숭아와 살구의 알맹이가 땅속에서 발아하여 나무가

---

151 주희는 이 문제를 의식하고 있었기 때문에 "理弱氣强"을 말한 적이 있다.
하지만 이러한 상황의 인식이 무기력의 리에 대한 면죄부를 주지 않을 뿐만
아니라 새로운 논란을 낳을 수 있다. 『朱子語類』 권4: "氣雖是理之所生, 然旣生
出, 則理管他不得. 如這理寓於氣了, 日用間運用都由這箇氣, 只是氣强理弱.
… 蓋氣强而理弱, 理管攝他不得. 如父子本是一氣, 子乃父所生. 父賢而子不
肖, 父也管他不得." 趙金剛, 「朱子思想中的'理气强弱'」, 『中山大學學報(社會
科學版)』 57(6), 2017 참조. 이황은 理를 無造作의 체와 造作의 용으로 구분하
는데, 후자에서 理發·理動·理自到를 주장한다. 김형찬, 「욕망하는 본성과
도덕적 본성의 융합: 다산 정약용의 기호설을 중심으로」, 『철학연구』 41,
2010, pp.81~82 ; 김형찬, 「마음의 理氣와 자연의 理氣: 정약용의 사단칠정논
쟁 평가에 대한 재평가」, 『한국학논집』 40, 2010, pp.310~315 참조.

152 『여유당전서』『孟子要義』 권1: "鏞案仁義禮智之名, 成於行事之後. 故愛人而
後謂之仁, 愛人之先, 仁之名未立也. 善我而後謂之義, 善我之先, 義之名未立
也. 賓主拜揖而後禮之名立焉, 事物辨明而後智之名立焉. 豈有仁義禮智四顆,
磊磊落落, 如桃仁杏仁, 伏於人心之中者乎?"

되고 나중에 열매를 맺게 된다. 이는 식물의 생태라고 할 수 있다. 그렇다면 인의예지의 리가 사람의 마음에 씨앗으로 있다가 자라서 그에 어울리는 행위의 결실을 맺게 한다고 할 수 있다.

사실 이러한 사고는 리의 정의 자체에서도 불가능하다. 운동은 리가 아니라 기의 특성이기 때문이다.[153] 이 때문에도 정약용은 리를 도인이나 행인인양 초월적 실체로 본다면 허무맹랑하다는 비판을 하고 있다. 바로 여기서 인의예지는 도인과 행인처럼 마음에 내재된 본성이 아니라 실제로 상황에 맞는 행위를 하여 현실에서 질서를 낳는 측면에서 고찰해야 한다고 역설하고 있다. 정약용의 인의예지는 유명론唯名論의 특성을 갖는다고 할 수 있다.

또 정약용은 리철학에서 리가 사람을 실질적으로 규제하여 현실에서 선의 질서를 증대하는 과정에 대해 회의를 표시했다. 주희는 미발과 이발 모두 경敬을 통해서 리에 집중하고 리에 따라 기질과 인욕의 제약에 굴복하지 않도록 사람이 수양하기를 바란다.[154] 이러한 체계는 이론적 완결성을 갖는다. 하지만 정약용은 이론적 완결성보다 실질적 규제 가능성에 초점을 둔다. 따라서 주희는『중용』첫 구절에 나오는 명·성·도·교를 모두 리理와 연관 지어 이론적 완결성을 추구하는데, 그렇게 되면 사람이 현실의 행위 과정에서 도대체 무엇을 계신戒愼하고 무엇을 공구恐懼하겠느냐고 비판했다.[155]

153『주자어류』권1: "蓋氣則能凝結造作, 理卻無情意, 無計度, 無造作. 只此氣凝聚 處, 理便在其中."

154 敬에 대해 멍페이위안(蒙培元), 홍원식·황지원·이기훈·이상호 옮김,『성리학 의 개념들』, 예문서원, 2008, 제20장 참조.

결국 리가 최고의 권좌와 절대의 지위에 있다면 그만큼 현실의 행위에 직접 관여할 수 없게 된다. 이는 리가 질서의 생성에 무기력한 한계를 드러내게 된다. 즉 리는 현실에 직접 개입 없는 근원인 한 질서를 생성할 수 없는 셈이다. 이에 정약용은 현실에서 사람의 행위를 포함하여 질서를 생성하는 과정에 직접 개입하는 새로운 근원, 즉 상제上帝를 찾게 되었다.[156]

이러한 맥락에서 정약용의 본성 담론은 방향이 분명하다. 본성이 선의 실천과 악의 제지를 실질적으로 이끌어 가는 동력이어야 한다. 먼저 덕德의 의미와 위상이 리철학과 구분된다. 리철학에서 덕은 성과 함께 덕성德性으로 일컬어지며 사람이 사람 노릇을 할 수 있는 내재적 근원이었다. 여기서 덕은 성과 결합하여 근원과 원인으로서 실재였다. 하지만 정약용은 먼저 덕과 성을 분리시키고, 덕이 선행을 이끌어 가기보다 선행이 끝난 다음에 성립하게 된다고 보았다.[157] 덕도 리와 마찬가지로 사후에 특정한 유형의 행위를 가리키는 이름일 뿐이다. 덕은 근원도 원인도 아니니 내재적 실재는 더더욱 아니고 분류의 명칭일 뿐이다.

나아가 정약용은 본성을 본연과 기질로 이분하는 리철학의 체계를 거부한다. 그렇다면 그이는 무엇을 대안으로 제시할까? 그이는 본성

---

155 『中庸自箴』: "今以命性道敎, 憑歸之於一理, 則理本無知, 亦無威能, 何所戒而 愼之, 何所恐而懼之乎?"

156 백민정, 『정약용의 철학』, 이학사, 2007, 제2부 1장 참조.

157 『大學公議』: "心本無德, 惟有直性, 能行吾之直心者, 斯謂之德. 行善而後德之 名立焉, 不行之前, 身豈有明德乎?"

을 선험적 실체에서 자연적 경향성으로 보는 점에서 대진과 비슷하다. 하지만 그이는 경향성을 좀 더 명확하게 규정하고 성선을 원인이 아니라 결과라는 점을 새롭게 제시하고 있다. 그이의 본성 담론을 하나씩 살펴보기로 하자.

정약용은 본성을 본연과 기질로 이분하지 않는다. 대신 사람의 본성이 도덕과 기질의 두 경향성을 아우르고 있다면, 동물은 기질의 경향성만을 가지고 있다.[158] 두 경향성은 달리 천명지성과 기질지성이라고 할 수 있다. 천명지성은 리철학의 본연지성과 비슷해 보이지만 선험적 실체가 아니라 경향성을 나타내므로 서로 다르다. 그이에 따르면 천명지성은 사람이 선과 의를 좋아하고 악과 탐욕을 싫어하는 경향이고, 기질지성은 사람이 만족과 향기를 좋아하고 고통과 악취를 싫어하는 경향이다.[159]

정약용이 천명지성과 기질지성을 설명할 때 공통으로 사용하는 기嗜 자에 주목할 만하다. 기嗜 자는 좋아한다는 호好 자와 의미가 겹치지만 그 정도와 강도가 그것보다 강하다. 기는 좋아하여 다른 것으로 바뀌지 않고 지속되는 특성을 나타낸다. 그렇다고 기는 탐닉과

---

158 『맹자요의』권2: "人性者, 合道德氣質二者, 而爲一性者也. 禽獸性者, 純是氣質 之性而已."

159 『여유당전서』「梅氏書平 南雷黃宗義序」: "氣質之性, 嗜甘而惡苦, 嗜香而惡臭. 天命之性, 嗜善而惡惡, 嗜義而惡貪." 기호설는 性卽理와 성선설을 부정한다 고 볼 수 있지만 기호가 好善惡惡 또는 好德恥惡의 특성을 보이므로 결과적으 로 성선의 맥락과 일치한다. 이와 관련해서 김형찬, 「욕망하는 본성과 도덕적 본성의 융합: 다산 정약용의 기호설을 중심으로」, 『철학연구』41, 2010, p.74 참조.

탐욕의 탐貪과 다르다. 정약용은 기를 술어로 사용하고 또 아예 기호嗜好라는 개념으로 쓰기도 한다. 정약용은 본성을 간단히 기호로 규정한다.[160]

기호는 기질만이 아니라 천명의 본성에 공통으로 해당된다. 이렇게 되면 천명과 기질의 본성은 격물치지와 같은 자각 그리고 함양과 성찰의 공부라는 특별한 과정을 거치지 않더라도 어떤 상황에 놓이면 그대로 작동하는 특성을 갖게 되었다. 본성은 선과 악 및 의와 탐에서 전자의 방향으로, 기질은 감과 고 및 향과 취에서 전자의 방향으로 특별한 탐구와 노력을 기울이지 않더라도 저절로 나아가는 운동을 드러내게 된다. 이것이 바로 정약용이 리철학의 본성 담론을 해체하고 기호를 전제로 한 강한 실천력을 담보하는 새로운 본성 담론을 마련한 목적이라고 할 수 있다.

정약용의 기획은 어떻게 검증될 수 있을까? 본성을 기호의 층차에서 정립하면 선의 증대와 악의 관리라는 도덕의 문제가 모두 해결될까? 또 정약용의 기획은 주희의 기질 변화와 공부처럼 후천적인 각고의 노력이 필요 없을까? 이와 관련해서 정약용은 도둑의 사례를 들면서 자신의 기획이 입증 가능하다는 점을 밝히고 있다.

맹자는 요와 순처럼 일반적이지 않은 특별한 위인, 즉 성왕을 성선의 사례로 소개했다.[161] 반면 정약용은 걸桀과 같은 폭군이나 도척盜跖과 같은 악당, 즉 악인을 성선의 사례로 밝히겠다고 선언하고 있다.

---

160 『맹자요의』 권2: "余嘗以性爲心之嗜好, 人皆疑之, 今其證在此矣."『맹자요의』권1: "余謂性者, 主於嗜好而言. 性之本義, 非在嗜好乎?"

161 『맹자』「등문공」상 1: "孟子道性善, 言必稱堯舜."

예컨대 도둑이 다른 사람의 물건을 훔쳐서 들키지 않고 달아날 때 자신의 성공에 대해 스스로 흐뭇해한다. 그 도둑이 다음 날 이웃에서 청렴한 선비의 행실을 보면 자신도 모르게 속으로 자신의 절도를 부끄러워한다. 이에 따라 정약용은 양상군자(도둑)도 함께 선을 할 수 있고, 이는 성선의 명확한 증거가 된다고 주장한다.[162]

이를 바탕으로 정약용은 자신이 경험한 두 실례를 소개했다. 윤씨 중에 도둑질을 한 사람이 있었는데, 정약용이 그 사람에게 인의仁義를 일러주자 눈물을 흘리며 울었다. 또 정씨 중에 악인이 있었는데, 정약용이 생선(물살이)을 잡아 회를 치게 하자 그 사람이 부끄러워하며 자신의 죄를 책망했다. 정약용은 이런 실례에 따라서 선을 좋아하고 악을 싫어하는 성선의 근거를 찾았다고 생각했다.[163]

정약용의 사례는 맹자의 유자입정孺子入井과 마찬가지로 성선의 실재를 입증하는 예증이라고 할 수 있다. 하지만 본성이 기호의 층위에서 실천을 이끌어 가고 윤씨와 정씨가 뉘우친다고 하더라도 결과적으로 도덕적 실패의 가능성은 상존한다. 주희는 본성 담론에서 사람이 기질 변화에 후천적으로 노력하지 않아서 도덕적 실패를 하므로 사람에게 책임을 돌렸다.[164] 정약용의 경우 도덕적 실패는 기호의 책임이라

---

162 『맹자요의』 권1: "孟子以堯舜明性善, 我則以桀蹠明性善. 穿窬之盗. 負贓而走, 欣然善也. 明日適其鄰, 見廉士之行, 未嘗不油然內怍. 古所謂梁上君子可與爲善, 此性善之明驗也."

163 『맹자요의』 권1: "此地有尹氏子爲盗. 余令其兄弟, 諭之以仁義, 盗泫然以泣. 又有鄭氏子惡人也. 余臨溪打魚, 使之切膾. 鄭長跪极色, 而自數其罪曰, 我惡人也. 我殺無惜者也. 縷縷言不已. 苟性不善, 豈有是也?(此以羞惡之心, 明性善.)"

164 정약용은 사람의 선악이 기질의 청탁과 관련이 없다(『맹자요의』 권2: "人之善惡,

고 해야 하는가 아니면 다른 곳에 있는가?

이와 관련해서 정약용은 사람이 서로 반대되는 의지의 방향에 놓이는 상황에 처하는 문제를 논의하고 있다. 예컨대 누가 나에게 선물을 줄 때, 그것이 올바르지 않으면 한편으로 받고 싶기도 하지만 다른 한편으로 받지 않으려는 마음이 동시에 작용한다. 어려운 상황에 놓일 때, 사랑(仁)에 따라 움직여야 한다면 한편으로 피하고 싶기도 하고 다른 한편으로 피하지 않으려고 마음이 작용한다. 이 경우 선물을 받거나 어려움을 피하는 경우는 기질이 하는 것이고, 선물을 받지 않고 어려움을 피하지 않는 경우는 도의가 하고자 하는 것이다.[165]

여기서 정약용은 동물과 사람의 차이를 설명한다. 동물은 기질지성만을 가지고 있으므로 먹이를 먹으려고만 하고 위험을 피하려고만 한다. 반면 사람은 선악에 대해 자작自作을 할 수 있고 또 스스로 주장(自主張)을 할 수 있다. 예컨대 개는 도둑을 보면 짖을 수 있지만 꾀를 내지 못하는 반면, 사람은 소리쳐서 쫓아내기도 하고 꾀를 내서 잡을 수 있다.[166]

不係氣稟之淸濁")라고 주장하며 주희의 기질 변화를 비판한다. 이와 관련해서 이해임·허남진, 「성기호설과 성선설: 다산의 『맹자』 해석」, 『태동고전연구』 43, 2019, pp.110~112 참조.

165 『맹자요의』 권2: "今論人性, 人恒有二志相反, 而幷發者. 有饋而將非義也, 則欲受, 而兼欲不受焉. 有患而將成仁也, 則欲避, 而兼欲不避焉. 夫欲受與欲避者, 是氣質之欲也. 其欲不受而不避者, 是道義之欲也."

166 『맹자요의』 권2: "且人之於善惡, 皆能自作, 以其能自主張也. 禽獸之於善惡, 不能自作, 以其爲不得不然也. 人遇盜, 或聲而逐之, 或計而擒之. 犬遇盜, 能吠而聲之, 不能不吠而計之. 可見其能皆定能也."

정약용은 기호 본성론에서 출발하지만 사람의 지향志向이 상반병발相反幷發의 현상을 보이고 동물과 달리 자작自作과 자주장自主張을 할 수 있다고 본다. 여기서 도덕적 실패는 기호의 책임이 아니라 사람의 책임이 분명해진다. 정약용은 이 책임을 좀 더 분명하게 나타내기 위해 자작과 자주장을 자주지권自主之權 논의로 확장한다. 자주지권은 오늘날 도덕적 선택과 관련된다고 할 수 있다.

종래 동아시아 철학과 사상에는 도덕적 선택과 관련된 내용이 풍부하게 발달하지 않거나 거의 없다고 보았다. 현대인의 관점에서 보면 도덕적 선택으로 보이는 상황도 실제로 이것과 저것의 선택이 아니라 앎의 부족에서 생기는 문제라고 보았다.[167] 이러한 맥락에서 자주지권은 상당히 색다르며 특색 있는 주장으로 높이 평가되었다.

하지만 동아시아 철학과 사상에서 선택이 부족하다는 논점은 부분적으로 타당할 수 있지만 보편타당한 이론으로 볼 수가 없다. 예컨대 유가에서 자식이 부모를 고발하는 경우, 이는 고발을 둘러싸고 번민을 하는 선택의 문제가 아닐 수 있다. 부자는 천륜天倫이므로 자식이 부모를 보호해야지 고발할 수 없다는 답이 정해져 있기 때문이다.

하지만 사람이 효를 실천할 때 모든 상황에 따른 행위의 매뉴얼이 존재할 수가 없다. 부모가 아플 때 자식은 치료와 간호에 집중해야 하겠지만 불치병의 경우 어떻게 해야 할까? 과거 넓적다리의 살을 베어서 공양했다는 할고割股 이야기가 있다. 이 경우도 자식이 효도를 어떻게 할까 하다가 처음으로 고안해 낸 생각이고 그에 따라 해야

---

167 허버트 핑가레트, 송영배 옮김, 『공자의 철학: 서양에서 바라본 예에 대한 새로운 이해』, 서광사, 1991 참조.

하느냐 마느냐도 고민의 문제가 된다. 어떤 행위자라도 덕목을 구체적인 현실에서 실천하려면 자신에게 맞는 방안을 두고 고민하고 그 고민의 방안 중에 선택을 하지 않을 수가 없다.[168]

이렇게 보면 정약용은 기호 본성에서 출발하여 자주지권의 도덕 선택론에 이르러 사람이 자신의 책임감에서 도덕적 삶을 살아갈 수 있는 힘과 방향을 제시했다고 할 수 있다. 이도 주희의 본성 담론만큼이나 완결적인 체계를 갖는다고 평가할 수 있다.

5. 논점과 앞으로의 과제

본성은 유교를 비롯한 동양철학에서 오랫동안 치열하게 진행된 논쟁의 중심에 있었다. 유교에서 본성은 천명天命 사유에 이어서 등장하면서, 또 동시에 천명과 결합하여 사람에 내재하는 특성이 되었다. 이로써 사람은 본성에 따라 삶에서 그것을 실천하면 도덕적으로 완전해질 뿐만 아니라 행복해질 수 있다.

이러한 이상은 현실에서 완전하게 재현되지 않았다. 이 때문에 어떻게 해야 본성이 현실과 삶에서 완전히 작동할 수 있는지 논의하게 되었다. 경제 환경, 교육, 기질 변화, 기호 등이 방안으로 제시되었다. 이로 인해 본성 담론은 유교만이 아니라 동양철학의 중요한 논점으로 자리잡게 되었다.

하지만 본성과 그 술어(선악)는 그렇게 간단하지 않다. 사람마다

---

168 신정근, 「효도와 효행 사이의 빛과 그림자: 희생과 황도유학 '孝' 담론의 발생 원인」, 『유교사상문화연구』 87, 2022 참조.

본성과 선악의 정의를 달리할 뿐만 아니라 본성은 독야청청할 수 없고 늘 그것과 상반되는 타자와 공존하는 상황에 놓여 있었다. 이 때문에 사람이, "본성에 따르라!"라는 요구는 간단하지만 그렇게 명료하지 않을 수 있었다. 동양철학에서 본성 담론의 간명성과 명료화를 위해 기나긴 시간을 걸쳐 지적 모험을 게을리하지 않았다고 할 수 있다.

오랜 기간에 걸친 본성 담론을 요약하기란 쉽지 않지만 다음과 같이 개괄할 수 있다. 본성은 개인의 마음과 삶의 질서를 낳는 근원이라는 공통성을 갖는다. 이 공통성이 질서를 생산할 수 있는 경향성으로 실천에 초점을 두기도 하고, 그 자체가 질서와 일체화되는 실체로, 훼손될 수 없는 순수성에 초점을 두기도 했다. 본성 담론은 이 두 축을 중심으로 경향성에서 실체로 다시 실체에서 경향성으로 의미 변화를 보였다.

이 글에서는 동양철학의 본성 담론이 18세기까지 어떻게 전개되는지를 추적했다. 본성 담론이 서학西學과 서교西敎의 전래와 더불어 어떻게 변화되는지를 다루지 못했다. 과학科學의 원자적 사유가 등장하면서 본성 담론은 형이상학의 논의의 장에 그대로 남을지, 아니면 과학의 성과를 수용하여 재구성할지 또 한 번의 갈림길에 놓이게 되었다. 예컨대 탄쓰퉁(譚嗣同, 1865~1898)은 『인학仁學』[169]에서 당시 에테르(以太, ether)설을 수용하여 인仁을 소통으로 재해석했다.[170]

---

169 탄쓰퉁, 임형석 옮김, 『인학』, 산지니, 2016 참조.

170 이명수, 『담사동: 소통과 평등을 사유한 사상가』, 성균관대학교출판부, 2010 ; 한성구, 「譚嗣同 『仁學』의 과학적 기초」, 『중국학논총』 64, 2019 참조.

　더욱이 오늘날 4차 산업혁명과 인공지능이 대두하면서 호모사피엔스로서 인간의 정의를 다시 돌아보게 한다. 이는 최근 트랜스휴먼(transhuman)과 포스트휴먼(posthuman) 등의 논의로 이어지고 있다. 동양철학계는 근대의 과학과 현대의 4차 산업혁명을 맞이하여 본성 담론을 어떻게 확장할지 새로운 과제를 떠안게 되었다. 이 작업은 탄스퉁과 최한기崔漢綺를 거쳐 오늘에 이르는 별도의 연구가 필요하다. 후일의 과제로 남겨둔다.

참고문헌

『論語』

『論語集注』

『論衡』

『戴震全集』

『大學公議』

『道性義樞』

『梅氏書平』

『孟子』

『孟子要義』

『孟子字義疏證』

『法言』

『法言注』

『書經』

『說文解字注』

『荀子』

『與猶堂全書』

『悟眞篇』

『朱子語類』

『中庸自箴』

『傳習錄』

『通書』

『抱朴子』

강신석, 『죽간에 나타난 원시 유가의 인성론』, 신아사, 2016.

강진석, 『체용 철학』, 문사철, 2011.

屈萬里, 『尙書集釋』, 臺北: 聯經出版事業公司, 1983.

김경수, 『중국내단도교』, 문사철, 2020.

김재숙, 「性命雙修: 도교의 수련과 진인의 경지」, 『도교문화연구』 27, 2007.

난화이진(南懷瑾), 최일범 옮김, 『참동계 강의』 상하, 부키, 2019.

리쉐친(李學勤), 『字源』下, 天津: 天津古籍出版社, 2012.

머우중젠(牟鐘鑒), 이봉호 옮김, 『중국 도교사: 신선을 꿈꾼 사람들의 이야기』, 예문서원, 2015.

멍페이위안(蒙培元), 홍원식·황지원·이기훈·이상호 옮김, 『성리학의 개념들』, 예문서원, 2008.

미우라 구니오(三浦國雄), 이승연 옮김, 『주자와 기 그리고 몸』, 예문서원, 2003.

백민정, 『정약용의 철학』, 이학사, 2007.

벤자민 슈워츠(B. Schwartz), 나성 옮김, 『중국 고대사상의 세계』, 살림, 2004.

孫星衍, 『尙書今古文注疏』, 北京: 中華書局, 2004.

손영식, 『이성과 현실: 송대 신유학에서 철학적 쟁점의 연구』, 울산대학교출판부, 2013.

쉬푸관(徐復觀), 유일환 옮김, 『중국인성론사(선진편): 도가·법가 인성론』, 을유문화사, 1995.

신정근, 『동중서: 중화주의의 개막』, 태학사, 2004.

_____, 「중용, 극단의 시대를 넘어 균형의 시대로」, 사계절, 2010.

_____, 『사람다움의 발견: 仁 사상의 역사와 그 문화』, 이학사, 2005.

앤거스 그레이엄(A.C. Graham), 나성 옮김, 『도의 논쟁자들: 중국 고대 철학 논쟁』, 새물결, 2015.

이명수, 『담사동: 소통과 평등을 사유한 사상가』, 성균관대학교출판부, 2010.

이연승, 『양웅: 어느 한대 지식인의 고민』, 태학사, 2007.

이향준, 『서, 인간의 징검다리』, 마농지, 2020.

정우진, 『몸의 신전: 황정경 역주』, 소나무, 2019.

조지 허버트 미드(G.H. Mead), 나은영 옮김, 『정신 자아 사회: 사회적 행동주의자가 분석하는 개인과 사회』, 한길사, 2010.

탄쓰퉁, 임형석 옮김, 『인학』, 산지니, 2016.

팡리톈(方立天), 박경환 옮김, 『중국철학과 인성의 문제』, 예문서원, 1998.

펑유란(馮友蘭), 박성규 옮김, 『중국철학사』 상하, 까치, 1999.

허버트 핑가레트, 송영배 옮김, 『공자의 철학: 서양에서 바라본 예에 대한 새로운 이해』, 서광사, 1991.

금장태, 「대진의 기학적 세계관과 다산 실학」, 『동양학』 31, 2001.

김문식, 「조선후기 모기령 경학의 수용 양상」, 『사학지』 38, 2006.

김선희, 「대진의 인간 이해: 정과 지를 중심으로」, 『서강인문논총』 43, 2015.

김성인, 「고자의 인성론에 대한 주자의 인식 고찰」, 『태동고전연구』 41, 2018.

김현수, 「갈홍의 神仙可學論과 神仙命定論의 관계에 대한 고찰」, 『중국학보』 82, 2017.

김형찬, 「마음의 理氣와 자연의 理氣: 정약용의 사단칠정논쟁 평가에 대한 재평가」, 『한국학논집』 40, 2010.

_____, 「욕망하는 본성과 도덕적 본성의 융합: 다산 정약용의 기호설을 중심으로」, 『철학연구』 41, 2010.

무기카니 구니오(麥谷邦夫), 정재상 옮김, 「도교 교리사상의 형성과 전개」, 『종교와 문화』 33, 2017.

박동인, 「董仲舒의 人性論: 맹·순 종합적 특성을 지닌 未善의 人性論과 皇帝敎化論」, 『퇴계학보』 123, 2008.

박영진, 「『상서』 '性' 자와 그 함의」, 『대동문화연구』 71, 2010.

석길암, 「佛性 개념의 중국적 변용 과정」, 『유교사상문화연구』 88, 2022.

성태용, 「순자, 마음은 임금」, 서울대학교 철학사상연구소 엮음, 『마음과 철학(유학편)』, 서울대학교출판문화원, 2013.

신순정, 「장자의 심성관과 이상적 인간」, 『철학논총』 88권 2호, 2017.

신정근, 「공자의 '마음' 논의: 흰 마음과 검은 마음」, 『동양철학연구』 72, 2012.

_____, 「도덕원칙으로서 恕 요청의 필연성」, 『동양철학』 21, 2004.

_____, 「맹자와 순자 사상의 결정적 차이」, 『동양철학연구』 67, 2011.

_____, 「中庸 미학에서 生生 미학으로: 『시경』을 중심으로」, 『동양철학연구』 110, 2022.

_____, 「효도와 효행 사이의 빛과 그림자: 희생과 황도유학 '孝' 담론의 발생 원인」, 『유교사상문화연구』 87, 2022.

심경호, 「조선후기의 경학연구법 분화와 毛奇齡 비판」, 『동방학』 29, 1999.

오이환, 「양웅, 선악이 뒤섞인 마음 바탕」, 서울대학교 철학사상연구소 엮음, 『마음과 철학(유학편)』, 서울대학교출판문화원, 2013.

이승환, 「주자 수양론에서 '미발 공부'의 목적과 방법 그리고 도덕심리학적 의미」, 『동양철학』 32, 2009.

이해임·허남진, 「성기호설과 성선설: 다산의 『맹자』 해석」, 『태동고전연구』 43, 2019.

임헌규, 「다산 정약용의 『논어』 해석(1): 性 개념을 중심으로」, 『동양고전연구』 38, 2010.

정일동, 「秦末·漢初에 있어서 천인상관론의 전개」, 『중국사연구』 42, 2006.

정현수, 「마테오 리치의 천학과 성리학의 인성론 연구: 『천주실의』를 중심으로」, 『유교사상문화연구』 54, 2013.

趙金剛, 「朱子思想中的'理气强弱'」, 『中山大學學報(社會科學版)』 57(6), 2017.

최형식, 「대진 인성론의 존재론적 근거와 그 특징」, 『철학연구』 120, 2011.

한성구, 「譚嗣同 『仁學』의 과학적 기초」, 『중국학논총』 64, 2019.

한정길, 「왕양명의 '미발'관과 양지체용론」, 『양명학』 23, 2009.

홍성민, 「遂欲達情, 공감의 윤리와 욕망의 소통」, 『철학연구』 41, 2010.

황수임·윤무학, 「한비 인성론의 연원과 특징: 묵가 및 선행법가와의 비교를 중심으로」, 『온지논총』 53, 2017.

인간의 본성: 이성, 자기실현과 생명성

신승환(가톨릭대학교 철학과 교수)

◆　　◆　　◆

인간은 몸을 지닌 생명체이지만 그와 더불어 마음의 작용도 함께 이루어 가는
존재다. 이런 인간에게는 생명체적 조건에서 비롯된 본능적 특성이 있지만,
본성은 이와는 구별된다. 우리는 본능에 대한 이해와 해석을 통해 본성 개념을
언어로 표현한다. 본성은 인간이 자신의 삶과 존재를 통해 해명한 인간의 내면적
특성이며, 인간의 자기 이해를 표현하는 개념이다. 그러기에 본성 개념의 계보를
살펴보면 인간이 자신에게 주어진 본질적 특성을 해석했던 내용과 그 이해
과정을 알 수 있다.

　이 글은 유럽 철학을 통해 인간 본성 이해의 내용과 계보사를 설명한 뒤,
현대의 문화적 터전 위에서 인간 본성을 어떻게 이해해야 할지 해명하려 한다.
유럽 철학은 무엇보다 먼저 인간 본성을 로고스(logos) 개념을 통해 규정했다.
이 개념이 플라톤과 아리스토텔레스를 통해 인간의 정신적 특성인 이성으로
개념화되었다. "인간은 이성적 존재"라는 것이 본성에 대한 유럽 철학의 원형적
이해였다. 이런 설명 이후 이와는 달리 인간 본성을 인격성이나 자기 유지의

본성, 또는 정념적 특성으로 이해한 역사를 살펴보고, 이 개념을 구현하려 했던 계몽의 철학을 설명한다. 본성이란 어떤 실체적 특성일 수 있지만 그에 비해 생명체로서 인간이 자신의 존재를 유지하고 실현하려는 특성에서 이해할 수 있다면, 이 역시 본성 개념으로 받아들이는 것은 전적으로 타당하다. 이런 관점에서 본성 개념을 인간의 존재론적 자기실현으로 규정한 역사가 의미를 지닌다. 그것은 본질과 실존으로서의 본성이며, 자유와 자율성의 본성이기도 하다.

이러한 본성 이해의 계보사를 살펴본 뒤 현대 생명과학의 발전에 따라 인간을 전적으로 생명체적 관점에서 이해한 생명과학적 철학이 주장하는 본성 개념을 설명하고 그 한계를 비판한다. 그 비판을 바탕으로 지금 이 시대에 필요한 본성 이해를 생명철학적 관점에서 해명하려 한다. 그러한 본성 이해를 여기서는 생명체에서 오는 감성과 삶의 관점에서 나타나는 이성으로, 나아가 인간의 생명이 지니는 지향성과 초월성에 바탕하여 생명영성으로 해명한다. 이러한 세 가지 특성을 중심으로 이 글은 결론적으로 현대의 문화적 기반 위에서 이해할 수 있는 인간 본성 개념을 설명한다.

---

1. 본성은 무엇을 말하는가

1) 사람은 몸을 지니고 있지만, 또한 마음에 따라 움직이는 존재이기도 하다. 몸과 마음을 지닌 인간에게 인간만이 지닌 본래의 특성은 있는 것일까? 만약 그러한 특성이 있다면 그것을 어떻게 이해할 수 있는가? 또한 그것은 어디에서 오는 것일까? 몸에서 오는 것일까, 아니면 마음에서 비롯된 것일까? 또는 만물을 만들어 낸 어떤 존재가 있어 그 최고의 존재가 인간에게 어떤 본질적 특성을 부여한 것일 수도 있다. 인간을 인간이게 하는 고유한 어떤 특성을 우리는 본성(本性, nature)이라 이름한다. 오랜 기간 인간을 이해하기 위해 노력한 수많은

철학자들은 본성 개념을 중심으로 이 문제에 대해 숙고하고 나름대로
의 대답을 제시해 왔다.

인간이 이룩한 놀라운 문화적 결과를 보면 분명 우리는 다른 생명체
와 구분되는 어떤 탁월한 능력을 지닌 듯하다. 그에 비해 전쟁과
살인, 수많은 고통과 비참함의 역사를 돌아보면 그러한 특성이 과연
선한 것인지 의심하지 않을 수가 없다. 그래서 본성 따위는 없고,
그런 생각은 다만 환경에 의해 영향 받거나 살아가면서 형성된 문화적
결과일 뿐이라고 말하는 사람들도 있다. 어느 대답이 옳은 것일까?
본성이 있다면 우리는 그것을 어떻게 이해할 수 있을까? 어쩌면
본성은 삶의 과정에서 형성되는 것이며, 인간이 그것을 본성이라는
이름으로 개념화했을지도 모른다. 그렇다면 본성 개념은 인간이 스스
로를 이해하고 해석한 결과일 것이다.

현대 문화는 농경 시대와 산업화 시대를 거쳐 정보사회와 초 기술사
회로 진보하고 있다. 급격한 문화적 변화와 전환의 시기에 우리는
우리 자신의 본성을 어떻게 이해해야 할까? 타고난 본성이 주어져
있다 하더라도 문명의 변화에 맞추어 본성의 의미를 새롭게 해석해야
하는 것은 지성적 존재라면 당연히 해야 할 과제임에는 틀림이 없다.
그와 다르게 변화하는 문화에 따라 스스로를 이해한 결과가 본성
개념으로 나타난다면 더더욱 지금 이 변화의 시기에 타당한 본성
이해를 새롭게 정초해야 할 것이다. 그런 관점에서 이 글은 본성을
이해해 왔던 유럽 철학의 대표적인 철학을 살펴본 뒤, 그 논의를
토대로 지금 여기, 현재를 살아가는 우리가 이 개념을 어떻게 새롭게
이해하고 해명할 수 있을지 성찰해 보고자 한다.

2) 본성 개념을 살펴보기 위해서는 우선 본성(nature)과 본능
(instinct)을 구분할 필요가 있다. 인간의 모든 문제는 삶의 구체적
현재에서 비롯되며, 그 대답 역시 조건 지어진 터전과 경험 지평을
떠나 주어지지 않는다. 인간은 몸을 지니고 있으며, 구체적인 삶을
살아가는 존재다. 그러한 기본적 조건에서 주어지는 근본적인 욕구와
필요가 있을 수밖에 없다. 그 욕구와 필요는 인간의 의지나 자유와는
무관하게 주어진 기초적이며 근본적인 조건이다. 본능은 이러한 근본
적 조건에서 비롯되는 어떤 충동이며 느낌이다. 사람은 배가 고프면
음식을 찾게 되고, 생존을 위해 먹지 않을 수가 없기에 그에 따른
욕구가 생기는 것은 당연한 일이다. 또 사랑하는 사람을 보면 사랑의
감정과 성적인 욕구를 느끼기도 한다. 이것이 과도하게 움직이거나
도덕적 관점을 넘어 작동할 때 문제가 되는 것이지 욕구는 그 자체로
선하지도 악하지도 않다. 성욕과 식욕은 본성이 아니라 본능이다.
인간의 몸에서 비롯되는 감정, 생존을 위해 필요로 하는 욕구와 삶의
과정에서 필연적으로 생겨나는 기본적 충동은 본성이 아니라 본능이
다. 본성을 본능으로 착각하는 것은 본성 개념을 오해하게 만든다.
본성은 인간에게 주어진 본능을 어떻게 이해하고, 그 움직임의 방향을
결정하는 근본적인 이해와 태도에 관계된다. 그래서 본성 개념을
일차적으로 인간이 자신의 존재와 삶에서 비롯되는 자기 이해(self-un-
derstanding)라고 정의하기로 하자. 그럴 때 본성은 인간이 자신을
이해하고, 정의해 온 과정이며 그 결과라고 말해야 할 것이다.

자기 이해라는 표현은 인간이 지닌 근본적인 이해의 특성에서
비롯되는 개념이다. 생물학적 존재로 태어나 기나긴 삶의 과정과

역사를 거쳐 현재에 이른 인간은 자신의 지성으로 스스로 존재와 삶을, 자연과 역사를 이해하고 규정해 왔다. 그 과정을 통해 삶과 사회를 만들었으며, 문화와 예술을, 학문과 과학을 이끌어 내면서 지금과 같은 세계를 창조했다. 이 모두는 인간이 스스로를 이해하고 규정한 생각의 역사에서 비롯된 것이다. 인간이 이룩한 문화와 역사는 물론, 그것을 근거 짓는 생각과 사상은 분명 인간이 스스로 만들어낸 것이다. 이는 신과 같은 어떤 초월적 실재가 있어 세상을 창조하고 인간이라는 존재의 근본적 토대를 마련했을지, 아니면 이를 위해 그런 존재 따위를 필요로 하지 않는지와는 전혀 무관하다. 문화와 역사, 삶과 존재는 인간의 생각에서 비롯된다. 그 모두는 인간이 스스로를 이해하고, 이런 이해를 토대로 재현해 낸 결과물이다. 이러한 자기 이해와 해석의 틀을 우리는 철학이라 이름한다. 문화와 역사가 이 이해의 재현 과정이듯이 본성 역시 인간이 자신을 이해하고 해석해 낸 개념적 결과물이다.

선한 본성이나 악한 본성은 인간이 자신을 선한 존재이거나 악한 존재로 이해하고 언어로 표현한 것이다. 타고난 불성佛性이나 인격성 人格性 따위의 개념도 그러하다. 이차적으로 본성에 대한 이해는 인간의 인간다움을 규정하는 준거로 작동한다는 사실이 중요하다. 우리는 인간의 인간다움을 본성 개념으로 이해한 뒤 이를 토대로 인간다움을 지향하게 된다. 우리가 설정한 인간의 본성은 우리가 그렇게 해야만 인간일 수 있는 기준이 된다는 뜻이다. 예를 들어 본성을 도덕적 선으로 규정했다면 이제 그 도덕적 선이 인간다움을 결정하는 근거가 된다. 역사를 통해 수많은 문화와 사회에서는 나름대로 인간 본성을 개념화했으며, 이를 준거로 인간다움을 규정했다. 이러한 변화의 과정을 우리는 사상의 계보, 또는 철학사에서 확인하게 된다.

철학적 본성 이해는 그 시대의 문화와 사회를 움직이는 규범의 준거로 작동하게 된다. 교육은 인간의 본성을 구현하기 위한 과정이다. 문화적 규범은 본성 개념을 통해 결정된다. 한 사회의 체제와 제도, 법과 윤리 역시 그들이 설정한 본성 개념에 토대를 두고 형성된다. 예를 들어 본성을 이성으로 규정한 문화권에서는 인간의 인간다움을 이성에서 찾는다. 사회와 문화의 기준은 이성이 되며, 교육은 이성을 구현하고 실현할 수 있도록 인간을 이끌어 가는 과정이 된다. 성리학性理學이 지배하던 조선 시대는 본성을 하늘이 명한 것에서 찾았다. 성리학의 핵심 교의를 규정한 『중용』은 하늘이 명한 것(天命)을 성性이라 부르고, 이를 따르는 것(率性)이 인간이 가야 할 길(道)이라고 말한다. 이 길을 갈고 닦는 것(修道)이 바로 교육이다.[1]

이처럼 본성 개념은 인간의 자기 이해를 담고 있으며, 그 이해를 토대로 인간은 다른 생명체와 구별되는 자신만의 고유한 특성을 자각하게 된다. 또한 본성은 이를 통해 인간이 자신의 인간다움을 지향하는 규범으로 작동한다. 마지막으로 본성 개념은 한 사회와 문화를 형성하고 체계화하는 준거로 기능한다.

---

1 『중용中庸』 1장: 天命之謂性 率性之謂道 修道之謂敎.

2. 서구 철학의 원형적 본성 개념

1) 본성 개념의 자리

유럽 사회가 규정한 본성 개념을 살펴보기 위해서는 인간의 생각을 근원적으로 정리한 고대철학을 이해하는 데서 출발해야 한다. 철학은 인간이 세계와 자연, 역사와 문화는 물론 인간을 이해하고 해석하는 근본적인 생각의 틀이라고 말했다. 유럽 사회의 모든 체제는 이 근원적 생각의 틀에서 유래한다. 그 근원이 플라톤(Platon)과 아리스토텔레스(Aristoteles)의 철학에 있음을 부정할 사람은 없을 것이다. 고대 그리스 철학은 유럽 세계의 인간 이해를 결정했을 뿐 아니라, 이 사회와 문화의 토대가 되었다. 또한 유럽 역사를 이끌어간 기반이었으며, 현대 세계의 체제를 결정하는 기준이 되기도 했다. 우리가 유럽 철학을 이해하지 않을 수 없는 까닭은 18세기 이래의 현대 사회가 이를 토대로 형성되었으며, 전 지구화된 과학·기술과 민주주의 정치 체제, 자본주의적 정치경제 체제의 근거가 되었기 때문이다.[2]

플라톤과 아리스토텔레스는 인간을 로고스(logos)적 존재로 이해했다. 인간의 본질적 특성이 로고스에 있다는 이해는 고대 그리스

---

2 세계체제를 논의하는 월러스틴은 현대 세계의 규범적 체제를 유럽 근대가 만들어놓은 민주주의와 자본주의 및 과학·기술주의에서 찾는다. 민주주의가 정치 사회를 결정하는 체제라면, 자본주의는 경제를 넘어 정치를 결정하는 체제다. 그에 비해 과학·기술주의는 진리를 결정하는 학적 체제를 결정한다. 이매뉴얼 월러스틴, 김재오 역,『유럽적 보편주의: 권력의 레토릭』, 창비, 2008 참조.

철학의 근원적 주장이었으며, 이는 이후 근대 계몽주의 시대에 이르기까지 서구 역사를 관통하는 가장 중요한 개념으로 자리한다. 로고스란 말은 무척 다양한 의미를 지닌다. 이 말은 먼저 자연과 세계를 형성하는 근원적 원리를 가리키는 것이었으며, 나아가 이를 이해하고 수용하는 인간의 능력을 가리키는 데까지 폭넓게 적용되었다. 그래서 로고스 개념은 인간의 지성적 능력을 일컫는 것으로 이해하기도 했으며, 인간만이 지닌 특성인 언어적 능력으로 확대하여 쓰이기도 했다. 이처럼 로고스란 말은 서구 철학이 세계와 인간의 고유함을 이해하는 가장 근원적인 개념으로 자연과 세계, 그 안에 있는 모든 것은 로고스의 원리에 따라 존재한다. 이에 따라 로고스 개념은 흔히 이법理法으로 번역한다. 또한 이 원리를 이해하고 수용하는 인간의 능력 역시 로고스에서 유래한다. 물론 인간만의 고유한 지성적 능력을 그들은 지성(nous) 개념으로 규정하기도 했지만 인간은 근본적으로 로고스를 지닌 존재로 이해했다.[3] 아리스토텔레스가 인간을 로고스를 지닌 존재(zoon logon exon)로 규정한 것은 이런 까닭에서였다. 이때의 로고스는 이성적 능력이면서 동시에 말을 할 수 있는 존재, 언어적 능력을 가리키는 데 사용된 개념이었다.

---

3 사물을 인식하거나 지적인 작업을 수행하는 지성적 능력은 인간의 본성적 측면으로서의 이성과 구별되는 측면이 있지만, 인간의 본성인 이성 없이는 불가능하다. 따라서 이런 구분은 실재적이라기보다 개념적이라고 받아들여야 할 것이다.

2) 로고스(logos)와 인간 본성

로고스 개념을 존재하는 모든 것의 원리로 설명한 것은 소아시아 지방 에페소 출신의 고대 철학자 헤라클레이토스(Heraclitus of Ephesus)였다. 그는 존재하는 모든 것은 끊임없는 생성과 변화 가운데 있으며 그 원리가 로고스라고 주장했다. 이후 이 개념은 유럽 철학사를 관통하면서 존재의 원리로 개념화되었다. 소크라테스 이전 철학자들의 생각을 정리하여 서구 철학의 원형을 정립한 것은 플라톤이었다.[4] 플라톤(Platon, 기원전 427~347)은 세계를 이원론적으로 이해했다. 우리가 현실에서 마주하는 세계와 사물은 변화하고 소멸하는 것이지만, 그 뒤에는 그것을 그것이게 하는 어떤 원형이 있다. 참되고 타당한 것, 영원히 존재하는 것은 원형으로서의 형상(形相, eidos)이다. 이 형상이 바로 로고스(logos)이며, 이는 존재하는 모든 것의 원리이며 또한 이를 인식할 수 있는 능력조차 여기서 유래한다. 진리에 대한 인식은 "로고스를 통해서" 가능하며, 그에 대한 유비적 방법이 인간의 모든 인식이 가능하게 만든다.(『테아이테토스』, 186a) 이 원형에 대해 알 수 있는 것은 인간이 지닌 지성(nous)에 의한 것이다. 플라톤은 이 원형의 세계와 로고스에 대해 알고자 하는 열정을 지난 사람들을 '철학하는 자'라고 말한다. 그러기에 인간 본성은 이러한 열정과 이성적 능력이며, 그 본성을 온전히 달성하는 행위가 철학인

---

4 플라톤의 본성 개념에 대해, 레슬리 스티븐슨·데이비드 L. 헤이버먼, 박중서 역, 『인간의 본성에 관한 10가지 이론』, 갈라파고스, 2006, pp.132~163 ; 로저 트리그, 최용철 역, 『인간 본성에 관한 10가지 철학적 성찰』, 자작나무, 1996, pp.165~189 참조.

셈이다. 철학이 인간의 본성에 따른 필연적 행위라면 인간은 철학적 존재일 수밖에 없다. 이때의 철학은 물론 학문으로서의 철학이라기보다 아리스토텔레스가 말했듯이 "자신의 본성에서부터 알기를 원하는" 인간의 본질적 행동을 가리키는 말이었다. 그때의 철학은 모든 것을 이해하고 해석하는 인간의 지성적 행위를 일컫는 개념으로 받아들여야 할 것이다.

인간은 소멸하는 육체를 지니고 있음에도 불구하고 영원불변하는 원형으로서 영혼(psyche)을 지니고 있다.(플라톤, 『법률』, 959) 이때의 영혼은 인간을 인간이게 하는 본질적 특성을 가리키는 말이었다. 그러니 인간에게 영혼이 없다는 말은 모순된 표현일 뿐이다. 이 영혼의 본질적 특성은 원형의 세계를 이해할 수 있는 이성적 능력에 있다.[5] 영혼 혹은 정신은 불변하는 본질을 이해하고 있기에 영원불변하며, 이성적 능력을 지니고 있는 비물질적 실체다. 영혼은 최고의 원형인 이데아(Idea) 세계에 앞서 존재했기에 그에 대한 기억을 간직하고 있지만 육체의 사슬에 갇혀 진리를 망각하고 있다. 그러나 영혼을 지닌 인간의 본성은 이데아 세계에 대한 열정을 지니고 있으며, 이로써 그 진리를 기억해 낼 수(anamnesis) 있게 된다.(플라톤, 『메논』 286b)

영혼이 인간을 이루는 형상적 원리를 가리킨다면, 정신(nous)은 훨씬 더 그 기능적 특성을 강조하는 개념이다. 정신은 이성이나 지성적 능력을 강조한다. 본성을 이성으로 이해하는 전통에서는 이를 동일한 본질적 특성에 주목하여 종종 동의어로 사용하지만, 그와 다른 전통에

5 플라톤, 박종현 역주, 『국가』, 서광사, 1997. p.507, pp.526~527 등.

서는 영혼은 이성적 능력과는 다른 특성에 주목하여 이 개념을 사용한
다. 이런 관점에서 볼 때 플라톤이 인간의 영혼을 세 부분으로 나누어
설명하는 이유를 잘 이해할 수 있다.(플라톤, 『국가』, 435-441) 그는
영혼을 이성적 부분과 함께 물질적 요소에서 오는 육체적 욕구 및
고귀한 격정에 속하는 부분으로 구분한다. 영혼이 작용하는 데 따른
구분과는 별개로, 플라톤에 따르면 인간의 본질은 이성적 능력을
지닌 영혼에 있다는 사실은 명백하다. 이러한 영육 이원론적 인간
이해는 이후의 서구 철학에 커다란 영향을 미치게 된다. 그리스도교를
철학적으로 해명하여 그리스도교 신학을 정초한 초대 교부(church
fathers)들은 말할 것도 없이, 이후 중세를 넘어 근대 철학을 새롭게
개척한 데카르트(R. Descartes)에 이르기까지 영육 이원론 내지 신심
(body-mind) 이원론은 서구 철학에서 인간 본성을 이해하는 중요한
전거로 굳건히 이어져 왔다.

　여기서 말하는 영혼을 굳이 어떤 실체적 실재로 이해해야 할 필요
는 없다. 영혼은 그보다 훨씬 더 인간을 인간답게 하는 내적 특성을
가리키는 말로 받아들일 수 있다. 그 특성을 그들은 지성적 능력으로
이해하거나 또는 삶과 인간 사회를 이끌어 가는 덕과 규범의 근거로
이해했다는 사실이 중요하다. 플라톤이 영혼을 원형적 특성과 함께
이를 이해하는 이성적 능력으로 이해한 것은 인간 행동의 선과 덕의
실천을 해명하기 위해서였다. 영혼은 원형을 이해할 수 있는 능력을
지니고 있기에 진리와 선의 덕목을 지니고 있다. 영혼은 지혜와 용기,
절제와 중용이라는 근본적인 덕(arete)을 지닌 존재다. 인간의 본성
인 영혼에 담긴 덕성을 강조하는 까닭은 플라톤의 본성 개념이 단순

히 원형을 이해하는 이성적 특성만이 아니라 폴리스(polis)라는 "국가
/공동체" 안에서의 역할을 설명하기 위해서다. 그는 영혼의 특성에
근거하여 인간의 윤리적이며 사회적 행위의 규범적 특성을 강조한
다. 이처럼 본성 이해는 다만 인간의 내적 특성에만 머무는 것이
아니라 국가나 사회 안에서의 역할과 윤리적 행위를 근거 짓는 토대
로 작동한다.

3) 아리스토텔레스의 인간 본성 이해

아리스토텔레스(Aristoteles, 기원전 384~322)는 플라톤의 제자였기에
인간의 본성을 이성적 능력을 지닌 영혼과 연결 지어 설명하는 큰
틀은 유지하지만, 그와는 구분되는 독창성을 지니고 있다. 아리스토
텔레스는 존재하는 모든 것을 설명하기 위해 질료형상론(hylomor-
phism)을 도입한다. 모든 것은 물질적 원인인 질료와 함께 그것을
존재하게 하는 형상 원인으로 이루어져 있다. 사람 역시 몸이라는
물질적 원인과 함께 영혼이라는 형상 원인을 지닌다. 사람을 포함한
모든 살아있는 생명체는 물질적 재료와 함께 생명을 생명이게 하는
원리인 영혼(physche)을 지니고 있다. 영혼은 "생명을 잠재적으로
가지는 자연적 신체의 제일 현실태"이다.[6] 영혼은 생명체가 스스로
살아가는 자기운동의 원리이며 능력이기도 하다. 그럼에도 이 말의
정확한 뜻은 논란의 여지가 많다.

　그리스도교의 오랜 영향에 따라 사람들은 영혼이란 말을 신神적인

---

6 아리스토텔레스, 유원기 역주, 『영혼에 관하여(*Peri Physche*)』, 궁리, 2001,
　특히 II권 참조.

초월자나 그에 의해 우리보다 앞서 존재하는 영원한 어떤 상을 생각한
다. 그러나 영혼이라는 실재를 그리스도교적인 생각과 연결 짓는
것은 기원전 4세기경의 그리스 철학의 의도를 이해하지 못한 결과다.
오히려 아리스토텔레스는 영혼을 생명체의 내적 능력과 원리를 가리
키는 말로 사용했다. 이런 까닭에 그는 식물에게 있는 성장 능력인
생혼이, 동물에게는 감각 능력인 각혼이, 인간에게는 지적 추론 능력
인 이성적 영혼이 있다고 말한다. 영혼의 능력은 생명체에 따라 달리
드러나지만 영향섭취와 감각능력과 욕구하고 운동하는 능력, 나아가
추론하고 판단하는 사고능력으로 나누어볼 수 있다. 여기서 식물이나
동물과 달리 인간의 본성인 영혼은 사고하는 능력인 이성적 특성
(logos)을 지닌다는 것이 아리스토텔레스가 생각하는 인간의 특성이
다. 인간 본성은 이성을 따르거나 이성을 함축하는 영혼의 활동에
있다. 영혼은 인간 생명체에 목적을 부여한다. 이성은 오직 인간에게
만 있으며, 그 원리에 따라 사는 삶이 가장 인간다운 것, 영혼이
가장 좋은 상태에 처해진 삶이다.(『니코마코스 윤리학』, 1098a: 1178a)
　　이런 맥락에서 그는 인간을 "로고스를 지닌 생명"(zoon logon exon)
으로 이해한다. 이때의 로고스 개념은 인식능력인 이성을 넘어 인간의
존재론적 본성인 지성을 가리키며, 또한 언어를 의미하는 말로 쓰이기
도 한다. 이처럼 아리스토텔레스의 본성 이해에 따르면 인간은 존재론
적인 지성과 언어적 능력을 지닌 존재이다. 이러한 이해에 근거하여
그는 이후 실천철학으로서의 윤리학은 물론, 그 외 사회철학과 같은
다른 논의들을 체계화했다. 인간은 본성적으로 덕을 추구하는 존재
다. 그 까닭은 인간의 본성이 완전히 발휘되었을 때 행복(eudaimonia)

과 윤리적인 선의 원리가 온전히 실현되기 때문이다. 그것을 온전히 실현하는 인간의 본성이 곧 덕(arete)이기에 그것을 추구하는 것은 인간의 본성적 측면이기도 하지만 본성 그 자체이기도 하다.[7] 그런 까닭에 아리스토텔레스는 본성에 대한 이해를 그 본성을 지닌 존재의 목적과 연결 지어 함께 논의한다. 덕을 따라 살려 하는 본성을 지닌 인간은 중용과 지혜, 용기와 정의를 추구하는 존재일 수밖에 없다. 인간이 행복을 추구하는 것은, 행복이라는 그리스 말이 "영혼의 좋은 상태"(eu-daimon)를 가리키는 데서 보듯이 본성이 곧 인간의 목적이기 때문이다. 행복은 인간의 본성이면서 또한 인간의 목적이기도 하다.

　다른 한편 아리스토텔레스는 인간을 폴리스적 생명(zoon politikon)으로 정의한다. 폴리스(polis)는 10만여 명 남직한 사람이 모여 사는 고대 그리스의 도시 공동체다. 인간은 폴리스에서 태어나 폴리스적 삶을 살다가 폴리스 안에서 죽음을 맞이한다. 당시의 사회문화적 맥락에서 폴리스를 벗어난 인간이란 상상할 수가 없는 것이기에, 인간의 본성은 그 사회적, 문화적 토대에서 형성된 것으로 이해할 수밖에 없었다. 그 공동체 안에서 인간은 자기 존재를 위한 수많은 관계와 역할을 떠맡는다. 자신이 살아가는 공동체를 통해 필요한 욕구를 충족시키기도 하며, 사회적 자유와 존재적 의미를 완성시켜 가야 한다. 공동체는 인간의 본성을 실현하는 곳이기에 공동체의 목적인 공동선(common good)을 추구하는 것 역시 인간의 본성이며 그의 목적이기도 하다. 공동체적 존재인 인간은 타자와의 관계를

---

7 아리스토텔레스, 이창우 외 옮김, 『니코마코스 윤리학』, 궁리, 제1권 6~8장.

떠나 살아갈 수 없기에 그 관계론적 특성을 벗어난 인간의 본성이란 가능할 수가 없게 된다. 아리스토텔레스가 인간을 "공동체를 구성하는 정치적 동물"(『정치학』, I, 2)로 정의한 말의 정확한 의미는 인간이 본질적으로 정치적으로 살아가는 존재라는 뜻이 아니다. 오히려 이 말은 고대 사회에서 개인이 그들이 속한 공동체를 떠나서는 생존을 유지할 수가 없다는 의미이다. 이러한 이해는 사회가 어떤 형태로 유지되는가에 따라 그 의미가 달라진다. 우리 시대의 사회형태에 따라 이해한다면 인간이란 사회적 존재이며 공동체 안에서 다른 사람과 관계를 맺으면서 살아가야 하는 존재라는 뜻으로 받아들일 수 있다. 어떠한 경우라도 아리스토텔레스의 이런 지적은 인간의 공동체성을 사회적 본성으로 간주해야 한다는 사실을 잘 보여 준다.

문화인류학이나 사회학적 지적이 아니더라도 인간은 공동체와 사회를 떠나 생존할 수도 없고, 존재할 수도 없다. 그러기에 인간을 이해하기 위해서는 사회적 맥락에 대한 올바른 이해가 매우 중요하다. 인간을 탈사회적으로, 다만 실존적으로 이해한다는 것은 인간의 반쪽만을 보는 것이다. 인간이 총체적 존재이고 그를 전일적으로 이해해야 한다면 공동체성이 인간 본성 가운데 하나임은 분명히 해야 한다. 그러기에 이를 정치적이거나 관계론적으로 이해하는 것과 별개로 본성 이해를 위해 이런 특성을 상세히 살펴볼 필요가 있다. 올바르게 이해된 공동체성과 이에 근거하여 이루어지는 사람과의 관계 설정은 타당하고 의미 있는 삶을 위해서는 반드시 필요한 일이다. 인간은 어떤 맥락에서 이런 공동체성을 이해하고 받아들여야 하며, 그 안에서 어떻게 자신의 본질과 자유를 유지할 수 있는 것일까. 인간은 본질적으로 자신의 실존적 세계를 성찰하며, 존재의 자유를 지키기 위해 노력한다. 자신의 내면적 층위와 존재론적 자유 없이 인간은 인간일 수가 없다. 그러기에 인간의 이러한 특성은 자율성으로 드러난다. 인간의 자율성은 다른 사람과의 관계에서의 자유로움은 물론, 자유로운 공동체를 만드는 본질적 특성이기 때문이다.

4) 로고스 개념의 그리스도교적 수용

인간 본성을 로고스(logos)로 이해하는 것은 고대 그리스 철학에서 유래해 이후 유럽 철학의 본질적 특성이 되었다. 문제는 이 로고스 개념의 다양함에 있으며, 또한 로고스를 이성적 능력으로 규정했을 때 인간만의 고유한 지성적 능력과 어떻게 구별할지에 달려 있다. 유럽의 문화적이고 철학적인 전통을 일반적으로 두 가지 기준이 되는 사상, 즉 헤브라이즘과 헬레니즘의 결합으로 규정한다. 헤브라이즘 (hebraism)이 유대교적 전통과 그리스도교 교의를 중심으로 형성된 종교적 사조라면, 헬레니즘(hellenism)은 플라톤과 아리스토텔레스 철학과 이를 수용한 로마 문화가 결합한 철학적, 문화적 전통을 가리킨다. 구약성서는 유대인의 종교경전이었지만 헬레니즘 시대에 이르러 그리스말로 번역되어(70인 역/LXX 성서) 유럽 문화를 결정하는 결정적인 고전 가운데 하나로 자리잡았다. 또한 지상 예수의 메시지를 기록한 신약성서 역시 통속 그리스어(koine)로 쓰였으며, 그에 대한 이해와 해석은 헬레니즘과 상호작용하는 가운데 형성되었다.

예를 들어 신약성서의 「요한복음」은 로고스 개념을 수용하여 이를 그들이 선포하는 하느님의 아들 예수와 동일시했을 뿐 아니라, 초기 그리스도교 신학을 사실상 결정하다시피 한 바울(St. Paul) 역시 플라톤주의 철학을 통해 복음의 선언(kerygma)을 이해했다. 이후 그리스도교 신학을 정립한 초대 교부들은 고대 그리스 철학을 바탕으로 해서 그리스도교 신학을 정립했다. 이러한 유럽 문화와 철학의 역사를 돌아보면 인간의 본성을 이성으로 이해한 것이 얼마나 결정적인지를 잘 알 수 있다. 그리스도교 전통 안에서 인간은 신의 모습(Imago Dei)을 따라 창조된 존재였다. 그런 관점에서 본성으로서의 이성은 신적 이성에서 유래한 것으로 받아들였다. 신약성서 「요한복음」은 예수 사후 거의 60~70년 이후 기록되었다고 보는 것이 일반적이다. 그런 시간적 간격은 이 복음이 지상 예수의 메시지를 철학적으로 해석하고, 그와의 대결을 통해 작성된 것임을 잘 보여 준다. 그 선언문에 해당하는 부분(「요한복음」, 『공동번역 신약성서』1, 1-18)에서는 하느님의 아들 예수의 본성이 로고스라고 단언한다.

> 맨 처음, 천지가 창조되기 전부터 말씀(logos)이 계셨다. 말씀은 하느님과 함께 계셨고 하느님과 똑같은 분이시었다. … 모든 것은 말씀을 통하여 생겨났고, 이 말씀 없이 생겨난 것은 하나도 없다. … 말씀이 사람이 되셔서 우리와 함께 계셨는데 … 그분에게는 은총과 진리가 충만하였다…

사람이 된 신적 본성을 로고스로 이해하고, 그렇게 선언하는 부분은 그 외에도 신약성서 곳곳에서 찾아볼 수 있다. 성서의 인간 본성 이해에는 육체와 영혼이 결합한 존재로 보거나 창조 개념을 통해 신적 본성을 지닌 존재로 이해하는 특성이 담겨 있다. 그럼에도 성서적 인간 이해에 고대 그리스 철학과 헬레니즘 문화의 영향을 배제하기란 불가능하다. 그러기에 그 안에 담긴 로고스적 전통은 유럽 철학의 인간 본성이 이 개념을 토대로 형성되었으며, 그 이해의 차이가 본성 개념의 다양함으로 나타났다고 말해도 좋을 것이다. 로고스는 신적 이성이거나 인간의 지성일 수도 있으며, 또는 신적 본성에서 유래한 언어/말씀으로 받아들일 수도 있다. 헬레니즘 이후 그리스도교 철학이 유럽 사회를 관통하는 시기에 이르러 인간 본성 이해는 인격 개념으로 자리하게 된다. 이는 본성을 로고스와 별개로 신적 본성의 고유함과 연결시켜 독특하게 해석한 것이었다.

3. 로고스(logos) 개념 이외의 본성 이해

1) 인격성

① 인격 개념의 형성

인간 본성을 인격으로 이해하는 관점은 그리스도교 교리에 따른 것이다. 인격 또는 위격이란 창조주인 신의 모습이 삼위일체(三位一體, Trinitas)로 이루어져 있다는 데서 유래한다. 이 삼위인 신의 본성이 곧 위격(位格, hypostasis)이며 이를 인격(personality)으로 이해한 것이다. 이에 따르면 창조주인 신은 한 분이지만, 그는 세 가지 얼굴로 나타난다. 그는 성부, 성자, 성령이라는 세 위격(persona)으로 존재하지만 본질은 하나의 실체(substantia)이다. 이 교리는 신성과 인간성을 동시에 지닌 "예수 그리스도"의 정체성을 결정하는 과정에서 채택되었다. 이후 구약성서와 신약성서 곳곳에 흩어져 전해오는 신의 계시 말씀에서 이미 삼위일체 교리가 선언되었다는 사후적 해석이 가미되어 오늘날 그리스도교의 핵심 신앙으로 자리잡은 것이다. 수많은 교의가 그렇듯이 이 교의 역시 오랜 논쟁과 교리 싸움을 거쳐 무수한 이단을 파생시켰지만 지금은 그리스도교 교회에 의해 가장 권위 있는 신의 본성에 대한 핵심 교의로 확립되었다.

지상 예수는 자신을 "사람의 아들"이라고 지칭했지만 그의 죽음과 부활 사건 이후 그리스도인들은 그를 신의 아들로 받들었으며, 그가 파견했다는 신의 또 다른 모습을 성령으로 설정했다. 신의 세 번째 다른 얼굴이 성령이었다. 한 분이지만 세 위격을 지닌 신의 본성을 이해하기란 지극히 모순적일 수밖에 없다. 따라서 그리스도교는 이를 신앙 차원의 설명이지 합리적 설명으로 받아들일 수 없다고 말한다. 교부 테르툴리아누스(Tertullianus)가 처음 이 말을 그리스도교 신의 본성을 해명하는 데 사용했다. 그는 이 본성을 "하나의 실체이면서 세 위격"을 가진 존재로 설명한다. 이후 오랜 논쟁 끝에 마침내 325년 니케아 공의회와 381년 콘스탄티노플 공의회에서 신의 본성에 대한 해명으로 정립되었다. 신의 본성은 동일한 하나의 실체이지만, 세 가지 다른 위격으로 존재한다. 이 본성은 나누어지지만 분리되지 않고 하나의 통합된 본성이지만 합쳐지지는 않는다고 한다. 유일신 교리를 유지하면서, 예수와 성령의 존재를 받아들이기 위한 어려운 교리 이해가 이 안에 담겨 있다.

인격 개념은 이 삼위일체인 신의 모상을 따라 창조된 인간의 본성을 해명하기 위해 도입한 것이다. 인격(personality)이란 말은 그리스어 얼굴(prosopon)에서 유래한다. 사람은 인생이라는 연극무대에서 각자의 역할을 얼굴로 나타낸다. 이 얼굴이 곧 나의 인격이며 본성이다. 신성과 인성이 결합된 예수의 본성을 이해하려 했던 초기 교부들은 이 인격 개념을 원용하였다. 6세기경 활동했던 로마의 철학자 보에티우스(Boethius)는 인격을 "이성적 본성을 지닌 개별적 실체"라고 정의했다. 이 개념을 받아들인 교부철학자들은 이를 유비적으로 사용하여 신성과 인성을 해명하는 가장 탁월한 특성으로 받아들였다. 예를 들어 라틴 교부 가운데 한 사람인 아우구스티누스(Augustinus)는 위격의 특성을 관계에서 찾는다.[8] 관계란 삼위일체인 신이 내적으로 지니는 사랑의 관계를 말한다. 세 위격은 하나의 실체이기에 이는 서로의 관계 안에서 그 실체의 본성을 달성한다. 위격성이 관계에서 그 특성을 온전히 드러낸다면 이를 원형으로 하는 인격체 역시 사랑의 관계를 통해 자신의 본성을 온전히 실현할 수 있다. 이 관계는 타자를 인격체로 받아들이는 것이며, 또한 이 인격적 관계를 통해 자신을 달성하는 것이기도 하다.

이런 생각을 발전시킨 중세 신학자 스코투스(Duns Scotus)는 인격의 본질은 관계성에 있다고 말한다. 그것은 인간이 자신이 아닌 타자에게서 존재하는 가운데 자신을 실현할 수 있다는 생각으로까지 발전한다. 타자를 향해 자기 존재를 개방하지 않거나 타자를 향해 자신을 벗어나는 자기 초월의 과정을 거쳐 다시금 자신에게로 돌아오는 자기 귀환을 이룩할 때 비로소 인간은 자신의 인격을 달성할 수 있게 된다. 인간은

---

8 인간의 인격성을 관계 개념에서 파악한 글로 심상태, 『인간 - 신학적 인간학 입문』, 서광사, 1989, pp.108~126 참조.

인격성에 포함된 지성과 자유, 존재 실현의 본성을 통해 자기를 초월할 뿐 아니라 타자와의 관계를 통해 자기를 실현한다. 이런 과정을 거쳐 인간은 자기로 되돌아오면서 인격성을 완성시켜 간다. 이를 중세 신학자들은 삼위의 관계적 특성에서 그 근원적 특성을 찾았다. 인격체란 결코 고립된 채 자기만의 완성을 향해 가는 것이 아니다. 인간은 존재의 본질인 인격성을 내면적으로 실현해 갈 뿐 아니라, 인격성을 지닌 다른 인간과의 관계를 통해 완성시켜 가기도 한다. 인격성은 자신은 물론 타자와 맺는 인격적 관계 없이는 결코 가능하지 않다.

② 인격 개념의 발전

토마스 아퀴나스(Thomas Aquinas, 1225~1274)는 중세의 대표적 신학자이면서 가톨릭교의를 대표하는 학자로 손꼽힌다. 그는 보에티우스의 인격 개념을 발전시켜 구체적으로 이를 인간의 종적 본성을 넘어 각 개인이 지닌 저마다의 고유한 개별적 특성을 포함하는 전체로서의 개인 자체를 가리키는 말로 사용한다. 인격은 "그 스스로를 통해 하나인 것"이다. 인격은 영혼과 육체를 구분하기 이전 인간의 나눌 수 없는 총체적인 개별자를 가리킨다. 인격은 타고난 것이기도 하지만 개인이 자신의 삶과 존재를 통해 실현시키는 과정에서 남김없이 드러난다. 여기에 개인의 존재론적 결단과 지성적 선택이 중요하게 작용하게 된다. 인격은 주어진 본성이지만 그럼에도 개인의 존재론적 삶을 통해 실현해 가는 총체적인 것이면서, 또한 모든 인간은 유일하고 고유한 자신만의 인격을 가지고 있다. 인격은 개인이 지닌 개별적인 고유함을 떠나서는 이뤄지지 않는다. 인격 개념은 지성적 특성을 간직하고 있지만 명백히 개인의 삶과 존재에 자리하는 자립성을 지닌다. 개인이 지닌 고유한 특성으로서의 인격은 그 자신의 삶과 존재 없이 이해되지 않는다. 그것은 한 사람이 자신의 지성을 따르는 삶과 지성적 판단에 따라 덕성으로 받아들인 것을 자유의지로 실현하는 행동을 포함한다. 인격은 그 과정에서 발현되는 덕성을 가능하게 하는 존재론적 원리이기도 하다. 그 이전의 인간 본성 개념과 달리 인격은 스스로 형성해 나가는 의지적 행위를 포함한다.

　토마스는 인격 개념을 통해 개인이 성취하고 실현한 결과보다는 오히려 그것을 실현할 가능성과 본성적 특성을 강조한다. 그럼에도 어떤 경우라도 토마스에게서 인격은 삶의 과정에서 습득하고 성취해 낸 어떤 덕성이 아니다. 인격 개념은 종적 본질임에도 불구하고 지적 본성을 지닌다는 측면에서 개별적인 실체라는 사실을 잊어서는 안된다. 사람은 자신의 삶과 존재를 통해 이 인격으로 개별적 활동의 주체가 된다. 인격은 그 자체로 개체에게 주어진 고유한 존재이며, 그럼으로써 그만의 가치와 존엄성을 지닌다. 이것이 삶의 과정에서 실현되고 달성되는 토대로 작동하지만, 그와는 별개의 가치와 의미를 지닌다. 선과 덕으로 드러난 결과가 인격의 가치와 존엄성을 결정하는 것이 아니기 때문이다. 그런 까닭에 인격 개념은 존재론적이면서 또한 실존적 성격을 지닌다. 토마스에게서 인격은 실천의 가능 근거이며, 그 자체로 인간이기에 주어진 것이기 때문이다. 나아가 고유한 개별적 삶과 존재를 통해 실현되는 것이기도 하기 때문이다. 그래서 토마스는 인격을 자연 전체에서 가장 완전하다고 말한다. 인간은 인격을 지녔다는 사실 자체로 세계 안에서 어느 것에도 종속되지 않는 고유한 가치와 존엄함을 지닌다.

③ 휴머니즘적 인격 개념

창조 개념에 따라 인간의 본성을 신성에서 찾는 전통은 인간 존엄성 (dignitas honimis) 개념으로 이어진다. 인간이 고귀하고 존엄한 까닭은 그의 본성이 신성을 담고 있기 때문이며, 또한 자신의 자유의지로 그 본성을 실현시킬 수 있는 능력을 지니고 있기 때문이다. 이런 특성을 가장 잘 드러내는 글이라면 피코 델라 미란돌라(Pico della Mirandola, 1463~1494)의 『인간 존엄성에 관한 연설』일 것이다.[9] 그는 여기서 인간은 신의 모상(Imago Dei)에 따라 태어났으며 그러기에 이성을 지닌 존재(animal rationale)이며 작은 우주라고 말한다. 인간은 신적 영혼을 지녔지만 물질계와 정신계 사이에 놓여 있는 중간자적 존재다. 그러기에 그는 미완성의 존재인 자신의 본성을 이성과 자유의 지로 완성을 향해 나아가려 끊임없이 분투하는 인격체다. 인간의 본성은 영원한 진리를 향해 나아가는 여정을 이어갈 능력에 있다. 신적 이성을 담고 있는 인간은 도덕적 지식과 참된 진리를 인식할 능력을 안고 있으며, 이를 통해 세계와 자신의 완성을 향해 가는 존재다. 그런 까닭에 인간은 그 자체로 존엄하다. 그의 글은 그리스 철학과 그리스도교 사상이 결합하여 인간 본성이 "개인의 성취, 덕을 통한 인간 내면의 도덕적 가치, 르네상스적 개인주의, 자유의지"를 지니고 있다고 강조한다.[10] 이로써 이 글은 영광과 비참함 사이의

---

9 피코 델라 미란돌라, 성염 역주, 『인간 존엄성에 관한 연설』(*Oratio de hominis dignitate*, 1486), 경세원, 2009.

인간, 탁월함과 나약함, 선과 악 사이의 인간, 진리와 오류 사이를 방황하는 인간의 본질을 남김없이 보여 주고 있다. 인간은 중간자적 존재, 사이 존재이며 그를 통해 완성을 향해 나아가는 나그네인 존재 (homo viator)다.

앞에서 보았던 관계적 인격 개념은 근대철학에 이르러 부버(Martin Buber)와 에브너(F. Ebner), 로젠츠바익(F. Rosenzweig) 등의 대화주의 철학에서 새롭게 조명되었다. 이들 역시 인간의 본성은 다른 사람과의 인격적 만남과 그를 가능하게 하는 대화를 통해 달성된다고 주장한다. 언어/말은 로고스 개념에서 보듯이 인간 본성의 특성 가운데 하나이지만, 이들은 이를 관계를 통한 언어로 이해한다. 이때의 말은 독백이 아니라 타자와 나누는 대화에서 타당하게 달성된다. 인간은 독백의 존재거나 독립된 개체로 완성되는 것이 아니라 다른 사람에게서 실존을 선물로 받을 뿐 아니라 인격을 지닌 타자에 의해 자신을 실현해 가는 존재다. 이 관계가 대화로 달성되는 것이다. 이로써 인격성은 다른 인격과의 관계를 통해 형성되며, 이를 통해 인간은 비로소 인격체로 성숙되게 된다. 타자 없는 인격성이란 불가능하다는 것이 이들의 주장이다. 인격주의 철학을 대표하는 부버는 『나와 너』(1923)에서 이 인격성을 관계맺음이란 관점에서 설명한다.

사람의 행동양식은 양의적으로 나타나며, 그 행동양식에 따라
세계는 양의적으로 존재한다. 사람의 말하기도 이와 같이 양의적

---

10 피코 델라 미란돌라, 성염 역주, 『인간 존엄성에 관한 연설』, pp.50~51.

이다. 사람은 두 가지 근본적 언어에 따라 존재한다. 그것은 '나와 너'(I-You)라는 언어 양식과 '나와 그것(I-It)'의 언어 양식이다.

부버에 따르면 사람은 결코 단독적 자아로 자리하지 않고 언제나 이 두 가지 근본 언어 양식에 따른 관계 안에 존재한다. 나와 너의 관계가 인격적 관계라면, 나와 그것의 관계는 사물적이거나 사업적 관계를 가리킨다. 인격적 관계에서는 모든 것이 인격적 대상으로 드러나지만, 나의 그것의 관계에서는 모든 것이 객체적 대상으로 나타난다. 그것이 사람이라면 그 사람은 이용 수단이 될 뿐, 어떤 경우라도 나와 인격적 대화를 나누는 인격체로 자리할 수가 없게 된다. 이런 관계는 모든 생명체와 사회, 사물과의 관계에도 그대로 적용된다. 나와 그것의 관계에서 사람은 다른 생명체나 사회 내의 관계에서, 또는 미적 대상에서 결코 인격성을 체험하지 못한다. 그런 사물적 관계 안에서 행동할 때 사람은 결국 사물처럼 취급된다. 그는 자신을 인격적 주체로 받아들이지도 못하고 사물화된 존재로 머물게 될 뿐이다.

인격은 인간의 본성을 성취하고 실현하는 인간다움을 만드는 규범과 그러한 과정에서 형성된 특성이며, 인격적 관계는 다른 사람을 그러한 인격체로 마주하는 관계를 가리킨다. 인격적 관계는 단순히 타자에 대한 태도에 그치는 것이 아니라, 나 자신을 인격체로 완성시키는 데 반드시 필요한 덕목이다. 부버는 이런 관계가 가장 잘 드러나는 것이 인격적 대화라고 말한다. 그래서 사랑의 관계, 인격적 관계는 인격체인 인간의 이상적 관계를 나타낸다. 또한 인간은 초월적 존재와

도 이러한 인격적 관계를 맺는다. 이로써 인간은 자신 안에 있는 신성과 성스러움을 온전히 달성할 수 있게 된다. 이제 세계는 이를 통해 인격적 관계맺음을 실현하는 터전이 된다. 인격주의적 본성 이해는 이외에도 다양한 형태로 유럽 철학과 문화에 지대한 영향을 미쳤다.

2) 자기 유지의 본성

인간 본성을 이성적 능력에서 이해하는 전통은 고대 그리스 철학 이래 서구 철학에서 일관되게 유지되던 생각이었다. 이는 그리스도교 와 결합한 유럽 문화권에서 성립된 인격 개념에서도 명확히 확인할 수 있다. 이러한 주류적 이해에도 불구하고 감정적 측면과 또는 초월적 성격을 지닌 인간의 특성을 중심으로 본성을 이해하려던 경향 역시 결코 빼놓을 수 없는 흐름이었다. 인간 본성의 이성적 특성에도 불구하고 인간에게는 이와 구별되는 정서적 측면이나 초월적 특성이 담겨 있는 것이 사실이다. 이러한 특성을 이성과 연결시켜 이해하거나 또는 이성과는 별개로 인간의 본성을 개념화하는 흐름이 분명 존재한다. 실재하는 모든 것을 정신적 실체(res cogitans)와 물질적 실체(res extensa)로 구분한 데카르트(R. Descartes, 1596~1650)는 중세철학을 넘어 근대철학의 근본적 토대를 닦은 철학자로 알려져 있다. 그는 플라톤적 철학에 근거하여 세계와 실재를 이원론적으로 이해했으며, 이는 인간 본성을 이성적 관점에서 이해하는 조류에 커다란 영향을 미쳤다. 이런 토대 위에서, 아니 어쩌면 이런 경향에도 불구하고 정신과 물체의 이분법을 넘어 본성을 자기 유지의 역량으로 파악한

철학자로 스피노자를 거론할 수 있다. 인간이 지닌 어떤 특성에 근거하여 본성을 정의하는 모든 노력에도 불구하고, 인간은 자신을 유지하고 자기 존재를 달성하려는 근본적 욕구를 지닌 것이 사실이다. 이것이 없다면 나는 나 자신으로 존재할 수 없게 된다. 나를 나로서 유지하고 그러한 개체로 존재하려는 성향을 자기 유지의 본성으로 정의한다면 스피노자는 이런 특성을 강조하는 가장 탁월한 철학자임에는 틀림이 없다.

스피노자(Bento de Spinoza, 1632~1677)는 자신의 독특한 철학적 관점을 지켜내기 위해 대학의 자리를 거절하였으며, 태어나면서부터 속해 있던 유대인 공동체에서 파문되기까지 했다. 그는 고대 그리스 철학의 전통과는 사뭇 다른 관점에서 인간을 이해했다. 그는 플라톤적 이성 개념의 인간은 물론, 신의 위격성(personality)에 따라 인간을 이해하던 전통을 넘어서려 했다. 그러기에 그가 신인동형론神人同形論이나 영육 이원론적 인간 이해를 거부한 것은 어쩌면 당연한 철학적 귀결이었을 것이다. 그는 실재하는 모든 것은 하나이며 동일한 실체가 지닌 무한한 역량이 표현된 양태로 파악한다. 존재하는 모든 실재는 이 유일한 실체가 지닌 무한한 역량이 구체적 모습으로 드러난 것이다. 그 실체를 그는 신으로 또는 만물을 "생산하는 자연(natura naturans)" 등으로 이해했다. 그가, 형태로 드러나는 것은 정신의 경우 사유의 속성을 통해, 물체의 경우 연장의 속성을 통해 현시된다고 말하는 점에서는 데카르트 철학을 이어받는 듯하다. 그러나 이 모두는 유일하고 무한한 역량을 지닌 유일 실체가 드러난 양태일 뿐이다. 개별적으로 존재하는 모든 실재는 이 역량의 양태이며 그러기에 개별 실재는 그를 그 자신이게 하는 유한한 역량을 지니고 있다. 이를 그는 코나투스(conatus)라고 부른다. 인간 본성과 연결시켜 이해한다면 인간은 이 코나투스에 의해 존재하게 되며, 인간 자기 자신의 본질적 특성은 코나투스에 있다고 말해도 좋을 것이다. 스피노자는 코나투스를 각각의 실재가 할 수 있는 한 자신의 존재 안에 존속하기를 원하는 능력이라고 말한다. 개별 실재의 현실적인 본질은 자신 안에 존재하기를 원하는 성향과 역량이다.(『에티카』, 1675, 3부, 정리 6, 7) 내들러에 의하면 이런 스피노자의 생각은 사실 고대 스토아(Stoa) 철학과 매우 유사하다고 한다.[11]

스피노자는 정신의 이성적 특성을 인정하면서도 인간의 본질 자체를 이러한 욕구로 이해한다. 인간은 자기 존재를 보존하고 유지하려는 욕구를 지니고 있다. 코나투스라 이름하는 자기보존의 욕구와 능력은 인간의 본질이며 본성이다. 자기 존재를 보존하고 실현하려는 의지가 존재의 본질이기에, 이를 위해 부단하게 노력하는 자유의지가 인간 본성임은 명확하다. 그것이 이성으로 드러나든, 또는 감성과 초월적 영역을 향한 감수성으로 나타나든 그 모두는 자기보존 욕구와 의지의 현상일 뿐이다. 이성은 이를 정신적 영역으로, 합리성의 원리에 따라 자신을 보존하려는 역량을 의미하는 데 반해, 감정과 욕망은 이를 위한 생명체의 총체적 느낌을 일컫는 말이다. 그와 함께 인간은 이를 위한 의지와 자유를 지닌 존재이기도 하다. 스피노자 철학에 의하면 다른 철학자들이 인간 본성으로 정의했던 이성과 감성, 자유의지

---

11 스트븐 네들러, 이혁주 옮김, 『에티카를 읽는다』, 그린비, 2013, pp.324~333.

등은 다만 이 자기보존과 자기실현의 욕망이 드러난 현상에 지나지 않는다. 스피노자는 자기보존의 역량과 노력(conatus)이 정신에만 관계할 때 이를 의지라고 부르며, 정신과 신체에 함께 관련될 때 이를 욕망과 연결시켜 이해한다.(『에티카』 3부, 정리 9) 이 코나투스의 의지와 욕망이 인간의 본질 자체이며, 자기 존재를 유지하려는 것이 인간 본성이다.

3) 정념(감성)적 본성

① 인간 본성을 현실적 경험의 관점에서 이해하려 했던 철학적 흐름은 흔히 경험주의라고 부르는 철학적 경향에서 찾아볼 수 있다. 이런 흐름의 시작은 본성의 선험적 특성을 거부하고 이를 삶의 현실과 역사적 흐름 속에서 형성된 것으로 파악했던 로크의 철학이었다. 로크(John Locke, 1632~1704)는 『인간 오성론』(1690)에서 인간에게 타고난 본성 따위는 없다고 주장한다. 인간의 마음은 마치 "빈 서판"(tabula rasa)과 같아서 그 안에서 나의 존재를 어떤 모습으로 그리느냐에 따라 본질적 특성이 형성된다. 그 그림은 삶과 역사를 통해 얻게 되는 경험을 통해 만들어지는 것이며, 본성으로 느껴지는 것은 그 결과물에 지나지 않는다. 몸의 수많은 감관이 우리에게 감각을 주며 그 감각적 경험을 지각하고 반성함으로써 인간은 본성적으로 느끼는 관념을 형성해 낸다. 인간을 이루는 수많은 특성들은 이러한 관념에서 만들어진 것이며, 또한 관념을 통해 나의 내적 특성을 지각한다. 사물을 인식하거나 사회를 만들어 가는 토대는 모두 여기서 형성된 것이다. 이 모두는 인간의 감관에서 비롯된 것이기에 굳이 본성을

말한다면, 그것은 다만 경험 과정에서 만들어진 것으로 이해해야 한다.

로크를 이은 경험주의자 가운데 인간의 본성을 정념(감성)으로 파악한 사람은 흄이다. 흄(David Hume, 1711~1776)은 스코틀랜드 철학자로서 인간의 본성에 관한 논문을 확대한 『인간 지성론』(1748)을 통해 이 문제를 이성적 특성을 넘어서는 관점에서 논의하였다. 경험주의의 일반적 주장처럼 그 역시 본성에 관한 어떤 경험 이전의 세계에 의지하는 그런 종류의 형이상학적 관점을 거부한다. 이런 관점은 인간을 절대적인 영역에서 설명하려는 허영심에 차 있거나, 아니면 대중의 어리석은 믿음에 호소하는 반이성적 철학에 지나지 않는다. 흄은 인간을 아는 것이 다른 모든 것을 이해하기 위한 유일한 토대라고 말한다. 그와 함께 인간을 알기 위한 유일한 기초 역시 경험과 관찰이어야 한다고 주장한다. 인간이 지닌 지성은 이러한 경험을 관찰하고 이를 합리적으로 체계화하고 반성하는 능력이다. 우리는 이 지성의 능력으로 경험뿐 아니라 지성 자체도 정확히 분석함으로써 선험적으로 설정된 거짓 형이상학을 쳐부수고 진정한 형이상학에 도달해야 한다. 이를 위한 철학은 인간에게 선험적으로 주어진 본래적 특성 따위란 없다는 인식에서 시작되어야 한다.

흄이 보기에 실제로 있는 것(실재)이란 우리가 사회적 관습이나 인간적 습관을 통해, 또는 본능적인 것에 매달려 그 안에서 간신히 붙잡고 있는 허상에 지나지 않는다. 필요한 것은 세계에서 만나고 경험하는 모든 문제를 관찰하고 지성으로 추론하여 원인과 결과를 밝혀내는 노력이다. 이러한 지성 추론조차도 사실은 일종의 감각,

또는 그렇게 얻는 관념을 떠나 객체적으로 있는 것이 아니다. 철학적 논증이나 추론의 타당성을 판단할 절대적 기준 따위는 없다. 최상의 논증은 모든 문제를 증거에 기초하여 합리적으로 사유하는 데서 확립한 타당성에 있다. 이러한 지성적 추론은 최상의 것은 아니지만, 인간이 사물을 지각할 수 있는 유일한 길이다. 그래서 철학자들은 언제나 자신의 오류 가능성을 인정하면서 겸손하게 이러한 지성적 지각을 수행해 나가야 한다. 철학은 모든 문제를 관찰과 추론을 통해 합리적으로 사유하는 과정이다. 흄은 우리가 지각하는 모든 것을 '정신의 지각'이라고 부른다. 경험을 통해 받아들인 것을 정신으로 추론하는 것이 지각이기 때문이다. 여기서 그는 인상과 관념을 구분한다. 인상은 직접적으로 주어진 지각이지만, 관념은 이를 지성으로 관찰하고 추론한 지각이다.

② 흄에 의하면 자아는 내가 누구인지를 지각하는 데서 생긴다. 자아란 경험의 질서정연한 집합에 지나지 않는다. 선험적 이성주의자가 생각하듯이 자아가 있어 경험을 소유하는 것이 아니다. 영원하고 지속적인 통일체, 또는 선험적 자아라는 것은 실제로는 경험의 흐름에 불과하다. 그래서 그는 사물에 숨어 있는 변하지 않는 영구적인 본질이나 실체 개념 따위를 거부한다. 실체(substance)란 아리스토텔레스 이래 형이상학자들이 설정한 개념으로, 스스로 존재하면서 모든 사물의 근거가 되는 본질적인 토대를 의미한다. 사물에 실체가 없듯이 인간에게도 이런 실체나 타고난 본성 따위는 존재하지 않을 뿐 아니라, 그것을 지각하는 것도 불가능하다. 그래서 그는 『인간 지성론』에서

"특정한 속성의 묶음과 다른 실체 개념은 없다"라고 주장한다. 그들이 즐겨 말하거나 생각하는 "실체에는 별다른 의미가 없다." 있는 것은 대상의 성질뿐이다. 그는 명백히 자아라는 실체 따위는 실재하지 않는다고 말한다.

그런 까닭에 한 사람이 느끼는 불변하는 동일성을 말하는 것은 허상이다. 변하지 않는 본질 따위는 없기 때문이며, 개인의 동일성은 삶의 과정에서 생기는 경험과 지각, 그에 대한 지성적 추론을 통해 얻게 되는 결과물이다. 개인은 "유사성이나 연속성, 인과"라는 충분한 관계성만 보이면 세월이 흘러도 여전히 동일한 존재일 수 있다. 이 자아 동일성의 원천으로 그는 기억을 거론한다. 기억이 없다면 우리는 "연속적으로 일어나는 지각의 지각성과 그 정도"를 전혀 인식할 수 없게 된다. 만일 인간에게 이러한 기억이 없다면 지각의 다발을 통합해 줄 수 있는 것은 아무것도 없게 된다. 그래서 흄은 『인간 지성론』에서 인간이 지각의 다발인 까닭은 이 지각이 서로 연결되어 영속적인 흐름과 운동을 만들어 낼 수 있기 때문이라고 말한다. 인간이란 존재가 놀라운 이유는 선험적 본성이나 신적 이성을 지니고 있기 때문이 아니라 그가 "생각과 감정, 기억과 욕망 및 감각의 다발"이기 때문이다.[12]

그는 또 인간의 본성을 올바르게 이해하는 것이 철학의 기반이며 인간의 정념을 온전히 수용하지 않는 도덕 철학은 근본적으로 타당하지 않다고 말한다. 이성이 인간의 삶과 존재를 지배한다고 주장하는

---

12 줄리언 바지니, 오수원 옮김, 『데이비드 흄』, 북이십일, 2020, pp.128~130.

거짓 형이상학은 지극히 염세적인 철학에 지나지 않는다. 이성은 "정념의 노예이며, 노예여야 하기에", 이성이 아니라 정념이 인간에게 주어진 여러 사실을 지각하게 만든다. 예를 들어 인간에게 악은 있을 수 있는 사실이다. 그러나 그 사실을 지각하는 것은 이성이 아니라 감정이다. 악은 우리의 내면에 있는 것이지 대상에 있는 것이 아니다. 선과 악이란 것은 행위나 대상에 따른 것이 아니라 그것을 느끼는 우리의 감정에 있다. 그래서 흄은 우리가 말하는 선과 악은 사실 사물에서 느끼는 "소리, 색깔, 열기, 냉기와 비슷"한 것이라고 말한다. 그것은 대상 자체에 담겨진 어떤 특성이 아니라 우리의 정신이 지각한 것이다. 감정과 이성은 별개의 것이 아니며, 오히려 우리의 감정 안에 많은 것이 이성적 판단을 포함한다. 정념이라는 말은 일반적으로 사용하지 않는 단어여서 이해하기가 쉽지 않다. 그가 말하는 정념은 인간이 지닌 감각과 지각에 의해 형성되는 것이다. 이는 선험적 이성과는 구별되는 마음의 어떤 감성적 측면을 가리킨다. 그러나 굳이 이성을 배제하는 감정적 느낌만을 가리키는 것은 아니다.

③흄은 독립적 존재인 자아를 부정한다. 그런 생각은 서구 형이상학의 오랜 전통인 플라톤 철학의 비물질적 무형의 영혼 개념에 기대고 있는 허상일 뿐이다. 그것은 이런 생각이 그리스도교의 신앙 체계와 상응하면서 근대 초기 데카르트 등에서 보듯이 영육 이원론 내지, 불변하는 선험적 본성 개념 등으로 정착된 것에 지나지 않는다. 오히려 우리가 본성이라고 말할 수 있는 것, 또는 본질적인 정신과 같은 것은 감정과 경험, 지각과 그에 대한 추론이 상호작용하는 "놀라운

네트워크"에 지나지 않는다. 자아는 생각과 감정, 감각을 지닌 존재가 아니라, 이런 것들이 질서정연하게 모여 있는 집합이다. 인간이라는 존재는 "상상할 수 없을 만큼 빠르게 이어지면서도 영구적인 흐름과 움직임 속에 있는 상이한 지각의 다발 혹은 집합"이다.[13] 인간에게는 합리주의자들이 말하는 태어날 때부터 타고난 관념(생득 관념)이나 그러한 원리 따위는 없다. 오히려 인간 지성의 모든 내용은 감각적인 경험에서 생겨나는 것이다. 인간은 외적이며 내적인 감각과 함께, 감각에서 생겨난 인상을 관찰하고 반성함으로써 관념을 만들어 낸다. 이 관념들을 모아 지각을 형성하고 사물을 이해하기에 그 모두는 관념의 연합에 의해 생겨난다.

인간에게 본성이라 말할 수 있는 것이 있다면 이렇게 작용하는 정념과 지성이라고 말해야 할 것이다. 지성은 이를 수행하는 인간의 본성적 능력이다. 타고난 본성과 달리 굳이 본성을 말해야 한다면 그것은 지성적 작용을 행하는 인간의 마음에 따른 작용 양식일 것이다. 본성을 이처럼 살아가는 과정에서 생기는 끊임없는 경험에서 해명한다면, 이를 수용하고 해명하는 과정에 따라 본성은 늘 새롭게 해명되고 수용될 수밖에 없게 된다. 그러기에 흄의 정념 개념에서 이해하는 본성은 이것이 선험적으로 주어진 불변의 원리라기보다는 삶의 과정에서 경험과 이에 대한 인간의 이해와 해석에 따른 것임이 분명하다. 본성이 보편적인 까닭은 이 과정에서 주어지는 일반성 때문이며, 그럼에도 본성의 차이는 경험과 경험의 수용에서 오는 것임을 알

---

13 줄리언 바지니, 『데이비드 흄』, p.207, pp.265~266.

수 있다. 본성은 실체적이거나, 불변의 원리가 아니라 우리가 존재와 삶을 통해 형성하고 해명하는 데 있다. 본성의 자기실현성이나 자유로 움을 말할 수 있는 근거도 이런 이해에서 가능해진다.

4) 본성 개념의 계몽주의적 해명

① 자연적 존재인 인간은 자신에게 당면한 문제에 대해 질문하고 그에 타당한 대답을 추구한다. 이 문제를 해명하기 위해 스스로에게 주어져 있는 지성적 능력을 사용했을 때 비로소 인간의 역사가 시작되 었다. 인간이 생물학적 수준을 넘어 인간다운 존재로 자리하게 된 것은 전적으로 이러한 지성적 질문과 해답을 찾기 위해 노력했을 때부터였음은 분명한 사실이다. 지성적 해명의 노력은 인간이 인간인 까닭이며, 이를 통해 인간은 문화적 존재로 자리하게 된다. 이런 노력을 철학이라고 말한다면, 철학은 인간이 세계와 자연을, 나와 다른 사람을, 사회와 역사를 이해하고 해명하는 과정일 것이다. 그러 기에 인간이라면 누구나 철학한다. 비록 그 과정을 체계적이며 명시적 으로 수행하거나, 또는 그 반대일 경우라도 누구나 철학한다는 사실에 는 변함이 없다. 다만 이런 차이에 의해 학문으로서의 철학과 통속적 철학을 구별할 수는 있을 것이다. 인간이 지닌 근본적인 물음을 칸트는 세 가지로 정리한다. "나는 무엇을 알 수 있는가?" "나는 무엇을 할 수 있는가?" "나는 무엇을 바랄 수 있는가?"라는 질문이 그것이다. 그와 함께 이 모든 질문의 토대는 "인간이란 무엇인가?"라는 데 있다.[14]

---

14 I. 칸트, 『순수이성비판』, A 805, 『논리학』, IX 25 등.

칸트(Immanuel Kant, 1724~1804)에 의하면 인간은 자연적 존재이기에 자연은 인간의 본성을 결정하며, 본성은 그 법칙에 속해 있을 수밖에 없다. 그 본성은 인간이 지닌 이성이며, 이 이성을 자유롭게 사용할 수 있는 능력을 갖춘 것이 인간이다. 인간은 이성적 존재다. 이성은 인간이 지닌 지성적 능력 전체를 의미한다. 그 이성은 존재자를 지각하고 이해하는 인식 이성은 물론, 도덕적 실천과 계몽적 존재로 자리하게 만드는 실천이성으로 나타난다. 또한 이성에는 감정과 미적 판단, 상상력 등을 가능하게 하는 판단 능력도 포함된다. 그것은 칸트가 보기에 인간의 정신 또는 영혼은 본질적으로 사물을 인식하려는 욕구는 물론, 도덕적 존재로 살아가려는 갈망과 존재하는 것에 대한 감성적 느낌을 가지고 있기 때문이다. 그래서 그는 이 문제를 철학의 근본 주제로 설정하면서 자신의 삼대 비판서, 즉 『순수이성비판』(1781), 『실천이성비판』(1788)과 『판단력비판』(1790)이 바로 이에 대한 대답을 추구한 결과라고 말한다.

그와 함께 칸트는 이성적 존재인 인간은 스스로 이성을 사용할 수 있어야 하며, 또한 그러한 능력을 지니고 있기도 하다. 다만 그 능력을 다른 사람의 도움을 받아서가 아니라 자신이 스스로 사용할 수 있어야 한다고 강조한다. 인간은 자율성(autonomy)을 지닌 존재다. 인간은 이성적 자율성을 지닌 존재이기에 스스로 이를 자각하고 사용할 수 있어야 한다. 인간의 본성은 여기에 있다. 인간은 자유로운 주체로 자신의 의지에 따라 이성을 사용하여 자기 존재를 현실화한다. 인간은 이 이성의 원칙에 따라 도덕적 주체로 존재한다. 그는 이성의 자율성을 통해 자연과 세계를 이해하고 이것을 이성의 원칙에 따라

실현되도록 만들어 가는 존재다. 그런 존재로 살아가야 하는 당위성을
지닌 존재이기에 인간은 도덕적 존재일 수 있으며, 또한 도덕적 존재여
야 한다.

흔히 칸트를 계몽주의 철학자라고 일컫는다. 계몽주의란 무엇인
가? 근대 사회가 시작되면서 유럽 사회에는 중세적 신정 체제를
넘어 인간의 이성을 중심으로 세계를 이해하고 체계화하려는 철학이
크게 대두되었다. 인간은 세계를 이해하는 주체이며, 또한 세계를
변화시키고 완성시켜 가는 주체로 이해하는 이 흐름은 인간의 특성을
이성에서 찾았다. 이 이성을 중심으로 인간을 이해하고 그에 따라
세계를 이끌어 가려 한 사조가 계몽주의 철학과 문화였다. 프랑스와
영국의 계몽주의가 정치와 사회, 문화적 영역에서 인간의 자율성과
이성적 능력을 강조했다면, 독일은 이를 훨씬 더 철학적 관점에서
수용했으며, 철학적 해명 작업의 토대로 받아들였다. 칸트의 철학은
인간본성을 계몽의 관점에서 해석한 철학이라고 말할 수 있다. 그는
1784년 『베를린 월보』에 「질문과 답변: 계몽이란 무엇인가」(*Beant-
wortung der Frage: Was ist Aufklärung?*)를 통해 계몽주의를 인간 본성과
연결 지어 정의했다. 계몽은 인간이 자신에게 주어진 이성을 스스로
사용할 수 있도록 이끌어가는 과정이다. 계몽을 통해 인간은 미성숙한
상태를 벗어나 비로소 성숙한 존재로 자리할 수 있다. 미성숙한 인간은
다른 권위에 종속된 존재이지만, 계몽된 성숙한 존재는 그 누구도
아닌 바로 자신의 이름으로 자신의 이성을 사용할 수 있는 인간이다.
계몽된 사회와 문화는 인간이 스스로 자신의 이성을 사용할 수 있도록
하는 것이며, 도덕과 규범이라는 것 역시 이에 근거할 때 타당하게

정립될 수 있다. 그래서 칸트는 계몽된 인간이 되기 위하여 우리에게 이렇게 요구한다: 자신에서 비롯된 미성숙함을 벗어나기 위해 스스로의 이성을 사용하라. "감히 (그렇게) 알려 하라!"(sapere aude!)

②플라톤 이래 유럽 철학의 오랜 전통이 칸트 철학에서 오롯이 그 완성된 모습이 드러난다. 인간은 본성적으로 계몽적 자아를 지녔으며, 그 본성은 자율성과 자유의지 및 도덕성으로 드러난다. 그러기에 도덕율은 인간 본성에서 필연적으로 도출되는 법칙이며, 인간의 행동을 규율하는 정언명법定言命法의 토대가 된다. 정언명법이란 조건 없이 반드시 그렇게 해야만 하는 당위적 명령이다. 그것을 칸트는 "당신 의지의 준칙이 언제나 동시에 보편적 입법 원리가 되도록 행동하라"는 것과 "당신과 다른 모든 사람의 인격을 언제나 동시에 목적으로 대하도록 행동하라"는 두 가지 명제로 제시한다.(『도덕 형이상학의 기초 설정』) 나의 도덕률은 보편적 도덕 원칙에서 나와야 하며, 인격을 지닌 인간은 어떤 경우라도 수단이 아니라 목적 자체가 되어야 한다. 그래서 그는 『실천이성비판』의 맺음말에서 생각하면 할수록 점점 더 새롭게 더 큰 놀라움과 두려움으로 마음을 채우는 두 가지 사실을 언급하면서 이런 생각을 마무리 짓는다. 그것은 "내 머리 위에 별이 빛나는 하늘과, 내 마음 속의 도덕률"이다. 이 말은 쾨니히스베르크에 있는 그의 묘비에 새겨진 비명이기도 하다.

이와 함께 계몽을 강조한 그의 철학은 플라톤에서 보듯이 "파이데이아(paideia)"로서의 교육 개념과 함께한다. 인간의 본성을 깨우치고 스스로 이를 사용할 수 있는 자율성을 가질 수 있도록 이끌어 가는 것이 계몽이라면, 이는 본질적 세계인 이데아(Idea) 세계로 영혼을 상승시켜 가는 열정으로서의 "파이데이아" 개념과 상응한다. 본성 개념은 인간을 정의하는 철학이지만, 그와 함께 문화와 사회를 결정하는 규범적 토대가 된다. 교육받고 교육하는 존재, 문화적 존재 역시 인간의 본성에 속한다. 이는 교육이 인간으로 하여금 자신의 본성을 깨우치고 이를 실현할 수 있도록 이끌어 가는 과정이기 때문이다. 이 모두는 본성 이해에 따라 필연적으로 도출되는 현상이다. 그런 까닭에 본성을 인간이 지닌 고유한 성격으로 협소하게 이해하지 않는다면, 문화와 교육조차도 인간의 본질적 특성이라고 말해도 무리가 없을 것이다.

4. 자기실현의 본성

1) 본질과 실존으로서의 본성 개념

인간은 자기 존재를 자신의 철학적 사고에 따라 스스로 규정한다. 그것이 철학사에서 본성 개념으로 나타났지만, 그 개념 역시 인간의 자기 이해에 따라 무척 다양한 형태로 드러난다. 그 개념을 이성이나 정념으로 이해하든, 또는 인격성에서 규정하든 그와는 별개로 인간은 자신을 실현하고 자기를 완성시켜 가려는 본성을 가지고 있음도 분명하다. 이런 관점에서 본성을 다만 실체적 주제로 파악할 것이 아니라 본성을 실현하려는 근본적인 욕구 역시 우리의 본성 가운데 하나로 이해할 수 있다. 오히려 본성 개념의 다양한 이해에 비해 이 자기실현의 욕구야말로 가장 핵심적인 본성이라고 말해야 할 것이다. 이런 특성을 이해하기 위해 먼저 살펴봐야 할 것은 유럽 철학사에서 가장 오래된 주제 가운데 하나인 본질과 실존 개념이다.

플라톤 이래 서구 철학은 보이는 세상 및 실제적 사물의 세계와 이를 넘어 이 세계의 모든 것을 그렇게 존재하게 하는 본질적 영역을 구분했다. 이것을 플라톤은 원형의 영역인 "이데아(Idea)" 세계와 그를 모방(mimesis)한 세계로 나누어 체계화시켰다. 그에 따라 인간 역시 두 부분으로 나누어진다. 인간이 지닌 영혼과 육신이 이원론적이며, 그에 근거해 이성과 감성이 인간 성격의 두 원리를 형성한다. 나아가 선과 악은 물론 모든 존재자의 영역이 본질적 부분과 현상적 부분으로 구분되었다. 이를 철학은 계보사적으로 본질과 실존으로 개념화했다. 본질(essence)은 그 사물을 그것이게 하는 본래적 특성, 그 사물일 수 있는 궁극적 원리와 요소를 가리킨다. 이에 비해 실존(existence)은 본질이 드러나는 현상, 또는 그 사물이 지금 현재 그렇게 있는 모습을 가리키는 개념으로 정착되었다. 인간 본성이 본질에 속한다면, 구체적 개인이 지닌 특성은 실존의 영역에 속한다. 본성은 본질이지만, 실존을 통해 본성은 실현되고 그렇게 드러난다. 철학이 본질적 진리에 관계되기에, 철학사에서 보듯이 본성에 대한 탐구 역시 실존보다는 본질을 향한 논의로 이어져 왔다.

그럼에도 현대에 이르러 본질보다 더 중요한 것은 실제적 삶을 살아가는 구체적인 나와 너, 또한 우리가 살아가는 실제적 세계라고 생각하는 사람들이 나타나기 시작했다. 그들은 영원불변하는 본질이 중요할지 모르지만 지금 여기서 구체적 삶을 살아가는 나와 너의 문제에 더 크게 주목한다. 프랑스 철학자 사르트르(J.P. Sartre, 1905~

1980)는 이것을 "실존은 본질에 앞선다"라는 말로 표현했다.[15] 그 후 그는 당대 중요한 철학자들을 실존주의 철학으로 분류하고, 이를 신의 존재에 대한 태도에 따라 유신론적 및 무신론적 실존주의로 나누었다. 자신을 비롯한 니체(F. Nietzsche)와 하이데거(M. Heidegger) 등이 무신론적이라면, 키에르케고르(S. Kierkegaard)나 야스퍼스 (K. Jaspers) 등은 유신론적 실존주의에 속한다고 주장한다. 본질과 실존 개념에 따라 인간 본성을 이해하는 차이는 어디에 있는 것일까? 앞의 설명에서 본성을 본능과 구분하여 인간 이해에 따라 인간을 인간이게 하는 특성으로 규정했다. 본성은 실체적으로나 선험적으로 존재할 수도 있지만, 본질주의와 다르게 구체적 삶을 살아가는 과정에서 생기는 어떤 특성으로 이해할 수도 있다.

실존주의적 관점에서 보면 본성은 결정된 것이 아니다. 오히려 자신의 존재를 실현해 나가는 과정이 본성에 따른 것일 뿐 아니라, 이 과정 자체를 본성으로 이해해야 한다. 사르트르에 의하면 우리는 "자유롭도록 저주받은 존재"다.[16] 인간은 무한히 자유로운 존재이며, 그 자유에 허덕이는 존재이기 때문이다. 우리는 한시도 자유롭지 않을 수가 없는 존재이지만, 그 자유에서 비롯된 책임과 의무가 나를 짓누르고 있다. 감정이 인간의 본성적 요소라면 사르트르는 이 감정조차도 자유에 의해 선택된 것이라고 말한다. 인간은 자유롭기에 불안하며, 사회적 책임과 행동, 타자와의 관계 역시 이 자유에 의해 결정된다. 그에 의하면 자유는 다만 행위를 위한 과정이나 그 결과를 위한 것으로

---

15 J.P. 사르트르, 박정태 옮김, 『실존주의는 휴머니즘이다』(1946), 이학사, 2008.
16 J.P. 사르트르, 정소성 옮김, 『존재와 무』(1943), 동서문화사, 2009.

제한되지 않고, 인간 존재가 그 자체로 자유로 결정되어 있다. 인간의 자유는 자신의 실존을 결행하고 결단할 자유이기에 존재 자체가 자유 인 것이다. 인간에게 진정으로 본질적인 것은 우리가 스스로 자신의 실존을, 지금의 나를 만들어 간다는 데 있다.

인간은 분명 자신을 자신으로 유지하고 자기 존재를 실현하려는 욕구를 지니고 있다. 자기실현의 본성은 우리의 의식과 삶을 지배한 다. 이런 관점에서 본성을 규정하는 철학적 이해만큼 중요한 것은 자기 존재를 실현하기 위한 인간의 욕망과 열정일 것이다. 계몽주의적 본성 이해가 그 이전 로고스적 본성 이해와 구별되는 점은 여기에 있다. 칸트는 명백히 본성의 이성적 특성을 수용하면서도, 이를 실현 해 가는 인간 조건을 강조했다. 그것은 자율성과 자유 개념으로 드러난 다. 스스로 자기 이성을 사용할 수 있음은 자율성에 관계하지만 동시에 존재의 자유를 필요로 한다. 인간은 독립된 주체이지만 또한 공동체적 존재이기도 하다. 그러기에 인간의 자기실현은 이 두 측면을 함께 고려해야 한다. 이 두 개념은 구별되는 것이 아니라 인간의 본질적 특성에 따라 동일한 지평에 자리한다. 인간은 서구 근대적 인간 이해에 서처럼 개체적 존재를 토대로 공동체적 특성을 덧붙여 지니는 존재가 아니다. 인간은 본질적으로 개체적이면서 또한 그와 같은 무게와 의미에서 공동체적이다. 그런 까닭에 인간의 자유 역시 본질적으로 실존적이면서 또한 공동체적 맥락에서 이해된다. 그 어느 의미의 자유가 다른 의미의 자유에 선행하거나 종속되지 않으며, 또한 상충되 거나 모순되지도 않는다.

자유는 실존적이고 존재론적이며 개체적이다. 그와 함께 자유는

그만큼 관계적 맥락에서 공동체적이며 실천적이고 사회적 특성을
지닌다. 인간이 실현해야 할 덕과 윤리규범을 위해서는 인간이 지닌
이 두 존재적 특성을 똑같은 무게로 고려해야 한다. 그 안에서 자기실현
의 욕구를 실현해 온 모든 과정이 인간의 역사라면, 그 역사는 인간의
인간다움이 재현된 결과라고 말해도 좋다. 윤리적인 진보와 사회문화
적 성취는 전적으로 인간이 자신을 실현하고 완성시켜 나간 흔적이며
결과다. 이를 위한 필요조건이 인간의 자율성과 자유의지이며, 그를
향한 열망일 것이다. 자유를 향한 열정은 인간의 본성에 속한다.
인간은 본성적으로 자유롭기를 원한다. 본성이 인간에게 선험적으로
주어져 있거나 또는 벗어날 수 없는 특성이라고 정의하더라도 인간은
그 본성에 얽매여 있거나 그에 따라 결정된 존재가 아니다. 그러기에
수많은 철학자들은 물론, 그리스도교를 비롯한 종교에서도 자유를
가장 중요한 인간다움의 근거로 제시한다.

2) 자유로서의 인간 본성
① 고대철학의 자유 개념

자유는 언제나 자유를 인식하는 인간에 의한 자유이다. 많은 경우
자유는 개인적이며 실존적인 층위에서 사용한다. 그럼에도 그 자유는
결코 자유로운 개인이 속한 공동체는 물론 타자와의 관계를 떠나
실현되지 않는다. 여기에 자유의 역설적 특성이 자리한다. 나의 자유
는 곧 너의 자유와 관계되며, 나의 자유가 너의 자유를 제한하는
것일 수도 있다. 한 사람의 자유는 언제나 그가 속한 공동체의 성격과
양상에 따라 달라질 수밖에 없다. 이처럼 자유 논의는 즉시 자유의

한계와 범위는 물론 나의 실존적 상황 및 타자의 존재 문제와 연결될 수밖에 없게 된다. 그러기에 자유 개념을 논의하기 위해서는 이 두 특성을 같은 무게로 고찰해야 한다.

서구어 '자유(liberty)'란 말은 부사 'liberal'에서 보듯이 '자유에 속하는' 또는 '자유롭게 태어날만한' 등의 뜻을 지닌다. 그와 함께 어떤 의무와 속박에서 벗어나 있음을 가리키기도 한다. 그러나 자유(eleutheria, libertas)란 말은 고대세계에서는 거의 철학적으로 개념화되지 못하였다. 그리스 로마 시대에는 신적인 힘에 의한 결정론, 숙명, 필연성과 우연 등이 지배적인 용어였으며, 인간의 자유를 독립된 주제로 사유하지는 못하였다. 그럼에도 국가 공동체의 통치 문제에 대해 논의한 플라톤의『국가』나 아리스토텔레스의『정치학』등에서 자유 개념의 원형적 모습을 찾아볼 수 있다. 여기서 자유는 정치적 발언과 결정을 선택할 수 있는 시민의 권리와 특성을 가리키는 말이었다. 플라톤은 자유 개념을『국가』편에서 공동체의 통치 체제와 관련하여 언급한다. 한 공동체/국가를 유지하는 수호자 계급은 자유의 일꾼이어야 한다. 자유란 노예가 아닌 상태, 즉 속박되어 있지 않으며, 욕망이나 무지에 굴종되지 않은 상태를 가리킨다. 수호자 계급을 교육하는 것은 자유로움을 깨닫고 수련하도록 하는 데 있다. 이들은 자유로우며 그 나라를 자유와 언론자유로 가득 차게 해야 한다. 민주정체를 위해 가장 훌륭한 것은 자유이며, 그런 나라는 성향상 자유로운 사람이 살 만한 나라이다.

그럼에도 플라톤은 극단적인 대중의 자유나 멋대로 할 수 있는 자유에 의한 폐단을 지적한다. 그것은 오히려 노예화의 길을 부추길 뿐이다. 지나친 자유는 지나친 예속을 부르며, 극단적인 자유에서 가장 심하고 야만스런 예속이 조성된다. 민중이 지혜를 상실할 때 그들의 철 이른 자유는 자유인의 구속을 피해서 노예의 전횡으로 빠져들게 만든다. 자유는 모든 사람을 위한 것이 아니라 이성(logos)에 따라 교육받은 자들이 지녀야 할 덕목이며 의무이다. 플라톤이 말하는 자유는 지혜를 사랑하는 인간만이 향유할 수 있는 덕이며 자유인이란 그런 사람, 절제와 지혜의 덕목을 지닌 자를 가리키는 말이었다.[17]

아리스토텔레스는 자유를 노예와 구분된 상태를 가리킬 때 사용한다. 노예와 자유인의 구분은 규범(nomos)에 의한 것이며, 그 뒤에는 강제적 힘(bia)이 작용한다. 노예는 자신의 이성과 말의 자유를 갖지 못한 자이기에 행복과 합리적 삶을 살지 못하는 자이다. 그러기에 그가 지배받는 것은 합당하다. 인간은 공동체를 형성하는 사람이면서, 또한 가정을 경영하는 동물이다. 그는 본성적으로 폴리스(polis)적 존재이기에, 그에 상응하는 부富와 자유가 반드시 필요하다. 여기서 말하는 부란 경제적 자유를 누릴 수 있는 상태를 의미한다. 아리스토텔레스는 노예를 "인간이기는 하지만 본성적으로 그 자신이 아니라 다른 사람에게 속한 사람"이라고 정의한다. 자유인은 도시국가 내에서 공동체적 결정에 참여할 수 있는 신분과 상태에 있으며, 노예는 이런 권리를 지니지 못한 자이다. 자유인은 자기 자신을 위한 존재이며, 다른 사람을 위해서가 아니라 자기 자신을 위해 사는 사람이다. 인간만

---

17 플라톤, 『국가』, 536; 562-564; 569. 인간 본성에서 유래한 덕목은 자유와 함께 절제와 용기, 고매함의 덕목이다. 이를 흔히 4가지 핵심적 덕목, 사추덕이라고 말한다.

이 이성(logos)을 지니기에 노예는 여기에 참여하기는 하지만 이성을 지니지 못한 사람이며, "신체가 영혼(psyche)에서 떨어져" 있기에 "영혼의 아름다움을 보지 못하는 자"이다.[18] 이처럼 고대 세계에서 자유란 말(libertus)은 정치적 예속 상태에서 벗어나거나 노예 상태에서의 해방과 관련하여 사용하였다. 그럼에도 자유를 자유인의 덕과 연결하여 생각하기에 이 자유 개념에는 존재론적 맥락과 사회적 맥락이 혼재되어 있었다.

실존적·개체적인 관점에서 인간은 자유로운 존재다. 그래서 우리는 일상적으로 나의 자유를 말한다. 이때의 자유는 결코 명시적이지는 않지만 존재론적 자유를 토대로 한다. 즉 인간은 형이상학적 관점에서 결정론적이지 않는 열린 존재, 본질적으로 자유의지를 지닌 존재란 뜻이다. 그리스도교 인간학은 인간이 자유로운 존재로 창조되었다고 말한다. 「창세기」 첫 장에서부터 인간은 자신의 생각에 따라 모든 피조물의 이름을 정하였으며, 지혜의 열매를 따먹을 수 있는 자유를 지녔다. 인간은 자유의지를 지니기에 신과의 관계를 "사랑"으로 설정할 수 있다. 그가 자유의지를 지니지 않았다면 창조의 의미와 구원사는 결코 실현되지 않았을 것이다. 인간의 역사를 구원사로 이해한다면, 여기에서 본질적인 것은 자유임에는 틀림이 없다. 자유의지를 떠나 인간과 신의 관계는 물론, 그리스도교 신학의 본질적 특성인 "사랑"이 자리할 곳이 없게 된다. 사랑은 자유로운 존재에서만 가능하다. 이런 특성을 떠나 죄와 구원 개념은 물론, 신의 본성과 삼위일체적 관계를

---

18 아리스토텔레스, 『정치학』; 『에우데모스 윤리학』; 『형이상학』 등 참조.

이해하기란 불가능하다. 자유의지는 그리스도교 신학의 본질적 특성임은 아무리 강조해도 지나치지 않다.

이런 관점을 가장 강조한 교부라면 단연 아우구스티누스(Augustinus)일 것이다. 그럼에도 그의 견해는 그리스도교 신학의 핵심 교의를 설명한 것이지 자유의지에 대한 그의 독창적 생각으로 보기는 힘들다. 비록 그가 세상의 악을 인간이 지닌 자유의지에 따른 결과라고 주장하지만, 구원을 선택하는 것 역시 이 자유의지에 따라 가능하다. 아우구스티누스는 이를 신에게서 선물로 받은 자유의지 때문이라고 말함으로써 자유에 대한 존재론적 해명을 시도한다. 자유의지는 인간의 도덕적 책임과 함께 선악 개념을 파악할 수 있는 능력이다. 자유는 이성에 복종하는 의지를 발동할 전제가 된다. 그의 자유 개념은 성서적 자유 이해와 플라톤적 자유 개념을 뿌리로 하여 정립되었다. 이런 이해는 사회적 맥락과 달리 훨씬 더 실존적이며 존재론적 맥락에 따른 것이다. 자유는 인간의 자기 이해와 자아실현, 존재론적 완성을 위한 본성적 근거가 된다.

② 공동체적 자유 이해

자유를 공동체적 맥락에서 이해한 고전적 경향은 자유주의에서 태동했다. 자유주의(liberalism)는 17세기 유럽의 근대가 성립되면서 성립된 국민국가의 권력에 맞서면서 그 고전적 형태가 나타나게 된다. 전제주의적 통치체제가 일반적이던 영국과 프랑스를 중심으로 새롭게 형성된 중산 계층은 개체의 권리와 사상의 자유를 요구하게 되었다. 이들의 주장을 대변한 로크(J. Locke)의 정치이론과 스미스(A. Smith)

의 경제학설이 자유주의의 고전적 이론체계를 완성하였다면, 이 철학은 영국의 정치체제와 미국의 독립선언에서 나아가 프랑스 계몽주의 혁명을 통해 정치체제로 구체화되었다. 국가의 권력과 지배에 맞선 자유 인권에 덧붙여 콩스탕(B. Constant) 등이 강력히 주창한 사유재산권의 자유는 자유주의가 주장하는 절대적인 개인의 권리이다. 자유주의는 그 이후의 발전 과정에서 다양한 양상으로 분화되었지만, 어떤 경우에도 자유민주적 가치체계와 경제적 자유권이라는 근본적 주장을 고수한다.

고전적 자유주의를 정초한 밀(J.S. Mill)은 자유의 문제를 의지의 자유 같은 개인의 자유가 아니라 "시민적·사회적 자유"와 관련지어 논의한다.[19] 그는 자유를 "정치적 지배자의 폭정에서의 보호"라고 정의한다. 정치권력은 필요하지만 필연적으로 개인의 자유를 구속하고 억압하는 방향으로 흘러간다. 그래서 자유를 위해서는 권력을 제한할 수밖에 없다. 그 방법은 먼저 지배자로 하여금 개인의 정치적 자유나 권리를 인정하게 만드는 것이며, 둘째 그 제한과 견제를 공동체의 동의나 이익을 대변하는 어떤 집단의 동의, 즉 법을 통한 제한으로 규정한다. 자유는 자유를 위해 제한될 수밖에 없기에 그 제한의 원칙이 필요해진다. 이것을 밀은 자기보호의 원리로 정립한다. 자유는 타인에 대한 침해를 방지하는 경우를 제외하고는 언제나 정당하게 행사되어야 한다. 그런 관점에서 인간의 자유는 최소한 다음의 세 가지 원리에서 지켜져야 한다. 그것 없이 자유란 불가능하기 때문이다.

---

19 J.S. Mill, *On Liberty*, 1859; 박홍규 옮김, 『자유론』, 문예출판사, 2009, pp.29~31.

그 원리는 먼저 의식의 내면적 영역, 예를 들어 양심의 자유, 사상과 감정의 자유, 의견 표현의 자유 등을 지켜낼 원리로 작동한다. 둘째 자유는 개인의 취향과 탐구의 자유를 의미한다. 마지막으로 개인의 자유를 위해 타자와 연대할 수 있는 자유가 필요하다. 이러한 자유가 없는 사회는 어떤 정치체제에서든 자유롭다고 말할 수 없다. 밀에 의하면 자유라고 말할 수 있는 유일한 자유는 타인의 행복과 자유를 빼앗지 않으면서 우리 자신의 방법으로 행복을 추구하는 자유이다. 사회와 권력은 개인의 자유를 통제하거나 상충될 수도 있지만 어떤 경우라도 사상의 자유는 포기해서는 안 된다. 이것은 자유를 위한 최소 요건이다. 그래서 그 자유론의 핵심은 사상의 자유를 지키기 위한 원칙에 있다고 말해도 좋다. 밀의 『자유론』은 이후 정치경제적 자유주의의 이론적 토대가 되었다는 점에서 의미 있는 논의이다.

③ 자유 개념의 새로운 이해

자유주의적 자유 이해가 초래하는 자유의 과잉이 오히려 자유를 구속할 수 있음을 경고한 사람은 벌린(Isaiah Berlin)이다. 자유는 "자기에 의해서가 아니라 자기를 위해서, 다른 사람이 만든 법에 복종하도록 강제당하지 않을" 권리이다. 이런 맥락에서 자유는 근본적으로 자율성과 함께한다. 그것은 다른 사람이 나의 의지와 행동에 간섭하여 나의 의사와는 다르게 행동하게끔 만드는 강제에서 벗어나 스스로 결정할 수 있는 상태를 의미한다. 이러한 맥락을 도외시한 채 자유를 실현된 결과로만 바라본다면, "이리떼의 자유가 양떼에게는 죽음을 뜻하는 경우", 그래서 "경제적 개인주의와 고삐 풀린 자본주의의 경쟁에 관한

326

피로 얼룩진 이야기"가 나타나게 될 것이다. 그럴 때 무제한적인 자유방임이 초래하는 폐해와 무한경쟁을 허용하거나 심지어 조장하는 사회체계 및 사법체계의 폐해가 자유라는 이름으로 허용되는 잘못된 현상이 나타나게 된다. 시장경제에 정치적 우선순위를 두는 자본과 시장지상주의자들이 '자유' 개념을 선점할 때 이들이 말하는 자유는 개인의 경제적 불평등과 공동선을 훼손하는 개념이 된다. "너의 자유"는 나의 불평등과 불의의 원인이 된다.[20]

공동체적 자유는 개인이 타자와의 관계 및 사회적 맥락에서 지니는 자유이다. 이 자유는 "무엇의 자유"(freedom of)의 형태로 나타난다. 그것은 인간이 주체가 되는 자유이지 결과를 위한 자유가 아니다. 예를 들어 시장의 자유는 자본이 시장을 통해 자신의 자본을 자유롭게 유통할 자유가 아니라 인간의 존재론적 자유가 시장을 통해 가능하게 될 때의 자유여야 한다. 표현의 자유는 한 사회 내에서 개인의 의사를 자유롭게 드러낼 권리에 관한 것이다. 어떤 경우라도 자유는 자유가 초래한 결과가 아니라 이를 통해 주체로서의 개인이 그것에서 자신의 존재론적 특성을 실현할 자유를 가리킨다. 자유를 "활동 그 자체"로 이해함으로써 초래되는 결과는 자유롭게, 내 마음대로 행동할 수 있을 때를 자유로 착각하는 오류를 낳게 된다. 그래서 벌린은 프롬(E. Fromm)이 자유를 "총체적이고 통합된 인격이 자발적이고, 합리적으로 활동하는 것"이라고 정의한 것에 동의하지 않는다. 자유를 활동의 결과로 이해하면 정치경제적 맥락에서 부자유와 불의함을 초래하는

---

20 이사야 벌린, 박동천 옮김, 『자유론』, 아카넷, 2006, pp.123~129; p.344; p.492.

결과를 정당화하게 된다.

자유를 자율성의 능력과 행위가 가능하게 되는 기회로 이해할 때 그 자유는 자유가 실현되는 그곳, 그것의 자유로 규정할 수 있게 된다. 이때의 자유는 자유를 실현할 기회와 능력이기에 그 실현에서의 제한과 한계를 수용할 수밖에 없게 된다. 비로소 자유는 타자와의 관계, 실존적이며 공동체적 맥락과 한계를 수용하는 자유이게 된다. 자유는 맥락에 따라 실현되는 과정에 있으며, 그렇게 할 능력을 자각한 상태이다. 이처럼 자유는 자유의 본성과 그 실현이라는 두 측면에서 구분되어야 한다. 그럴 때 자유의 실현을 위해 자유를 억압하고 배제하는 모든 반反자유에 맞설 수 있게 된다. 그와 함께 자유를 정당하게 실현하기 위해 타자의 자유를 보장하는 본성적 인격성은 물론, 자유의 존재론적 의미를 정당하게 드러내는 존재적 자유가 가능하게 된다. 이렇게 이해함으로써 우리는 통제되지 않은 경제적 개인주의의 지배 아래 개인의 자유가 어떻게 부서지는지 알게 되며, "법률상의 자유가 극단적인 형태의 착취, 무자비, 불의와 양립하는 모순"을 넘어설 수 있게 된다.

역사에서 보듯이 자유를 다만 결과를 중심으로 이해할 때 "더 광범한 자유를 위한다는 명분 아래 독재를 은폐하는 역사적 역할을 계속하여 수행"하는 역기능이 초래될 수 있다. 예를 들어 적극적 자유를 절대시함으로써 생겨나는 가장 암울한 현상이 실제로 현실화되는 역설이 발생하게 된다. 자유는 자유의 특성을 실현할 수 있을 때 진정 자유로울 수 있다. 평등, 정의, 상호 신뢰가 결여된 사회, 나아가 물리적 안전, 건강, 지식이 부족한 상태에서의 자유는 사실상 무의미하다. 그와 함께 자유 없이 다른 가치들만 있는 상태 역시 재앙임을 잊어서는 안 된다. 이런 자유의 재앙은 자유를 실현된 상태로 이해할 때 생겨난다. 자유는 자유로운 존재가 지닌 자유의 기회와 존재론적 자율성을 의미하며, 자유의 실현을 위해 자유의 한계와 절제의 가능성을 수용하는 이해와 함께한다. 그러한 존재론적 잠재성을 자유 개념에 포함할 때 자유는 올바르게 정초될 것이다.[21] 그러기에 자유 개념은 개별적 인간의 자유이며 동시에 관계론적이며 공동체적 맥락에 따른 자유여야 한다.

자유로운 개인과 공동체의 자유를 위해 자유는 제한되어야 한다. 자유가 무제한으로 허용된다면 이는 필연적으로 다른 사람의 자유를 무제한적으로 간섭하는 일이 벌어질 것이기 때문이다. 이는 궁극적으로 자유의 배반에 지나지 않는다. 공동체적 존재인 인간에게 자유는 공동체의 정치적 맥락에 따라 달리 드러날 수밖에 없다. "옥스퍼드 신사의 자유와 이집트 농부의 자유는 서로 많이 다르다." 또한 타자와 관계론적 맥락에 따라 살 수밖에 없는 인간에게 자유는 상호 침투적일 수밖에 없다. "곤들매기의 자유가 붕어에게는 죽음"일 수 있다. 문제는 어떤 원리에 따라 자유가 제한되어야 하는가이며, 어떤 경로를 거쳐 획득한 자유인가에 달려 있다. 자유롭기 위한 자유의 제한은 역설적이지만 그것이 자유의 본질적 특성임에는 틀림이 없다. 존재론적 맥락에서도 인간은 자유롭기 위해 스스로의 자유를 한정해야 한다. 무한한 자유란 불가능하기 때문이며, 자유의 본성이 달성되기 위해서는 스스

---

21 이사야 벌린, 『자유론』, pp.130~132, p.144.

로의 한계를 필요로 하기 때문이다. 이것이 인간의 자유가 안고 있는 이중성이다. 이 이중성은 자유의 원칙이 진리나 인격 또는 그 이상의 어떤 원리이든 상위의 형이상학적 원리에 근거하여 설정되어야 한다는 사실을 잘 보여 준다. 복종을 통한 자유라는 역설 아닌 역설이 가능해지는 까닭은 이 상위의 원칙에 대한 것이리라.[22]

그럼에도 자유의 이름으로 자유가 부정될 수 없다면, 자유를 위한 최소한의 원칙과 자유의 균형을 지키기 위한 원칙이 무엇인지 물어야 한다. 여기에 근대 이래 자연법이나 자연권, 공리(utility), 또는 정언명법(categorical imperative), 사회계약·법 등의 수많은 개념이 중요하게 논의되는 이유가 자리한다. 개인의 자유는 최소한의 원칙에 따라서라도 지켜져야 한다. 그것은 밀의 말처럼 "그 이름에 합당한 유일한 자유는 우리 자신의 방식으로 우리 자신의 목표를 추구하는 자유"이기 때문이다.[23] 자유란 그것 없이는 문명의 발전도, 사상과 생각도 없을 것이며 진리 역시 타당하게 드러나지 못한다. 자유 없이 인간의 삶은 불가능하다. 벌린은 자유를 제한하는 원칙은 우리의 도덕적, 종교적, 경제적, 미학적 가치에 따라 달라진다고 말한다. 그 구분과 가치는 인간의 본성과 기본적 필요에 관한 사회적 관념과 함께한다. 자유의 한계는 그 사회의 다른 공적 가치, 평등, 정의, 행복, 안전, 공공질서 등과의 관계에 따라 결정되어야 한다. 자유는 보장되어야 하며, 그러기 위해 제한되어야 한다. 자유를 위해 자신의 자유를 제한할 수 있는 사람이야말로 근대의 자유인일 것이다. 인간 본성의 실현은

---

22 이사야 벌린, 『자유론』, pp.347~349.

23 J.S. Mill, *On Liberty*, Chapter 1. Vol 18, p.226.

자신 안에 스스로의 한계를 포함한다.

3) 자율성

① 철학적 관점에서는 자유 개념을 명확히 인간의 본질과 존재적 특성에서 규정한다. 인간은 본질적으로 자율성을 지니고 있으며, 자유의 본성을 지닌 존재다. 이런 특성은 선험적으로 주어져 있지 않다. 또한 그것은 명확히 규정되어 있지 않은 인간의 본질과 존재 의미를 스스로 정의하는 것이며, 자신에게 부여된 존재 가능성을 실현할 자율성(autonomy)이어야 한다. 자유 개념은 본질적으로 존재 가능성과 의미 규정을 스스로 만들어 가야 할 존재론적 의무 개념에서 정초된 것이다. 자유 개념을 개체적 관점을 벗어나 타자와의 관계와 공동체적 맥락에서 사용할 때 그 자유는 자율성으로 드러난다. 프롬은 인간의 존재 자체가 자유와 함께 시작된다고 말한다.[24] 그러나 스스로 자신의 존재를 자각하지 못하는 타율적 인간은 자율성의 무게를 피하기 위해 자유에서 도피하려 한다. 자율성은 개체적 인간이 타자와의 관계 안에서 자신의 자유를 사용할 능력과 결단에서 비롯된다.

서구 역사에서 존재론적 의미에서의 자유 개념에 비해 공동체적 관점에서 자유를 이해한 명확한 시기라면 분명 프랑스 혁명일 것이다. 이 시기에 자유 개념은 정치적 맥락에서 제3신분 계층이 차지하는 국가적 지위와 상태에 연결 지어 왕권과 귀족, 성직자 계층에 맞선 자유의견 개진 등의 의미로 사용했다. 자유는 인간 존재의 본질에

---

24 에리히 프롬, 김석희 역, 『자유로부터의 도피』, 휴머니스트, 2012, p.47.

속하는 특성이기에 사회적 맥락에서 그의 본질적 권리 및 의무와
함께한다. 그래서 자유란 육체를 지닌 존재인 인간의 생물학적 조건과
한계는 물론, 역사적이며 사회적 조건과 한계 속에서 자신의 본질을
결정하고 그 의미를 규정하는 자율성을 소유한다는 의미를 지닌다.
실존적 맥락에서의 자유가 자신의 존재 실현과 관계된다면, 공동체적
맥락에서의 자유는 타자에 대한 윤리와 책임, 의무에서 작동한다.
타자에의 윤리와 윤리적 실천의 필연성은 이런 맥락에서 자유의 본성
적 특성 가운데 하나이다. 인간의 존재론적 특성을 어떻게 규정하느냐
의 문제와 별개로 자유 개념은 그 모든 본질 규정에 필연적으로 속할
수밖에 없다. 인간의 본질을 이성으로 규정하든, 또는 인격이나 그
어떤 특성으로 규정하든 그 모두에는 자유 개념이 함께해야 한다는
뜻이다. 인간의 자유는 개체적 맥락에서는 물론, 공동체적 맥락에서
도 존재 가능성의 실현과 함께하며 그를 위한 자율성이란 맥락에서
규정해야 한다.

　일반적으로 자유 개념은 소극적 자유와 적극적 자유로 구분하여
정의한다. 자유를 존재 가능성을 실현할 능력으로 이해할 때 이 자유는
적극적이며 능동적인 자유, 즉 무엇을 향한 자유(freedom to)라고
말할 수 있다. 그와 함께 자유는 소극적이며 부정적인 관점을 지니기도
한다. 무엇에서부터의 자유(freedom from)가 바로 그 개념이다. 강제
수용소에서의 자유를 생각해 보라. 또는 온갖 억압과 한계에 얽매인
상태에서의 자유는 어떠한가. 그것은 생물적이거나 사회적인 것이기
도 하다. 불의하거나 모순된 사회적 제도와 구속은 물론, 정치적
억압 상태에서 존재론적 자유를 말하는 것은 거짓일 수밖에 없다.

자유 개념은 일차적으로 구속과 억압, 강제에서의 자유를 의미하며, 어떠한 경우라도 개인의 자유를 떠나 규정될 수 없다.[25] 자유는 개체적 존재로서 인간이 지니는 의지의 자유이며, 자유로운 결정권과 자율성이란 특성을 지닌다. 그와 함께 자유 개념은 사회적 자유이기에 타자와의 관계에서의 자유. 공동체적 관점에서 규정해야 한다. 그 자유는 타자와 함께하는 것, 타자의 존재론적 의미와 목적을 침해하지 않는 자유이다.

②자유와 자율성은 역사적 경로를 통해 새롭게 경험되고 재개념화된다. 그것은 인간의 자기 이해에 따라 끊임없이 새롭게 드러나야 한다는 의미다. 인간은 자신의 자유를 인식하는 그만큼 자유롭다. 예를 들어 신분제가 당연시되던 시대에 반종속적 위치에 속해 있었던 이들이 누렸던 자유는 어떤 의미일까. 그때 그 누구도 근대적 의미의 자유를 말하거나 그를 위해 투쟁하지 않았다. 절대적 자유란 말은 불가능한 언설이다. 사회적 맥락에서도 자유는 언제나 제한된 범위에서 행사되었다. 생명체로서 개체가 지닌 생존의 자유 역시 한계 지어져 있다. 그럼에도 그 한계를 자유의 이름으로 단죄하거나 새롭게 설정할 자유는 어디에서 주어질 것이며, 어떻게 가능할까. 한계와 결여는 인간의 본질적 조건이다. 조건 지어진 비조건성은 인간 존재의 본질적 특성이다. 이 특성은 자유의 이해에도 그대로 적용된다. 자유는 언제

---

25 개인의 자유에는 "개인의 권리, 시민적 자유, 개성의 존중, 사생활의 중요성, 개인적 인간관계의 중요성 등등의 가치"가 포함된다. 이사야 벌린, 「자유의 두 개념」, 『자유론』, pp.121~122.

나 인간의 자유이며, 인간에 의한 자유이기 때문이다. 인간의 조건과
특성은 그대로 자유의 조건과 특성이 된다. 자유 개념의 새로운 이해는
인간 존재와 생명에 담긴 근본적 유한성에 토대를 두고 시작되어야
한다.

자유 개념은 역사적 맥락에 따라 다양한 형태로 이해되었다. 개체로
존재하며, 자기 존재의 주체로 자리하는 인간의 실존적 맥락에 따라
일차적으로 자유 개념을 설정하지만, 자유는 역사적이며 문화적,
사회적 맥락에 따라 달리 이해된다. 개인의 자유는 사회와 공동체의
정치적 자유 없이는 불가능하다. 독재국가에서 개인의 자유란 말은
어불성설이지 않은가. 자유가 공동체적 맥락에 따라 다른 형태로
드러나리란 사실은 분명하다. 자유는 그것이 개인의 실존적 자유이
든, 혹은 사회적 관점에서 이해하는 공동체적 자유이든 인간의 존엄성
과 인간다움을 위한 최소한의 전제이다. 나아가 자유는 인간이 자신의
존재론적 의미와 자아실현을 위해 반드시 지녀야만 하는 필수조건이
기도 하다.

자유는 실체적 결과가 아니라, 자유를 실현할 능력과 자율성을
자각하는 과정 중에 있으며, 그러기에 자유는 철저히 생성의 과정에
따라서 이루어진다. 칸트에서 보듯이 자율성은 "스스로의 독자적인
법칙을 따르는 의지"와 능력을 가리킨다. 서구 철학의 전통에서 인격
개념은 인간 이해의 본질적 특성 가운데 하나였다. 이러한 이해에
칸트는 자율성 개념을 덧붙여 인격 개념을 확장시켰다.[26] 자율성

---

26 I. Kant, *Kritik der prakitschen Vernunft*(KpV.), 1788, I. I, 3 A. 5, 17, 87 등.

(autonomy)은 무엇보다도 이성적 주체로서의 인간이 자유롭게 도덕적 결정을 내릴 수 있는 능력을 가리킨다. 그와 함께 칸트는 인격을 지닌 존재는 조건 없이 존중받아야 한다는 사실을 도덕에 관한 정언명법으로 주장한다. 인격체는 그 자체로 존중받아야 하며, 어떤 경우에도 이용가치로 다루어질 수 없는 존재다.[27] 칸트의 인격 개념에는 위격성에 대한 강조보다 이성적 주체와 자율성 원리가 중심에 놓여 있다. 이런 전환이 근대에 이르러 사회체제의 원리로 작동하는 자유주의(liberalism)의 철학적 근거가 되었다.

③인간은 자신이 자유롭고자 할 때 자유로우며, 자유롭게 존재하려는 그 과정 속에서 항상 자유롭다. 지금 우리에게 필요한 것은 자유를 새롭게 이해하는 길이다. 그것은 새로운 사회와 새로운 인간에 대한 전망을 제시하는 새로운 인본주의의 발견에 있다. 그 길은 인간에 대한 이해의 전환에서 시작될 것이다. 개인의 자유 없이 공동체의 자유도 있을 수 없으며, 무한히 확장된 개인의 자유란 것도 애당초 불가능한 개념이기는 마찬가지이다. 자유는 언제나 열려 있는 개념이며 역사적, 사회적 맥락에 따라 거듭 새롭게 개념화된다. 자유 개념은 역사적 경험과 맥락에 따라 특정하게 인식되며, 현재에 대한 성찰에서 다른 모습으로 나타나게 된다. 자유를 인식하고 개념화하는 것은

---

27 "너의 의지의 준칙이 항상 보편적 법칙 수립의 원리로 타당할 수 있도록 행위하라." KpV. A. 54. 그와 함께 "나 자신의 인격은 다른 모든 사람의 인격에서 인간성을 향상시키는 동시에 수단이 아닌 목적으로 대하라." I. Kant, *Grundlegung zur Metaphysik der Sitten*, 1785 참조.

구체적 역사와 현재에 자리한 인간의 존재론적 의미부여에 좌우된다. 인간이 자신을 실현하기 위해 필요로 하는 자유와 자율성을 어떻게 이 시대에 정당하게 정초할 것인가. 이런 의미에서의 자유와 자율성이 인간의 본성에 속한다면 자본주의가 과잉으로 치닫고, 과학기술의 과잉 속에서 포스트휴먼이 논의되는 지금, 변화된 인간의 존재론적 위상에 따라 자유 개념을 새롭게 언어화해야 한다.

사람은 어떻게 자율적인 존재가 될 수 있을까. 그에 대한 대답은 자신의 철학적 태도에 따라 달리 규정된다. 인간의 본성에 대한 다양한 대답과 이해에도 불구하고 한 가지 분명한 것은 인간이 자신의 존재로서 자율적으로 설 수 있을 때만이 인간 사회의 자율성도 보장된다는 사실이다. 인간은 철저히 실존적이면서 또 그만큼 공동체적 존재이기 때문이다. 개인의 실존적 자율 없이 공동체의 자율도 있을 수가 없다. 개인이 자신의 본성으로부터 자율적 존재가 될 때 공동체 내에서의 자율도 가능해지는 것이다. 자율성이 유지되고 자율성이 지켜지는 공동체가 자율적 공동체이다. 인간 사회의 공동체성이란 이러한 자율성을 보증하고, 이를 지켜나갈 수 있도록 개인과 사회 모두가 전념하는 데서 가능해진다. 삶의 세계는 결코 자율적 존재 없이는 가능하지 않다.

오늘날 자본주의 사회가 과잉으로 치달으면서 인간을 소외시키고 인간다움을 막는 자본의 횡포가 만연해 있다. 이런 현상은 결국 보통 사람들조차 경제와 자본이란 논리에 함몰되도록 만들고 있다. 이제 사람들이 자본이 인간을 규정하는 결정적 요인으로 생각하여 자신을 자본의 논리에 순응시키고 있다. 이럴 때 인간은 자신의 삶과 존재에서 소외될 수밖에 없다. 현대 사회의 무서움은 여기에 있다. 자본의 일면성과 함께 우리가 내면화한 자본의 논리를 벗어나지 않을 때 인간은 자율적인 존재로 자리하지 못할 것이다. 현대 사회에서 인간의 자율성을 지키기 위해 우리는 인간을 해치고 인간의 인간다움을 지키지 못하게 하는 모든 행위에 맞서야 한다. 그것이 과학적 발견을 모든 지식의 근원으로 생각하는 과학주의(scientism)든, 경제를 중심에 두는 자본주의(capitalism)든 이 모든 이념의 과도함을 넘어 인간의 인간다움을 지켜야 한다. 이를 위해 반드시 필요한 전제는 우리 자신에 대한 이해와 실존적 확신이다. 인간 본성에 대한 명확한 이해가 중요해지는 이유가 여기에 있다. 개인의 실존적 의미를 명확히 할 수 있을 때 나와 너, 우리 모두는 인간다운 인간으로 존재할 수 있을 것이다. 그것이 나와 너, 자아와 타자를 자율적 존재로 받드는 길이기도 하다.

5. 진화생물학적 본성 이해

1) 진화생물학적 전환

이른바 17세기 유럽이 맞이한 과학혁명은 지식체계에 엄청난 전환을 가져왔다. 그런 과정에서 인간을 이해하는 데 진화론이 미친 영향은 결정적이라고 말해도 좋을 것이다. 인간은 생물학적 조건을 지닌 존재이기에 인간이 태어나 지금과 같은 존재가 된 과정을 해명하는 것은 인간 본성을 이해하는 데 결코 없어서는 안 될 전제조건이 된다. 아니 어쩌면 인간의 본성이야말로 그 과정에서 결정된 것일지도 모른다. 이러한 지적 결과를 제외할 때 우리는 인간에 대해 어떠한 타당한 이해도 도출할 수 없을 것이다. 잘 알려져 있듯이 다윈(Charles R. Darwin, 1809~1882)은 비글호에 탑승하여 갈라파고스 군도를 탐색하던 중 핀치 새의 부리가 매우 다양하다는 사실을 관찰하였다. 그 의미가 무엇인지 해명하는 가운데 다윈은 생명의 종은 처음부터 지금의 모습처럼 있었던 것이 아니라 자연의 시간 속에서 변화되어 왔음을 깨닫게 된다. 마침내 그 결과를 20여 년이 지난 뒤인 1859년 『종의 기원』으로 알려진 책을 통해 발표하게 된다.[28]

이 책은 이후 진화론이란 이름하에 교회와 과학계뿐 아니라 일반인들에게도 많은 논쟁과 오해를 불러 일으켰다. 이 책은 마치 인간이 신에 의해 창조된 특별한 존재라는 지위를 박탈한 듯이 해석되었으며, 지금도 창조설을 부인하는 이론인양 받아들여지고 있다. 그런 관점에서 창조설과 진화론을 모순되고 대립되는 듯이 설명하는 것은 명백히 잘못된 것이다. 이후 진화생물학은 다윈의 『종의 기원』과 멘델에 의한 유전법칙이 결합하여 인간에 대한 이해를 획기적으로 전환시켰다. 특히 1953년 크릭과 왓슨의 'DNA 이중나선 구조'의 발견은 인간이 다만 유전자적 층위에서 해명할 수 있다는 일방적 주장으로 흐르게 되었다. 이들이 말하는 중심 가설은 "DNA가 단백질을 만들고, 단백질이 인간의 몸을 만든다"는 명제에 담겨 있다. 이 말은 인간은 몸을 지닌 존재이며, 이것이 인간의 전부이기 때문에 결국 DNA에 의해

---

28 이 책은 『자연 선택에 의한 종의 기원, 혹은 생존 경쟁에서 유리한 종족의 보존에 대하여』(*On the Origin of Species by Means of Natural Selection, or the Preservation of Favoured Races in the Struggle for Life*)라는 긴 제목을 지니고 있다.

인간이 결정된다는 사고를 가능하게 만들었다. 이러한 이해의 전환이 현재의 인간 이해에 중요한 도전이 되는 까닭은 진화생물학에 의한 학적 원리가 인간을 포함한 생명 일반의 층위를 넘어 인간의 본성과 마음 현상, 그에 따른 삶과 행위 일반, 나아가 존재론적 원리에 이르기까지 해석학적 원리로 작동하기 때문이다.

"다윈 이후" 우리는 모든 학문과 종교, 윤리와 미학, 심지어 문화와 사회적인 것까지 새롭게 규정하고 정의해 가야 한다.[29] 유명한 진화생물학자 도브잔스키(Th. Dobzhansky)는 "생물학에서 진화라는 관점을 제외하면 그 어떤 것도 의미를 부여하지 못할 것"이라고 주장한다. 진화는 생명을 이해하는 기초이며 근본이 되는 이론이다. 진화론을 떠나 현재의 생명체를 이해할 수는 없다. 진화론적 발견과 생물학적 조건에 대한 지적인 발견을 마치 없었던 것처럼 다룰 때 우리는 생명에 관해 어떠한 정당한 진리나 지식도 말할 수 없게 된다. 그럼에도 생명 지식은 인간의 존재론적 맥락에 따라 그 의미가 해석되어야 한다. 인간과 단절된 순수 객관적 지식이란 존재하지 않는다. 18세기 유럽의 학문은 자연과학의 도전에 따라 학문을 정신의 학문과 자연과학으로 분류하고, 방법론은 물론 진리의 문제까지도 이분법적으로 분리하기에 이른다. 진화생물학에 의한 학문을 주장하는 사람들은 데카르트(R. Descartes)의 학문론을 원용하여 자연과학의 인과율과 통일성, 기계론적인 세계관과 결정론에 의지한다. 이러한 지식론에 의지한 생명 해석은 생명에 대한 자연주의적 성향을 분명히 드러내고

---

29 Steven J. 굴드, 홍동선 외 옮김, 『다윈 이후: 생물학 사상의 현대적 해석』, 범양사, 1988 참조.

있다.

그럼에도 우리는 인간과 인간 본성에 대한 이해에 있어 자연적 조건을 객관적 지식으로 간주하고 수용하는 태도는 인간의 존재론적 의미와 자유를 이해하지 못하는 일면적 해석체계라는 사실을 분명히 말해야 한다. 그러한 설명은 인간을 다만 자연주의적 결과물로만 받아들임으로써 인간이 지닌 자유로움과 존재 의미는 물론, 인간의 초월적 특성을 전혀 이해하지 못하게 만든다. 그것은 명백히 반쪽의 지식이며, 그러기에 진리에 반하는 해명에 지나지 않는다. 인간 본성을 이해하기 위해 생물학적 지식을 수용하는 것은 반드시 필요하다. 그럼에도 생물학적 지식을 인간에 대한 진리 전부로 간주하는 생물학주의나 자연주의적 철학은 분명 한계를 지닌다. 이를 넘어서는 의미론적이며 초월적 원리가 필요함에도 불구하고, 그것이 지난 시대에서 보듯이 어떤 선험적인 초월자에서 구할 필요가 없음도 자명하다.[30] 그런 관점에서 인간 이해를 위한 내재적 초월성의 원리가 필요함을 강조하고자 한다.

2) 사회생물학의 본성 이해

사회생물학은 1975년 윌슨(E. Wilson)을 통해 하나의 학문으로 체계화되었다.[31] 윌슨은 동물의 행동생태학을 연구하는 가운데 인간을 포함

---

30 이런 관점에 대해 장 디디에 뱅상·뤼크 페리, 이자경 옮김,『생물학적 인간, 철학적 인간』, 푸른숲, 2000 참조.

31 E.O. 윌슨,『사회생물학-새로운 종합』(*Sociobiology: The New Synthesis*, 1975);『인간 본성에 관하여』(*On Human Nature*, 1978).

한 동물의 사회적 행동이 결국은 진화의 과정에서 생긴 결과물, 자연선택을 거쳐 종의 생존 과정에서 형성된 것으로 이해하게 되었다. 인간을 포함한 동물의 행동이란 결국 번식 성공도를 높이기 위한 것이며 개체의 생존과 번식을 지배하는 기능에 따른 것이다. 그런 과정을 통해 인간의 본성은 사회행동의 적응도를 높이고, 생존전략과 개체의 번식을 위해 행동하는 가운데에서 형성된다. 생명체는 생존하고 번식함으로써 진화하는 과정에 있으며, 그 과정에서 형성된 특성이 인간의 본성이라는 것이다. 결과적으로 사회적 행동은 물론 본성까지도 진화생물학적 차원에서 이루어지는 생존전략과 번식경쟁의 결과이기에 그것은 진화생물학적 차원으로 이해될 수밖에 없게 된다. 예를 들어 성적 본성이나 타자에 대한 공격성은 물론 외국인 혐오, 약자에 대한 태도 및 친족 관계, 사회적 협력과 갈등 등 수많은 본능적 태도가 사실은 이런 과정에서 선택된 특성인 것이다.

윌슨은 인간의 궁극적 본성이 무엇인지 물으면서 우선 인간의 생물학적 존재성에서 이 문제를 해명해 가겠다고 말한다. 설사 인간에게 어떤 초월적인 존재에게서 부여받은 영혼이 있다 하더라도 그역시 생물학적 조건에 제약받는 한계를 지니고 있다. 생명체로서 인간은 신에 의해서가 아니라, "유전자의 우연과 환경의 필연에 의해 창조"된 존재이다. 그런 까닭에 본성 물음에 대한 첫 번째 전제는 생명체로서 인간은 그 자신이 지닌 "유전적 역사가 부과한 의무를 초월하는 다른 어떠한 목적도 갖고 있지 않다"는 사실에 있다. 그래서 윌슨은 인간의 모든 판단과 정신적 기능은 생존과 번식을 위한 장치이며, 이성이란 이 장치의 다양한 기능 중 하나에 지나지 않는다고 말한다. 이를 관리하는 뇌는 자연선택을 통해 진화했으며, 그에 따라 인간의 모든 추상적인 본성도 결국은 동일한 기계론적 과정을 통해 형성된 것이다. 윌슨은 생명종으로서 인간은 "자신의 생물학적 본성 외에 그 어떠한 목표도 갖고 있지 않다"고 강하게 말한다. 지식인들이 주장하듯이 인간이 자신의 생물학적 필요를 넘어서는 존재 가능성의 성취와 실현을 바란다는 믿음도 우리가 우리 몸의 "주인인 유전자에 복종하고, 고차원의 충동을 더 세밀하게 탐구할수록 생물학적 활동"에 따른 것에 지나지 않음을 알 수 있다.

우리가 윤리 도덕이라고 말하는 덕목들도 사실은 생물학적 몸을 총괄적으로 지휘하는 뇌에서 유래해 본능으로 진화한 것이다. 그래서 그는 롤스(John Raws)의 자유주의나 노직(Robert Nozick)의 자유지상 주의도 사실은 "뇌 깊숙이 자리한 감정 중추"에서 나온 신탁에 의지한 선택일 뿐이라고 주장한다. 윌슨은 인간성이라는 것은 결국 이러한 과정에서 생겨난 지침에 지나지 않는다고 말한다. 인간의 위대함과 비참함, 또는 본성이라고 말하는 모든 것은 생물학적 특성에 바탕을 둔 제어 과정에 불과하다. "생물학이 인간 본성을 푸는 열쇠"다.[32] 그래서 그는 인간의 모든 문화적 활동과 결과에 대한 연구는 본성에 대한 생물학적 연구에 의해 통합되어야 한다고 확신한다. 이러한 확신이 1998년 발표한 『통섭』에서 진화생물학에 의한 모든 학문의 통합적 이해에 대한 주장으로 구체화되었다. 인간이 대상적 존재자는 물론 이를 통해 자신의 실존적 세계를 이해하는 것은 진화과정에서

---

32 E. 윌슨, 이한음 옮김, 『인간 본성에 대하여』, 사이언스북스, 2000, pp.23~39.

형성된 어떤 능력에 의해 가능하게 되었다. 이 능력에 의해 인간의 모든 지식이 형성된다. 그러기에 그 원리와 특성을 이해하고 그에 근거하는 것이 지식과 학문을 가능하게 한다.

통섭이란 이렇게 형성된 새로운 지식체계를 가리킨다. 인간 본성에 대한 이해가 근본적으로 유전자에 대한 진화생물학과 문화에 대한 학문의 통합을 통해 가능하다고 보는 윌슨은 생명체의 유전자적 조건과 문화적 토양에 의해 형성된 후성규칙을 중심으로 이 두 영역이 공진화한다고 주장한다. 후성규칙(epigenetic rules)이란 "생물학에서 해부구조, 생리, 인지 그리고 행동이 발생하는 과정에서 대물림되는 모든 규칙성을 통칭"하는 개념이다. 후성규칙은 진화생물학에서 인간의 신체적 구조와 조건은 물론 그에 따른 인지와 행동이 발생하는 과정에서 유전되는 모든 규칙성을 통칭하는 것으로, "감각 체계와 뇌의 선천적 작용들의 집합체"이며, 환경에서 마주치게 되는 문제 해결을 위해 진화과정에서 선택된 얼개이다.[33] 예를 들어 윌슨은 "인류가 원한다면 인간이라는 종의 해부학적 구조와 지능뿐만 아니라 인간 본성의 핵심을 구성하는 감정과 창조력도 변화시킬 수 있다"는 논지를 전개한다. 그것은 "인간 본성의 이해를 획기적으로 증진시키기 위한 최선의 수단"이다. 이러한 진화생물학적 지식의 통합을 통해 "인류가 원한다면 인간이라는 종의 해부학적 구조와 지능뿐만 아니라 인간 본성의 핵심을 구성하는 감정과 창조력도 변화시킬 수 있게" 된다.

인간이 지닌 근본적인 자유로움과 초월적 특성에 미루어볼 때

---

[33] 윌슨, E.O., 최재천·장대익 옮김, 『통섭 - 지식의 대통합』, 사이언스북스, 2005, pp.269~270.

이러한 주장에 동의하기란 쉽지 않다. 이 안에 담겨 있는 과학의 옷을 걸친 전체주의의 암울한 그림자가 섬뜩함을 금할 수 없게 만든다. 인류의 역사에는 이러한 생각이 초래한 폭력과 야만의 기록이 끝없이 쌓여 있다. 자연적 사실에서 당위적 규범을 도출하는 자연주의의 오류는 피해야 하지만, 그럼에도 자연적 사실에 대한 일면적 해명에 따라 인간의 초월성과 존재성을 포기하려는 것도 정당하게 받아들여질 수는 없다. 사회생물학에 대한 초기 비판은 윌슨의 하버드 대학 동료인 굴드(S. Gould)와 르윈틴(R. Lewontin)에 의해 집중적으로 거론되었다. 이들은 인간의 자유를 옹호하면서 사회생물학에 담긴 유전자 환원주의와 결정론적 사고를 비판한다. 인간의 본성은 결코 유전자에 쓰여 있거나 그러한 차원으로 환원될 수 없다는 것이 이 비판의 핵심이다. 이런 비판과는 별개로 진화생물학적 관점에서 인간의 본성을 이해하고 규정하려는 주장은 명백히 자연주의적 오류를 저지르고 있다. 인간은 분명 몸적 존재이기에 몸에서 비롯되는 본능적 욕구를 지니고 있다. 그럼에도 인간은 자신의 내적 특성을 의미론적이며 실존적으로 이해하고 실현해 가려는 자유로운 의지를 지닌 존재다. 그러기에 본성 개념을 통해 인간은 스스로를 이해하고, 그 자기 이해에 따라 자신의 존재를 실현하고 성취해 가려 한다. 자연주의적 지식을 주장하는 이들은 인간이 지닌 이러한 존재론적이며 초월적인 특성을 이해하지 못한다.

3) 진화심리학의 본성 이해

진화심리학의 주장에 의하면 인간의 마음을 다윈주의의 관점에서 해명해야 한다. 인류학자 투비(J. Tooby)와 심리학자 코즈미디스(L. Cosmides)는 인간의 행동은 유전자와 직접 관련되는 것이 아니라 행동의 기초가 되는 심리적 메커니즘이 유전자와 관련을 맺는 가운데 표현된다고 주장한다. 이런 논의를 그들은 1992년 진화심리학이라 이름하는 이론체계로 정립시켰다. 진화심리학은 진화생물학의 최신판으로써 인간의 본성을 생물학적 몸을 지닌 존재가 진화과정에서 생존과 번식을 위한 과정에서 생겨난 특성으로 추론한다. 예를 들어 핑커(S. Pinker)는 인간에게 타고난 본성 따위는 없다는 로크의 견해를 반박한다.[34] 인간에게는 명확히 본성이 존재한다. 다만 이것은 영혼이나 선험적 이성처럼 어떤 초월적 존재에 의해 창조된 것이 아니라 진화과정에서 생겨난 우연과 필연의 산물일 뿐이다. 인간 본성은 생존을 위해 반드시 필요한 것을 얻기 위해 생겨난 생존본능과 같다. 생명체는 자신을 살아있는 개체로 유지하기 위해 없어서는 안 될 필수적인 것을 충족시켜야 한다. 이런 요소를 반드시 채우기 위해 생명체를 작동시키는 근본적인 욕구가 본능이다. 본성은 이 본능에서 생겨난 특성을 의미한다. 또한 생명체는 개체 유지를 넘어 번식할 수 있을 때 그 자신은 물론 그가 속한 종을 유지할 수 있다. 그래서 핑커는 생명체란 진화과정에서 생존과 번식을 위해 필요로 하는 것을 얻기 위한 고도의 생존기계라고 말한다.

본성은 이 생명체가 생존하고 번식하기 위해 적응한 과정에서 생겨난 기능적 체계와 작용이다. 그래서 그는 본성을 생명체가 "진화

---

34 S. 핑커, 김한영 옮김, 『빈 서판-인간은 본성을 타고 나는가』, 사이언스북스, 2004.

과정에서 생존과 번식을 위해 역설계(reverse-engineering)된 알고리듬"이라고 표현한다. 이 연산기관은 "진화과정, 특히 식량채집 단계에서 인류의 조상이 부딪혔던 문제들을 해결하기 위해 자연선택이 설계한 것"이다.[35] 몸이나 마음이란 결국 진화과정에서 어떤 목적을 위해 생겨났으며, 그에 따라 그러한 구조로 형성되었는지를 역설계를 통해 밝힐 수 있다. 역설계의 원리는 생물체의 기관이 유기체의 번식과 생존에 도움이 되는 능력 때문에 존재한다는 진화생물학의 관점에 근거해 있다. 인간의 행동은 유전자가 직접 관련되는 것이 아니라, 그러한 행동이 근거한 "심리적 메커니즘"에 근거해 유전자와 관련된다.[36] 예를 들어 전쟁 유전자란 것은 존재하지 않지만, 전쟁이 본성과 무관한 환경의 산물, 빈 서판 위에 새겨진 문화적 산물인 것도 아니다. 마음은 진화적 메커니즘에 의해 형성된 것이며, 이것이 생존과 번식 전략에 따라 구체적인 모습을 결정한다. 진화는 목표를 가진 지속적 경향을 의미하지 않기에, 마음 역시 특정한 목적을 향해 적응적으로 진화한 것이 아니다.

핑커는 이 과정에서 생각할 수 있는 수많은 본성 목록을 제시한다. 이 모두는 생존과 번식을 위해 자연적으로, 즉 진화과정에서 필요로 인해 각인된 본능적 충동에 지나지 않는다. 여기에는 자유의지는 물론 선·악과 윤리적 문제[37] 등 본성과 관련된 핵심적 주제가 모두

---

35 S. 핑커, 김한영 옮김, 『마음은 어떻게 작동하는가』, 소소출판사, 2007, p.23 ; A. 다마지오, 임지원 옮김, 『스피노자의 뇌』, 사이언스북스, 2007 ; J.R. 설, 정승현 옮김, 『마인드』, 까치, 2007 등 참조.

36 M. 리들리, 같은 책, pp.342~343.

포함되어 있다. 본성을 이렇게 이해하는 것은 현대의 진화심리학에서
는 일반적인 생각이다. 예를 들어 성性행위는 번식을 위해 반드시
필요한 유전자를 교환하는 과정에서 생겨났다. 유전자 교환이 없는
단성 생식에서는 개체가 지닌 유전 정보가 일률적으로 다른 개체에
전달될 뿐이다. 유전적 층위에서 봤을 때 그들 개체의 차이는 없다고
말해도 좋다. 이런 개체는 생존경쟁에서 천적에게 일방적으로 불리할
수밖에 없다. 그에 비해 유성생식을 통해 유전자를 교환하는 개체는
유전체 전체가 무작위적으로 섞임으로써 다른 종이나 천적과의 경쟁
에서 유리한 자리를 차지할 수 있다. 그런 까닭에 유전 정보를 교환하는
짝짓기는 생존경쟁에서 유리하기에 선택되었다고 말한다. 생명체의
복잡성이 증가하거나, 개체의 다양성이 커지는 것은 유전 정보를
교환하는 유성생식의 결과이다. 개체가 유성생식을 하기 위해서는
유전자를 교환하는 과정이 필요하고, 그런 필요에서 성(sexuality)이
탄생했다는 것이다. 그러니 성적 끌림이라는 것도 사실은 생명체의
종족 보존을 위해 자연이 발명한 어떤 충동일 뿐이다. 마음으로 느끼는
사랑은 사실 성적 끌림을 필요로 하는 데서 생겨난 것에 지나지 않는다

37 P. 싱어, 최정규 옮김, 『다윈의 대답-변하지 않은 인간 본성은 있는가』, 이음, 2007 ; M. 리들리, 김한영 옮김, 『본성과 양육』, 김영사, 2004 ; P. 에얼릭, 전방욱 옮김, 『인간의 본성』, 이마고, 2008 ; 자유의지에 대해서는 F.M. 부케티츠, 원석영 옮김, 『자유의지, 그 환상의 진화』, 열음사, 2009 ; J.R. 설, 강신욱 옮김, 『신경생물학과 인간의 자유-자유의지, 언어, 그리고 정치권력에 관한 고찰』, 궁리, 2010 ; L. 케츠, 김성동 옮김, 『윤리의 진화론적 기원』, 철학과현실사, 2007 ; D.C. 데닛, 이한음 옮김, 『자유는 진화한다』, 동녘사이언스, 2009 ; 안네마리 피퍼, 이재황 옮김, 『선과 악』, 이끌리오, 2002.

는 설명이다.[38] 남성과 여성의 성 인식이 다른 것은 전적으로 번식과정
에서 생겨난 것이다. 임신과 출산과정에서 남성과 여성의 성 역할은
다를 수밖에 없다. 진화심리학은 남성과 여성의 본성적 차이란 결국
이 과정에서 생겨난 것일 뿐이라고 강변한다.[39] 그들은 성차를 다만
생물학적으로 해명할 뿐 그 안에 담긴 문화적이거나 사회적 맥락은
물론, 그를 수용하는 인간의 정신적 측면을 보려 하지 않는다.

4) 본성과 양육

인간의 본성을 이해하려는 철학적 인간학의 노력은 진화생물학에서
는 본성과 양육 질문으로 연결된다. 그것은 주어진 어떤 불변하는
인간의 본성은 존재하는지, 그러한 본성이 존재한다면 그것은 어떻게
양육되는지에 대한 물음으로 이루어진다. 이러한 질문과 함께 생물학
적 차이를 보이는 다양한 현상에 따라 인간의 동일성과 차이를 사유하
는 작업은 무엇 때문에 인간은 같으면서 다르고, 다르면서 같은지에
대한 두 번째 질문으로 이어진다. 이에 대해 진화생물학은 인간이
지닌 생물학적이며 문화적 진화의 영역 내에 존재하는 동일함과 차이
에 대한 지식을 바탕으로 그들의 논지를 전개한다. 왜냐하면 진화는
모든 인간이 공유하는 "특성과 행동을 형성"했으며, 개인에게 "서로
다른 본성을 부여해 온 현재 진행형의 강력한 힘"이기 때문이다.[40]
진화생물학은 인간을 이해하기 위한 실체적 지식을 제공하며, 그에

---

38 L. 마굴리스·D. 세이건, 홍옥희 옮김, 『섹스란 무엇인가?』, 지호, 1999.

39 D. 시몬스, 김성한 옮김, 『섹슈얼리티의 진화』, 한길사, 2007.

40 P. 에얼릭, 『인간의 본성』, p.17.

기반할 때 인간에 대한 올바른 이해가 가능하다고 말한다. 본성과 양육에 따라 인간을 이해하려는 시도에 있어서 진화심리학의 주장과 달리 리들리는, 본성과 양육은 구분될 수 없다고 말한다. "유전자와 발달에 관계하는 환경 모두 자연선택의 산물"이다.[41] 인간의 본성은 자연과 양육의 상호작용에서 드러난다. 이 두 요소의 상호작용은 단순한 계량적 차원에서 이루어지는 것이 아니라, 그 두 요소가 서로 되먹임하면서 이루어지는 작용이 계속 이어지는 과정을 의미한다. 그러기에 그것은 결코 환원적이거나 결정론적인 층위에 머물러 있을 수 없다. 양육은 근본적으로 본성에 의해 설정된 조건성을 벗어나지 못하며, 본성 역시 양육 과정 없이 그렇게 드러나지 않는다. 예를 들어 사랑과 같은 감정은 본성과 양육, 본성과 문화적 환경이 함께 관여할 때 사랑으로 드러날 수 있다.

진화주의 학문은 인간의 본성을 더 나은 짝을 찾기 위한 성 선택에 의해 형성되었거나, 자신의 유전자를 전달하기 위한 생존 게임에서 생겨난 특성으로 이해한다.[42] 예를 들어 인간의 본성은 유전자의 생존을 위해 이기적으로 행동한다거나, 이를 위해 이타성을 지닌다는 상반된 주장, 나아가 유전자 전체 풀(pool)을 넓히기 위한 친족 선택설 등의 주장은 이러한 이해의 전형적인 범례이다. 이런 맥락에서 진화생물학의 연구업적을 바탕으로 인간의 본성을 정의하려는 생각에는 분명 타당한 측면이 있다. 인간은 몸을 지닌 존재이기에 몸에서 오는 본능적 특성을 배제한 채 독단적 형이상학의 관점에서 본성을 규정하

---

41 M. 리들리, 김한영 옮김, 『본성과 양육』, 김영사, 2004, p.388.

42 R. 도킨스, 홍영남 옮김, 『이기적 유전자』, 을유문화사, 1993.

는 것은 이념적이며, 사실적 타당성을 결여하고 있기 때문이다. 그럼에도 본능은 본성이 아니다. 본성은 본능적 욕구나 필요, 원의를 인간이 개념적으로 해명하고 그렇게 정의한 것이다. 분명 마음은 뇌의 작용이며, 마음이 움직이는 것은 뇌의 전기 화학적 작용에 따른 것이 사실이다. 그러나 뇌의 작용이 마음을 움직이는 것은 아니다. 뇌의 전기 화학적 작용은 마음을 이해하지 못한다. 진화심리학은 마음이 움직이는 과정, 그 메커니즘을 설명할 수는 있지만 그 마음이 왜 생겨나는지, 그 의미는 무엇인지 알지 못한다. 뇌는 아픈 마음을 알지 못한다. 사랑은 다만 짝짓기 과정에서 생기는 끌림의 충동을 넘어선다. 그들은 마음이 움직이는 과정과 목적을 곧 마음이 생겨나는 원인으로 바꾸어 이해하는 오류를 범하고 있다. 마음의 작용이 이루어지는 기제는 유전자와 뇌의 층위에서 이루어지지만, 그 방향과 목적, 결과와 의미는 그러한 층위에 머물러 있지 않는다. 그들의 오류는 본능을 본성으로 오해하는 데서 생긴다.

6. 생명철학적 본성 이해

1) 인간의 존재론적 자리

인간이 살아가는 이유에 대해서는 사람마다 다양하게 대답할 것이다. 그 이유가 자신의 존재를 성숙시켜 나가는 데 있다는 것은 나만의 생각은 아닐 것이다. 자기 존재를 완성한다는 것은 사실 불가능하며, 우리는 언제나 그러한 완성을 향한 길 위에 서 있을 뿐이다. 그래서 인간을 나그네인 존재(homo viator: 여행하는 인간)라고 말하지 않았던

가. 우리의 존재론적 성숙은 언제나 부족하며, 완성을 향해 끊임없이 나아갈 뿐 궁극의 완성이란 불가능할 것이다. 그럼에도 그것이 결코 내던져버릴 수 없는 숙명이라면, 그 삶의 길이란 결국 인간이 지닌 본성과 함께 그를 실현해 가는 과정의 것이리라. 이런 맥락에서 이성을 자율적으로 사용할 수 있게 만드는 과정, 계몽의 길에서 인간의 본질을 규정하는 철학은 충분히 타당성을 지닌다. 서구 철학의 전통적 흐름은 인간의 자율성을 위해 이성과 인격을 강조하고, 그 본성에 따라 인간의 실존적 성격과 실천적 행위는 물론, 사회적 존재라는 특성까지도 규정하고 있다.

인간을 이성적 존재로 이해해 온 이러한 전통에 의문을 표시하고, 이를 비판하는 새로운 흐름이 나타나게 된 것은 잘 아는 것처럼 20세기 초엽의 시대적 상황과 밀접히 연관되어 있다. 이런 경향은 철학사적 맥락에서는 1831년 헤겔의 죽음과 함께 완성에 이르렀다는 관념주의 철학에 대한 비판과 흐름을 같이한다. 니체 이후의 여러 철학적 흐름은 인간의 이성적 특성과 본질에 대해 의심하고 심지어 거부하는 조류가 일반적이었다. 이성의 죽음이란 말은 철학의 종말 담론과 함께 이 시대의 유행이 되다시피 했다. 포스트모더니즘은 물론 해체주의적 철학의 흐름은 이런 현상을 단적으로 보여 주고 있다. 인간을 이성적 존재로 이해하는 생각은 한계에 이른 듯하다. 과연 우리는 이런 생각을 자명하게 받아들일 수 있을까.

분명한 것은 이성의 죽음을 외치는 목소리의 호소력에 못지않게 이성에 의해 인간을 이해하고 설명해 온 철학에 담긴 정당함일 것이다. 인간은 이성적 존재이지만, 그렇지 아니한 인간의 특성들이 존재하는 것일까. 아니면 이성이란 개념으로 규정해 온 인간의 본성이 잘못된 정의였을까. 어쩌면 이러한 개념 설정 자체가 잘못된 것일지도 모른다. 오늘날 철학계의 수많은 논의들은 이러한 이성 이해에 따라 달리 전개되고 있다. 어떤 사람은 이성의 죽음과 함께 다른 이성(another reason)을 말하기도 하고, 또 어떤 철학자는 서구 이성 이해에 의해 가려진 이성의 다른 부분(others of reason)을 말하기도 한다. 그와 함께 플라톤 이래의 흐름이면서 데카르트에 와서 더욱 강조되었던 몸과 마음이란 구조, 영육 이원론적으로 인간을 이해하는 철학을 거부하는 새로운 이해가 나타나기도 한다.

몸의 특성을 부각시키는 철학은 이런 경향을 대변하고 있다. 지각의 현상학이나 감성철학은 물론, 심리철학의 주된 흐름은 이런 사실을 잘 나타내고 있다. 인지신경생리학자임에도 이렇게 변화된 지적 흐름을 무시한 채 인간에 대해 논의하는 전통적인 관념론적 철학에 절망한 레이코프(G. Lakoff)는 스스로 인간에 대한 새로운 철학적 해명을 제시한다.[43] 이를 위해 그는 세 가지 핵심 명제를 분명히 한다. 먼저 인간의 인지는 대부분 무의식적(unconscious)이며, 그 정신은 본성적으로 몸에 뿌리를 내리고(embodied) 있다. 그에 따라 인간의 사고는 객체적 사실에 대응하는 형태로 제시되는 것이 아니라 대부분은 은유적(metaphorical)으로 표현될 수밖에 없다. 본성과 정신이라 부르는 인간의 내면이 근본적으로 생물학적 조건인 몸에 뿌리를 두고 있다는 주장은 본성 이해에 중요한 의미를 지닌다. 전통적으로 인간의 본성이

---

43 G. 레이코프·M. 존슨, 노양진·임지룡 옮김, 『몸의 철학』, 박이정, 2002.

라고 제시했던 이성은 본질적으로 몸적 이성이며, 몸의 조건을 떠나 이성은 이성으로 드러나지 못한다. 그에 따라 이러한 사실을 진지하게 받아들이는 철학은 몸의 지각을 감지하는 감성이야말로 정당하고 타당한 인간의 본래적 조건으로 받아들여야 한다고 주장한다. 진화생물학의 놀라운 발전은 인간에 대한 이해를 전적으로 변화시켰다. 그에 따라 현대 문화에서 인간의 존재론적 위치는 그 이전 시대와는 비교할 수 없을 만큼 전적으로 새롭게 자리잡게 되었다. 이러한 변화를 진지하게 수용할 때만이 우리는 현대 문화의 맥락에서 타당하고 유효한 인간 이해와 본성 개념을 정초할 수 있을 것이다.

2) 포스트휴먼적 본성

인간에 대한 이해의 전환을 논의하는 최근의 포스트휴머니즘(post-humanism) 논의는 인간 본성은 물론, 인간 자신의 삶과 다른 인간과의 관계에 대한 새로운 이해를 요구한다. 포스트휴머니즘은 현대에 이르러 엄청나게 증진된 과학기술의 업적을 바탕으로 과거 농경시대나 산업시대에 정립했던 인간 이해는 더 이상 타당성을 유지할 수 없다고 주장한다. 정보공학기술 및 생명과학기술의 결과를 원용하거나 그와 결합함으로써 지금과는 전혀 다른 초지능을 지닌 인간을 지향하는 트랜스휴머니즘(trans-humanism)은 인간을 다만 자연주의적으로 이해한다는 한계를 지닌다. 이들의 주장은 너무도 일면적이다. 트랜스휴머니즘은 정보과학과 생명과학의 혁신적 발달에 따라 인간과 초지능이 결합하거나, 또는 생명학적 변형을 통해 기존의 인간종과는 비교할 수 없을 정도로 증강된 능력(enhancement)을 지닌 인간을 말한다. 이런 주장을 펼치는 이들은 생물학적 한계에 허덕이는 인간을 현대의 정보통신기술(ICT)과 생명공학기술(BT)에 의해 증강된 능력을 지닌 새로운 인간이 되고자 한다. 인공지능을 지닌 실재가 인간의 지능을 초월하는 순간인 "특이점이 가까웠다"고 생각하는 커즈와일(R. Kurzweil)이나, 인간과 인공지능 기술을 결합하여 생물학적 존재 이상의 인간이 될 수 있으리라 말하는 보스트롬(N. Bostrom)이 이런 주장을 대표한다.[44] 그런 주장에는 인간 본성에 대한 깊이 있는 이해라고는 찾아볼 수 없으며, 다만 기술적으로 증강된 인간의 자연적 실체만을 바라보는 허망함이 안타깝기 그지없다. 그럼에도 이들이 주장하는 맥락을 살펴볼 필요가 있는 이유는 자본주의와 과학기술주의에 함몰된 현대 문화가 얼마나 인간의 존재론적 지위에 대해 맹목적인지를 잘 보여 주고 있기 때문이다.

이와는 다른 다양한 비판적 포스트휴머니즘의 주장은 전통적 인간 이해인 휴머니즘이 현대 사회에서 더 이상 타당성을 지니지 않는다는 관점에서 충분히 수용 가능한 주장을 펼치고 있다. 아직은 결정되지 않은 무척 다양한 주장이 포스트휴머니즘에 담겨 있기에 인간 본성을 이해하기 위해 이런 논의를 따로 거론할 필요는 없을 것이다.[45] 다만 인간 본성에 대한 이해는 시대와 문화의 터전 안에서 새롭게 이해되고 수용된다는 것만은 거듭 강조하고자 한다. 지금 필요한 것은 인간에 대한 이해가 커다랗게 변하고 있다는 점이다. 이러한 이해의 전환은 분명 세계와 자연, 생명에 대한 낯선 이해를 요구하며, 그에 대한

---

44 R. 커즈와일, 장시형·김명남 옮김, 『특이점이 온다』, 김영사, 2007.
45 신승환, 『포스트휴머니즘의 유래와 도래』, 서강대학교출판부, 2020 참조.

새로운 감수성을 바탕으로 해야 한다. 현대의 과학기술 문화의 시대에 필요한 것은 인간 본성에 대한 본질적 이해와 함께 그 문화 안에서 드러나는 표상을 언어화하는 작업이다. 이를 위해 인간을 미학적 존재 내지 영성(spirituality)적 존재로 재규정하는 것이 관건이 된다. 그 까닭은 전통적 본성 이해가 이성에 비해 감성을 열등한 인식으로 폄하하거나 영성적 특성을 배제했기 때문이다. 생물학적 존재이지만 그런 한계를 넘어서려는 근본적 열망을 지닌 인간은 스스로를 이해하고 성찰하는 감수성과 초월성을 지니고 있다. 이것을 미학적 존재 내지 영성적 존재로 개념화하려는 데 이런 주장의 핵심적 생각이 자리한다. 그 생각은 본성 이해의 총체적 전환을 요구한다. 이러한 전환은 자연과 생명, 타자를 새롭게 인식하고 수용하려는 요구로까지 이어진다.

이런 관점에서 슬로터다이크(P. Sloterdijk)는 휴머니즘을 넘어서는 새로운 인간 이해가 필요하다고 주장한다. 유럽 철학의 전통적 인간 이해를 단적으로 표명하는 휴머니즘은 헬레니즘(hellenism)에서 유래하여 르네상스 시대에 부흥하였다. 그 철학적 내용이 오늘날과 같은 형태로 완성에 이른 것은 근대 계몽주의(enlightenment) 시대에서였다. 계몽주의는 인간을 존재의 중심으로 설정하는 인간중심주의일 뿐 아니라, 이성과 진보의 관점에서는 물론, 나아가 개인의 자유와 인권을 중심으로 인간을 이해하는 철학적 체계다. 이들은 인문학적 교육을 통해 인간 본성을 실현하고 완성시키려 한다. 휴머니즘은 처음 헬레니즘 문화에서 인간의 본성(humanitas)을 규정한 철학과 이를 중심으로 그리스·로마 문화를 이해했던 철학체계다. 유럽 문화

와 철학은 르네상스를 거쳐 이후 근대 계몽주의에 이르도록 이 체계가
면면이 이어져 온다. 휴머니즘은 이러한 인간의 내면적 본성, 야수성
을 길들이기와 훈육을 통해 인간답게 만들어 가야 한다고 강조한다.
휴머니즘에 기초한 현대 문화는 여전히 인간 중심적이며, 이성 중심과
진보적 역사관에 근거해 있다. 유럽 철학의 전통적 본성 이해는 여기에
기반한다.

　슬로터다이크는 이러한 전통적 인간 이해를 비판하고 새로운 관점
에서 인간을 종교적 존재(homo religiosus)로, 생물학적·사회적·문화
적 변화에 대응하는 존재로 각인시키려 한다. 그러한 인간은 그 표상적
층위에 따라 생물학적 면역과 사회적 면역, 종교·상징적 면역을 지닌
존재로 자리한다. 인간은 근본적으로 생물학적이며 문화적인 환경의
위험에 대응하여 자신의 생명성을 유지하는 면역학적 인간(homo
immunologicus)이다. 이는 끊임없이 변화하는 사회적 문화적 위기에
대응하는 인간의 존재양식을 규정하는 개념이다. 인간은 이를 위해
자신의 삶을 회복하는 존재이며, 이를 표현하는 예술적 감각을 지닌
존재다. 그래서 그는 인간을 자기 회복적 존재(homo repetitus)이며
또한 자신의 삶을 예술적으로 만들어 가는 존재(homo artista)라고
규정한다. 이는 인간공학적 시대의 위기에 맞서 자기 수련을 통해
자신을 회복함과 동시에 미학적 맥락에서 이해할 수 있는 기예적
삶을 살아가는 존재를 의미한다. 이 시대는 유럽 근대가 18세기 이래
체계화시킨 자본주의와 과학기술주의에 의해 규정된 시대다. 그 문화
안에서 인간은 다만 그러한 체제에 속한 자연주의적 산물에 지나지
않게 된다. 그 체제는 결국 인간을 의미 상실과 자기 자신에서 소외된

존재로 만드는 니힐리즘(nihilism)적 문화를 확산시킬 뿐이다. 이런 소외현상을 극복하기 위해서는 인간에 대한 이해를 새롭게 정립하는 철학이 반드시 필요하다.

3) 생명성의 인간 본성

생명성은 생물학적 존재로서 인간이 지닌 특성을 존재론적으로 성찰한 개념이다. 생명성에 따라 인간 본성을 해명하려는 노력은 몸적 조건에서 오는 욕구를 내재적으로 수용하지만 그에 머물지 않는다. 이런 제약에도 불구하고 인간은 자신의 한계와 조건성을 끊임없이 넘어서려는 인격체이며, 삶과 존재에서 그를 타당하게 수용하여 존재론적 의미를 향해 나아가려는 열망을 지니고 있다. 자유와 자율성의 개념에서 보듯이 인간은 또한 자기 존재를 실현하고 성취해 가려는 근본적인 욕망을 지닌 존재이기도 하다. 이러한 근본 욕망을 진화생물학적 자연주의 철학이 주장하듯이 몸적 조건에서 생겨나는 본능에 인간의 본성을 제한시킬 수는 없다. 그와 반대로 그 이전 초월적 이념에 바탕한 맹목적 형이상학이 주장하듯이 선험적으로 주어진 영원불변의 실체적 본성 개념 역시 넘어서야 한다. 이로써 변화된 시대와 문화에 따라 그 이상을 향해 나아가려는 인간의 열망을 새롭게 언어화해야 한다. 생명성의 인간 본성 이해는 인간 조건에 대한 내재적 이해와 함께 존재 의미와 초월성을 향해 끊임없이 자신을 드높이려는 욕구를 타당하게 수용하고자 한다. 이 초월은 결코 실재하는 어떤 초월적 세계를 향한 것이 아니라 자신의 조건성과 존재적 터전의 내면으로 향한 초월이기에 이를 내재적 초월성으로 정립하고자 한다.

인간은 그 자신 생물적인 실재, 생명체이기에 자신의 몸적 특성에서 주어지는 생명의 감성을 지니지만, 그의 존재와 삶은 지성적 특성을 지니고 있다. 그와 함께 인간은 자신에게 주어진 한계와 조건성을 끊임없이 넘어서려는 본성도 지니고 있다. 이러한 초월적이며 그 이상의 것을 향해 가려는 인간의 본성을 영성(spirituality)이란 이름으로 규정하기로 하자. 영혼(psyche/anima/spirit)이 인간을 인간이게 하는 본질적 특성에 대한 이름이라면, 영혼에 대한 감수성으로서 영성은 인간의 본질적 특성에 대한 언어적 표현이다. 인간 본성은 이 모두를 통합하는 데 자리한다. 인간은 감성적 부분과 이성은 물론, 초월을 향한 지향과 초월에 대한 감수성을 지닌 존재다. 그래서 서구 철학에서 일면적으로 강조한 이성을 넘어 이 모두를 함께 지닌 생명체로 인간을 규정하려는 것이다. 그럴 때 인간 본성은 생명체로서의 자율성을 지닌 것이며, 생명으로 살아가고 존중받아야 하는 특성을 지닌 것으로 정의할 수 있다. 그는 자신의 본성을 생명성에서 이해하고 생명의 감수성을 수용하고 재현하는 삶을 살아가는 존재다. 생명성의 원리를 다섯 가지로 제시한다면 그것은 자기 생성과 자기 유지의 특성, 공共생명인 생명성, 생명체의 관계성과 역사성을 말할 수 있다. 마지막으로 생명은 자신의 한계를 넘어 그 이상으로 나아가려는 초월성을 지닌다.

인간이 자신의 본성을 실현하기 위해서는 그 현존을 끊임없이 변화시켜야 한다. 본성을 져버리면 더 이상 나는 내가 아니게 된다. 변해서는 안 될 것을 지키기 위해 변해야 한다. 동일성 안에서 차이가 드러나고, 차이는 동일성 없이는 가능하지 않다. 이는 인간의 보편적 본성의 동일성과 함께 개별 실존의 차이로 드러난다. 현대 사회의 놀라운 과학기술은 인간의 경험 체계 전부를 변화시켰으며 여전히 새롭게 나아가게 만들고 있다. 정보과학과 생명공학 기술이 대표적이다. 인간은 경험과 성찰이 총체적으로 상호작용하는 존재다. 본질과 실존의 상호작용을 통해 인간은 끊임없이 새로움을 창출해 낸다. 인간에 대한 이해의 전환은 본성을 새롭게 이해하게 만든다. 여기에 중요한 것은 인간 존재를 규정하고 개념화하려는 인간의 근본적 감수성이다. 생명성은 생명체로서 인간이 지니는 감수성과 함께 그럼에도 문화적이며 사회적 삶을 살아가는 인간의 현재에서 주어지는 특성이다. 여기에는 또한 세계 안에 던져져 있는 존재임에도 끊임없이 자신의 세계를 넘어 그 이상을 향해 나아가려는 초월적 특성도 포함된다. 이 생명성은 자연과 생명, 타자에 대한 감수성을 수용하지 않을 때 결코 가능하지 않다. 새로운 인간 이해는 본성에 대한 새로운 이해와 함께한다. 이것을 요구하는 이 시간은 그 문화적 전환의 단초를 인간의 인간다움, 생명성에 대한 감수성에서 찾을 것이다. 이 생명성은 생태계와 생명을 새롭게 이해하는 감수성과 함께, 그 의미를 새롭게 드러내는 내재적 초월성을 포함한다. 이를 통해 인간은 자연과 생명은 물론, 타자에 대한 이해와 관계맺음의 양상을 바꿔 놓을 것이다. 그럴 때 인간의 존재론적 의미는 새롭게 충족될 수 있을 것이다.

참고 문헌

신승환, 『포스트휴머니즘의 유래와 도래』, 서강대학교출판부, 2020.

심상태, 『인간 - 신학적 인간학 입문』, 서광사, 1989.

진교훈 외, 『인격』, 서울대학교출판부, 2007.

한자경, 『동서양의 인간 이해』, 서광사, 2001.

네들러, S., 이혁주 옮김, 『에티카를 읽는다』, 그린비, 2013.

레이코프, G., ·존슨, M., 노양진·임지룡 옮김, 『몸의 철학』, 박이정, 2002.

뱅샹, J.-D.·페리, L., 이자경 옮김, 『생물학적 인간, 철학적 인간』, 푸른숲, 2000.

마굴리스, L.·세이건, D., 홍욱희 옮김, 『섹스란 무엇인가?』, 지호, 1999.

미란돌라, P.D., 성염 역주, 『인간 존엄성에 관한 연설』, 경세원, 2009.

밀, J.S., 박홍규 옮김, 『자유론』, 문예출판사, 2009.

바지니, J., 오수원 옮김, 『데이비드 흄』, 북이십일, 2020.

벌린, I., 박동천 옮김, 『자유론』, 아카넷, 2006.

사르트르, J.P., 박정태 옮김, 『실존주의는 휴머니즘이다』, 이학사, 2008.

_____, 정소성 옮김, 『존재와 무』, 동서문화사, 2009.

시몬스, D., 김성한 옮김, 『섹슈얼리티의 진화』, 한길사, 2007.

스티븐슨, L.·헤이버먼, D.L., 박중서 옮김, 『인간의 본성에 관한 10가지 이론』,
　　갈라파고스, 2006.

슬로터다이크, P., 문순표 옮김, 『너는 너의 삶을 바꿔야 한다』, 오월의 봄, 2020.

아우구스티누스, 성염 역주, 『자유의지론』, 분도출판사, 1998.

에얼릭, P., 전방욱 옮김, 『인간의 본성』, 이마고, 2008.

월러스틴, I., 김재오 옮김, 『유럽적 보편주의-권력의 레토릭』, 창비, 2008.

월슨, E.O., 이병훈 옮김, 『사회생물학』, 민음사, 1992.

_____, 이한음 옮김, 『인간 본성에 대하여』, 사이언스북스, 2000.

_____, 최재천·장대익 옮김, 『통섭 - 지식의 대통합』, 사이언스북스, 2005.

트리그, R. 최용철 옮김, 『인간 본성에 관한 10가지 철학적 성찰』, 자작나무,

360

1996.

핑커, S., 김한영 옮김, 『빈 서판-인간은 본성을 타고 나는가』, 사이언스북스, 2004.

_____, 김한영 옮김, 『마음은 어떻게 작동하는가』, 소소출판사, 2007.

프롬, E., 홍순권 옮김, 『휴머니즘의 재발견』, 한벗, 1983.

_____, 김석희 옮김, 『자유로부터의 도피』, 휴머니스트, 2012.

프레히트, R.D., 원당희 옮김, 『내가 아는 나는 누구인가』, 교학도서, 2022.

플라톤, 박종현 역주, 『국가』, 서광사, 1997.

_____, 박종현 옮김, 『플라톤의 법률』, 서광사, 2009.

본성 실현을 향한 자아초월의 길

박성현(서울불교대학원대학교 상담심리학과 자아초월상담학 전공 교수)

◆　　◆　　◆

인간 본성에 대한 질문은 유사 이래 인류가 탐구해 온 종교와 철학의 핵심 주제라고 할 수 있다. 근대 이후의 마음 과학이라고 할 수 있는 심리학에서는 형이상학적 뉘앙스를 가진 본성보다는 성격이라는 개념을 선호하지만, 성격 이론들을 살펴보면 각 심리학파가 가정하고 있는 인간 본성의 그림을 엿볼 수 있다. 행동주의 심리학은 인간을 기계론적인 자극-반응 유기체로 보며, 정신분석은 인간 본성을 원초적 성욕이 도사린 무의식에서 찾는다. 인본주의 심리학은 현상적이며 실존적인 인간 경험을 강조하며 인간을 자아실현의 욕구를 가진 존재로 본다. 이 글에서 다룰 자아초월 심리학은 인간을 개인적인 자아실현의 경향뿐 아니라 자아초월의 잠재력을 가진 존재로 묘사한다. 자아를 초월한다는 것은 나로 믿었던 조건화된 자아에 대한 집착을 끊고 참된 나를 실현하는 것이다. 자아초월의 길에는 세 가지의 방향이 있다. 아래로의 길은 심층 무의식에 자리한 인간 정신의 근원을 향한 초월이다. 위로의 초월은 신비와 영감, 창조성의 보고인 초월의식에 터한 상위의 자기를 깨닫는 여정이다. 옆으로의 초월은 우리가 위치한 이 세계에의 참여와 연결을 통해 나와 세계가 변용되는 삶의 신비를 강조한다. 자아초월의 세 길 모두는 우리가 상상하지 못했던 인간 본성의 광대한 영역과 잠재력을 보여 준다. 인간 성장의 오메가 포인트는 사회적으로 잘 적응되고 응집력 있는 자아발달 수준에 머물지 않는다. 진정한 치유와 해방을 향한 인간 진화의 여정에는 인류가 지금까지 걸어온 길만큼이나 앞으로 걸어가야 할 멀고 먼 길이 우리를 기다리고 있다.

---

1. 자아초월 심리학은 인간 본성을 어떻게 보는가?

인간의 보편적 본성이 무엇이냐는 질문은 동서고금을 막론하고 수많은 철학자와 종교가들을 괴롭혀 온 문제일 것이다. 비단 심오한 사색과 정교한 관찰을 통해 인간 본성을 탐구한 전문가 집단이 아니더라도 지역과 민족, 종교와 문화를 넘어 인류의 구성원이라면 예외 없이 '나는 무엇인가?'라는 절벽과 같은 의문에 봉착해 본 경험이 있을 것이다. 신으로부터의 부름을 열망하는 기도이든 '이뭐꼬'를 타파하려는 화두 참구이든 모든 종교 수행의 근본에는 자신의 참된 본성을 찾으려는 간절한 염원이 담겨 있다.

'나는 무엇인가?'라는 질문을 자기 자신에게 던지는 상황은 아이러니하다. 나에 대해 가장 많은 지식을 가진 자는 바로 나이기 때문이다. 나는 나 외에는 아무도 알 수 없는 나의 출생으로부터 현재까지의 경험들을 기억하고 있으며, 나의 욕망과 바람, 불안과 두려움도 알고 있다. 그 누구보다 나에 대한 풍부한 지식을 갖고 있는 존재가 나라는 사실에도 불구하고, 나는 나에 대해 미지의 어떤 것을 모른다고 느낀다. 미지의 나에 대한 호기심과 의문은 어디에서 기원한 것인가?

인간 종은 다른 생명체와 같이 자연에 속해 있는 존재이지만, 유일하게 자연으로부터 깨어나 자신이 누구인가를 질문하는 존재이다. 인간만이 자연과 타자로부터 분리된 나 의식을 갖는다. 분리된 나 의식은 축복이자 저주이다. 독립적인 나라는 느낌은 자유의지를 통해 자연과 타자의 예속에서 벗어난 자기 고유의 존재감을 제공한다는 점에서 축복이다. 반면, 근원과 분리된 느낌을 지울 수 없는 나 의식은 소멸의 공포로부터 자유로울 수 없다. 불멸의 안정과 영원을 구축하려는 나의 불굴의 노력에도 불구하고 필멸의 해골은 커튼 뒤에서 나를 기다리고 있다. 나의 죽음과 소멸에 대한 자각은 나의 존재성과 실체성에 대한 불길한 의문을 자아낸다. 죽음뿐 아니라 삶마저도 출구를 찾을 수 없는 미로에 갇힌다. 필멸의 불안으로 가득한 어두운 심연으로부터 '나는 무엇인가?'라는 질문이 떠오른다.

인류가 만들어 낸 본성本性이라는 관념의 이면에는 본성이 아닌 어떤 것이 존재한다는 가정이 있다. 본성과 대극에 놓인 관념은 가성假性, 즉 허구의 성품이라고 할 것이다. 문화와 시대에 따라 달리 표현되지만 신성, 불성, 그리스도, 군자, 참나, 도, 아트만과 같은 인간 본성을 뜻하는 다양한 관념들이 존재한다. 반대로 악마, 중생, 거짓 그리스도, 소인배, 거짓 자기, 에고와 같이 본성을 가장한 허위의 성품을 표현하는 관념 또한 존재한다.

심리학에서는 본성이라는 개념의 사용을 피한다. 아마도 인간 본성이라는 용어가 불러일으키는 형이상학적인 뉘앙스 때문일 것이다. 심리학자들은 이 용어가 심리학보다는 철학이나 종교학에 더 어울린다고 생각할 것이다. 1879년 빌헬름 분트가 라이프치히 대학에 심리학

실험실을 개설하면서 심리학은 철학으로부터 독립된 학문으로 발전하기 시작했다. 근대의 과학 패러다임을 적극적으로 수용하면서 심리학은 관찰과 측정이 가능한 현상만을 연구의 대상으로 인정해 왔다. 따라서 전근대의 종교적 교리나 믿음의 대상이 되었던 신이나 신과의 교감을 가능하게 하는 영혼과 같은 관념뿐 아니라 순수한 사고 실험이나 이성적 추론을 통해 도달한 본성과 같은 개념 또한 심리학의 대상이 될 수 없었다.

심리학에서는 보편적인 인간 본성과 같은 개념보다는 개인의 성격(personality)과 같은 개념을 선호한다. 심리학에서 성격이란 '개인을 특징짓는 지속적이며 일관적인 행동 양식'으로 정의되며, 흔히 유전적인 기질과 환경적인 양육의 상호작용에 의해 형성되는 것으로 말해진다. 주요 심리학 분파는 나름의 성격 이론을 갖고 있으며, 이러한 성격 이론을 통해 개인의 고유한 정신 현상과 행동 양식을 이해하고 설명한다. 심리학자들은 성격 이론은 다양한 사람들에게서 나타나는 정신 현상과 행동 양식을 반복 관찰하고, 체계적으로 분류하고, 인과관계를 입증하기 위한 실험을 통해 구축된 것으로서 본성과 같은 형이상학적인 사상과는 전혀 다른 것이라고 말할 것이다.

그럼에도 불구하고 주요 심리학 분파의 성격 이론들을 살펴보면 인간 본성에 대한 어떤 가정이나 전제를 가지고 있다는 것을 발견할 수 있다. 주류 심리학을 대표하는 세 학파는 행동주의, 정신분석, 인본주의 심리학이다. 행동주의는 가장 극단적으로 과학적 심리학을 추구한다. 행동주의는 관찰 불가한 의식이나 의미와 같은 정신 현상을 심리학의 대상으로 보지 않는다. 외적 자극에 대한 유기체의 생리적,

신체적 반응 행동과 같이 객관적으로 관찰과 측정이 가능한 외적 행동만이 관심의 대상이다. 행동주의는 인간을 기계론적인 자극-반응의 존재로 환원시켰다는 점에서 비판받는다. 정신분석은 의식 이면에서 인간의 감정과 행동에 지대한 영향을 미치는 무의식의 영역과 기능을 발견했다. 정신분석은 인간 정신의 본능적, 비이성적 측면을 발견함으로써 인간에 대한 심층적 이해를 도모했다는 점에서 큰 기여를 했다. 그러나 정신분석은 인간을 초기 유아기의 경험에 예속된 병리적 존재로 묘사할 뿐 아니라 성욕적 추동을 인간 행동의 기본 동기로 본다는 점에서 문제가 있다. 인본주의 심리학은 행동주의와 정신분석의 환원주의적 인간관을 비판하고 인간을 목적 지향적으로 의미를 추구하며 개인 고유의 잠재력을 실현할 수 있는 자기실현의 존재로 본다.

인간의 자기실현 경향성에서 한 걸음 더 나아가 인간의 자기초월성에 주목한 것이 자아초월 심리학(transpersonal psychology)이다. 자아초월 심리학은 개별적 자기실현을 넘어선 인간 발달 수준이 존재한다고 가정한다. 자아초월이라는 용어는 일상적인 자기-의식적 자각을 초월한 상태에서의 경험, 과정, 결과를 지칭하는 것으로 어떤 더 크고, 좀 더 의미 있는 실재와 연결되거나 함께하고 있다는 느낌과 관련되어 있다.[1] 이에 따라 자아초월 심리학은 자아초월적 체험, 욕구, 인지 등의 연구를 통해 초개인적, 초이성적, 초관습적인 자기 발달의 특성을 연구한다. 자아초월 심리학은 자아초월적 현상이 전형

---

1 Michael Daniels, 김명권 외, 『자아초월심리학핸드북』, 학지사, 2020, p.53.

적인 자아 중심적 존재에서 궁극적이고 더 만족스럽고 가치 있는
상태로의 근본적인 변용(transformation)을 포함한다고 가정한다.[2]

자아초월 심리학에서는 '나'라고 동일시하고 있는 '자아(ego)'를
부모, 교육, 문화 등에 의해 구성되거나 조건화된 것으로 보며, 자아
너머의 근원적이고, 본질적이며, 참된 자기의 존재 발견을 성장과
치유의 최종 목표로 삼는다. 이와 같이 자아초월 심리학은 가치중립적
인 과학적 심리학과 달리 자아초월 현상을 객관적으로 연구하는 것뿐
아니라 인간의 자아초월성의 실현에 관심을 갖는다. 이런 면에서
자아초월 심리학은 인본주의 심리학과 유사하게 규범적(normative)이
며, 신비주의 전통과 유사하게 구원론적(soteriological)인 의제를 갖고
있다.[3]

자아 너머의 인간성이란 개념은 전통적인 심리학 안에서는 발견할
수 없기 때문에 자아초월 심리학은 동서양의 종교와 영적 전통에서
사용되는 인간 본성의 이미지들을 심리학적으로 해석하는 방식을
취한다.[4] 자아에서 본성으로의 초월의 방향은 자아초월 심리학자들
간에 약간의 차이를 보인다. 윌버는 차축 시대(axial age)[5]를 분기점으

---

2 매슬로우의 절정 체험, 메타욕구, 메타인지 등의 연구를 예로 들 수 있다.

3 앞의 책, pp.54~55.

4 예를 들어 영혼이나 아트만, 주시자와 같은 용어는 상위 자기(higher self),
  초개인적 자기(transpersonal self), 영적 자기(spiritual self), 관찰하는 자기
  (observing self) 식으로 변형된다.

5 차축 시대는 독일 철학자 칼 야스퍼스가 고안한 표현으로, 기원전 8세기부터
  기원전 3세기까지를 일컬으며, 이 시기에 인도의 석가모니, 중국의 공자, 그리스
  의 소크라테스와 같은 여러 사상가가 등장하여 전-축 시대와 다른 인류 의식의

로 한 상승하는 흐름(ascending current)과 하강하는 흐름(descending current)이 자아초월의 방향과 관련된다고 주장한다. 상승하는 흐름이란 후-차축(post-axial) 시대 영성의 특징을 반영하는데, 상위의 절대적인 영적 의식의 성취를 위해 상대적인 세상으로부터의 초월의 길을 제시한다. 이 흐름은 명상, 영성적 훈련, 깨달음을 통한 '상위의 자기'의 획득을 목표로 하며 자기초월의 다양한 수준과 단계를 강조한다. 하강하는 흐름은 전-차축(pre-axial) 시대 영성의 특징으로서 공존과 상호연결성과 같은 여성적 원리에 근거해 있으며, 세속적인 세계에 내재된 영적 원리를 이해하고 돌봄과 같은 자비로운 실천을 강조한다.[6]

아사지올리는 상향(upwards)과 하향(downwards) 그리고 수평(horizontal)으로의 초월을 주장한다. 그에게 하향 초월이란 심층 심리학에서 발견한 무의식의 탐험을 통해 의식을 확장하는 것이다. 상향 초월은 명상이나 요가와 같은 영적 수행을 통해 상위 무의식(higher unconscious) 혹은 초의식(superconscious)의 영역을 의식화하고 자아의 참된 본성인 초개인적인 자기(transpersonal self)와의 연결을 도모하는 것이다. 수평으로의 초월은 타인 및 자연과의 상호연결성과 상호의존성을 인식하는 과정이다.[7]

새로운 도약이 이루어졌다고 본다.

6 Ken Wilber, 조효남, 『모든 것의 역사』, 김영사, 2015, pp.40~42.

7 Roberto Assagioli, *Transpersonal Development* (Rome: Crucible, 1991), pp.43~44.

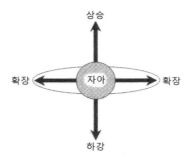

그림 1. 초월의 세 방향[8]

대니얼스는 아사지올리와 유사하게 하강 초월을 심층 심리학적 관점으로, 확장 초월을 관계적 참여 관점으로 구분하여 제시했다(그림 1 참조). 상승 초월은 위의 두 입장과 유사하다. 심층 심리학적 관점은 자아의식의 초월이 심층 정신의 무의식적 자료의 통합을 포함한다는 것이다. 관계적 참여 접근은 자아를 넘어선 발달은 타인과 세계에 대해 영적 차원의 참여와 연결이 실현되고 표현되는 것을 강조한다. 이 접근에서는 특히 개별적인 정신 내적 깨달음의 추구보다 타인, 자연, 세계에 대한 헌신과 책임을 보다 중요한 영적 실현으로 간주한다.[9]

이 글에서는 초월의 세 방향을 대표하는 자아초월 심리학 이론들을 살펴보고 초월적 본성을 향한 자기실현의 길이 함의하는 심리학적 의미를 간략히 논의할 것이다. 하강 초월의 이론으로는 융과 워시번의 의식 발달 이론을 소개한다. 융은 집단 무의식에 존재하는 원형적

---

8 앞의 책, p.71.

9 Michael Daniels, 김명권 외, 『자아초월심리학핸드북』, 학지사, 2020, pp.70~71.

자기(archetypal Self)를 전체 정신의 중심으로 보았으며, 특히 중년 이후의 삶에서 내면의 자기를 성찰하는 종교적 태도를 강조했다. 위시번은 '초월을 향한 퇴행'을 통해 인간 의식의 근원인 '역동적 바탕(Dynamic Ground)'과의 합일을 의식 발달의 최종점으로 삼고 있다.

상승 초월 접근은 아사지올리와 윌버의 이론을 살펴본다. 상승 초월은 자아보다 높은 곳에 있는 상위 자기(higher Self)를 향한 발달을 의미한다. 여기에서 나는 조건화된 자아와의 동일시를 멈추고 자아의 작용을 관찰할 수 있는 의식을 개발함으로써 새로운 자기-정체성을 발견하게 된다. 아사지올리는 에고로부터의 탈동일시를 가능하게 하는 자각과 의지의 근원이 상위 자기로부터 나온다고 주장한다. 윌버는 상위 의식의 지속적인 계발을 통해 정묘적 자기, 원인적 자기와 같은 초개인적 자기로의 발달이 이루어질 수 있으며 궁극에는 자기와 대상의 분리감을 초월하는 비이원적 의식으로의 발달을 가정한다. 확장 혹은 수평 초월에서는 페러의 참여 영성(participatory spirituality)을 소개할 것이다.

2. 심층 무의식을 향한 아래로의 초월

1) 융의 개성화의 길

칼 구스타프 융(1875~1961)은 스위스 태생의 정신의학자로 개인 무의식의 기저에 있는 집단 무의식을 발견하고, 무의식의 자율성과 목적 지향적 작용을 연구한 것으로 잘 알려져 있다. 그는 1908년 국제정신분석학회의 회장까지 맡았을 정도로 프로이트와 깊게 교류했으나 프로이트의 교조주의적인 성욕설에 반발하며 독자적인 무의식 탐구를 시작했다. 그는 개인 차원의 무의식을 넘어서는 인류 보편적인 집단 무의식이 존재한다는 착상을 입증하기 위해 세계 각국의 민담과 신화 그리고 다양한 원시 문화에 대한 민속지 연구를 수행했다. 이를 통해 민족과 지역, 문화를 초월한 상징적 원형들이 공존하고 있음을 확인하고 원형론을 확립하기에 이르렀다.

융의 독창적인 의식 이론은 집단 무의식(collective unconscious)과 원형(archetypes) 개념에 기초해 있다. 집단 무의식은 초개인적(überpersonlich)인 의식 영역으로서 인류의 선조로부터 상속되어 온 경험과 기억의 저장소이며 모든 정신 현상의 토대가 되는 영역이다. 융의 관점에서 개인 무의식은 집단 무의식과 문화적인 환경 간의 상호작용의 산물로 그 안에서 개인은 발달한다. 과거의 사건들에 대한 기억은 개인 무의식에 저장되며, 집단 무의식에 비해 상대적으로 쉽게 의식화할 수 있다. 야코비는 개인 무의식과 집단 무의식의 차이를 다음과 같이 설명했다.

이른바 개인 무의식은 개인의 삶에서 비롯된 것으로, 잊혀지고 억제되고 억압되고 부지불식간에 지각되는 내용이다. 반면, 집단 무의식은 두려움, 위험, 우월한 힘에 대항하는 투쟁, 아이와 부모의 관계, 증오와 사랑, 탄생과 죽음, 빛과 어둠의 힘 등과 같이 역사적 시기나 사회, 민족 집단과 관계없이 태초 이후 지금까지의 보편적인 상황에 대한 인류의 전형적인 반응의 저장소이

다.(Jacobi, 1973, p.10)[10]

개인 무의식 안에는 집단 무의식의 원형으로부터 영향을 받은 다양한 콤플렉스가 존재한다. 콤플렉스는 특정 경험에 대해 특정한 감정적 반응과 생각을 이끌어 내는 개인 무의식의 기능적인 단위다. 콤플렉스는 신경증이나 정신증이 있는 사람들뿐 아니라 건강한 사람에게도 적용되어 세계에 대한 개인 특유의 지각과 반응에 영향을 미친다. 콤플렉스는 원형과 마찬가지로 자아의 의지로부터 자율적이며, 무의식적으로 작동할 수 있으며, 의식화되지 않은 콤플렉스는 자아를 불안하게 만들고 혼란에 빠뜨릴 수 있다.[11]

집단 무의식에 존재하는 원형은 특정한 방식으로 대상에 대한 지각을 갖도록 영향을 미치는 경험의 보편적 패턴이다. 주요 원형들로는 그림자(shadow), 영혼 이미지(soul image), 마나 인격(mana personality), 자기(Self)가 있다. 그림자는 자아가 수용할 수 없는 비이성적이고 반사회적 특성과 힘을 가진 원형이다. 그림자는 개인 무의식에 영향을 주어 개인 특유의 그림자를 형성하며 이는 자신이 의식하는 자기-이미지나 페르조나를 위협한다. 개인적 그림자는 자아의 방어 기제에 의해 무의식으로 억압되나 때로는 타인이나 타 집단에 무의식적으로 투사되어 편견과 적의, 희생양을 만들어 내기도 한다. 집단적 그림자는 보다 파괴적이고 악마적인 힘을 가지며 집단적 그림자에 사로잡힐 경우 전쟁이나 학살과 같은 끔찍한 죄악을 저지르기도 한다.

---

10 Alan G, Vaughan, 김명권 외, 『자아초월심리학핸드북』, 학지사, 2020, p.215.
11 앞의 책, p.214.

영혼 이미지는 여성적 원형인 아니마(anima)와 남성적 원형인 아니무스(animus)로서 반대성에 작용하여 내면세계로의 여행을 안내하는 의인화된 원형이다. 마나 인격은 개인 안에 내재된 본질적인 힘을 상징하며 흔히 영웅이나 현자의 이미지로 나타난다.[12]

융의 원형 중에서 가장 중요한 역할을 차지하는 것은 바로 자기 원형이다. 자기 원형은 전체 정신의 중심으로서 전체 정신의 균형과 조화를 자율적으로 추구하는 조직 원리이자 내적 안내자이다. 자기 원형은 여러 문화의 신화와 예술 작품 속에서 완전성, 조화, 전체성을 나타내는 인물이나 상징으로 표현된다. 그리스도, 크리슈나, 붓다, 알라, 불성, 도, 만다라, 연꽃 등이 여기에 속한다.[13] 융에게 있어 자기실현은 전체 정신의 실현이라고 할 수 있다. 자기(Selbst, Self)는 의식과 무의식을 통틀은 전체 정신의 중심이기 때문이다.[14] 자기와 비교하여 자아(ego, 나, ich)는 전체 정신의 일부인 의식의 중심이다.

융의 인간 발달 단계는 집단 무의식으로부터 자아의 분화, 인생 전반기 외부 세계에 대한 자아의 적응, 인생 후반기 내부세계에 대한 자아의 적응의 단계를 거쳐 융이 개성화(individuation)라고 부른 자기실현으로 이어진다.

융에 따르면, 인간은 출생 시 집단 무의식의 상태로서 자아가 아직 분화되지 않은 상태에서 출발한다. 최초의 자아 혹은 자아의식은

---

12 Michael Daniels, *Shadow, Self, Sprit* (UK: Imprint Academic, 2005), pp.179~180.

13 앞의 책, p.182.

14 이부영, 『자기와 자기실현』, 한길사, 2006, p.29.

무의식 안에 잠재된 형태로 존재한다. 유아의 의식은 외부 자극이나 본능과 정동에 따라 산발적으로 채워질 뿐 안정성과 통일성이 결여되어 있다.

유아는 모체로부터 자기 신체의 공간적 분리성을 인식하고 주체와 객체를 구별하는 정신적 능력이 커짐에 따라 점차 남과 다른 독립된 '나'라는 인식을 구축하게 된다.[15]

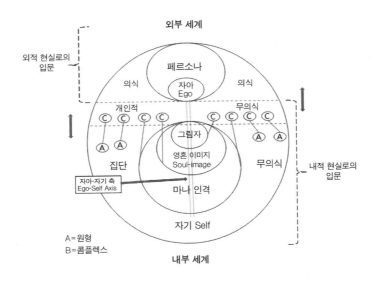

그림 2. 융의 정신모형 (Jacobi, 1968)[16]

---

15 앞의 책, pp.33~39.

16 이 그림은 Michael Daniels, *Shadow, Self, Sprit* (UK: Imprint Academic, 2005), p.180에 있는 그림에서 영문을 한글로 번역한 것이다.

의식은 확실히 스스로 창조되지 않는다. 그것은 알 수 없는 깊은 곳으로부터 솟아난다. 어렸을 때에는 서서히 깨어나며, 전 생애 동안 매일 아침 무의식적인 상황에서의 깊은 잠으로부터 일어난 다. 의식은 태고의 무의식의 자궁으로부터 매일 태어나는 아이와 같다.(Jung, 1968a, p.935)[17]

무의식으로부터 자신을 분리해 낸 자아는 원초적 충동, 신화적 환상, 원시적 사고를 벗어나 현실 세계를 의식하면서 자신의 영역을 확장해 간다. 자아는 두 가지 중요한 역할을 수행하는데 첫 번째는 외부 세계와 관계를 맺고 적응하는 것이며, 두 번째는 내면의 무의식 세계와 관계를 맺고 이에 적응하는 것이다.[18]

융은 인생 주기의 전반부와 후반부에 자아가 삶을 대하는 태도가 달라져야 한다고 말한다. 인생의 전반기는 자아가 무의식으로부터 떨어져 나와 태도 유형과 의식 기능이 분화되고 페르조나가 형성되는 자아 강화의 시기로서 외부 세계, 즉 사회로의 적응이 중요한 과제가 된다. 페르조나는 남들의 눈에 비치는 '나', 남들이 인정해 주는 '나'이다. 페르조나가 지나치게 경직되고 무조건적으로 그것과 동일시할 경우 개인 고유의 진정한 '나'가 상실되고 내면세계와의 관계가 끊어질 위험이 있다. 그렇지만 인생 전반기, 특히 청소년기에는 무의식과의 단절이라는 희생을 감수하고서라도 페르조나는 형성되어야 한다.

---

17 Alan G, Vaughan, 김명권 외, 『자아초월심리학핸드북』, 학지사, 2020, p.214.
18 자아가 외부 세계와 관계를 맺고 적응하는 외부 인격이 페르조나이다. 자아를 내면세계로 이어주는 내적 인격은 아니마와 아미누스와 같은 영혼 이미지이다.

페르조나는 청소년이 사회 질서와 관계 윤리를 배우면서 인간 집단 속으로 자기의 삶을 확장하는 징검다리의 역할을 하기 때문이다.[19]

　반면, 인생 후반기에는 페르조나와의 지나친 동일시를 멈추고 내부 세계, 즉 무의식으로의 적응이 목표가 되어야 한다. 인생의 후반기는 자아(ego)가 아닌 '자기(Self)'의 강화, 자기의 실현, 즉 개성화를 이루는 시기로서 '자기'의 존재를 인식하고, '자기'가 자신의 주체임을 깨닫는 것이 중요하다. 이를 위해 자신의 내면세계에 대한 관심과 그것의 소리를 진지하게 믿고 이해하는 종교적 태도가 필요하다.[20] 그림 2에서 보이는 자아-자기 축은 자아와 자기 간의 대화를 상징한다. 자아-자기 축의 연결은 자기 원형으로부터 나오는 메시지에 귀를 기울이고 의미를 부여하는 자아의 태도와 역량에 달려 있다. 무의식으로부터의 정보는 꿈, 환상, 창조적인 생각, 심리적 증상 등의 형태로 나타난다.[21]

　융은 자아의 인정 여부와 무관하게 인간의 삶을 집행하고 항상적으로 조절하는 주체를 '자기(Self)'라고 보았다. '자기'는 개인의 분리할 수 없는 통합체인 전인격을 실현하기 위한 목적론적 기능을 수행한다는 것이다. '자기'는 개인의 삶 속에서 그 자신의 실현을 추구하고자 하는 타고난 경향성이 있다. '자기'의 궁극적인 목표는 고유한 자기 자신이 되는 것, 즉 개성화이다. 융은 개성화를 모든 살아있는 존재가 애초부터 예정되어 있던 것으로 되어가는 생물학적 과정의 표현이라

---

19 앞의 책, pp.46~47.
20 박성현, 『정신역동적 관점에서의 영성』(문화와 융합 제41권 2호, 2019), p.995.
21 Michael Daniels, *Shadow, Self, Sprit* (UK: Imprint Academic, 2005), p.182.

고 말한다.[22] 자기 원형은 보상 기능과 초월 기능을 통해 이를 수행한다. 보상 기능이란 자아의식의 선택적인 일방성[23]과 이로 인해 초래된 의식의 분열을 교정하고 치유하는 작용이다. '자기'는 꿈이나 증상을 통해 의식과 무의식 간의 긴장 상태를 경고하고, 정신의 전체성을 회복하도록 촉구한다.[24] 초월 기능은 대극의 융합 혹은 대극의 합일로 불리는 초월적 의식성을 일으키는 기능이다. 융은 모든 정신 현상이 대극의 긴장과 갈등과 통합의 과정에서 진행된다고 보았다. 인간은 의식과 무의식, 남성성과 여성성, 선과 악, 미와 추, 정신과 신체, 우월과 열등, 내향과 외향 등등의 무수한 대극성 속에서 세계를 경험한다.[25] 자기의 초월 기능은 이러한 대극성을 뛰어넘는 경지에서 세계를 이해하는 것으로 자아의 분별지分別知적인 의식을 초월한 절대지絕對智 혹은 절대 의식성을 가능하게 한다.[26]

융에 따르면 의식의 전일성을 추구하는 '자기'의 작용은 상징으로 표현된다고 보았으며, 모든 정신 현상을 미지의 의미를 내포한 상징으로 인식했다. 따라서 전체 정신의 회복이라는 개성화를 이루기 위해서

---

22 Alan G, Vaughan, 김명권 외, 『자아초월심리학핸드북』, 학지사, 2020, p.219.

23 자아의 일방성이란 전체 정신의 대극의 합일에 반하는 자아의식의 발달 경향을 말한다. 예를 들어 내향성만을 일방적으로 발전시킨 사람으로부터 억압된 외향성은 무의식의 열등기능인 그림자가 된다.

24 지나치게 외부 세계에서의 성공을 향해 외향적 삶에 경도된 사람에게 발병한 우울증은 그의 주의를 내면세계로 향하게 함으로써 정신의 균형을 되찾도록 강제한다.

25 이부영, 『자기와 자기실현』, 한길사, 2006, p.59.

26 이죽내, 『융심리학과 동양사상』, 하나의학사, 2005. pp.119~120.

는 자신에게 일어나는 정신 현상을 단순한 사실이 아니라 무의식으로부터의 상징적 표현으로 이해하려는 의식 태도가 중요하다. 융은 정신 현상에 내포된 상징적 의미를 이해하기 위한 방법으로 목적론적 관찰을 주장했다. 프로이트의 정신분석에서 사용하는 인과론적 관찰 방식이 과거와의 관계 속에서 정신 현상을 분석하는 것이라면, 목적론적 관찰방식은 미래와의 관계 속에서 정신 현상의 의미를 밝히는 것이다. 모든 정신 현상에는 전체 정신의 전일성과 대극 초월이라는 목적 의미가 내포되어 있기 때문이다.[27]

융은 무의식에서 일어나는 환상상幻想像을 직접 관찰하는 방법으로 적극적 명상(active meditation)을 추천하기도 했다. 적극적 명상은 명상자의 관조를 통해 환상상이 일어나도록 하는 단계와 명상자가 일어난 환상상과 적극적으로 직면하는 단계로 구분된다. 첫 단계에서 명상자는 외부 영향을 차단하고, 무의식의 작용을 억압하는 의식의 영향 또한 약화시키면서 환상상이 자유롭게 일어나도록 하며 환상상을 조작하지 않는다. 두 번째 단계에서 명상자는 자기 원형의 초월 기능의 작용으로 일어나는 환상상과 마음속에서 자연스럽게 일어나는 대화를 유지한다. 융은 '자기'의 초월 기능이 자아의 분별 기능을 멈추게 하여 대립 관계를 초월한 진실한 정신 현상의 의미를 깨닫는 것을 누미노제의 체험으로 불렀다. 그는 이러한 신성의 체험이야말로 정신치료의 핵심이며, 본래의 나인 '자기'의식의 본질이라고 했다.[28]

---

27 앞의 책, pp.44~46. 융은 정신 현상의 상징 이해를 위해 개인적 연상법과 함께 신화, 민담, 종교 등의 이해를 통한 집단적 확충법을 사용했다.

28 앞의 책, pp.61~62.

융이 그리고 있는 자기실현의 여정은 자신의 근원인 무의식으로부터 자아가 분리되면서 출발한다. 인생의 전반기 자아는 세계 안에서 자신의 존재 가치를 확보하고 정체성을 유지하기 위해 외부 세계에 대한 적응에 주력해야 한다. 인생의 후반기에 이르면 외부 세계로 향했던 리비도는 내면의 정신세계로 자연스럽게 흐르게 된다. 사람들에게 보이는 나가 아닌 참된 나를 찾기 위해서는 자아가 망각하고 있던 무의식의 영역으로 되돌아가야 한다. 자아는 명상적이며 종교적인 태도로 '자기'가 보내오는 정신 현상의 상징 의미를 파악하려 노력함으로써 분별 의식을 초월하여 대극 합일의 전일성 의식을 성취하게 된다. 자아는 무의식으로 회귀하는 심리-영적 탐구를 통해 자신의 참된 본성인 '자기'를 깨닫고 삶의 주도권을 '자기'에게 양도함으로써 개성화를 실현하게 된다.

2) 워시번의 초월을 위한 퇴행

마이클 워시번은 프로이트의 고전적 정신분석, 자아 심리학, 자기 심리학, 대상관계 이론, 융의 분석심리학을 포괄하는 정신역동 전통의 관점에서 인간의 의식 발달 모델을 제시하고 있는 자아초월 이론가이다.

그는 자신의 의식 연구의 목표를 심층 심리적 관점과 자아초월적 관점에서 인간 발달을 설명하는 것이라고 했다. 심층 심리적 관점이란 자아 체계 아래의 숨겨진 심층 정신(deep psychic core)의 실재를 인정하는 정신분석 전통을 따른다는 의미이다. 여기서 워시번이 말하는 심층 정신은 역동적 바탕(Dynamic Ground)으로 표현된다. 역동적 바탕은 프로이트의 무의식이나 융의 집단 무의식을 포괄하는 더 깊고 넓은 정신의 근원 영역이다. 프로이트의 무의식은 자아의 의식 영역에서 벗어난 전개인적, 전이성적, 본능적 영역이며, 융의 집단 무의식은 개별성을 초월하는 계통 발생적인 인류 공통의 생득적 무의식이다. 워시번의 역동적 바탕은 개별성을 초월하는 인간 경험의 근원이라는 점에서 융의 집단 무의식과 유사하나, 자아의 발달에 따라 역동적 바탕이 때로는 전개인적으로, 때로는 초개인적으로 표출된다는 점에서 차이를 보인다. 즉 심층 정신은 자아 단계에 따라 특정한 방식으로 자신을 표현한다. 워시번은 의식 발달의 초기에 경험되는 전개인적인 미분화된 원초적 무의식과 발달의 후기에 경험되는 초월적 영적 합일의 문제를 발달의 연속선상에서 이해하고자 했다.

자아초월적 관점이란 인간 발달의 개념에 영적 차원을 포함한다는 의미이다. 워시번은 인간 발달은 성인기의 에고 발달 단계를 넘어 영성의 지속적인 심화 과정을 포함할 때 보다 완전하게 이해될 수 있다고 보았다. 워시번의 체계에서 자아 발달은 전에고(pre-egoic), 에고(egoic), 초에고(trans-egoic)의 세 단계로 구분된다. 전에고 단계는 신생아에서 외디푸스 콤플렉스를 통해 정신적 자아가 움트기 시작하는 대략 5세까지, 에고 단계는 정신분석의 잠재기로부터 사춘기·청소년기를 거쳐 실존의 위기를 겪는 중기 성인기까지, 초에고 단계는 영성이 삶의 중요한 차원으로 일깨워지는 중년기로부터 완전한 영적 성숙에 이르는 시기이다.[29]

---

29 Michael Washburn, *Embodied Spirituality in a Sacred World* (NY: SUNY, 2003), pp.1~2.

워시번의 의식 이론은 나선 통합(spiral to integration) 이론으로 불리는데, 그의 자아 발달 모델은 자아가 상실했던 자신의 근원적 토대로 회귀하여 재통합하는 여정을 그리고 있기 때문이다. 그는 인간의 심리-영적 발달을 자아의 축이 역동적 바탕으로부터 융합, 분리 개별화, 회귀, 통합의 과정을 거친다는 역동적-변증법적 과정으로 보았다. 그의 나선형 발달 이론의 기본 전제는 심층 정신, 즉 역동적 바탕은 삶에 필수적인 근원 또는 자원이 자리한 곳이라는 점이다. 신생아 단계에서 역동적 바탕에 매몰되어 있던 에고는 신체적인 분화를 거친 후 정신적인 개별화에 이르게 된다. 정신적 자아로의 발달 과정에서 역동적 바탕은 무의식으로 억압되어 침잠된다. 에고 단계에서 초에고 단계로의 발달을 위해서는 의식으로부터 침잠되어 있던 심층 정신과의 개방과 연결을 통해 내면에 머물고 있던 삶의 근원이 다시 깨어나도록 해야 한다. 워시번은 전체 정신의 통합을 나선 상승(spiral up)으로 표현하는데, 이를 위해서는 심층 정신으로의 나선 하행(spiral back)이 우선되어야 한다. 이를 달리 표현하면, 삶의 근원과 재통합되어 초자아 단계로 성장하기 위해서는 인생 초기 전자아적인 방식으로 스스로를 표출했던 삶의 근원으로 회귀해야 한다는 의미이다.[30]

워시번의 모델에서 정신세계의 두 축은 자아와 역동적 바탕이다. 에고의 극은 조작적 인지를 토대로 하여 현실 검증, 충동 조절, 자기 자각의 기능을 수행하며, 전기적(biographical)인 자기 경험이 자리잡고 있다. 반대로 비에고적 극은 신체적, 성적 경험, 충동과 본능,

---

30 앞의 책, p.3.

정동, 리비도를 포함하며, 이미지와 자동 상징적 인지(imaginal, auto-symbolic cognition)를 토대로 한 일차 과정적 사고가 특징이다. 비에고적 극의 더 깊은 심층에는 집단적 기억, 콤플렉스, 원형들이 자리잡고 있다. 이러한 인간 정신의 다양한 표현형들은 신체와 정신 에너지의 근원적 잠재력, 혹은 영(spirit)으로 표현되는 역동적 바탕에서 비롯된다.[31] 역동적 바탕은 생명력(vital force), 정서-성적 에너지, 생명의 약동(elan vital), 비에고적 잠재력(nonegoic potentials) 등으로 표현되는 생명과 정신의 근원이다. 자아의 발달과 함께 자아와 역동적 바탕은 새로운 차원의 관계를 맺게 되며, 자아가 역동적 바탕에 대해 어떤 태도를 갖느냐에 따라 역동적 바탕이 자아에 미치는 영향 또한 변화하게 된다.

위시번은 나선형 의식 발달 경로를 크게는 3단계(전자아, 자아, 초자아), 세부적으로는 7단계로 구분하여 제시하고 있다. 표 1에서 보듯이 전자아(pre-egoic) 단계에는 최초 매몰(original embedment) 단계와 신체 자아(body-ego) 단계가 포함되며, 자아(egoic) 단계에는 원초적 억압(primal repression)과 정신적 자아(mental ego) 단계가, 초자아(trans-egoic) 단계에는 초월을 위한 퇴행(regression in the service of transcendence), 영 안에서의 재탄생(regeneration in sprit), 통합(integration)의 세 하부 단계가 포함된다.

---

31 박성현, 『정신역동적 관점에서의 영성』(문화와 융합 제41권 2호, 2019), p.998.

표 1. 워시번의 나선형 자아 발달 단계[32]

주요 수준	자기-단계	특성
초에고	통합	에고와 역동적 바탕의 두 정신 축은 조화롭게 대극의 일치를 이룸
	영 안에서의 재탄생	역동적 바탕에 순응한 에고는 비에고적 힘에 압도되지 않고 그 힘을 자신의 것으로 쓸 수 있게 됨
	초월을 위한 퇴행	자아는 비에고적 힘에 의해 도전받으며 역동적 바탕을 향한 퇴행을 겪음
에고	자아/ 정신 자아	정신적 자아 또는 데카르트적 자아가 비에고적 축으로부터 독립
	원초적 억압	에고는 비에고적 힘을 억압하면서 독립/분리, 비에고적 힘은 무의식화
전에고	전자아/ 신체 자아	에고는 태모(Great Mother)로부터 신체를 분화하기 시작했으나 비에고적인 힘에 지배된 상태
	최초 매몰	갓 태어난 에고는 역동적 바탕으로부터 최소한의 분화, 여전히 매몰된 상태

최초 매몰 단계에서 에고는 역동적 바탕에 융합된 상태로 에고의 씨앗은 바탕에 묻혀 있다. 이때의 신생아는 자신과 세계를 구분하지 못하며 무의식적 합일 상태에 놓여 있다. 신체 에고 단계는 유아가 자신을 세계와 분리된 존재로 경험하기 시작하는 단계이다. 그러나 이때의 분리 경험은 신체적 감각 수준의 분리에 머무를 뿐 유아의 에고는 여전히 역동적 바탕의 비에고적인 힘에 종속되어 있다.

에고가 분리와 개별화의 과정을 거쳐 자기 고유의 정체성을 확보함으로써 한 독립된 개인으로 성장하려면 무의식적 바탕으로부터 깨어

---

32 앞의 책, p.27.

나야 한다. 무의식적 자연 혹은 위대한 어머니로부터의 분리는 원초적
억압 과정을 통해 일어난다. 에고는 원초적 억압을 통해 비에고적인
역동적 바탕의 에너지를 무의식으로 밀어내고 언어와 개념으로서의
정신적 에고를 구축하기 시작한다. 이 단계에서 특기할 만한 변화는
전에고 단계에서 인간 유아의 신체 전반을 생명력으로 충전했던 역동
적 바탕의 에너지가 억압되면서 골반 아래의 생식기 주변으로 몰리게
되어 에로틱한 성적 색채를 띠게 된다는 점이다. 골반 아래에 묶인
성적 에너지는 사춘기와 청소년기를 통해 일시적으로 강렬한 발산을
하게 되지만, 이 에너지를 가두어 두었던 원초적 억압이 풀어지기
전까지는 정신적 에고와 갈등하는 무의식적 충동의 근원으로 작용하
게 된다.[33]

　근원으로부터 분리된 정신 에고는 이제 자기 고유의 근원, 토대,
정체성을 마련해야 한다. 정신적 에고 단계에서 에고는 정체성 프로젝
트(identity project)를 통해 세계 내에서 자신의 존재감과 가치를 확보하
기 위해 노력한다. 에고는 외부 세계에 대한 적응력과 고유한 정체성을
확립함으로써 독립적이며 사회적인 개인으로 기능할 수 있게 된다.

　초월을 향한 퇴행의 전조는 에고의 실존적 위기이다. 정체성 프로젝
트를 통해 안정적인 정신적 에고를 성취했다 하더라도 후기 성인기에
접어든 정신적 에고는 의식적으로든 무의식적으로든 점차 자신의
필멸할 수밖에 없는 운명을 더욱 예민하게 감지하게 된다. 인정과
사랑, 성취를 통해 얻은 자존감과 영원할 것 같은 기쁨은 시들고,

---

33 Michael Washburn, *The Ego and the Dynamic Ground* (NY: SUNY, 1995),
　　pp.72~73.

잠시 마음을 놓는 순간 소외와 불안과 무의미 그리고 죽음에 대한 공포가 끊임없이 에고를 괴롭히게 된다. 자신이 힘들게 쌓아올린 정체성의 가치가 무의미해지며 세계 또한 활기를 잃고 공허한 회색지대로 변한다. 결국 정체성 프로젝트를 통한 만족은 대리적 만족이 될 수밖에 없으며, 영원한 안녕을 보장할 수 없음을 알아차리게 되며 외부 세계로 향해 있던 정신 에너지는 내면세계로 급격히 방향을 선회하게 된다.[34]

실존적 위기는 초에고 단계로 나아가는 갈림길이다. 정체성 프로젝트가 실패하고 실존적 병리 상태가 깊어지면 자아의 경계는 느슨해지고 지하 세계에 가두어두었던 역동적 바탕의 비에고적 힘들이 유입되면서 에고는 심각한 혼란을 경험하게 된다. 의식의 조명을 받지 않는 원초적 억압의 해체는 정신병리의 원인이 된다. 에고를 무너뜨리는 비에고적 에너지의 흐름에 저항하거나 혹은 반대로 휩쓸릴 경우 에고는 심각한 실존적, 영적 위기와 혼란을 경험하게 된다. 반면, 에고가 정체성 프로젝트를 포기하고 비에고적 잠재력에 자신을 맡기려는 의지적 결단을 통해 내면의 길을 갈 경우 에고는 근원으로 회귀하는 퇴행을 경험하게 된다.

워시번은 의식의 양면(bimodal) 구조를 들어 비에고적 힘들의 유입을 조절하는 방식을 설명한다. 활동성 양식(active mode)과 수용성 양식(receptive mode)이 그것이다. 활동성 양식은 개인적인 목표의 성취를 향해 지향된 추구의 상태로서 상대적으로 언어적, 행동적이며

---

34 Michael Washburn, *Embodied Spirituality in a Sacred World* (NY: SUNY, 2003), pp.110~111.

골-근육 체계가 관여된다. 수용성 양식은 내적으로 지향된 내성적이고 반성적인 태도로서 지각적 수용과 관련되며 비-행동적 수준에서 작용한다. 활동성 양식은 '경험에 대해 싸우거나 회피하는(fight and flight)' 태도인 반면, 수용성 양식은 '경험이 흘러가도록 허용하는(letting-go)' 태도이다. 에고는 수용성 양식의 의식 기능을 훈련함으로써 비에고적 잠재력이라 할 수 있는 비언어적인 본능적 충동, 정동, 콤플렉스, 이미지와 환상 등을 적절히 다룰 수 있게 된다.[35] 수용성 양식을 계발하는 방식으로 워시번은 묵상기도와 명상을 들고 있다. 묵상과 명상은 정신적 자아의 활동성을 멈추게 한다. 명상자의 비방어적이고 수용적인 의식 상태가 깊어지고 강력해지면서 원초적인 억압의 방벽은 더욱 느슨해지고 무의식의 보다 깊은 층에 억압되어 있던 초자연적인 역동적 바탕의 비에고적 에너지들이 의식으로 대량 유입된다.

명상적 의식의 빛에 비추어진 무의식의 잠재력들은 더 이상 에고를 혼란에 빠뜨리지 않고 정신적인 변용을 일으키는 신성한 에너지가 된다. 에고는 비에고적 힘에 압도되는 것이 아니라 비에고적 에너지로부터 힘을 얻기 시작하며 영 안에서 재탄생의 단계에 진입하게 된다. 에고는 이질적이고 두려운 힘으로 경험했던 역동적 바탕이야말로 자신의 근원이자 뿌리임을 인식하게 되며, 점차 의식의 주권을 역동적 바탕에 양도함으로써 정신의 두 양극은 조화로운 통합의 일치에 도달한다.[36]

---

35 Michael Washburn, *The Ego and the Dynamic Ground* (NY: SUNY, 1995), pp.11~13.

　지금까지 보아 왔듯이, 워시번의 모델에서 역동적 바탕은 에고의 발달 단계에 따라 다른 모습으로 에고에게 경험된다. 전에고 단계에서 에고를 지배하는 비에고적인 힘이었던 역동적 바탕은, 에고 단계에서는 억압된 무의식적 리비도로, 초에고 단계에서는 신성한 영(Sprit)으로 변모한다. 나선형 모델에서 자아를 초월한다는 것은 발달 초기에 의식으로부터 배제되었던 역동적 바탕의 잠재력과 재접촉하는 것을 의미한다. 나선형 심리-영적 발달 모델에서 정신의 양극 구조, 즉 에고의 극과 비에고의 극의 통합은 에고의 상실이나 용해를 가져오지 않는다. 통합은 에고가 역동적 바탕에 용해되어 사라지는 것이 아니라, 역동적 바탕이 영으로서 경험되는 초월적 자기(신, 영혼)와 개인의식의 주체인 에고의 두 개의 자기가 여전히 존재한다. 워시번의 체계에서 궁극의 자기실현은 개인의식의 주체인 에고와 신성한 영으로 경험되는 초월적 자기가 하나 안의 둘로서 공존하는 이원적 단일체이다.[37]

3. 초개인 의식을 향한 위로의 초월

1) 아사지올리의 영적 정신통합

로베르토 아사지올리(1888~1974)는 이탈리아 출신의 정신과 의사로 취리히 대학 시절 프로이트의 정신분석을 공부했고, 융과 교류하며 융의 무의식 이론에 많은 영향을 받았다. 그는 1911년 볼로냐 국제철학학회에서 프로이트의 성적 환원주의에 대한 한계를 지적하고 무의

---

36 앞의 책, pp.168~169.
37 박성현, 『정신역동적 관점에서의 영성』(문화와 융합 제41권 2호, 2019), p.1007.

식에 대한 독자적인 견해를 밝힌 정신통합(pyschosynthesis)을 발표하였다.

정신통합에서 그리고 있는 인간 의식은 아래 그림 3의 계란형 모델에 잘 나타나 있다. 원을 둘러싸고 있는 집단 무의식은 개인 무의식을 지지하고 개인의 삶에 중요한 영향을 미친다. 집단 무의식에 대해 아사지올리는 융의 입장을 대체로 따르고 있다. 반면, 원 내부의 개별적 수준의 의식은 프로이트나 융과 비교하여 상당한 차이를 보인다. 원 안에는 크게 서로 다른 네 가지 의식 영역이 존재한다. 이 영역들의 경계는 점선으로 표시되어 있는데, 이는 각각의 영역들이 경계를 통과하여 다른 의식 영역에 영향을 미칠 수 있다는 것을 보여준다. 아사지올리는 이러한 의식 차원들 간의 상호작용을 '심리적 삼투현상'[38]이라고 명명했다.

원 중앙에 위치한 작은 원은 직접적인 의식적 자각의 영역으로 그 중심에 개인적 자기, 즉 '나'가 위치해 있다. 중간 무의식(middle unconscious)은 프로이트의 전의식(preconscious)[39]과 유사한 영역으로 개인이 의식 영역에서 지각하지 못하는 다양한 하부 성격들(sub-per-sonalities)[40]이 위치한 곳이다. 하위 무의식(lower unconscious)은 의식

---

38 Roberto Assagioli, 김민예숙, 『정신통합—원리와 기법에 대한 편람』, 춘해대학출판부, 2003, p.39.

39 의식과 무의식의 중간지점에 있으면서 두 영역의 교량 역할을 하는 의식 차원으로 현재는 의식하지 못하지만 회상하려고 마음을 집중하면 전의식에 저장된 기억, 생각, 충동 등을 의식으로 가져올 수 있다.

40 하부 성격은 한 개인의 전체 성격을 보조하는 체계로서 상황과 역할에 따라 다른 방식으로 나타나는 자기들이다. 융의 페르조나와 유사한 개념이라고

되지 않는 트라우마들의 저장소로 프로이트의 무의식 개념과 유사하다. 프로이트와 같이 아사지올리 또한 억압된 트라우마를 의식화해서 개인적 자기(나)에 통합하는 것을 중요한 치료 목표로 삼았다. 그에 따르면 무의식적 트라우마들이 해소되지 않을 경우 사람들은 자신의 내적 취약점을 숨기고 사회적으로 인정되는 거짓 자기(false self)를 발전시키게 된다. 아사지올리는 중간 무의식과 하위 무의식을 의식화하여 개인적 성격에 통합하는 과정을 '개인적 정신통합'으로 불렀다.

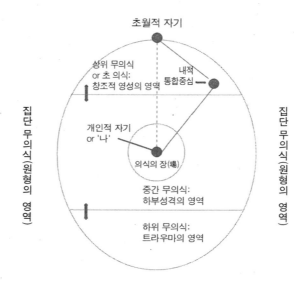

그림 3. 아사지올리의 정신모형(Firman & Gila, 1997)[41]

할 수 있다. 아사지올리는 의식적으로 상황에 따라 다양한 역할을 할 수 있는 하부 성격들을 유기적 전체로 통합하는 것을 중요한 치료 목표로 삼았다.

41 Michael Daniels, *Shadow, Self, Sprit* (UK: Imprint Academic, 2005), p.186.

프로이트나 융과 비교하여 아사지올리 의식 모형의 가장 큰 특징은 무의식을 하위 무의식과 상위 무의식(higher unconscious) 또는 초의식(superconscious)으로 구분한 점, 그리고 개인적 자기 너머의 초개인적 자기(transpersonal Self) 또는 상위 자기(higher Self)를 둔 점일 것이다. 아사지올리는 인간 정신을 건물에 비유하여 사람들은 자신의 의식 공간에서 벗어난 트라우마의 저장소인 지하실뿐 아니라 지고의 체험과 에너지가 저장된 높은 층 또한 의식하지 못한다고 말했다. 그에 따르면 상위 무의식은 직관, 영감, 절정 경험과 같은 초월적 의식 현상이 일어나는 영역이다.

> 이 영역에서 우리는 더 고상한 직관과 영감을 받는다. 즉 예술적, 철학적, 윤리적인 피할 수 없는 직관과 이타적이며 영웅적 행동을 할 수 밖에 없도록 강권하는 영감이다. 이것은 더 고상한 느낌, 이타주의적 사랑, 절정 체험, 신의 조명, 관조, 깨달음의 근원이다. 이 영역에는 보다 높은 정신적 기능과 영적 에너지가 잠재되어 있다. (Assagioli, 1965, pp.17~18)

융의 원형적 자기(archetypal Self)에 대비되는 아사지올리의 초개인적 자기는 상위 자기, 참 자기(true Self), 실제 자기(real Self), 영적 자기(spiritual Self) 등으로도 표현된다. 아사지올리는 초개인적 자기를 개인적 자기인 '나'의 의식과 통제를 넘어서 작용하는 순수한 자각의 지점이며 의식의 중심으로서 나의 내면에 있는 지혜와 안내의 깊은 근원으로 묘사했다. 그는 개인적 자기와 초개인적 자기의 관계를 다음과 같이 말했다.

실제로 두 개의 자기가 있는 듯 보일 뿐이다. 왜냐하면 개인적 자기는 자신을 제외한 다른 모든 것을 부정할 정도로 그 나머지를 자각하지 못하기 때문이다. 개인적 자기를 제외한 다른 것, 즉 참 자기는 숨어 있으며 우리의 의식에 직접적으로 드러나지 않는다. 실제로 두 개의 자기, 두 개의 독립된 분리된 존재가 있는 것은 아니다. 참 자기는 하나이다. 그것은 서로 다른 정도의 알아차림과 자각 속에서 드러난다.(Assagioli 1965, p.20)

나는 스스로 존재하는 것처럼 보인다. 그러나 실제로 자율적인 실체성을 지닌 것은 아니다. 달리 말하자면 나는 어떤 새로운, 다른 빛이 아니라 빛나는 나의 근원인 자기(Self)의 반영 혹은 투사에 지나지 않는다.(Assagioli 1965, p.20)

아사지올리는 현실 세계에서 의식하는 주체이자 경험의 주체인 '나'의 주요 기능으로 의지와 자각을 들었으며, 이 두 기능 모두를 초개인적 자기의 반영으로 보았다. 나의 의지와 자각은 하부 성격이나 분열된 트라우마들과 탈동일시할 수 있는 능력의 근원이며 결과적으로 자신의 참 자기를 깨닫게 하는 도구가 된다. 다시 말하면 의지와 자각은 개인적 정신통합의 핵심 기능일 뿐 아니라 아사지올리가 '영적 정신통합'이라고 부른 상위 자기로의 의식을 확장하는 데 있어 필수적인 역량이다.

아사지올리는 개인적 자기, 즉 나의 존재는 의지를 통해서 실현되는 것으로 의지를 자기의식의 핵심 특성으로 보았으며 사고, 감정, 충동, 감각 등의 다른 심리기능을 조절하고 방향 설정을 하는 나의 중심 기능으로 보았다.[42] 그는 특히 개인적 의지와 초개인적 의지 또는 우주적 의지와의 조화와 융합을 강조했다.[43] 그는 초개인적 의지의 실례로 실존적 불안과 고뇌를 해결하려 했던 고타마 붓다를 들고 있다. 붓다는 무지의 문제를 해결하기 위해 자신의 최대한의 불굴의 의지를 발휘했으며, 이를 통해 윤회의 쇠사슬을 풀어냈다. 아사지올리는 붓다의 깨달음은 불굴의 의지에서 나온 직관의 결과라는 다이세쯔 스즈끼 선사의 말을 인용해 초개인적 의지의 작용을 보여 주고 있다.[44] 실존의 고뇌를 부인하거나 회피하지 않고 이를 초월하여 의식의 확장을 추구하려는 초개인적 의지는 익숙한 개인적 자기의 정체성을 넘어서는 두려움을 극복하고 지고의 참 자기를 향해 나아가게 하는 힘이다.

영적 정신통합은 우주적 통합(cosmic synthesis)과 개인 간 통합(inter-individual synthesis) 두 가지 형태를 포함한다. 우주적 통합은 개인적 정체성 너머의 더 크고 넓은 영적, 초개인적 실재, 우주적 에너지, 모든 창조물 내에서 활동하는 신성과의 통합을 말하며, 개인 간 통합은 상호연결성과 상호의존성에 대한 인식과 조화로운 개인 간, 집단 간 관계의 발달을 의미한다.[45] 간단히 말해 영적 정신통합은

---

42 Roberto Assagioli, 김현수, 오치선, 『의지의 작용』, 금강출판사, 1994, p.30.
43 앞의 책, p.159.
44 앞의 책, pp.138~139.

개인의식을 참 자기와 집단 무의식의 영역[46]으로 확장하는 것이다. 아사지올리는 상위 자기로의 개인의식의 확장은 전체 인격의 변용을 가져오는 과정이며 길고 어려운 심리-영적 수행을 포함한다고 말했다. 그는 초개인적 자기는 개인적 자기를 넘어 '그 위에' 위치한 영구적인 중심이며, 명상이나 라자 요가, 기독교 신비주의와 같은 방법을 사용하여 의식적으로 깨달을 수 있다고 주장했다.

정신통합은 무의식의 노예 상태로부터 해방되어 조화로운 내적 상태와 타자와의 성숙한 관계를 목표로 한다는 점에서 정신 역동적 전통의 치료와 동일한 목표를 가졌다. 그러나 참 자기에 대한 깨달음, 상위 무의식의 잠재력의 실현, 그리고 탈동일시라는 치료기제를 강조한다는 점에서 독특성을 발견할 수 있다. 아사지올리는 통합의 구심체인 초개인적 자기를 중심으로 일관성 있고 통합된 새로운 인격의 재구성을 정신통합의 최종 목표로 삼고 있다. 이를 위해서는 하위 무의식의 콤플렉스, 중간 무의식의 하부 성격, 상위 무의식의 잠재력을 포함한 인격의 전 영역에 대한 탐구가 필요하다. 특히 아사지올리는 자신이 '심리적 스모그(psychological smog)'라고 부른 콤플렉스와 연관된 심리 작용의 의식화를 강조했으며 이를 '탈-동일시(dis-identification)'라고 했다.[47] 그는 탈동일시를 정신통합의 전 과정에서 가장

---

45 Michael Daniels, *Shadow, Self, Sprit* (UK: Imprint Academic, 2005), p.188.

46 아사지올리는 집단 무의식을 나와 다른 인간 존재와의 관계의 영역으로 간주했다.

47 Roberto Assagioli, 김민예숙, 『정신통합-원리와 기법에 대한 편람』, 춘해대학출판부, 2003, pp.42~43.

중요한 치료기제로 보았으며, 탈동일시를 가능하게 하는 것은 초개
인적 자기로부터 개인적 자기로 흘러나오는 의지와 자각이라는 기능
이다.

> 우리는 우리 자신이 동일시하는 모든 것에 의해 지배받는다. 우리
> 가 우리 자신을 탈동일시함으로써 그것을 통제하고 지배할 수
> 있다.(Assagioli 1965, p.22)

위의 글에서 탈동일시는 성격을 나로 동일시하던 상태에서 벗어나
내면의 관찰자로 새로운 동일시를 형성하는 과정으로 설명된다. 여기
에서 성격이란 한 개인의 역사 속에서 조건화된 사고, 감정, 행동
양식 등을 의미하며, 내면의 관찰자는 상위 자기에 다름 아니다.
탈동일시를 통해 자유로워진 심적 에너지는 보다 창조적인 인격의
재구성을 위해 활용될 수 있다. 참 자기와의 새로운 동일시는 구루나
영적 신조와 같은 외적 통합 중심(external unifying center)이나 내면의
교사나 내면의 그리스도와 같은 내적 통합 중심(internal unifying center)
을 통해 이루어질 수 있다.[48]

아사지올리는 인본주의 심리학에서 말하는 자기실현과 정신통합
의 자기실현의 차이를 분명히 밝히고 있다. 인본주의적 자기실현은
심리-사회적 성숙과 개인적 잠재성의 자각과 실현을 의미하는 반면,
정신통합의 자기실현은 초개인적 자기에 대한 체험과 깨달음을 목표

---

48 Michael Daniels, *Shadow, Self, Sprit* (UK: Imprint Academic, 2005), p.188.

로 한다는 것이다. 아사지올리가 말하는 초개인적 자기는 베단타 철학의 아트만(Atman)의 심리학적 표현이다. 이는 아사지올리가 파탄잘리 라자 요가의 수행자이며 비교주의자(esotericist) 앨리스 베일리[49]의 제자였다는 점에서 유추될 수 있다.[50] 아사지올리는 초개인적 자기가 존재론적 실재인가에 대해서는 말을 아꼈고, 융의 자기(Self)와 같이 부인할 수 없는 '심리적 실재'로 보는 관점을 채택했다. 이는 경험적으로 확인되는 심리적 사실이 철학이나 형이상학적 논란거리가 되는 것을 피하고자 했기 때문이다.[51] 초개인적 자기는 안정적이고, 변화하지 않으며 항구적인 인격의 중심으로 묘사된다. 아사지올리는 상위 무의식이 활동적이며, 역동적으로 변화하는 심리적 삶의 다양한 요소들로 채워진 것과 비교해 상위 자기는 항상성과 안정성을 특징으로 한다는 점에서 차이가 있다고 말한다. 이는 끊임없이 변화하는 의식적 마음의 상태에서도 비교적 항상성과 정체성을 유지하는 개인적인 나와 대비된다. 물론 개인적인 자기의 항상성이나 안정성은 초개인적인 자기와 비교해 연약하며, 개인적 자기의 의지와 자각의 역량 또한 상위 자기에 비해 볼품이 없는 것이 사실이다.[52]

아사지올리의 상위 무의식은 융의 모델에서는 집단 무의식에 위치

49 앨리스 앤 베일리(Alice Ann Bailey, 1880~1949)는 영국 출생의 신지학자이자 작가이다. 출처: 위키백과 https://ko.wikipedia.org

50 앞의 책, p.186.

51 앞의 책, p.189.

52 Roberto Assagioli, *Transpersonal Development* (Rome: Crucible, 1991), pp.29~30.

해 있던 영적 원형들(영적 인도자, 현자와 같은 마나 인격)을 개인 정신영역의 차원으로 분리했다는 점에서 차이를 보인다. 융의 자기(Self)가 집단 무의식의 중심에 위치한 것과 대비하여 아사지올리의 초개인적 자기는 개인 정신영역의 정점에 위치해 있으며, 또한 집단 무의식과 상위 무의식이 만나는 지점에 놓여 있다. 상위 무의식과 초개인적 자기의 이러한 위치는 융의 개성화와 비교하여 개인 고유성의 실현을 더욱 강조하고 있으며, 융의 하향 초월과 극명하게 대비되는 상향 초월의 모습을 보여 준다.

2) 윌버의 비이원 의식

켄 윌버(1949~)는 의식 연구의 아인슈타인이라는 영예로운 호칭을 들을 정도로 동서양의 방대한 의식 연구를 분석하여 인간 의식의 통합적 지도를 제시한 통합이론가이다. 윌버의 의식 이론의 전개 과정은 크게 5단계[53]로 구분된다. 1기는 서양 심리치료와 영원의 철학(perennial philosophy)[54]으로 불리는 세계 신비주의 수행을 통합하여 영원의 심리학(perennial psychology) 모형을 제시하는 단계이다. 이 단계에서 윌버의 의식 발달 모형은 앞서 살펴본 융의 하향적 혹은

---

[53] 이 글에서는 윌버 사상의 중요한 변곡점인 제1기 회귀적 관점에서 제2기 상승적 관점으로 의식 발달 관점의 변화를 중심으로 설명할 것이다.

[54] 영원의 철학은 라이프니츠가 최초로 사용한 용어로서 현상적 세계에 내재하면서도 현상을 초월하는 신성한 실재를 연구하는 형이상학에 붙인 이름이다. 올더스 헉슬리는 동서양 신비주의 전통의 핵심을 정리한 자신의 책 제목으로 영원의 철학을 사용했다.

회귀적 관점을 따르고 있다. 성장의 과정에서 의식되는 '나'의 정체성은 우주와의 합일 의식에서 세계와 분리된 유기체 의식으로, 신체와 분리된 자아의식으로, 이어 그림자와 분리된 페르조나로 연속적인 분리와 협소화를 겪게 된다. 분리된 그림자, 신체, 환경, 우주는 나의 의식으로부터 무의식의 영역으로 밀려나 잊히게 된다. 따라서 나의 전체성을 회복하기 위해서는 성장 과정에서 상실한 자신의 부분들을 되찾기 위해 근원 의식으로 회귀하는 것이 필요하다.

윌버 이론의 2기는 의식 성장 과정을 회귀적 관점에서 궁극적인 상승 관점으로 수정하는 단계이다. 윌버는 자신의 초기 회귀 모형을 낭만주의적 관점으로 비판했는데, 이러한 관점의 근본적인 변화는 전/초 오류(pre/trans fallacy)의 발견에 근거해 있다. 전 오류란 초개인(transpersonal) 수준을 전개인(prepersonal) 수준으로 환원하는 것으로 초월적 혹은 영적인 현상이나 상태를 미분화되고 퇴행적인 것으로 격하시키는 오류를 말한다. 근대 과학이 영적 경험을 병리적으로 진단하거나, 프로이트가 요가의 합일 체험을 퇴행으로 오해한 것이 대표적이다. 반대로 초 오류는 전개인 수준을 초개인 수준과 혼동하는 것으로 자아 발달 이전의 미분화된 무의식 상태를 초월적이거나 영적인 것으로 격상시키는 오류이다. 윌버는 초 오류의 전형으로 비이성적인 열광이나 무분별한 믿음을 영적 상태로 오인하는 근본주의 종교의 행태나 집단 무의식의 원형과의 조우를 자아초월적 체험이라고 주장한 융의 관점을 들었다.[55] 전/초 오류가 발생하는 이유는 전개인 수준과

---

55 윌버에 따르면, 집단 무의식 수준에서 만나는 원형은 자기 원형, 노현자 원형과 같이 영적 상징을 갖는 원형도 있지만, 원초적이고 분화되지 않은 악마적이고

초개인 수준에서 일어나는 현상 모두 비개인적, 비인습적, 비이성적으로 보이기 때문이다.

윌버는 인간 성장의 과정에서 자아의식의 형성을 초개인 수준의 합일 의식으로부터의 분리나 소외로 본 자신의 초기 관점 또한 전/초 오류를 범했다고 보았다. 그는 자아의식을 초개인적인 우주 의식으로부터의 추락이 아니라 미분화된 무의식 상태로부터 자신의 개별성을 의식하는 깨어남으로 새롭게 인식하게 된 것이다. 더 나아가 윌버는 의식 내용을 자기와 분리하고 객관적으로 자각할 수 있는 반성적인 자아의식의 형성이야말로 초개인적 의식 수준에 이르게 하는 중요한 의식 발달 단계로 보았다.[56]

병적인 힘을 갖는 원형 또한 존재하며, 부모 원형, 어린이 원형과 같이 모든 인류가 공통적으로 경험하는 원형도 있다. 모든 인류에게 공통적으로 유전되어 온 원형 체험이 개인의 수준을 넘어선 상징 체험이라고 해도 반드시 영적이거나 초월적인 것은 아니라는 것이다. 따라서 융의 개성화 모델에서 핵심적인 집단 무의식은 자아 분화 이전의 미분화된 원초적 상태(또는 원형)와 자아를 초월한 영적 상태(또는 원형)로 구분될 필요가 있다.(박성현, 『정신역동적 관점에서의 영성』, pp.997~998)

56 Ken Wilber, 김철수·조옥경, 『아이 오브 스피릿: 영적 관조의 눈』, 학지사, 2015, pp.202~208.

표2. 윌버의 자기 발달의 구조-위계 모델[57][58]

주요 수준	의식의 기본구조	자기-단계	병리	치료 형식	자기의 발달 라인		
					자아 (ego)	영혼 (soul)	영 (sprit)
초개인	비이원적	궁극의 바탕(비이원적/일미)	없음	비이원 신비주의			│
	F-9 인과적	인과 자기 (순수 주시자)	세계로부터 주체의 해리	무형상 신비주의			│
	F-8 정묘적	정묘 자기 (원형적 자기)	원형적 파편화	유신론적 신비주의		│	│
	F-7 심혼적	심혼 자기	심혼적 팽창	자연 신비주의		│	│
개인	F-6 비전-논리적	켄타우루스 통합된 자기	실존 병리	실존 치료	│	│	
	F-5 형식적-반성적	성숙한 에고	정체성 위기	내관 요법	│		
	F-4 규칙-역할심	역할 자기	각본 병리	각본 분석	│		
	F-3 표상적 마음	정신적 자기 (자기-개념)	신경증	폭로 기법	│		
전개인	F-2 환상-정동적	정동적 자기	자기애적-경계선적 장애	구조-축조 치료	│		
	F-1 감각물리적	신체적 자기	정신병	생리적/안정화 요법	│		
	F-0 미분화된 일차적 모체	기본 주산기 모체	분만 병리	강렬한 퇴행 치료	│		

주) 위 표에서 F는 Fulcrum의 약자이며 의식 발달의 각 분기점을 의미한다.

---

57 Michael Daniels, *Shadow, Self, Sprit* (UK: Imprint Academic, 2005), p.199.

58 표 내용의 자세한 설명은 Ken Wilber, 조옥경, 『통합심리학: 의식·영·심리학·심리치료의 통합』, 학지사, 2008, 1장 기본 수준 또는 파동과 p.260에 제시된 기본 구조와 자기감의 발달 단계 도표를 참조하기 바란다.

월버의 2기 의식 모형은 구조-위계 모형으로 불리며 상승적인 사다리 모형으로도 일컬어진다. 이 모형에서 인간 의식은 크게 나누어 전개인적 무의식 수준에서 의식적 자아 수준을 거쳐 초개인적 의식 수준으로 상적 발달을 하는 것으로 그려진다. 의식 발달의 세 수준을 세분화하면 표 2에서 제시한 것과 같이 대략 10단계로 구분된다. 의식 성장의 최종 단계에 도달하기까지는 9개의 분기점을 통과해야 한다. 분기점(fulcrum)은 인간 성장과 발달의 과정에서 분화(탈동일시)와 통합(동일시)이 일어나는 주요 지점이다.

월버는 동일시-탈동일시의 역동적 과정을 통해 의식의 초월[59]과 통합이 일어난다고 보았다. 동일시-탈동일시 과정을 역동적으로 표현한 이유는 각 분기점에서의 초월 또는 통합의 실패가 병리로 이어질 수 있기 때문이다. 동일시-탈동일시 과정은 3개의 하부 과정을 포함한다. 첫 번째 과정에서 자기는 새로운 수준과 동일시하며 그 수준과 하나가 된다. 예를 들어 분기점 0단계에서 어머니와 공생적 융합 상태에 있었던 미분화된 자기는 분기점 1단계에서 감각 물리적 수준에서 어머니로부터 분화되어 신체적 자기라는 새로운 수준과 동일시하게 된다. 두 번째 과정에서 자기는 이전에 동일시했던 수준을 넘어 그것으로부터 탈동일시, 분화, 차별화, 초월한다. 유아는 감각 물리적

---

59 월버 이론에서 초월의 개념은 개인 수준에서 초개인 수준으로의 도약에만 한정되지 않는다. 표 2에서 보이는 자기-단계를 예로 들면 어느 단계든 하위 단계에서 상위 단계로의 상승은 자기초월이라고 할 수 있다. 뉘앙스는 조금 다르지만 월버의 체계에서 발달, 성장, 분화, 차별화, 탈동일시 등은 모두 초월의 의미와 밀접하게 연관되어 있다.

차원에서뿐 아니라 정동(emotion) 차원에서도 어머니로부터 분리된 자기를 느끼면서 신체적 자기로부터 탈동일시하여 정동적 자기로 초월한다. 세 번째 과정에서 자기는 더 새로운 상위 수준과 자신을 동일시하고 자신의 중심을 그곳에 위치시킨다. 하위 수준은 확장된 자기의식 안에 포함되면서 초월된다.

유아는 언어를 배우면서 정동 수준의 자기로부터 벗어나 자신을 개념적으로 표상할 수 있는 정신적 자기와 동일시한다. 하위 수준인 정동적 자기는 초월되지만, 정동적 자기의 특성인 성적 충동이나 감정 에너지들은 부인되거나 억압되는 것이 아니라 정신적 자기라는 더 확장된 자기 구조 속에 포함되어야 한다.[60] 윌버가 제시한 역동적 자기초월 과정은 발달의 어느 한 단계에서 동일시하였던(그러므로 '주체적인 나'로 매우 가깝게 경험했던) 것이 다음 단계에서 탈동일시되어 거리를 두고 객관적으로 볼 수 있는 대상이 된다. 즉 어느 한 발달 단계에서 '주체'였던 것이 다음 단계에서는 '객체'가 된다.[61] 새로운 자기 수준으로의 초월이 일어나는 분기점에서 크게 두 가지 이유로 병리가 발생할 수 있다. 첫 번째는 동일시했던 이전의 자기가 상위의 수준으로 초월하는 데 실패하는 경우로 이전 단계에 융합 혹은 고착되는 병리가 발생할 수 있다. 예를 들어 양육자로부터 정동의 분화가 일어나지 않아 개념화된 정신적 자기로의 초월에 실패할 경우 자기애적 성격 장애나 경계선 성격 장애와 같은 정동적 융합 상태에 놓이게 된다. 두 번째는 상위 수준으로 초월은 이루어졌으나 하위 수준이

---

60 앞의 책, pp.133~134.

61 앞의 책, pp.65~66.

억압 혹은 분열되어 상위 수준에 포함 혹은 통합되지 않는 경우이다. 정신적 자기로의 초월은 일어났으나 신체적 충동이나 정동을 억압하여 통합에 실패할 경우 다양한 신경증을 앓게 된다.[62]

월버의 체계에서 '자기'는 의식의 기본 구조를 따라 정점에 놓인 비이원적 수준에 도달하기 까지 의식의 바다를 항해하는 주체이다.[63] 월버는 표 2에서 보이듯이 자기의 발달 라인을 크게 자아, 영혼, 영으로 구분한다.[64] 자아 수준의 자기는 전개인 수준에서 개인 수준 전반을 통과하며 발달하게 된다. 전개인 수준의 자기는 어머니와의 미분화된 모체로부터(F-0) 신체적으로 부화되고(F-1) 정동적인 분리-개별화 단계를 거친다(F-2). 언어적으로 자신에 대한 정신적 개념을 형성하면서(F-3) 자기는 비로소 개인 수준에 진입하게 된다. 이후 자기는 가족이나 교육 시스템을 포함한 사회 시스템 안에서 자신의 역할을 인식하게 되며(F-4) 청소년기에 접어들어 보다 성숙하고 독립적인 자기를 추구하게 된다(F-5). 개인 수준의 최종 단계는 월버가 켄타우루스[65]라고 명명한 통합된 자기 단계이다. 이 단계에서는 신체

---

62 앞의 책, pp.135~138.

63 앞의 책, p.65.

64 자기의 이와 같은 3수준 구분은 베단타 철학의 삼신(거친체, 정묘체, 인과체)에서 차용한 것이다. Michael Daniels, *Shadow, Self, Sprit* (UK: Imprint Academic, 2005), p.198.

65 켄타우루스는 하체는 말이고 상체는 인간인 상상 속의 존재이다. 여기서 말은 성이나 정동과 같은 신체의 생명력을, 인간은 언어나 사고와 같은 정신력을 상징한다. 켄타우루스는 신체가 마음의 억압으로부터 풀려나 조화롭게 통합된 상태를 상징하는 존재이다.

와 마음의 분열이 회복되어 보다 통합된 자기 체계가 형성된다(F-6). 비교적 정상적인 발달이 진행된다면 인생의 중년기 동안 켄타우루스적인 자기 통합이 이루어진다.[66] 이 단계는 실존 단계로도 불리는데, 자기 존재의 진정성에 대한 물음이 실존적 위기를 불러일으키기 때문이다.

실존 단계에서 자기와 세계의 궁극적 의미를 찾고자 하는 열망은 에고로서의 자기를 영혼으로 변모시킨다. 개념적, 관습적, 사회적으로 구성된 에고는 이 단계에서 더 이상 안정적이고 만족스러운 자기의 기능을 상실하게 된다. 영혼으로서의 자기는 외부 세계로부터 내면세계로 방향을 돌리고 진정한 자기 발견의 여정이 놓여 있는 초개인 수준에 발을 들여놓게 된다. 심혼(psychic) 단계와 정묘(subtle) 단계에서 영혼은 물리적 세계 너머의 심상적, 에너지적, 원형적 차원을 경험적으로 지각하게 된다. 물리적 세계의 인식 수단이었던 언어와 개념은 초월되어 인식 기능은 상징적 직관으로 대체된다. 심혼 단계에는 자연 신비주의, 우주 의식, 다양한 초상(paranormal) 현상이 포함되며(F-7), 정묘 단계에서는 신성 신비주의, 비전과 소명, 신성한 조명(illuminations), 다양한 원형 경험이 일어난다(F-8).

인과(causal) 단계는 이전 단계에서 지각되는 모든 물리적, 에너지적, 심상적 현상의 토대인 근원 의식에 대한 깨달음이 일어나는 단계이다(F-9). 인과 자기는 순수한 주시자로서 생멸하는 모든 현상들의 바탕을 인식하게 된다. 형상을 가진 세계의 근원적인 바탕은 공,

---

66 Ken Wilber, *A Developmental View of Consciousness* (The Journal of Transpersonal Psychology, Vol, 11, No, 1, 1979), pp.3~5.

무심, 무형상 신비주의(신성, 브라흐만) 등으로 표현된다. 인과 자기는
순수의식과 자신을 동일시함으로써 세계의 근원인 영(sprit)으로서의
자기가 된다. 영으로서의 자기는 인과 수준에서 여전히 남아 있는
현현하는 형상의 세계와 순수한 공의 이원성을 초월함으로써 궁극적
실재인 비이원 세계를 깨닫게 된다. 비이원 의식은 일미(One Taste),
공즉시색 색즉시공, 여여, 중도로 표현되는 전체 정신의 완성이자
완전한 자기의 실현이다.[67]

　인간의 전체 정신은 의식과 무의식을 포함한다. 앞에서 살펴본
융, 워시번, 아사지올리를 포함하여 여러 심리학자들은 고유의 방식
으로 의식과 무의식의 다양한 수준, 특성, 관계를 그리고 있다. 윌버
또한 자신의 의식 모형을 설명하기 위해 다양한 무의식 수준들을
개념화하여 구분하고 있다. 그는 프로이트의 억압된 개인 무의식[68]과
융의 집단 무의식[69]의 개념을 인정하면서도 이와 다른 차원의 무의식
또한 존재한다고 주장했다. 기저 무의식(ground unconscious)과 창발
무의식(emergent unconscious)이 그것이다.

　기저 무의식은 다른 모든 의식 차원들이 발현되는 잠재적 공간으로
모든 인류가 동일하게 공유하는 바탕의 의식이다. 윌버에 따르면

---

67 Michael Daniels, *Shadow, Self, Sprit* (UK: Imprint Academic, 2005), pp.198~201.
68 윌버는 과거에 의식으로 떠올랐다가 현재는 인식에서 차단된 자료들을 침잠 무의식(submergent unconscious)로 명명했다.
69 윌버는 계통 발생적 또는 원형적 유산으로서 자아의 억압과 무관하게 처음부터 무의식적인 것들을 원형 무의식(archaic unconscious)으로 칭했다.

융이 전체 의식의 근원으로 보았던 집단 무의식(원형 무의식) 또한 기저 무의식으로부터 발현되는 초기적인 구조이다. 기저 무의식의 바탕 위에서 원형 무의식이 발현되며, 자아(정신적 자아)의 발달에 따라 침잠 무의식의 내용이 채워진다. 윌버는 모든 인류가 이와 같은 무의식의 심층 구조를 상속받지만 개인의 특성이나 노력에 따라 의식화의 수준이 달라진다고 말한다.[70] 어떤 사람은 개인적인 침잠 무의식을 발견할 것이고, 더 나아간 사람은 인류 보편적인 원형 무의식을 자기 안에 통합시킬 수 있을 것이다. 현현하는 모든 정신 현상의 근원인 기저 무의식에 도달하는 사람은 더욱 적을 것이다.

창발 무의식은 기저 무의식으로부터 아직 발현되지 않은 상위의 의식 구조를 말한다. 예를 들어 에고 수준의 자기 단계에 도달한 개인에게 심혼, 정묘, 원인, 비이원 단계는 창발 무의식이 된다. 윌버는 창발 무의식의 발현을 억압하는 방어가 존재한다고 말한다. 예를 들어 심혼이나 정묘 수준에서 일어나는 절정 경험이나 신성한 조명과 지복의 경험을 원형적 재료나 억압된 충동의 발현으로 귀인하거나 단순히 자아의 초월은 불가능하다고 합리화하는 경우가 여기에 포함된다.[71]

평균적인 정상 발달에 도달한 인류의 의식 수준을 자아 수준으로 본다면, 현대의 주요 심리치료가 다루고 있는 무의식은 침잠 무의식이라고 할 수 있다. 원형 무의식은 소수의 융학파에서만 다룬다. 윌버에

---

70 Ken Wilber, *A Developmental View of Consciousness* (The Journal of Transpersonal Psychology, Vol, 11, No, 1. 1979), pp.11~15.

71 앞의 논문, pp.16~17.

게 있어 전체 정신의 실현은 에고 수준 너머의 창발 무의식의 자각과 더불어 기저 무의식에 대한 깨달음을 포함하는 여정이다.

4. 삶의 세계를 향한 수평으로의 초월

1) 페러의 참여하는 영성

호르헤 페러(1968~)는 자아초월 이론의 중요한 갈래 중의 하나인 참여 접근(participatory approach)을 주창한 자아초월 심리학자이다. 그의 자아초월 발달 이론은 영원주의(perennialism) 철학에 토대한 윌버의 구조-위계적 발달 이론에 대한 비판적 관점으로부터 출발한다. 영원주의란 인간은 선험적인 일련의 의식 구조들을 통해 영적 위계를 따라 진화한다는 철학이다.[72] 윌버의 구조-위계적 발달 이론은 다양한 영적 체계들의 보편적인 심층 구조를 도출하고 이를 위계적인 단계와 수준(예, 심혼, 정묘, 원인, 비이원)으로 배열한다.

페러에 따르면 영원주의와 구조-위계적 체계는 다양한 신비 전통들의 다양성을 훼손시킨다. 다양한 영적 전통들은 문화적, 지리적, 민족적 위치성에 따라 서로 다른 종교적 목표를 갖고 있으며 궁극의 실재에 대한 다양한 모습을 보여 주므로 이들을 융합하여 소수의

---

[72] 중세 기독교 신학에서 성립한 영원주의 철학에 따르면 세계는 신-천사-인간-동물-식물-광물과 같은 존재의 대사슬로 연결되어 있다. 영원주의 철학의 기본 관념은 플로티누스의 유출-환류설을 따르고 있다. 플로티누스에 따르면 세계는 일자(신)으로부터 감각 세계로 유출되며, 감각 세계의 존재는 일자를 향한 초월을 통해 자신의 본래성을 회복한다.

구조로 환원시키는 것은 심각한 실수라는 것이다. 따라서 절대적이거나 선험적인 영적 실재는 존재하지 않으며, 영적 전통들의 타당성을 객관적으로 평가하여 위계적으로 배열하는 것 또한 불가능하다.

영원주의에 대한 페러의 또 다른 비판은 자기중심적인 영적 나르시시즘(spiritual narcissism)이다. 그는 영원주의 전통에 교묘한 데카르트적 이원주의[73]를 조장하는 경험주의와 개인주의가 내포되어 있다고 경고한다.[74] 개인 내적이고 주관적인 초월적 체험에 근거하여 의식의 수준이나 위계를 정하려는 태도는 자기중심적인 영적 물질주의나 자기애를 양산할 수 있다는 것이다.

페러는 영원주의에서 말하는 신성한 질서가 영적 추구자의 개별적으로 조건화된 주관성과 분리되어 있지 않다면 객관성과 불변성을 유지할 수 없고, 경험적 탐구의 대상이 될 수도 없으며, 단일한 궁극적 영적 진리의 전체적인 관념이 논리적으로 유지될 수도 없다고 주장한다. 근대와 탈근대의 맥락에서, 전적으로 개인의 주관성 안에서 일어나는 것으로 생각되는 영적, 신비적 과정들은 본질적으로 관계적이

---

73 데카르트적 이원론은 자기와 세계, 마음과 신체, 주체와 객체가 분리된 것으로 보는 사고방식이다. 페러는 영원주의나 윌버의 체계에서 영적 수행자가 자신의 주관적 체험을 마치 자신과 격리된 객관적 실재를 관찰하는 것처럼 인식하는 경향을 교묘한 이원주의라고 비판한다.

74 Michael Daniels, *Shadow, Self, Sprit* (UK: Imprint Academic, 2005), p.213. 페러는 영적 탐구의 시작 시점에서 객관 대상과 분리된 데카르트적 의식 경험은 필요할 수 있다고 말한다. 그러나 영적 나르시시즘에 빠질 위험성이 크기 때문에 영적 체험에 개방되는 것은 초기 단계에 제한되어야 한다고 본다.

라기보다는 사적이며, 따라서 존재론적인 실체를 갖지 못한다는 것이다.[75]

페러의 참여주의는 세계를 세계 내에 존재하는 개인과 공동체가 지속적으로 스스로를 공동 창조(cocreating)하고 있는 역동적이고 개방된 살아있는 체계로 이해한다. 참여적 관점에서 영적, 신비적인 경험은 세계에 참여하는 사건으로서, 존재론적으로 실재하는 관계와 만남을 통해 함께 창조된다. 이러한 경험은 사적인 마음 안에서 만들어지는 것이 아니라 자기와 세계가 함께 창조하는 행위로서 공유된 만남과 세계 안에서 일어나는 어떤 것이다. 페러는 이러한 창조 행위를 참여적 상연(上演, participatory enaction)이라고 불렀다.[76] 그에 따르면 영성은 인간의 염원과 체험 그리고 표현의 한 방식으로서, 개인과 공동체가 자신의 세계의 전체 또는 더 큰 존재와의 관계를 발견하기 위한 충동으로 폭넓게 정의될 수 있다.

나는 대부분의 전통들이 동일한 대양을 향하고 있다고 생각하지만, 영원주의자의 캔버스 위에 그려지고 있는 대양은 아니다. 대부분의 전통들이 공유하는 대양은 단일한 영적 대상이나 '실재'가 아니라, *자기-중심성의 극복* 그리고 제한된 관점과 이해로부터의 해방이라고 할 것이다. … 대다수의 진정한 영성의 길들은 협소한 자기-중심성으로부터 존재의 신비 속에 보다 완전한 참여

---

75 Glenn Hartelius & Jorge N. Ferrer, 김명권 외, 『자아초월심리학핸드북』, 학지사, 2020, pp.272~273.

76 앞의 책, pp.279~282.

를 하기 위한 점진적인 변용을 포함한다.(Ferrer, 2002, pp.144~145,
이탤릭체는 원문임)

페러는 영원주의에서 말하는 절대적인 영적 실재의 개념을 거부하
면서 다양한 영성의 길들이 이 세계 안에서 다양한 자아초월적 실재를
공동 창조한다고 말한다. 그는 자아와 세계의 관계에서 위치성
(locatedness)을 강조한다. 자아는 멀리서 캔버스 위에 그려진 세계를
감상하는 관찰자가 아니라 캔버스의 일부이며 캔버스 위에 위치해
있다. 자아는 경험과 공감적 대화를 통해 자신의 위치를 확장할 수는
있지만, 세계로부터 벗어난 특권적이고 관찰자적인 존재로 자신을
믿는 것은 상상에 불과하다.[77] 그에 따르면 한 개인뿐 아니라 개인이
속한 공동체와 문화, 그리고 모든 영적 전통들도 위치성을 벗어날
수 없으며, 이러한 위치성은 세계를 구성하는 참여자들의 관계를
통해 창조된다. 자아와 세계, 부분과 전체는 지속적인 참여의 과정
속에서 서로를 변용시키며, 이러한 관계 속에서 일어난 각 영적 전통은
자신의 고유한 특징을 보유한다.[78] 영성은 창조적 다양성이 풍부한
참여적 비전(participatory vision)으로서 프로크루스테스의 침대와 같
은 공통성 혹은 보편적 구조로의 환원은 불가능하다.
　참여적 관점은 절대적 진리의 객관적인 표현이 아니라 영성의

77 Michael Daniels, *Shadow, Self, Sprit* (UK: Imprint Academic, 2005), pp.211~
212.

78 Glenn Hartelius & Jorge N. Ferrer, 김명권 외, 『자아초월심리학핸드북』,
학지사, 2020, p.281.

창조적이고 다양하며 해방적인 공헌점들을 제공한다. 그는 영적 전통들을 "동일한 대양으로 흘러가는 강들"보다는 "많은 해변을 가진 대양"으로 상상하는 것이 보다 적절하다고 주장한다. 앞의 표현은 영적 충동의 순전하고 풍부한 창조성을 정당하게 표현한 것이 아니기 때문이다. 그에게 자기-중심성으로부터의 해방을 포함하는 해방의 대양(ocean of emancipation)은 진정한 대다수의 영적 전통들에서 확인되는 유일한 본질적 공통 요소이다.[79] 이 은유에서 대양은 공통의 선험적인 영적 실재가 아니라 자아 중심주의, 분열, 그리고 생태-사회적 불평등을 극복하는 존재론적 가능성을 공동 창조할 수 있는 인간의 공유된 (영적) 능력으로 이해되어야 한다.

페러는 영적 전통들이 보여 주는 이상적이거나 선험적인 실재의 구성이 얼마나 훌륭한가에 따라 다양한 영적 전통들을 순위 매기는 대신, 다음의 세 가지 기준에 의해 전통들이 평가되어야 한다고 제안한다. 첫째, 자아 중심성 검증: 그 전통이 자신의 구성원들을 나르시즘과 자기-중심성으로부터 얼마나 자유롭게 하는가, 둘째, 분열 검증: 그 전통이 전인적인 발달을 얼마나 촉진하는가, 셋째, 생태적-사회적-정치적 검증: 그 전통이 "생태적 균형, 사회 경제적 불평등, 종교적/정치적 자유, 계급과 성 평등, 그리고 다른 기본적 인간 권리"를 얼마나 효과적으로 촉진하는가.[80]

페러의 참여주의는 개인 내적인 의식 체험에 기초하여 의식 수준의

---

[79] Michael Daniels, *Shadow, Self, Sprit* (UK: Imprint Academic, 2005), p.211.

[80] Glenn Hartelius & Jorge N. Ferrer, 김명권 외, 『자아초월심리학핸드북』, 학지사, 2020, pp.282~283.

위계를 구조하는 영원주의를 비판하며 등장한 자아초월 이론이다. 페러는 영성이란 세계와 격리되어 일상을 초월하는 초월적이며 신비적인 내적 체험을 추구하는 작업만으로 구현되는 것이 아니라는 점을 날카롭게 지적하고 있다. 그가 심층 무의식의 의식화나 명상이나 요가와 같은 의식 수행을 폄훼하는 것은 아니다. 그러나 그는 심리-영적 발달의 영역이 개인 내면에 한정될 경우 미묘한 영적 물질주의나 나르시시즘에 빠져 자신이 속한 세계와의 관계를 상실하게 될 것이라고 경고한다. 자아를 초월하는 체험과 발달은 자아가 위치한 이 세계 속에서 타인, 공동체, 자연과의 만남과 참여를 통해 상호 변용되는 과정에서 일어나는 신비라는 것이며 이러한 이유로 참여적 비전과 영성은 존재론적인 실제로 확인될 수 있다.

5. 우리 시대가 실현해 가야 할 본성은 무엇인가?

지금까지 자아초월 심리학의 관점에서 본성 실현을 향한 세 가지 흐름—아래로의 초월을 지향하는 심층 심리학적 접근, 위로의 초월을 향한 정신통합과 구조-위계적 관점, 수평적 확장을 추구하는 참여 관점—을 간략히 살펴보았다. 심층 심리학은 의식 영역을 주관하는 나 혹은 자아(ego)와 심층 정신에 거주하는 자기(Self) 혹은 영(Sprit)[81]과의 자아-자기(혹은 영) 합일을 자기실현의 길로 이해한다. 정신통합과 구조-위계적 발달 이론은 하위 무의식과 차별되는 자아의식 너머의

---

81 워시번의 체계에서 자아가 초월을 향한 퇴행의 여정에 들어설 때 역동적 바탕은 본능적 id에서 신성한 영(Spirit)으로 변화한다.

상위 무의식(초의식이나 창발 무의식)을 고차적인 발달의 위계에 놓으며, 자아의 진정한 본체인 초개인적 자기(또는 상위의 자기)와의 동일화를 자기실현의 정점으로 간주한다. 이에 비해 참여 관점은 세계 내 존재로서 자아의 세계에 대한 참여를 통해 일어나는 공동 창조와 변용의 경험을 자아초월적 성장으로 본다.

본성 실현을 향한 세 방향의 메타포는 차축 시대 전후, 동양과 서양, 전근대와 근대가 그려온 인간 정신의 표현이자 인간 진화의 여정이며 또한 인간 해방의 길이기도 하다. 초월의 세 방향은 연구자들의 위치에 따라 전체 정신을 서로 다른 모습으로 그려내고 있지만, 이들 세 가지 그림은 중층으로 포개지고 연결될 때 보다 완전하고 입체적인 인간 본성을 보여 줄 수 있다. 인간 정신의 깊이와 높이와 넓이를 통합하여 하나의 그림을 완성한다면 인간 진화의 오메가 포인트가 보다 선명해질 것이다.

세 갈래 길이 하나로 모이는 통합의 길에는 다음과 같은 풍경이 펼쳐질 것이다. 첫 번째는 남성적 영성과 여성적 영성의 통합이다. 후-차축 시대 남성적 영성의 핵심은 위로의 초월이다. 남성적 영성은 생멸하는 분리된 세계를 뒤로하고 초월적 세계와 초월적 일자—者를 추구한다. 수평적인 관계와 연결보다는 수직적인 독립성과 주체성을 강조하며 땅보다는 하늘을, 음보다는 양을, 뿌리보다는 날개를 선호한다. 반면 전-차축 시대의 여성적 영성은 이 세계에 내재된 영성을 강조한다. 관계와 교감을 통한 공존적 교섭을 통해 이 땅을 연민의 가슴으로 보살핀다. 주로 토착 종교에 뿌리 내리고 있던 여성적 영성은 차축 시대 이후 지배 권력을 형성한 남성적 영성과 종교에 의해 미개하거나 저등한 수준으로 격하되었다. 남성적 영성은 전근대와 근대를 넘어 현재까지도 조직화된 고등 종교로서 종교와 영성의 헤게모니를 장악하고 있다. 남성과 여성의 불평등이 결과적으로 양성 모두의 불행을 자초하듯이, 한 편으로 기울어진 영성 또한 정신과 세계를 파편화시킬 수 있다. 인간의 전체 정신은 남성적 영성이 추구하는 지혜와 이성뿐 아니라 연민과 직관과 같은 여성적 영성의 회복을 통해 온전히 실현될 것이다. 탈근대 문화의 도래와 함께 여성적 영성에 대한 새로운 조명이 시작되고 있으며, 이 글에서 다룬 참여 영성이 이 흐름을 대변하고 있다. 또한 여성적 영성은 인간 중심적 의식 (ego-centric conscious)을 넘어 생태 중심적 의식(eco-centric conscious) 으로의 확장을 강조하는 심층 생태학이나 에코 페미니즘의 형태로도 등장하고 있다.

두 번째는 동양적 영성과 서양적 영성의 통합이다. 융과 워시번의 심층 무의식 모형은 영적 변용을 향한 무의식으로의 퇴행을 강조하는 데, 이는 서양의 유대-기독교적 구원론과 일맥상통한다. 기독교 신비 전통에 따르면, 인류는 영적 근원으로부터 분리되어 은총이 끊어진 곳에서 신의 부재를 경험한다. 근원의 회복을 위해 영혼은 고통스러운 퇴행을 통해 신께로 향해야 한다. 십자가의 성 요한은 영혼이 신께로 가기 위해서는 '영혼의 어두운 밤'을 거쳐야 하며, 이것은 감각의 어두운 밤(물질세계의 죽음)과 영의 어두운 밤(자기의 죽음)을 동반한다 고 말한다. 이러한 퇴행-정화의 고통은 신과의 영적 결혼이나 신과의 합일을 이끈다.

이에 비해 아사지올리와 윌버에서 볼 수 있는 동양적인 심리 영적

발달 모델은 상승적인 자아초월을 통해 자아와 존재의 근원 간의
비이원성에 대한 깨달음을 강조한다. 궁극의 깨달음은 생멸의 세계에
속한 자아와 진여의 세계에 속한 존재의 근원이 둘이 아닌 분리되지
않은 하나임을 아는 것이다. 나선형 모형이 영적 변용을, 자아가
분리되어 나왔던 무의식 또는 역동적 바탕으로 다시 하강하거나 귀환
하는 것으로 그리는 것에 비해, 상승 모형은 무의식에 매몰되거나
융합된 무지의 상태에서 빛나는 의식적 자각을 통한 지혜로 상승하는
영적 변용의 그림을 보여 준다. 에고는 창발적인 초의식(emergent
higher consciousness)의 계발을 통해 자신과 세계가 상호 침투하는
일자적 관계성에 놓여 있음을 인식하게 된다.[82]

이러한 두 모델의 차이는 동양과 서양의 뿌리 깊은 종교적 세계관을
반영하고 있는 것으로 보인다. 정신역동적인 나선형 통합 모델은
서양의 유대-기독교적 종교 전통에서 전승되어 온 구원론적인 회심의
메타포를 심리학적으로 변주한 것으로 볼 수 있다. 반면, 일자
(oneness)를 향한 상승 모델은 동양의 힌두교나 불교 전통의 의식
연마를 통한 깨달음의 과정을 묘사하고 있다. 초월을 위한 하향 또는
상향 모델이 보여 주는 동서양의 종교 문화적 차이를 존중하는 것과
더불어, 동서양 영성 통합의 가장 중요한 문제는 하위 무의식과 상위
무의식의 통합적 이해라고 할 수 있다. 하위 무의식은 개인적인 그림자
와 콤플렉스의 저장고이자 집단 원형의 거주처이지만, 상위 무의식은
빛나는 직관과 창조성, 다양한 신비 체험과 지복감의 근원이다. 인간

---

82 박성현, 『정신역동적 관점에서의 영성』(문화와 융합 제41권 2호, 2019), pp.1006~
1007.

정신에 대한 서양의 탐구는 하위 무의식의 영역에 집중되었으며, 이를 통해 자아 발달과 성격 병리에 대한 풍부한 지식을 축적했다. 반면, 동양의 정신 탐구는 자아 수준 너머의 상위 무의식을 계발하는 것에 초점이 두어졌다. 강렬한 의식 훈련을 통해 계발된 순수의식은 현상의 본질을 꿰뚫는 지혜를 가능하게 했다. 자아발달 과정에서의 병리를 보지 못할 경우, 초개인적인 성장은 지체될 수밖에 없으며, 신경증을 견딜 수 있는 건강한 자아를 발달의 최종점으로 삼는 것은 인류가 계발해 온 인간 성장의 실현 가능한 잠재력을 훼손하는 결과를 가져올 것이다.

나를 넘어서는 실체로서의 나가 존재하는가의 문제는 인간 존재를 어떻게 규정하는가의 문제이며, 이는 인간의 발달과 성장의 한계를 규정하는 문제이기도 하다. 자아초월 심리학은 인간을 신체-심리-사회-영적 수준을 포함하는 전체성(wholeness)의 관점에서 이해한다. 전통 심리학과 달리 영적 수준을 포함하는 인간 이해는 건강한 자아 구조를 형성하고 사회적으로 잘 적응하는 수준을 넘는 인간 발달의 수준이 가능하다는 함의를 내포한다. 또한 최적의 건강은 신체-심리-사회적 문제의 치료만으로 이루어질 수 없으며, 자아를 초월한 영적 성장이 이루어질 때 비로소 가능해진다고 가정한다.

이러한 인간관은 자아초월 심리학의 다원적 인식론과 연결되어 있다. 윌버는 지식을 획득하는 세 개의 눈이 있다고 주장한다. 감각 (sensory)의 눈은 물리적 세계를 인식하는 과학주의의 인식론이며, 내성-이성(introspective-rational)의 눈은 심리적인 관념, 논리를 이해하는 철학의 인식론이다. 관조(contemplative)의 눈은 초월적 세계를 인식하는 신비주의의 직관적인 초논리적 인식론이다. 물리적, 심리적, 초월적 세계 모두는 서로 다른 인식 수준에서 관찰되며 서로 상호작용한다. 윌버는 어느 한 영역이 나머지 영역의 인식과 실재를 부정할 경우 발생하는 오류를 범주 오류(category error)라고 칭했다. 과학 지상주의가 초월적 인식과 세계를 부정하는 것이나 근본주의 종교가 감각적 인식과 세계를 부정하는 것 모두 범주 오류에 해당한다.[83]

초심리학(para-psychology)의 연구자인 찰스 타트는 이와 유사하게 상태-특정적(state-specific) 과학을 주장한다. 그는 일상 의식 상태(ordinary state of consciousness)와 달리 상대적으로 안정된 기능과 체계를 갖는 다양한 변성 의식 상태(altered state of consciousness)가 존재하며, 의식의 서로 다른 상태에 따라 시공간 감각, 신체와 자기 이미지, 사고와 태도, 느낌과 감정 등을 포함한 자기와 세계에 대해 상이한 인식이 발생한다고 말한다. 변성 의식 상태에는 수면 상태, 최면 상태, 약물에 취한 상태, 명상 상태, 절정 체험이나 임사 체험의 의식 상태 등이 포함된다. 그는 서구 심리학이 일상 의식 상태와 다른 차원의 의식 상태를 인정하지 않거나 심지어 병리적으로 해석해 왔다고 비판한다.[84]

자아초월 심리학은 이러한 인식론에 기반하여 일상 의식 상태로부터 비이원적 의식 상태에 이르기까지 의식의 전 스펙트럼을 보편적인

---

[83] Ken Wilber, 김철수, 조옥경, 『아이 오브 스피릿: 영적 관조의 눈』, 학지사, 2015, pp.126~135.

[84] Charles T. Tart, *Consciousness, Altered States and Worlds of Experience* (The Journal of Transpersonal Psychology, Vol, 18, No, 2, 1986), pp.163~170.

인간 정신의 잠재력으로 인정한다. 특별히 신비주의 수행을 통해 도달하는 상위 의식 상태에서 인식되는 정신 현상들(절정 체험, 신비 체험, 정체감의 확장, 무조건적 사랑, 초월적 가치와 동기, 시공간의 초월, 정묘 에너지의 개방, 영적 변용, 궁극의 실재에 대한 깨달음 등)에 중요한 가치를 부여한다. 전통 심리학이 정상적인 일상 의식 상태를 인간 잠재력의 한계이자 건강의 지표로 본다면, 자아초월 심리학은 초월적 의식을 추구하는 인간의 영적 충동을 연구함으로써 인간 성장과 건강 의 더 깊고 넓은 영역을 개척하고자 한다.

서로 다른 의식의 상태에 따라 자기와 세계에 대한 인식이 변화한다 는 발견은 인간 성장과 치유에 함의하는 바가 매우 크다. 자기-정체성 의 변화와 세계를 해석하는 방식의 변화야말로 모든 심리치료가 추구 하는 목표이기 때문이다. 상위 의식 상태에서 일어나는 자기-정체성 의 새로운 인식은 성장과 치유에 특별한 의미를 갖는다. 자아초월 심리학에서는 모든 정신병리의 근원을 협소한 자기-동일시로 보기 때문이다. 사람들은 의식의 일부 내용(신체, 감각, 정서, 사고 등)과 자신을 동일시한다. 동일시(identification)는 내적 현상과 과정에 대한 동일시로서 어떤 것이 자기로 경험되는 무의식적인 과정이다.[85] 동일 시된 생각과 신념 그리고 그에 따른 감정은 세계를 구성하고 안내하고 예측하며 유지한다. 사람들은 동일시한 자기의 생존을 위해 방어적인 왜곡과 전략을 만든다. 따라서 우리가 정상적이고 일상적이라고 부르 는 자기의식은 방어적으로 제한된 상태로서 통제할 수 없는 사고와

---

85 Roberto Assagioli, 김민예숙, 『정신통합-원리와 기법에 대한 편람』, 춘해대학출 판부, 2003, p.42.

환상에 지배되기 쉽다.

조건화된 심리적 내용과의 자기-동일시를 자각하고 이로부터 벗어나기 위해서는 다른 차원의 의식을 계발하는 훈련이 필요하다. 자아초월 심리학은 전통적인 심리치료 외에 고대로부터 전승된 다양한 영성수련(명상, 요가, 심신통합기법 등)을 치료에 응용한다. 영성 수련의 본질은 자각 훈련이라고 할 수 있으며 자각 훈련을 통해 자신이 동일시하고 있던 사고와 신념, 정서의 무의식적 작용을 인식할 수 있다. 자각 훈련을 통한 협소한 자기와의 탈동일시는 상위 차원의 새로운 자기와의 동일시를 이끌어낸다. 심리적 현상이 일어나는 공간으로서의 자기 혹은 심리적 내용을 주시하는 자기와 같은 새로운 자기-정체감이 형성되는 것이다.

자아초월 심리학은 영적 성장을 향한 충동을 완전한 인간성에 도달하려는 인간의 기본욕구로 인식하며 최적의 건강 수준에서 충분히 기능하기 위해서는 생존욕구와 자기실현 욕구를 넘어 자기초월에 대한 욕구가 충족되어야 한다고 가정한다. 이를 위해 본능, 감정, 이성, 실존, 영성을 포함한 인간 본성의 전체성을 이해하고, 개인 내적 삶과 사회적 참여가 조화된 통합적인 성장을 추구한다. 자아를 넘어선 인간 본성의 실현은 단순히 무의식과 병리에서 벗어나는 것이 아니다. 자기실현의 길은 자기 내면의 초월을 향한 숭고한 욕구를 인식하고, 나로 동일시했던 협소한 자아의 경계를 벗어나 참 자기의 심오한 의미를 깨닫는 여정이다. 자기초월의 영적 여정에 나선 사람들은 열망하며 찾고자 했던 자신의 소명과 목적이 바로 이 길 자체라는 것을 발견하게 될 것이다.

418

참고문헌

박성현, 「정신역동적 관점에서의 영성」, 『문화와 융합』 제41권 2호, 2019.

이부영, 『자기와 자기실현』, 한길사, 2006.

이죽내, 『융심리학과 동양사상』, 하나의학사, 2005.

Assagioli, R. (1965). *Psychosynthesis: A Manual of Principles and Techniques*, NY: Hobbs. 김민예숙 역, 『정신통합-원리와 기법에 대한 편람』, 춘해대학출판부, 2003.

Assagioli, R. (1973). *The Act of Will*. NY: Penguin Books. 김현수, 오치선 역, 『의지의 작용』, 금강출판사, 1994.

Assagioli, R. (1991). *Transpersonal Development*, Rome: Crucible.

Daniels, M. (2005). *Shadow, Self, Sprit*. UK: Imprint Academic.

Daniels, M. (2013). Traditional Roots, History, and Evolution of the Transpersonal Perspective. In H. L. Friedman, & G. Hartelius (Eds.), *The Wiley Blackwell Handbook of Transpersonal Psychology* (pp.23~43). UK: Wiley Blackwell. 김명권 외 역, 제2장 자아초월 관점의 전통적 기원, 역사 그리고 진화, 『자아초월심리학핸드북』, 학지사, 2020.

Ferrer, J. N. (2002). Revisioning Transpersonal Theory: A Participatory Vision of Human Spirituality. Albany, NY: State University of New York Press.

Firman, J. & Gila, A. (2002). *Psychosynthesis: A Psychology of Sprit*. NY: State University of New York Press. 이정기, 윤영선 역, 『정신통합: 영혼의 심리학』, 씨아이알, 2016.

Hartelius, G & Ferrer, N. J. (2013). Transpersonal Philosophy: The Participatory Turn. In H. L. Friedman, & G. Hartelius (Eds.), *The Wiley Blackwell Handbook of Transpersonal Psychology* (pp.187~202). UK: Wiley Blackwell. 김명권 외 역, 제10장 자아초월 철학: 참여적 전환, 『자아초월심리학핸드북』, 학지사, 2020.

Jacobi, J. (1973). *The Psychology of C. G. Jung* (8th ed). New Haven, CT: Yale University Press.

Tart, T. C. (1986). Consciousness, Altered States and Worlds of Experience. *The Journal of Transpersonal Psychology*, Vol, 18, No, 2, 159~170.

Vaughan, G. A. (2013). Jung, Analytical Psychology, and Transpersonal Psychology. In H. L. Friedman, & G. Hartelius (Eds.), *The Wiley Blackwell Handbook of Transpersonal Psychology* (pp.141~154). UK: Wiley Blackwell. 김명권 외 역, 제7장 융, 분석심리학 그리고 자아초월 심리학,『자아초월심리학 핸드북』, 학지사, 2020.

Washburn, M. (1995). *The Ego and the Dynamic Ground*. NY: State University of New York Press.

Washburn, M. (2003). *Embodied Spirituality in a Sacred World*. NY: State University of New York Press.

Wilber, K. (1979). A Developmental View of Consciousness. *The Journal of Transpersonal Psychology*, Vol, 11, No, 1, 1~21.

Wilber, K. (2001). *The Eye of Sprit: An Integral Vision for a World Gone Slightly Mad*. Boulder: Shambhala Publications. 김철수, 조옥경 역,『아이 오브 스피릿: 영적 관조의 눈』, 학지사, 2015.

Wilber, K. (2000). *Integral Psychology*. Buckingham: Open University Press. 조옥경 역,『통합심리학: 의식·영·심리학·심리치료의 통합』, 학지사, 2008.

Wilber, K. (2001). *A Brief History of Everything*. Boulder: Shambhala Publications. 조효남 역,『모든 것의 역사』, 김영사, 2015.

찾아보기

428

■ 책을 만든 사람들

박찬욱 (밝은사람들연구소장)

한자경 (이화여자대학교 철학과 교수)

이필원 (동국대학교 WISE캠퍼스 파라미타칼리지 교수)

인 경 (동방문화대학원대학교 석좌교수)

신정근 (성균관대학교 유학대학 교수)

신승환 (가톨릭대학교 철학과 교수)

박성현 (서울불교대학원대학교 상담심리학과 교수)

'밝은사람들연구소'에서 진행하는 학술연찬회에 관심이 있으신 분은
전화(02-720-3629)나 메일(happybosal@hanmail.net)로 연락하시면
관련 소식을 받아보실 수 있습니다.

유튜브(www.youtube.com)에서 "밝은사람들연구소"를 검색하시면,
지난 학술연찬회의 주제발표와 종합토론 영상을 시청하실 수 있습니다.

본성, 개념인가 실재인가

초판 1쇄 인쇄 2022년 11월 2일 | **초판 1쇄 발행** 2022년 11월 9일
집필 이필원 외 | **펴낸이** 김시열
펴낸곳 도서출판 운주사

(02832) 서울시 성북구 동소문로 67-1 성심빌딩 3층
전화 (02) 926-8361 | **팩스** 0505-115-8361
ISBN 978-89-5746-717-6 94000　값 25,000원
ISBN 978-89-5746-411-3 (세트)
http://cafe.daum.net/unjubooks 〈다음카페: 도서출판 운주사〉